法国哲学研究丛书

学术译丛

Karl Jaspers
et la
philosophie
de l'existence

Mikel Dufrenne
Paul Ricoeur

雅斯贝尔斯与
生存哲学

[法] 米凯尔·杜夫海纳　[法] 保罗·利科————著

邓冰艳————译

上海人民出版社

总序
哲学经典翻译是一项艰巨的学术事业

　　法国哲学是世界文化遗产的重要组成部分，法国哲学经典是令人叹为观止的思想宝藏，法国哲学家是一座座高高耸立的思想丰碑。笛卡尔的我思哲学、卢梭的社会契约论、孟德斯鸠的三权分立学说、托克维尔的民主学说、孔德的实证主义、柏格森的生命哲学、巴什拉的科学认识论、萨特的存在主义、梅洛-庞蒂的知觉现象学、列维-斯特劳斯的结构主义、拉康的精神分析、阿尔都塞的马克思主义、福柯的知识—权力分析、德里达的解构主义、德勒兹的欲望机器理论、利奥塔的后现代主义、鲍德里亚的符号政治经济学、利科的自身解释学、亨利的生命现象学、马里翁的给予现象学、巴迪欧的事件存在论……充满变革创新和勃勃生机的法国哲学影响了一代又一代人，为人类贡献了丰富多彩、灵动雅致的精神食粮，以其思想影响的广泛和深远而成为世界哲学文化的重要组成部分。

西方哲学经典，对哲学家而言，是要加以批判超越的对象；对哲学工作者而言，是要像信徒捧读《圣经》那样加以信奉的宝典；对普通读者来说，则多少是难解之谜。而如果没有了翻译转换，那所有这一切就无从谈起。

自从明朝末年至今，西方思想在中国的传播已走过了大约四个世纪的历程，中西思想文化的交融渗透推动一个多元、开放和进取的精神世界不断向前发展。显而易见，传播者无论是外国传教士还是国人知识分子，都不同程度地遇到了不同语言文化思想如何转换的棘手难题。要在有着不同概念系统和概念化路径的两种哲学语言之间进行翻译转换并非易事。法国哲学经典的汉语翻译和传播当然也不例外。太多的实例已充分证明了这一点。

绝大多数哲学文本的重要概念和术语的含义往往并不单一、并不一目了然。西文概念往往是一词多义（多种含义兼而有之），而任何翻译转换（尤其是中文翻译）往往都只能表达出其中一义，而隐去甚至丢失了其他含义，我们所能做的就是尽可能选取一种较为接近原意、最能表达原意的译法。

如果学界现在还一味热衷于纠缠某个西文语词该翻译成何词而争论不休，则只会导致人们各执一端，只见树木不见森林，浪费各种资源（版面、时间、精力、口舌、笔墨）。多年前，哲学界关于"to be"究竟该翻译成"存在"还是"是"、"Dasein"究竟应该翻译成"亲在"还是"定在"甚或"此在"而众说纷纭，着实热闹过一阵子，至今也无定论。我想只要是圈内专业人士，当看到古希腊哲学的"to be"、康德的"diskursiv"、海德格尔的"Dasein"、萨特的"facticité"、福柯的"discipline"、德里达的"supplément"、利科的"soi-même"等西文语词时，无论谁选择了哪种译法，都不难想到这个语词的完整意义，都不难心领神会地理解该词的"多义性"。若圈内人士都有此境界，则纠结于某个西文语词究竟该怎样翻译，也就没有多大必要了。当然，由于译者的学术素养、学术态度而导致的望文生义、断章取义、天马行空般的译法肯定是不可取的。

哲学经典的翻译不仅需要娴熟的外语翻译技能和高超的语言表达能力，还必须具备扎实的专业知识、宽广的知识视野和深厚的文化底蕴。翻译的重要前提之一，就是译者对文本的理解，这种理解不仅涉及语句的字面意义，还关系到上下文的语境，更是离不开哲学史和相关政治经济社会和宗教文化等的知识和实践。译者对文本的理解其实包含一个诠释过程。诠释不足和诠释过度都是翻译的大忌。可是，翻译转换过程中却又难以避免信息的丢失和信息的添加。值得提醒的是：可读性并不等于准确性。哲学经典翻译应追求"信、达、雅"的境界，但这应该只是一个遥远的梦想。我们完全可以说哲学经典翻译是一项艰苦的学术活动。

不过，从译者个体来讲，总会存在程度不一的学识盲点、语言瓶颈、理解不准，因而难免在翻译转换时会词不达意甚至事与愿违，会出错，会有纰漏。虽说错误难免，但负责任的译者应该尽量做到少出错、不出大错。而从读者个体来讲，在保有批判态度的同时，最好也能有一个宽容的态度，不仅是对译者，也是对自己。因为难以理解的句子和文本，有可能是原作者的本意（难解），有可能是译者的错意（误解），有可能是读者的无意（不解）。第一种情况暗藏原作者的幽幽深意，第二种情况体现出译者的怅然无奈，第三种情况见证了读者的有限功底。学术经典传承应该是学术共同体的集体事业：写、译、读这三者构成了此项事业成败的三个关键环节。

"差异""生成""创新""活力"和"灵动"铸就了几个世纪法国哲学的辉煌！我们欣慰地看到愈来愈多的青年才俊壮大了我国法国哲学研究和翻译的学术队伍。他们正用经典吹响思想的号角，热烈追求自己的学术梦想。我们有理由确信我国的法国哲学和西方哲学研究会更上一层楼。

拥抱经典！我们希望本译丛能为法国哲学文化的传承和研究尽到绵薄之力。

莫伟民

2018 年 5 月 29 日写于光华楼

目录

绪 论

第一部分 哲学对世界的探索

献给 M. D. 和 S. R.

序　言

　　当一个人看到自己的思想在另一门语言中复现时，这将是一种奇特的体验，因为这既是他的思想，但又不再仅仅只是他的思想。杜夫海纳（M. Dufrenne）先生与利科（Paul Ricœur）先生以一种非凡的精准度触及了我的哲学的原则与论述，并对其进行了勾勒。他们以一种惊人的清晰性，通过一些概念关系恢复了我的哲学中可被决定与领悟之物，并用一门能够确保精神一致性的语言恢复了我的哲学中可被表达之物。这就是为何，人们好几次不无道理地声称，我的哲学中包含着某种学说性质的东西。必须得说，我非常高兴自己的思想能够被搬到美妙的法语语言中。与此同时，我发现这个思想被削减为某个大框架，这不免令人遗憾。不过，人们却可通过对这个大框架的了解，更加容易地进入我的写作。

　　本书第四部分的批判反思具有独特价值。两位作者凭借他们的经验和对我思想的了解，揭露了在我的思想中，方法论与学说方面的诸多矛盾。这些矛盾似乎会让我的整个哲学事业变得不可能。这并非一些只需少许逻辑便足以纠正的短暂矛盾，而是一些不可分离地与整体相关联的本质矛盾。在我看来，通过对这些矛盾的强调，两位作者为我的思想带来了新的光亮。他们开辟了一条道路，我自己现在也已经在这条路上。对于这些矛盾，除了完全意识到它们并在思想中承载它们，没有任何其他药方。此外，对众多历史哲学进行分析，我们会发现，哲学思想总会在此类矛盾处受挫。这些矛盾不仅出现在柏拉图和亚里士多德那里，而且也出现在笛卡尔和康德那里。重要的是，思想的这个矛盾特征所具有的形式，以及人们对这个矛盾特征所产生的意识。通过这个意识，矛盾特征不再被删除而是被克服。于是，矛盾特征不再行欺骗之事，而是将整个哲学思想的意义以及**哲学**的独特肯定的意义置于其光亮下。在这一方面，两位作者的批判工作为我的作品带来了意义重大的贡献。

对一个哲学的任何陈述（exposé）都无法揭示这个哲学的本质，这一点毋庸置疑。一切陈述都在于通过厘清概念与关系、提出问题并将文本变成某个鲜活的在场，从而对原作进行阐释，并促进原作读者的理解。然而，这样的陈述永远无法恢复对哲学家而言最核心的东西：比如这样一种独特的思想运作——这个运作拥有某个逻辑特征，只有当人们在某个系统秩序中预感到这一运作时，它才可能模糊地显现，同时，它还会创造出某个哲学氛围，并使得某个既是一切思想的意义又是一切思想的目标之物得以实现——还有那些突然产生的内部跳跃，那个思考之人的生成，以及那些通过思想被阐明并作为真实地承载着生命之物显现的决心（résolution）。在被我命名为《哲学入门》（*Philosophie*）的作品中，每个章节——而非整部作品——都作为一个自我封闭的总体被构思。这些章节应该被一口气读完，它们的真理并不蕴藏于出现在章节某处的某个肯定中，而是将通过这样一个运作显现，这个运作会将总体交融为一个唯一的思想。这样一个运作是不可能复现的。这也是为何，认为某个陈述未遵循该运作的批判是荒谬的。

不过，杜夫海纳与利科先生对我的作品的陈述与批判为读者带来了全新的东西，这对我本人而言亦意味着某种鼓励。本书不仅仅是我的哲学，而且也是杜夫海纳与利科先生的哲学。他们的思想显示出了一个如此严肃、全面、有感染力但不乏论战性甚至意味着最为尖锐之批判的哲学思考模式，以至于我必须对两位作者表达我最诚挚的谢意，并对他们作品所传达的精神表达我无尽的赞同。

卡尔·雅斯贝尔斯

1947 年，于海德堡

前　言

　　一个生存哲学不仅意味着某个个体意识的路线，而且还会召唤其他个体意识，尽可能地尝试用某个共同的语言与这些意识进行交流——卡尔·雅斯贝尔斯的生存哲学就是如此。不过，尽管语言是共同的，语言所传递的思想却只能每次都是个体的。我思，你也思，没有任何人能代替我产生这份勇气与服从，正是在这份勇气与服从中，思想总是某个个体的内部行动。唯有字词、概念装置以及论据框架位于意识与意识之间，绝对匿名地平躺在一本又一本书中，等待着被某个类似于作者经验的独一无二的经验所验证，并在与作者经验的关联中诞生。因此，我们并非出于好奇而是出于某个积极的同感（sympathie）进入这样一个思想中。一开始，这个同感不过意味着某个无动机的冒险，但随后，它却变成了一个丰富的对话，即便——尤其地——对话应该成为这样一个爱的斗争，按照雅斯贝尔斯自己的说法，正是这个斗争象征着意识与意识之间交流的最高形式。

　　雅斯贝尔斯的作品要求其读者拥有这个"同感"，该"同感"禁止那些想要将其作品介绍给大众的人写出只是对其作品进行毫无特征之总结的话语，此类话语只会让雅斯贝尔斯思想的实质本身遗失。我们感到有必要让雅斯贝尔斯的思想路径在我们身上复现，并用法语重写这部一蹴而就的作品。

不过，尽管我们有意让批判精神服从于同感，这并不意味着我们将批判精神排除在外。

首先，批判精神体现在我们努力使用法语进行言说的尝试方面，而且我们将这个努力推向了极致。生存哲学不应该成为采用不规范术语或德语特有表达（germanisme）的借口；无法用共同母语言说之物同样也无法被思考。当在我们的语言中没有对应词时，我们倾向于从我们的语言词汇宝库中找到某个词语集合来勾勒出德语词汇含义的轮廓；我们相信，引进一个外来哲学却不根据我们自身语言的特性为这个哲学寻找最贴切的相近表达，这样的做法是不会有结果的。因此，在脚注中，我们尽量减少使用德语注释以及说明我们自身表达的德语特有表达；我们不能放弃言说法语。

其次，我们还有意凸显核心主题，并通过对大量文章的对比，来系统地探寻这些主题之间的衔接；在这个意义上，我们的引介比原作本身的结构更加严谨。事实上，原作的提纲本身经常是极其模糊的。我们坚持不违背这个哲学自身的运作和意图；不过，反过来，这个哲学似乎也从法语语言以及法国的方法精神的双重考验中获得了更多活力。

最后，为了理解雅斯贝尔斯哲学，并在我们身上重构该哲学，我们还尝试反思了会让该哲学的可能性遭受损害的诸多困难。在我们眼中，本研究结尾处的那些批判反思依旧是对这位当代哲学大师的致敬。

脚注中使用的缩略语：

《诸世界观的心理学》 *Psychologie der Weltanschauungen*：PWa.

《时代的精神境况》 *Die geistige Situation der Zeit*：GSZ.

《哲学入门》*Philosophie*（*3 vol.*）：I，125；II，4；III，200.

《理性与生存》*Vernunft und Existen*：V. E.

《尼采：对其哲学的理解性导读》*Nietzsche，Einfuhrung in das Verstandnis seiner Philosophierens*：N.

《笛卡尔与哲学》*Descartes und die Philosophie*：D.

《生存哲学：三次讲座》*Existenzphilosophie，drei Vorlesungen*：ExPh.

绪　论

第一章 生存哲学的任务

在自身上复现另一个哲学思想运作会遭遇**开始**（commencement）的难题：同感不仅意味着一种冒险，而且也意味着一种跳跃；突然间，人们进入他人的思想中，并跟随其前行。乍一看，任何**历史**的入口对我们而言都是不可能的；事实上，一个哲学学说越是靠近自己的中心直觉，它就越是排斥任何来自外部的解释。不过，历史的视角并不总是外在于学说；历史本身并非呈现在某个匿名观众面前的一段匿名的展开（développement），然后，各哲学家思想再汇入这段展开中，并打破其唯一性（unicité）。在哲学家自己心中，历史首先是某个境况（situation），该境况让哲学家作为个人产生不安，并向哲学家提出某个只能由他自己完成的任务。最终，正是**雅斯贝尔斯自己所理解的**那个当代哲学史将成为我们进入其哲学的入口。事实上，正因为雅斯贝尔斯强调哲学反思的个人化特征，他才会对其思想的历史时刻产生如此敏锐的意识。最后，正是从对其时代的这一反思出发，我们将继而引出**生存哲学的任务**。

一、站在自身历史境况前的卡尔·雅斯贝尔斯 [1]

当雅斯贝尔斯的哲学有意识地自我生产时，其所处的历史境况表现为以下两大特征：第一个是雅斯贝尔斯哲学尝试从中走出来的古典形而上学危机；第二个是让雅斯贝尔斯重拾前进道路的同时代两大哲学家的共同影响。

（一）德国唯心主义的终结

从赫拉克利特到巴门尼德再到黑格尔，与德国唯心主义最庞大的哲学体系一起，西方哲学抵达某个极点，从此不可避免地走向衰落。通过将纪事（historique）、黑暗、生命（vital），甚至矿物质附加给精神，并用体系的和谐去囊括所有矛盾，这份用理性滋养非理性沙漠的巨大努力已经将自身的胜利变成最大的背叛：现实性的意义、现实性既腐蚀一切又填满一切的力量——认为自己是唯一的决定（décision）中心（foyer）的感觉——以及最后作为自由之人与一个我所不是甚至也无法超越之存在进行争讼的保障，所有这些构成人类生命动人之处的东西，却在某个富丽堂皇的建筑中，在那个人们建造起来但并不居住的可笑宫殿里被悉数吞没。黑格尔意味着这样一个西方哲学的终结，该哲学被构思为普遍、总体、系统的知识。[2]

隔在我们与黑格尔之间的那几代人沦为了这样一些哲学家的牺牲品，这些哲学家已经丢失了黑格尔意义上的伟大，从此只以科学方法、历史以及社会学为轴线进行某种狭隘的思考。这些空洞而

---

[1] 《真理与生存》（*Vernunft und Extstenz*）是一份珍贵的文献，可助我们将雅斯贝尔斯置于其时代中。他的第一次讲座的题目是：《当前哲学境况的源头：克尔凯郭尔与尼采的历史意义》；最后一次讲座的题目是：《呈现给当前哲学的诸多可能性》。让·瓦尔（Jean Wahl）的《克尔凯郭尔研究》（*tudes Kierkegaardiennes*）一书有对雅斯贝尔斯与克尔凯郭尔之间关系的深入研究。

[2] VE 5, 100.

又死气沉沉的哲学渴望让自身获得如科学进步般的某种进步，殊不知事实上，它们不过意味着哲学的自杀。那些对某个堕落哲学感到失望的学生们曾一度以为在科学里不仅能获取知识，而且还能获得生命的训诫，甚至还能找到某个信仰。这样一个不理智的愿望最终只会引发一场危机，当然，这并非一场有关科学本身的危机，而是一场有关面对科学的那个意识的危机。从此，人们要么对科学产生某种盲目的崇拜，让"现实性""自由个体"以及"绝对存在"这三重观念比在唯心主义哲学中受到更为彻底的损害；要么揭示科学对生命以及一切信仰的摧毁本质，通过对非理性的某种吹捧，继而提出情感（sentiment）的必要性。这一双重的堕落——对科学的盲目崇拜以及对情感宣泄（effusion）的凭借——召唤着某个大哲学（grande philosophie）的回归。不过，这个大哲学应该同时是对科学的某种真正批判，即是说，该哲学不仅了解科学的界限，而且能够领会科学对其作为伪科学知识的谴责；既然科学是普遍知识的限度，那么就应该由科学来指出知识与非知识之间的本质差别，并从此去谴责一切对科学与哲学的混淆：我们已经遗失天真。[1]

　　绕过这一面对科学的意识危机后，我们来到了我们的出发点：黑格尔之后，体系的不可能性。唯心主义以及科学精神的皮洛士式胜利[2]在我们心中埋下了一个巨大的希望以及一个巨大的失望；我们开始怀念某个与黑格尔的野心相称的哲学，这个哲学将以重获某

---

[1]　以上论述均参考自 ExPh. 2—12。在《时代的精神境况》（*Die geistige Situation der Zeit*）中，我们将读到雅斯贝尔斯对我们**时代**更为笼统的评价：人类从未对自身的危险境况有过如此强烈的意识；雅斯贝斯与尼采、布克哈特（Burckhardt）、斯宾格勒（Spengler）等人的重要警告遥相呼应；技术、组织、智识的胜利不过会让"自我遗失、走向虚无"的扰人心绪的感觉变得更加激烈。野蛮人并不位于文明的边界，野蛮在我们身上。不过，雅斯贝尔斯并未掉进令人感到无力的预言陷阱。与其说这本书是一个预判，不如说它是一个呼吁。一个境况的特性在于它会激发某个反击。这就是为何，生存哲学有意识地成为我们时代的某个唤醒工具，成为建立在人不可异化之精神可能性基础上的某个复兴途径。GSZ 1—24；66—70.

[2]　皮洛士（Pyrrhus）是早期罗马共和国称霸意大利半岛时最强大的对手之一。皮洛士在对抗罗马的一些战役中尽管获得胜利，但也付出惨重的代价，后来"皮洛士式胜利"衍生为西方谚语，意指"代价高昂的胜利"。——译者注

个有关现实性、个体以及绝对存在的强大理念为己任，但在此之前，它将首先记录下体系时代的终结。[1]

（二）例外（exception）的震动：克尔凯郭尔与尼采

然而，就在黑格尔学说大行其道，对科学的批判散发出其所有魅力与所有失望的年代，出现了两个令人不安的声音，它们动摇着黑格尔思想大厦的根基，甚至越过黑格尔，质疑着哲学原则本身以及哲学对理性的信赖。这两个声音正是来自克尔凯郭尔与尼采。这两位思想家互不相识，却应该能相互理解[2]，即便他们的中心直觉有着本质的差异：他们一个充满畏惧与战栗地拥抱着"上帝—人"（Dieu-Homme）、"短暂之永恒"以及"偶然之绝对"的**荒谬悖论**（paradoxe absurde），另一个则想要在"上帝死"后，获得继续孤独生存的勇气。然而，当把他们放在一起并让他们相互阐释时，他们却可为对方开辟道路，让他们的效应合并，并用他们那令人无法忍受的矛盾，将我们返还给我们自身（因为后面还得让他们回归自身的孤独）。他们释放出的共同信息是什么？简单地说，他们都处在任何以理性为基础的哲学的边缘，都是**生存**（existence）的见证者，其中，"生存"一词严格以雅斯贝尔斯赋予该词的意义进行理解（该词不属于尼采的话语体系，但属于克尔凯郭尔的话语体系）。**生存**——该词与"超验"（transcendance）一起，构成了雅斯贝尔斯哲学的核心词汇——指的是最高意义上的个体：不是由对存活的忧虑（souci）所定义的生物学意义上的个体，而是由对存在的忧虑所定义的自由个体；不是由一堆精神的、永恒的、不朽的规则所定义的，普遍地进行着思考的人——因为"形式永远安然无恙"，它甚至不会受到威胁[3]——而是在时间里，在死亡面前，在国家里以及在朋友之间

---

[1] 哲学，一个**无力的召唤**（La philosophie, un *appel impuissant*），VE 5。

[2] VE 5—27；93—95.

[3] 马塞尔（G. Marcel）在《存在与有》（*Être et Avoir*）第 32 页中的这一表达可以让我们从一开始就强调雅斯贝尔斯与加布里埃尔·马塞尔思想之间的相似性。

用命运下注的人，这个人的决定可能让他输也可能让他赢，或者如雅斯贝尔斯所说，可能让他"回归自我"也可能让他"遗失自我"。这一"存在"(être)或"不存在"(ne pas être)的权力与某个任何人都无法替他做出的决定相关，会让在生存习惯之外以及在所有社会的甚至教会的保障之外突然发现这个权力的个体产生深刻的震撼；对于这个最为个人的自由的震颤，克尔凯郭尔曾将之称作"焦虑"(angoisse)，尼采则将之称作"危险"(danger)。这个本质的发现后来被命名为**生存哲学** [1]，并决定了生存哲学的轴线与基点。不过，这样一个发现会同时产生一个"这边"(en-deçà)和一个"那边"(au-delà)；因为克尔凯郭尔与尼采所说的这个发现超越了某个东西，而且还趋向于自我超越或被另一个东西超越。"这边"指的就是普遍思想本身，该思想应该在自由的命运本身中重新找回其批判原则；克尔凯郭尔与尼采带给我们的教训是：对个体生存的发现意味着对知识的批判，但并不意味着对极限思考的放弃，事实上，他们两人都未曾求助于情感的宣泄。他们更多是在知识的"过度"(excès)与"挫折"(échec)中，在无限思考的不安中，尝试让对自由的确信迸发出来。只有当知识是逃脱同自我的决定性相遇的一个途径时，只有当它是对"不真实"与"不忠诚"的某种伪装或为"不真实"与"不忠诚"所找的某个借口时，知识才能将生存表露出来；生存是知识的极限。

另一方面，在既与知识相关联又与之相对立，从而开始感受到生存的同时，克尔凯郭尔与尼采深知对生存进行沉思的关键既不在于自由意识与客观知识之间的关系，也不在于生存与自身的关

---

[1] "生存"这个源自克尔凯郭尔的说法——后者又参考了哈曼（Hamann）和雅各比（Jacobi）（Wahl o. c. 415—419）——并不完全是传统的相反面，尽管它表现出了类似的特征；物的生存（l'existence des choses）曾给古典哲学带去雅斯贝尔斯遇到的类似困难：生存先于抽象；抽象并不存在；生存意味着作为一个个体而"在"；因此，正如物个体是"最小物种分类"（l'infima species）的界限，我所是的个体也是我有关自己所知之物的界限。只不过，唯有人的个体才能通过意识或自我选择进入其自身的作为个体的现实性。这就是为何，自由个体是绝佳的生存者（existant）。

系；悲剧（drame）的核心在于生存与某个超验之间的关系，这个超验不是生存，但却是生存的理性与最终安宁。然而，正是在此处，亦即当他们宣称某个个体超验时，克尔凯郭尔与尼采二人分道扬镳。或许，这也让他们也与其他任何人相分离。一方面，在个体与被钉在十字架上的耶稣（Crucifié）那震动人心的相遇中，克尔凯郭尔看到了个体的限度；但另一方面，十字架（Croix）就是"荒谬"（l'Absurde）；荒谬耸立在所有护教论（apologétique）、神学与教理的废墟之上；它揭露了现代基督教，无论是新教还是天主教的失败；它祈求一个不可能的基督教，这个基督教与处在殉教的"否定决定"中的那些最初信徒绝对地同时代：这是一个位于所有辩护、所有共同体、所有连续性以及所有权威之上的超验。尼采与克尔凯郭尔不同，对他而言，**上帝已死**。不过，与克尔凯郭尔类似，尼采也以他自己的方式成为了某个超验的见证者，这一超验亦表现出了克尔凯郭尔意义上的荒谬特征：他的无神论就是这个超验的保护壳，该无神论与庸俗的无神论和唯物论完全不同；上帝之死在他身上产生了一个巨大的伤口，仿佛从此在他面前敞开了一个巨洞，正是在这个巨洞的底部，回荡着查拉图斯特拉的声音，回荡着对超人的召唤，甚至还越过超人，回荡着对某个永恒回归的宣称；在这一点上，尼采离克尔凯郭尔既远又近。不过，在他们相互分离且与我们分开，最终陷入他们那无法接近的孤独之前，他们将对生存的祭献（sacrifice）或超越作为最高沉思呈现给了我们。作为人的最高现实性，生存是需要被克服（surmonter）的东西。于是，雅斯贝尔斯哲学在克尔凯郭尔与尼采那里获得了其原初的震动，并在他们那里找到了其三大循环主题的源头（即便尚且不是对这些主题的确切安排），雅斯贝尔斯哲学始终徘徊在这三个主题之间：

1. 位于知识界限处的生存。

2. 作为自由之内在行动的生存。这样一个生存为世俗境况所折磨，与同自身一样独一无二且隐秘的其他生存相关联。

3. 与其超验展开斗争的生存。

三卷《哲学入门》(*Philosophie*) 正是围绕这三个主题进行构建的（稍后，我们会对这些标题进行解释）。

不过，雅斯贝尔斯只是在克尔凯郭尔与尼采那里感受到了某个震动。诚然，这个震动非常关键，但它尚且不是一个**哲学**；该震动除了能够启发他构思出一个配得上这一名称的哲学思想外，也完全有可能让他惊慌失措。事实上，如果说黑格尔可被视作体系哲学的终结，那么克尔凯郭尔与尼采也以他们的方式标志着某个**终结**；他们将生存领会为决定的力量、领会为存在与虚无的可能性、领会为怀疑与信仰，这样的做法已经抵达某个极其深刻的点，在这一点之后，人们从此只能进行低劣的文学创作，并陷入曾为克尔凯郭尔和尼采所拒斥的那个错乱（confusion）和情感宣泄状态中。人们对克尔凯郭尔与尼采可能产生的最严重的误解在于，以为可以重复或模仿他们，可以沿着他们的道路继续前行，甚至可以理解他们；他们是"例外"（exception），即是说对我们而言，他们并不是某个规则：无论在物质层面、精神层面还是社会层面，他们都位于规律之外。不是诗人，亦不是预言家，不是天才、圣人，亦不是哲学家，他们无法被削减为任何一种人的类型。两个人都可被比作孤傲的冷杉，孑然一身，且让人无法靠近。人们无法通过拼凑克尔凯郭尔与尼采的引文来构建某个生存哲学：他们什么都没有构建；他们只是曾拼尽全力摆脱伪装，从而获得诚实（loyauté）与真实（authenticité）。同时，作为总体真实性（véracité totale）的爱好者，他们也并未曾以为可以在没有伪装、没有化名甚至没有滑稽语言的情况下，总之，也就是在没有**含混不清**（équivoque）的情况下进行言说。于是，我们得以明白，他们最后的"超验停歇"（halte transcendante）对我们而言是不可理解的：永恒回归是尼采的**秘密**，正如荒谬的基督教是克尔凯郭尔的秘密。从字面上看，尼采的诸多宗教"象征"并**不包**

含超验，而克尔凯郭尔的信仰则让我们感到茫然，让我们产生某个绝望的无宗教信仰者努力信教时所产生的怀疑。

因此，必须明白，克尔凯郭尔和尼采拥有唤醒我们的力量，但无法赋予我们某个具体的任务："关键在于去了解，我们这些不是例外，但始终将目光投向这个例外，以追寻我们自己内心道路的人，要如何生存。"[1]

这个贯穿雅斯贝尔斯的哲学始终的问题同时也是一项**任务**，亦即当某个哲学被黑格尔穷尽之后，当某个哲学思考的不可能性被克尔凯郭尔和尼采穷尽之后，继续进行哲学思考的任务。这项任务是雅斯贝尔斯的**决定**（"不是一个终点，而是一个源头"，他说道）；对于这项任务，他以与核心问题类似的表述进行了陈述："我们不是例外，但将目光投向例外，以进行哲学思考。"[2]

二、"理性"与"生存"

将目光投向例外，以进行哲学思考，这意味着什么？从本质上看，这意味着对以下两者的结合：一方面是克尔凯郭尔式直觉与尼采式直觉的根本**深度**；另一方面是作为哲学之根本使命的精神明晰性（clarté intellectuelle）。简言之：生存哲学的野心在于将理性与生存[3]相结合，其中，"理性"[4]指的是对概念的明确性、体系的连贯性以及整个西方哲学传统所形成的那个明晰性的追寻，"生存"指的则是在个体的基本经验中所产生的内心的、悲剧的、深度的意义。这是一项无比艰难的任务，堪比让水火相容。不过，如果人整个地

---

[1] VE 24.
[2] VE 94.
[3] 《理性与生存》，这是 1935 年系列讲座的题目。
[4] 从最为技术的层面理解该词，根据康德的用法，该词与"理解"（entendement）一词相对立。参看 ci-dessous，第二部分第五章第一节。

既是理性又是生存，既是明晰性又是深度，既是思想又是决定，那么或许人本身就源自这样一个结合。因此，让生存哲学获得"生存"（existentiel）特征的，是它对"例外"的忠诚——正是"例外"给予了该哲学以原初的动力；不过，与此同时，只有当生存哲学表现出符合**哲学传统**所宣称的明晰性要求的意愿时，它才能配得上"哲学"这一称谓。尽管对于那些不了解克尔凯郭尔和尼采的读者而言，雅斯贝尔斯的作品可能给人留下了**打破**古典哲学的印象。然而，事实上，雅斯贝尔斯越来越将其作品视作将偏离中心的信息整合到古典哲学中的一种尝试，其中，偏离中心的信息正是来自那些所谓的"古典哲学的摧毁者"[1]。雅斯贝尔斯的雄心在于为我们恢复"永恒哲学"（philosophia perennis）的源头本身，并让真正的哲学摆脱某个既无源头又无根基的理性的空洞形式。[2]克尔凯郭尔和尼采与"人"这个类型无关，他们是"不可交流的例外"；哲学在本质上又是可交流的，与整个哲学历史相关，会为某个能向他人传递本质之物（l'essentiel）的语言感到不安。[3]

例外本身并不会催生具体的任务，但因例外而得以更新的"永恒哲学"却会产生一些迫切的任务：永恒哲学以存在（être）为终点，以思想（pensée）为方式（moyen）。

1）这个终点——存在——在《哲学入门》[4]一书的前几页便已被提出，至始至终，有关存在的问题都意味着将哲学家从每一个既有立场驱逐的冲动；最终，无论是科学对象还是"生存"本身，都不是"自我存在"（être en soi）。这就是说，雅斯贝尔斯的哲学并不

---

[1]　"生存哲学"这个名称具有欺骗性，因为这似乎是一个限定性的名称。"哲学永远只想成为永恒的古老哲学"，VE 113。"我们所谓的'生存哲学'只是独一无二的古老哲学的一个形象"，ExPh, I。

[2]　"这是一个全新的哲学史，是一个全新的生存共鸣史。对我们而言，这个历史正在生成；不过，这个历史只会比以往更加虔诚地想要保留古老哲学，因为它将拥有更多的内在性（intériorité）"，VE 100。

[3]　VE 57.

[4]　I, 1.《哲学入门》第一部分的题目是："追寻存在"（Das Suchen des Seins）。I, 439.

像海德格尔所批判的那样 [1]，忽视了"诸问题的问题"(problème des problèmes)；该哲学对生存，亦即对人类个体的敏锐洞察，并未删除生存或人类个体的**存在**（être）意义，而是对后者进行了更新。这一更新体现为以下三个方面：首先，有关存在的问题与提问者密不可分 [2]；在纯智识层面可被视作一个"问题"(question，Frage)的东西，亦即一个召唤着某个答案的陈述，首先会作为某种不安（malaise，Unruhe）或冲动（impulsion，Antrieb）嵌入生存的心中；未曾感受到这种不安或冲动的人是不会提问的：生命层级的人类存在，甚至严格意义上智识层级的人类存在——亦即那些为满足自身需求或为科学地理解现象秩序而感到不安的人——是不会提出这个问题的；这个问题只会从"可能的生存内部"(du sein de l'existence possible) 喷涌而出，即是说，这个问题只与让人不断走向其自由个体身份的永不停歇的冲力（élan）相关。按照雅斯贝尔斯的说法，整个哲学都与这个冲力，亦即与这个喷涌（jaillissement）相关，与此同时，这也是所有对存在的忧虑（souci）的**源头**：冲力，喷涌，源头，所有这些说法都可归结为德语中的"Ursprung" [3] 一词。由此导致的混乱将引发另一个混乱，哲学与"源头"的这一关联将导致以下两者的鲜明对比：一个是问题范围之广，另一个则是提问者所处境况之局促 [4]；古典哲学家从容洒脱地解决了有关起始点的问题；无论他们讨论的是物、意识、关系还是自我存在，他们始终以某个永

---

[1]　有关这一点，参看 ci-dessus 第四部分第一章和第二章。

[2]　I, 19, 24—25. "在超越一切经验存在以及一切客体的运作中，对自我存在的激情只可能源自可能的生存"。I, 19.（在后面，我们将对这句话的第二部分进行评论）。"对存在的追寻问题最终将归结为追寻之人的问题。这个追寻之人不仅仅只是经验存在，因为经验存在是不会追寻存在的，它还可以自我安慰。（如所是的）追寻之人的存在就是可能的生存；而追寻之人的追寻过程就是哲学本身。只有当生存可以在经验存在中成为被质疑的对象，只有当生存在思想的道路上通过哲学朝着存在前进时，存在才可能成为一个问题"，I, 24.

[3]　"在可能的生存内部进行哲学思考……是一种追寻。对源头的意识朝着这样一个源头走去，该源头是对自我的一个有意识的追寻。同时，在存在求助于这个源头之处，该源头会增大其迎接存在的倾向。"I, 25. 在德语中，"跳跃"(Saut) 与"源头"(Origine) 两词相近，一个是 Sprung，一个是 Ursprung。

[4]　I, 1—4.

恒的至高点（une vue de Sirius）为起始点。然而，当提问者既不位于起始点，也不位于终点，而是处在某个介于起始点与终点之间的处境中，肩负着历史，自身不断变化，受到个性（caractère）、情欲（passion）、出身（naissance）、短暂的生命、有限的信息 [1] 等的限制时，其所提出的有关存在的问题，亦即提出的有关起始点与终点的问题将产生某个不再能被掩盖的尴尬局面。哲学家必须意识到其视野的广阔性及其视角的不稳定性：存在只能在一些轮廓或一些雏形中自我显现，这些轮廓和雏形本身只有遭遇失败，才可能传递出它们的信息。**失败**（échec）将成为联结以下两极（pôle）的连字符：一个是作为起始点的哲学家的具体境况，另一个则是作为所有问题之终点的存在。本质上，"失败"与一切类似的存在体系相关，无论这些存在体系的起始点为何，它们都声称会从某个假定的原初准则出发，催生出问题与解决的总体性（totalité），并且这些存在体系不会受到提出该体系之人的有限境况的影响。[2]

最后，从问题与提问者之间的联系出发，可得出这样一个重要的推论：存在是"撕裂的"（déchiré, zerrissen）；事实上，正是通过一系列的断裂（rupture），存在才获得其一切广度。生存注定痛苦，因为它从诞生之初便远离了此世界客体的构造（tissu），远离了生存本来的面貌，正是这些面貌让生存与这个世界的客体同质，并将生存嵌入此世界之中。因此，生存既可能回归自我（venir à soi），又可能自我缺失（se manquer），生存存在与世界存在既相对立，又相关联；生存存在依赖于某个决定，由此将产生绝对附着于生存的"可能性"特征；世界存在原则上就**在那里**（là），可被经验地探查，这就是为何人们可称之为"此在"（Dasein）或者"在那里的存在"（être là）[我们通常将之译作**经验存在**（être empirique）]。最后，必须得说，出于其决定的特征以及时间危机的特征，总之就是出于其可能

---

[1] "哲学的起点在我们的境况之中"，I，1；同样出自：I，263—271。
[2] "论哲学的体系与未完成"，I，4，I，271—281。

性的特征，生存与超验的自我存在既相对立，又相关联，我们将在后面逐步揭示两者之间关系的复杂性。

2）那么，根据"永恒哲学"（philosophia perennis）的第二个愿望，一个有关生存的哲学如何得以成为一个思想（une pensée, ein Denken）？思考生存所面临的困难首先源自存在的撕裂本质；该本质导致，哲学会同时遭遇不连贯和不清晰的双重危险。那么，对于这些更多表达了生存与世界以及生存与超验之间的悲剧性关系，而不是表达了某些可在理智层面被描述的关系的断裂而言，是否可能赋予它们某个理性地位？另外，对于一个本质上是一个整体（massif）且具有同时性（simultanée）的哲学而言，是否可能让这个哲学的各个主题相互分离？不同于笛卡尔的哲学，雅斯贝尔斯的哲学并非某个循序渐进的线性哲学，对他而言，生存是一下子被抛入世界、抛向自己、抛向超验的。那么，对于一部如此不可分割的作品而言，人们可能在其中引入某个在一定程度上合乎教学法的循序渐进吗？

"只要可能，就要思考"，对于这一点的忧虑主要表现在赋予每个存在类型以适当的明晰性的努力方面。哲学家无法顺从于情感（sentiment）和情感直觉（intuition affective），他更多是通过让思想朝向自身产生某种变形（torsion），从而让思想言说出思想本不能言说之物。于是，思想的逻辑进程将遭受某种力量考验。首先是用一些**形式概念**（concepts formels）来命名不同的存在类型，这些形式概念将得以确定哲学反思的主要领域：于是，在对普遍意义上的存在的思考变得不可能之后，三大存在模式应运而生，我们分别称之为客体—存在（être-objet）、主体—存在（être-moi）和自我存在（être en soi）[1]。"客体—存在"指的是时空现实、物质与生命、物与人、工具与外来物质（matière étrangère）、对现实的思考、对数学类型的理想客体的构建、想象、所有德语中所说的"一般客观性"

---

[1] Allgemeine, formale Seinsbegriffe (Objektsein, Ichsein, Ansichsein), I, 4—6.

（Gegenständlichkeit überhaupt）以及**所有**我由于处在境况中而与之面对面（vis-à-vis）或在"那里"（là）找到之物 [1]。在雅斯贝尔斯的话语体系中，"客体—存在""此在"（être-là，Dasein）以及"世界"几乎是同义词 [2]（我们会在后面对这几个词进行细分）。哲学的第一等级（degré）在于对世界的经验存在的探索，这就是为何，《哲学入门》的第一卷以"对世界的定位"（Weltorientierung）为总标题 [3]；科学已经是这样一个探索，但哲学重新考虑这一探索是为了让该探索的界限显现出来。[4] 然而，对于我自己而言，我并非一个客体，由此导致了与生存相关之思考的所有困难；我只能以间接的方式**照亮**（éclairer，erhellen）我所不能解释之物以及我无法让他人以理解物的方式进行理解之物，这就是为何，哲学建筑的核心结构被命名为"对生存的启明"[5]（Existenzerhellung），该名称很难用法语翻译。在某种意义上，整个哲学都在于**照亮生存**，因为客体—存在或此在的界限，或者简单地说，经验世界的界限，只是相对生存而言的，此外，超验也只是相对生存而言的。这就是为何，《哲学入门》整体可被称作《生存哲学》（*Philosophie de l'existence*）[6]。不过，如果我们认为，对生存自身而言，生存并非一个有待追寻的终点，并且生存只有在超验中才能找到"自我存在"、只有在世界中才能找到超验符号的话，那么，必须得说，《哲学入门》第三部分名为"形而上学"[7]（*Métaphysique*）的章节不仅意味着为整部作品画上完美的句号，而且也意味着整部作品抵达某个引力极点（pôle d'attraction）[8]。

---

[1]　这里几乎是字面上的翻译，I，4。

[2]　Das All des Daseins ist Welt，I，28.

[3]　"转向世界的思想"（*Weltorientierendes Denken*），I，28。

[4]　这就是为何，当人们关注第一层级时，这个探索被命名为"对世界的定位哲学"（Philosophische Weltorientierung），科学本身则被称作"对世界之定位的探寻"，I，28—30。

[5]　"生存思想"（*Existenzerhellendes Denken*），I，31。

[6]　这是 1938 年讲座文集的标题。

[7]　"形而上学思想"（*Metaphzstches Denken*），I，33。

[8]　"生存哲学在本质上是一个形而上学。它的信仰求助于让它得以喷涌而出的源头。"I，27.

　　然而，对不同的存在模式以及与这些模式相称的不同方法论进行命名并不足够，哲学问题的关键在于以最为系统的方式 [1] 将这些存在模式以及方法论连接起来。生存哲学的问题则在于，在思想内部赋予"非—思想"（non-pensée）形式以某个地位，这些"非—思想"形式对应不同的存在模式之间的裂口：在这些存在模式中，每一个存在模式是另一个存在模式的**界限**（limite，Grenze），人们通过某个跳跃（bond，Sprung）从一个存在模式转至另一个存在模式。那么，如何赋予"界限"与"跳跃"以哲学含义？我们预感到，之所以有从世界向生存的跳跃，那是因为生存就是这个跳跃本身，该跳跃不再被构思为逻辑进程，而是会在那个令人困惑的存在向自我诞生时，实际地发生。逻辑的跳跃是对被唤醒之生存的跳跃的模拟；生存是"跳跃"的逻辑表达所指向的源头 [遗憾的是，法语无法保留"跳跃"（Sprung）和"源头"（Urspung）两词的亲缘关系]。此外，之所以有从生存向着超验的跳跃，那是因为，在另一层面上，超验又是生存的源头，正如超验是一切事物的源头。那么，此后，如何能够通过思想的方式去考虑这个双重的跳跃？

　　雅斯贝尔斯坚信，在不可分的存在（être indivis）系统崩塌之后，某个撕裂的存在系统（systématique）将应运而生。该系统以某个基本的进程为准则，这个进程以思想的方式表达着生存的喷涌以及超验相对生存的显现；雅斯贝尔斯将该进程称作"超越"（transcender）。[2]

　　因此，我们必须对生存哲学的这个基本进程，亦即这个"超越客体的思想"，进行一个更为技术性的特征调查。

---

　　[1]　"论最系统化的体系"，cf. II，chap.1。
　　[2]　当哲学陈述未分散着格言警句时，这些陈述就要求以某个内在连贯的方式被安排。从无法削减至经验存在的诸多存在模式出发，哲学采取了"philosophische Weltorientierung""Existenzerhellung"和"Metaphysik"的划分，这样的划分在超越操作中有着系统的表述。整个哲学都抵抗着那些在清晰的客体性中作为存在对所有人而言都一样的东西。超越的不同模式是在一些陈述中起作用的哲学被宣称所需遵循的原则。该原则构成了将哲学分为"philosophische Weltorientierung"，"Existenzerhellung"和"Metaphysik"的基础。I, 37.

评 注

我们以 1932 年出版的三卷本《哲学入门》为指导；所有在
这部作品之后出版的其他作品同样至关重要，可帮助我们明确甚
至修正《哲学入门》这部主要作品中的一些观点。相反，《哲学入
门》之前发表的那些作品，其中尤其包括《普通精神病理学》(*La
Psycho-pathologie générale*) 和《诸世界观的心理学》(*La Psychologie
des Weltanschauungen*)，它们所采用的方法论以及所表达的精神都
与《哲学入门》大相径庭。在出版该阶段的第二部作品，亦即《诸
世界观的心理学》时，雅斯贝尔斯尚未提出任何有关人的理论；
那时，他更多将自己的作品构思为某个理解心理学 (psychologie
compréhensive) [1] 的实例。他将理解心理学理解为这样一个心理
学，该心理学会对隐藏在诸理论和诸价值背后的根本力量和需求进
行追溯；当这些力量和需求激活某个思想或某个生命的总体性，并
对该总体性的整体价值进行支配时，那么这些力量和需求就会被赋
予"世界观"(Weltanschauung) 的名称。然而，这依旧只是一个心
理学，也就是说，这并不是一部有预见性的作品，并未宣称新的需
求与力量，而只是一部描述性作品，是从外部对人之可能性的识
别；这部作品所采用的研究方法非常灵活，它将个人经验、生活
景象、历史教训、伟大哲人的教诲结合在一起；在这些伟大哲人
中，雅斯贝尔斯将黑格尔及其《精神现象学》置于最前列，但雅斯
贝尔斯的企图只停留在从其中找到人类态度的某个目录表，而不是
从中得出某个严格的体系；紧随黑格尔之后，雅斯贝尔斯也将康德
及其理念理论 (doctrine des idées) 放置在了一个重要的位置；每

---

[1] Pwa. 7.

一个"世界观"本身都是一个理念，该理念无法被概念穷尽，亦无法被完全实现；理念是某个视角以及某个生命的无限。不过，在那时，雅斯贝尔斯就已经对克尔凯郭尔和尼采的启迪有所提及，并将二者置于理解心理学的四大准则之上。雅斯贝尔斯将二者视作某个全新的心理学的大师，以及某个全新的人类阐释学的奠基者。因此，"诸世界观"的心理学想要成为这样一种尝试，在这个尝试中，该心理学通过对人类中最典型的形象的构建，来探寻人的**智识范围**（envergure）。整个作品的框架依旧是黑格尔式的，亦即是三段式的，但由于这个框架极具灵活性，因此依旧被雅斯贝尔斯选中；该框架可以在辩证范畴内呈现出人的不同态度，而且应该可以产出一部甚至比作为参考对象的黑格尔的作品更为丰富的作品。作品从主体和客体的断裂（coupure，Spaltung）出发，首先突出态度（attitude，Einstellungen）本身的价值，然后再突出世界观（weltbilder）的价值，最后再以对不同"精神类型"（types d'esprit，Geistestypen）的综合研究结束。引发这些"精神类型"的是由不同的有限境况（situations-limites）所产生的痛苦：怀疑主义、虚无主义、在有限中所陷入的困境、在无限中的至高停歇（halte），等等。

读这本书（《诸世界观的心理学》——译者注）时，人们会遭遇某种不安：人们不知道是需要感知人类类型的多样性——这些类型被呈现为不同的陌生视角 [1]，会出于它们的多样性本身，向怀疑主义倾斜——，还是要任由自己被作者几乎昭然若揭的偏好所吸引——在书中，作者已经提出了某个生存哲学，因而打破了某个简单的理解心理学的范畴。因此，《诸世界观的心理学》一书所采用的方法论始终是蔚为壮观的；该方法论提出了那个永恒的至高点视角（point de vue de Sirius）的假设。随后，在1932年出版的《哲学入门》中，该视角又遭到了猛烈的抨击。

---

[1] "我们永远不会是我们所考虑之物。"（betracnten）Ibid. 20.

第二章 基本操作：超越

哲学思考（philosopher）意味着某个以存在为追寻对象的思想行动。然而，存在是撕裂的：只有当思想超越一开始阻挡其视角的最初存在形式时，它才有可能遍历所有阶段，并实现从经验存在向生存以及从生存向超验的跳跃。因此，我们有必要对这个超越的思想运动进行描绘。这样的说法可能让人感到吃惊，尤其当人们还没有对存在地位（statut de l'être）进行比以往更为详尽的定义，也没有论证完成这个超越思想运动的必要性的时候。不过，只有当某个本体论立即可能时，这样一个反对意见才足以让我们产生动摇，而事实却是，并没有这样一个立即可能的本体论。相反，一旦超越了经验存在，我们相对存在所能言说的一切，只能通过超越来言说，我们之所以可以对存在的撕裂进行最初的暗示，那是因为我们已经开始了超越这个行动。因此，对超越行动的阐明刻不容缓。这项任务曾牵引雅斯贝尔斯去构思某个认识论（théorie de la connaissance）。不过，他并不是以明确的方式对该理论进行构建的，因此，我们需要对该理论的相关元素进行归类，即便这样做可能会让本章节略显技术化。这些元素先是集中出现在引言部分，然后散见于整部作品。

我们首先需要对思想遭遇并应超越的障碍进行定义：构成思想之障碍的正是某个客体性（objectivité），这个客体性由那些对存在的最初决定[1]构成，目的是让存在始终首先作为客观物（objectif）呈现。在揭示出客体性在某个依旧天真的思想中所享有的至高地位后，我们将继而考察思想如何得以超越该客体性，亦即如何实现超越（transcender）这个运动本身。不过，我们已经预感到了即将面临的困难。一个为克服客体性而趋向于拒斥任何客体（objet）的思想指的是什么？这样一个思想难道不会因为太过纯粹而变得衰弱并消失吗？因此，最后，我们想说的是：客体性永远无法被完全超越，因为总会有一些更为精妙的客体性形式来接替最为直接的形式，由此导致，超越运动永远无法完结。

一、客体性帝国

当我们想对客体性进行定义并着手清点其形式时，我们会遭遇某个含混性（équivoque）：客体性既可指代内在于主体的客体存在，又可指称有关该客体之知识的客观性质。事实上，德语是用两个不同的词来指称这两个功能的，一个是"Gegenstand"，另一个是"Objekt"。"Gegenstand"一词指的是相对某个主体而言的客体，意味着某个意识活动的相反方向，是在"某个'我思客体'（cogitatum）总是与某个'我思主体'（cogito）相关"的确切意义以及引申意义上进行理解的；我们也可暂且将之译作"表征客体"（objet de la représentation），或者在不引起歧义的情况下，就将之译作"表征"，其中"表征"一词取其接受最广的

_____

[1] "一旦被领会，存在就会变成一个被决定的存在。"I, 4.

含义。[1] 至于"Objekt"一词，在翻译中，我们保留了该词在法语中的同音异义词（指 objet——译者注），该词指的是相对某个客观知识而言的客体，这就是说，该客体声称具有精确性（rigueur）和普遍性（universalité）。"Gegenstand"一词提出的是一个非常普遍的问题，涉及意识和存在的不同关系，或者至少涉及思想与其客体之间的关系；"Objekt"一词提出的则是知识尤其是科学知识的有效性问题。在分析中，我们将首先对这两个概念进行区分，然后再揭示二者如何相互连接。

（一）表征客体性

如果一切思想都是与某个客体相关的思想，那么表征帝国与思想帝国将拥有相同的疆域。这不就是意识的结构定律（loi de structure de la conscience）吗？尽管雅斯贝尔斯有关意识的论述充满不确定性 [2]，但他承认一切存在都需以意识为媒介，就连意识本身亦是如此：只要意识自我反思，那么它也需要以意识为媒介。[3] 对于意识的这个首要属性，亦即"意识的本质在于总是会转向表征客体的事实"[4]，雅斯贝尔斯延续胡塞尔的说法，将之称作意向性（intentionnalité）。具有意向性的意识相对其客体的运转方式，并不等同于被纳入某个因果关系网络的某物相对其他物的运转方式，而是意味着"在这个意识中，有表征客体呈现在我面前"。至于该客体是以何种方式呈现在我面前的，是通过知觉呈现的具体客体，还是通

---

[1] 有时，"Gegenstand"一词的含义也不那么明确，亦可被译作"……的客体"(objet de)，比如某个意识的客体，*Gegenstand eines Bewusstseins*，I，28，"科学的客体"，Jede Wissenschaft hat einen Gegenstand I，318，"实验的客体"，Gegenstand einer empirischen Forschung I，87，"某个知识的客体"(Gegenstand eines Wissens，I，273)，等等。

[2] 雅斯贝尔斯一会儿在《哲学入门》的前几页将意识视作特殊的存在，视作绝对的参考中心，该中心"可以抓住并支配所有可呈现为存在之物"(I，7)，一会儿又泛泛地谈论存在，而并不参考某个认识该存在的意识，主体只是作为存在的某种细分出现 (I，4—5)，意识则只是众多客体中的一个 (II，9—11)。

[3] 7. VE. 32.

[4] I，7.

过想象和回忆呈现的不在场的非真实客体，抑或是通过知觉或推论所产生的抽象客体，所有这些都不重要：表征客体的世界与意识拥有相同的广度（envergure）。此外，意识还可以通过某个"扭曲的运作，变成自身的客体，不是某个完全他者的客体，而是某个依旧与自我相吻合的客体"[1]。由此导致，在这里，"1"与"2"的等同尽管在逻辑上是矛盾的，但却是真实发生的：在"我思"（je pense）之上总是叠加着一个"我思我在思"（je pense que je pense）；对某个表征的意识总是对自我的意识。"意识是主体与客体之间的张力，这个普遍存在且无法被削减为任意他者的基本事实，意味着'我'的意识与表征意识的相互归属。"[2] 因此，对于存在与意识之间的关系问题，我们可得出第一个答案：任何未在意识中呈现之物都不存在，在这个意义上，意识是存在的限度（mesure）；逃离意识的存在对我们而言就像不存在一样。"一切皆为意识，用此类措辞表达的意识准则就是内在性准则（principe de l'immanence）。"[3] 于是，意向性与内在性被混同起来。正是在这一点上，雅斯贝尔斯得以与胡塞尔分道扬镳，后者更多将瞄准某个表征客体的行动称作超越。雅斯贝尔斯与胡塞尔的这一对立是经过事先考虑的，因为雅斯贝尔斯渴望让"超越"一词保留其"所有的力量与光彩"，从而让该词发挥出其最高且最真实的作用：不是对让一个意识与其表征客体产生关系的运动进行命名，而是对这样一个运动进行命名，在这个运动中，意识超越所有表征，从而抵达不再能表征之物。[4]

就这样，在对表征客体的定义中，某个超越表征客体的行动的可能性被保留了下来。尤其地，当我们注意到由意识与表征之间的关系所定义的意识本身并不构成主体的全部时——这一发现至关重要——这个可能性还会进一步彰显。内在性准则（principe de

---

[1][2]　I, 8.
[3]　I, 49.
[4]　"正确的超越意味着在非—客体物中对客体物的超越"（I, 38）。

l'immanence）仅适用于雅斯贝尔斯所称作的普遍意识（conscience en général；das Bewusztsein überhaupt）[1]，亦即所有表征客体都将面对的那个纯参考中心。然而，这样一个意识以自身的匿名性为主要特征：它意味着这样一个毫无生机的主体，该主体剥离了自身所有的独特性，让自身在本质上等同于任意他者，可与任意他者相互交换。"这是最大限度的主体点（point du sujet），亦即形式的、无人称的'我'的点，这一点与物相对立，也就是说，物是这个主体点的相关物（corrélat）。"[2] 这便是理性主义哲学所求助于的意识，康德的"我思"（ich denke）或许正是这样一个意识的最佳典范。相反，生存哲学则拒绝给予该抽象意识以特别的关注或者赋予该意识以垄断地位，而是转而关注其他意识模式，并提请人们注意以下事实：那个与"被表征客体"相关联的干瘪主体不过是马塞尔（G. Marcel）所称作的降世为人之主体（sujet incarné）的一个方面。

表征的客体性一旦被定义，超越运动便在对意向性（intentionnalité）的内在性与独特性的肯定中被双重开启。不过，在继续沿这条道路前行之前，我们还得考虑客体性的另一个方面：此时，客体性不再指表征客体面对主体的可能性，而是指某个由知识决定的客体的客观特征。[3]

（二）知识客体性

从表征客体到知识客体，事实上，二者之间并不存在任何间隙（hiatus），它们只是被一些额外的决定所间隔。二者之间的亲缘性在雅斯贝尔斯的一篇文章中得到了确认，与此同时，该文章还列出了让二者产生间隔的那些决定。[4] 我们的反思将以这篇文章为起点。文

---

[1] 因此，意向性意识非常独特的两个方面，亦即客体性意识与自我意识，都被纳入了普遍意识之中。

[2] "物立于面前，亦即客体在。"I，8.

[3] 当它是 Objekt 而不是 Gegenstand 时。

[4] II，338—339.

章列出了客体性的三大连续且互补的维度:"首先,嵌入某个表征,亦即某个由主体化的主体(sujet subjectif)所实现的表征中之物是客观的。[1] 与主体的内在性(intériorité)不同,被表征之物是'外部'(extérieur)。'外部'既是'他者'(l'autre)与陌异者(l'étranger),又是确定(déterminé)与光亮(clair)。内部(intérieur)则是不确定与黑暗。"然而,当主体产生自我意识时,它会进一步提出要求:"于是,客观物又变成'有依据之物'(le valable, das gültige)。被卷入经验存在的盲目漩涡中的客观物不被思考,就不会存在,但被思考(être pensé)与成为客体(être objet)又完全是一回事。"[2] 有依据之物就是恰当之物或正当(juste)之物,这里同时取"juste"一词的双重含义。对应这个双重的含义,德语用两个不同的单词进行了指称:一个是"Richting",意指知识的确切性;另一个是"Recht",意指道德品质;于是,自然法则与道德准则都变成客观的,前者表达的是某个生成(devenir)的因果必然性,后者表达的则是某个义务(devoir)的道德必然性。在这两种情况下,有依据之物(le valable)具有其普遍性(universalité, Allgemeinheit)特征。然而,有依据之物的疆域是不确定的,在成千上万个对其进行陈述的不同的、相对的甚至是矛盾的命题中,它是被分割的。主体不会满足于此。"于是,最后,作为'真'(vrai)的客观物又变成'总体'(le tout, das Ganze),这个总体的确切性(exacte)与某个时刻相关。作为表征客体以及某个有依据的表征客体的物意味着死气沉沉的可靠性,而作为充满活力的总体的物则意味着理念(idée)。"[3]

这篇文章让我们得以对客体性进行重新清点。首先,我们将看到,表征客体趋向于与客体一词等同。这是因为,当与表征客体概念相关的不再是抽象意识,而是从此拥有某个黑暗深度的主体时,

---

[1] "客观物首先指的是客观之物,该物与作为主观物的'我'相对立"。

[2] "被思考与成为客体是一回事"。

[3] 德语:*Die Sache als Gegenstand und als Geltung von ihm ist totes Bestehen, die Sache als lebendiges Ganze ist Idée.*

这个概念将失去其精确性；从主体的黑暗深度出发，我们已经知道，主体不再仅仅意味着某个普遍意识的透明（transparence）和匿名性，而是意味着一个具体的、独特的"我"，这个"我"将像某个"苦涩、阴暗、嘈杂的蓄水池"般，嗡嗡作响。因此，表征客体几乎已经快变成相对某个具体主体而言的具体客体；为达成这一点，只需要表征客体去除所有唯心主义的特征，不再遭受任何现象学的还原（réduction）（在雅斯贝尔斯看来，这一点是不可能的），从此只指称在经验存在中出现在某个主体 [1] 面前的物，且该物是以坚决、稳固的方式立于主体面前的，既可为主体提供支撑，亦可产生反抗主体的力量。[2] 这是一个可靠的存在，该存在那仿佛与生俱来的可靠性 [3] 会在表象的多样性中提供一个支撑点，它的外在性（extériorité）仿佛是对现实的某种保障。

不过，客体性也隐藏着诸多无法被表征概念所囊括的新特征。"变成客观的"就是要"被思考"（être pensé），因而就需要依靠某个有效性或者某个理性可理解性（intelligibilité rationnelle）。雅斯贝尔斯在其他地方对这一点进行了更为明确的说明：知识可进入的领域是这样一个领域，在该领域中，"一切被认识之物都是客体（正是在这个意义上，该领域被嵌入某个表征之中），且都是客观的（正是在这个意义上，该领域是普遍有效的），这两个不同层面的含义均以客体性概念为基础" [4]。因此，表征客体只有在某个初级的层面上，亦即当在法语中，表征客体被指定为某个意识的客体时，才属于客体性的范畴；为表征客体授予客体性完整"文凭"的是则理性的构思，譬如当我们讨论某个律法时，我们会说它是客观的。不过，客体首先得是表征客体，才能继而戴上客体性的徽章，并由此真正意义上

---

[1] 这就是为何，雅斯贝尔斯指出，科学拥有对有关这些客体（daseinde Gegenstände）的知识的垄断权。

[2] 客体不仅是 Gegenstand，而且也是 Bestand（III，14，222），或者 bestehende Objectivität（II，336）。

[3] *Festigkeit*（II. 330）.

[4] I，28.

"成为客体"[1]（devenir objet）。然而，尽管客体性既被定义为对客体的经验意识，又被定义为知识的逻辑普遍性，但我们最好在此处就指出这两方面可相互分离的事实；无法成为经验客体之物，甚至无法被表征之物，却可通过某个有效的形式被表达并要求获得普遍性。生存和超验就是这样的，它们并非客体，在必要时，它们唯一能够要求获得的客体性形式只有普遍性。不过，考虑到在科学认识方面，客体性的这两方面总是集结在一起，普遍性的常规功能就是让有关客体的知识生效，因此，要想将客体性的这两个方面分开，并赋予不再是有关某个客体之知识的某物以普遍性，那么就必须打破思想惯习，更确切地说，就是必须超越。

在开始论述我们所引用的那篇文章的第三点之前，让我们来看一下这个理性客体性（objectivité rationnelle）是如何被表达的以及出自哪里。理性客体性（哲学领域的核心词汇之一）被一些知识[2]所表达，这些知识是整个科学的目的："科学尽其所能地将必要且始终有效的知识作为稳固的支撑提供给人类。"[3]"知"就是获得客体的确切限度，明白它是这样的而非其他的。它意味着承认某个整体的认识至少是可能的，只是暂时地将自身交付给那些会让一切真知变得模糊的阴影边缘和不确定性边缘，并在此基础上，尽可能全面地包围住客体。这是因为，从知识的角度出发，非—知识（non-savoir）不过是没有任何实证意义的某个虚无。[4]最后，知识的本质特征在于它所施加的限制[5]："知识"这一术语既指称数学知识的逻辑必要性，又指称由经验知识所标示的物质必要性，还指称范畴[6]的直觉必要性，以及最后作为知识之最高特征的普遍性。

---

[1]　此类表达经常出现在《哲学入门》中，例如：die in der Weltorientierung Objekt werdende Wirklichkeit（I，167）。

[2]　Wissen.

[3]　I，86.

[4]　然而，生存却将赋予非—知识极其重要的意义。II，261—264. Cf. infra p.30.

[5]　*Zwingendes Wissen*，Pollov 和 le R. P. Tonquédec 译为 *cogent*。

[6]　参考自胡塞尔的 Wesenschau（本质直观）一词，雅斯贝尔斯本身并未使用这个词。

这些知识是由什么推动的？雅斯贝尔斯将此归于理解（entendement）："理解的知识"这一表达曾多次出现在《哲学入门》一书中。此外，这些知识的普遍性自然会让人联想到普遍意识：只有这个足够赤裸且普遍的意识才可能构思出这些本身匿名、可交流且对所有人有效的知识；这就是为何，雅斯贝尔斯在书中指出："这个世界的所有知识和客体都是相对普遍意识而言的。"[1] 那么，普遍意识会与理解竞争，并要求承认其作为知识**源头**的资格吗？不会，因为总体上，理解等同于普遍意识；我们最多可以说，理解是普遍意识的智力器官。每当我们发现由两者支配的范围产生重合时，我们都能够证实这一点。理解用以生成客体性的工具是各类范畴（catégorie），这些范畴是"思想的基本决定"[2]。不过，范畴理论在雅斯贝尔斯对科学知识的分析中并未起任何作用。他只是指出，对知识的澄明（élucidation）与大写的逻辑（Logique）相关，但他并未就此展开论述。直到《哲学入门》第三卷，当他开始揭示如何得以实现超越时，他才列出一个范畴清单；因此，有关这一点，我们将在后面具体考察。[3] 目前，只需明白，理解之所以呈现为某个既具有支配权又受到限制的不妥协甚至执拗的立法者形象，这完全归因于它对范畴的使用。

不过，对于康德或者黑格尔的读者而言，"理解"的这一形象似乎会让他们倾向于将"理解"与"理性"（raison）对照起来进行思考。不过，雅斯贝尔斯并没有这样做。在《哲学入门》中，"理性"一词依旧鲜被提及；不过，在 1935 年以及 1938 年的讲座论文集中，"理性"一词则被大量论及——其中，1935 年那本论文集的标题就是《理性与生存》（*Raison et Existence*）——理性对明晰性以及统一性（unité）的双重要求也被视作一切哲学思考的动力、任务、方式

---

[1]　I, 93.
[2]　I, 22.
[3]　III, 36 sq. cf. infra p.263 sq.

以及目的。[1] 每当"我无限地想要拥有明晰性"[2] 时,理性就会自我显现(se manifester),在这个意义上,可以说,不存在任何不经理性推动的思想。事实上,"理性"一词之所以未出现在《哲学入门》一书中,这并非出于疏漏,而可能是因为在"理性"与"理解"两词之间,雅斯贝尔斯尚未引入某个严格的分界线。[3]"理性"似乎就是"理解"的灵魂:对"理解"进行命名,就是对"理性"进行命名。只不过,由于理性的驱动力(pouvoir d'impulsion)是无限的,它可以超越"理解"想要驻足的所有领域,因此,理性应该"保留其最高层级的含义"[4],并拥有一个专属名称,该名称可无条件地与"生存"这一名称联结在一起。不过,鉴于"理性"对明晰性的要求使得它同时也是"理解"的驱动原则(principe moteur),因此,对于我们所关心的问题而言,"理性"亦为客体性的优先性(primat)负责,这里指的不仅是作为明晰性思想条件的知识的客体性,而且也指作为一切思想之条件的表征的客体性。任何明晰性思想都可成为客体,任何思想本身亦可成为客体。想要理性的人,就会想要客体性。

至于理性的另一个要求,亦即对总体性或知识统一性的要求,接下来,我们将通过对客体性的最高形式的分析来进行考察。我们是顺着前面那篇文章的基本思路行至此处的,文章将客体性的最高形式定义为由理念所表达的总体性。事实上,正是总体性的保驾护航使客体得以作为完全可靠、没有任何裂缝(fissure)且服从于思想意愿的某个"完满全部"(plénitude achevée)显现。总体性或统一

---

[1] 正如我们在前面所说,在 1935 年的系列讲座中,雅斯贝尔斯不仅致力于通过引入一个更加明确的概念谱系,从而将他的理论系统化,而且还进一步强调了该理论的理性色彩,从而将其归入让他获得庇护的哲学传统之中。1938 年的系列讲座似乎拥有相同的企图,只是有所缓和:第一部论文集所制定的独断体系几乎没有进一步膨胀,《哲学入门》的气息能在其中更加自由地流通。无论如何,一定不能认为这两部论文集完全颠覆了《哲学入门》的整体布局,或者严重歪曲了《哲学入门》的灵感。尤其地,这两部论文集强调理性的角色,我们将看到《哲学入门》也并不曾否认理性的这个角色。

[2] "当理性意味着对不同表征的明晰性进行思考时,德国唯心主义传统有一个更好的称谓:理解。"VE. 39.

[3] VE 63;cf. 78.

[4] *Das Vorantrieben* VE 63.

性；鉴于总体性并非对绝对相异的元素的拼凑，而是某个有机且同质的统一性；此外，统一性也并不只是通过某个加法实现的数字上的统一，而是某个总体性的本质统一；因此，将它们称作"一"[1]（l'un）更多是对"超验"与"生存"表达的敬意。事实上，在科学层面，"一切学术研究都已经是对不同的统一性的寻求"[2]。不过，这些内容丰富的统一性，其客体性不同于任意客体的客体性；它们就是理念。那么，"理念"这一术语指的是什么？在这里，我们有必要加入某个理念学说的元素。尽管该学说并不像范畴理论那样重要，而且也并未被雅斯贝尔斯明确提及，但它在雅斯贝尔斯的哲学中起到了重要的作用。

对理念与总体性的比较会立马让人联想到先验辩证法（dialectique transcendantale）的传统。不过，若置身于这个康德的视角之下，如何能对至高的客体性理念表达敬意呢？人们至多可以说，康德的视角需要这个至高的客体性理念，而不能说该视角包含了该客体性理念。事实上，雅斯贝尔斯所说的"理念"始终介于康德意义和黑格尔意义之间：在康德那里，理念只是认识（connaissance）的一个具有调节性的准则（principe régulateur），但在黑格尔那里，理念指的则是客观现实最完美的形式。这一不确定性明确地出现在了雅斯贝尔斯的多篇文章中，在那些文章里，雅斯贝尔斯将"理念"的这两个不同层面的含义集结在了一起。[3] 一方面，理念是推动研究者完成"朝着总体（tout）[4] 不断前进"的这个不确定任务的推动力，是牵引研究者进入更加广阔、更加充满活力的领域的"阿利亚娜之线"；另一方面，理念也是某个精神现实（une réalité spirituelle），该现实自身可成为某个科学研究的客体，而不仅仅只是康德意义上的某个批判研究的客体。

---

[1]　III, 119—120.

[2]　I, 110.

[3]　尤其参考 I, 110—115。

[4]　I, 64.

我们有必要对后面这个层面上的"理念"进行着重强调。当理念客观地显现时，它属于精神（esprit，Geist）的范畴，可对理念进行解释的科学则是精神科学。那么，何为精神？[1] 自然和精神是现实的两极。自然存在仅作为客观物体而在[2]，客观物体在本质上与我无关，在我以为包围住它的时候，它的"本我"(en-soi)总是会远离我；精神存在则会在以下这样的思想中向我显现：为让这些思想经受知识的审查，我将这些思想转化为客体，但我知道这些思想源自与我一样的主体，由此造就了这些思想与我的亲缘性，这些思想永远不会将某个始终无法靠近的"本我"置于我的对立面。因此，精神依旧是一个客体，只不过是一个享有特权的客体。之所以说精神是一个客体，那是因为，我可以作为某个不同于我的"他者"对其进行认识，正因如此，它是可被科学解释的。之所以说精神是一个享有特权的客体，那是因为这个"他者"与"我"之间有亲缘性：精神世界并不像物质世界那样如此远离"我"；只有当精神世界超越它不断化身为的那个个体意识时[3]，它才会成为"他者"。按照黑格尔的传统，即便精神得以显现或反映在个体意识中，这个精神也首先是一个共同的精神，是一个可被称作集体的意识（如果"集体"一词尚未被贬低的话），随着历史的推进，该精神可通过一些力量、行动和匿名的事业显露出来。于是——让我们引用布克哈特（Bürckardt）的说法——雅斯贝尔斯命名了三个尤其影响生存命运的"精神力量"：国家、宗教与文化[4]；在其他地方，雅斯贝尔斯还提及了"精神的传统领域：知识，精神（éthos）、艺术和宗教"[5]。由此我

---

[1] 在后面，我们会再次谈及精神科学，并探讨它如何既与生存相近又不同。在这里，我们只需要尝试明白它如何可以是客观的。

[2] "自然的存在在于其简单的客体性"。

[3] 这就是为何，雅斯贝尔斯偶尔称心理客体为"沉重意识"(conscience pesante)（I，105）；在某些文集中，精神作为某个主体的存在模式显现（ich als Geist, VE 33, Eph 16），雅斯贝尔斯基本上只从这个层面对精神进行理解。所有个体都参与的共同精神，这样一个精神更会让某个历史哲学感兴趣，而不会让某个生存哲学感兴趣。

[4] II, 350.

[5] I, 179.

们已经可以看出客体性帝国拥有多么宽广的疆域。我们还尤其得以明白，理念本身可以获得某个客体地位，因为它们是精神的灵魂，甚至是精神的实体。[1] 正是这些理念跨越历史，构成某个时代、某个文明、某个民族或某个语言的统一性——始终是统一性——：从埃斯库罗斯到欧里庇得斯的古希腊悲剧的发展，从康德到谢林的德国哲学的发展，从文艺复兴到巴洛克的古典艺术的发展，所有这些都是理念。[2] 表面上，这些构成客体、作为精神实体的理念与被自然科学视作调节准则以及主观探索工具的理念相距甚远。理念的康德阐释与理念的黑格尔阐释的二元性，在自然和精神的二元性那里获得了印证与解释，该二元性似乎不可削减，我们将用一段表面上具有决定性意义的文字对其进行说明：

> 在自然中，我认识一个不作为自身而在的陌生存在；在精神中，我认识一个与我类似的存在，这个存在本身也具备认识能力。为认识自然，理念位于认识着的"我"身上，在自然中却只有那些难以把握的客观物体，但也正是这些客观物让处于理念保驾护航下的认识的进步成为可能。为认识精神，作为精神力量的理念位于物本身之中，我则在认识的行动中加入理念。[3]

尽管该段落似乎宣称了以下两个理念的分离，一个意味着对难以理解之自然的认识中的某个主观能动性（une initiative subjective），另一个则融入精神的客观现实中，会遭遇认识本身。不过，该段落同时还提出了一些和解的可能性，因为它不仅指出，无论如何，客观理念还是可以在自然中找到某个担保者的，因而具有某种程度的

---

[1]　I，170.
[2]　I，113.
[3]　I，166.

客观性，同时还指出，那些精神的客观理念应该被主体所采纳并分享，因而也具有主体性。因此，为更准确地判断理念的客体性，我们倾向于使理念的康德概念向理念的黑格尔意义方向倾斜，同时也让理念的黑格尔概念向理念的康德意义方向倾斜；如此，我们将得以明白，雅斯贝尔斯如何在玩弄模糊性的同时并不上模糊性的当。在《哲学入门》中，当雅斯贝尔斯注意到自然与理念之间的亲缘性时，尽管他并未尝试解释这一亲缘性，但上面所说的那些步骤均已被初步启动。物理学领域的那些伟大理论的成功说明，事实上，无论现实性如何晦暗不明，它都无法完全抵抗住理念的逼近，此外，即便无法用完美、确定的形式对理念进行表达，但理念依旧能够在这些形式中获得某个客观的含义。[1] 康德不是已经注意到了自然对理念的这个显著顺从吗？不过，雅斯贝尔斯尤其在《诸世界观的心理学》[2] 附录中的某个非常有趣的注释处指出了人们如何得以在忠实于康德理论的同时让其改变方向，从而赋予理念某种客体性。为实现这一改变，雅斯贝尔斯指出了两条途径。首先，第一条途径是不再采取康德的划分方式，而是在忠实于康德精神的前提下，采取另一种派生模式（mode de dérivation），该模式会在各总体性中识别出表达不同经验方向的总体理念，以及表达不同经验内容的总体理念。在第一重意义上，理念只会为研究发出指令，并根据不同的情况，将研究引向机械论的总体性、有机体的总体性或者灵魂的总体性。正是以这种方式，康德得以在发展其目的论概念（concept de finalité）的同时，强调对有机总体理念（idée de tout organique）的使用，该理念会唤起类似这样的箴言：不要执着于原因，去追寻目的。[3] 在这个意义上，理念的唯一功能就是指引研究。不过，在第二重意义上，

---

[1] I, 102.

[2] PWa 408—428.

[3] Crit. Du jugemenl, 65. 相反，雅斯贝尔斯指出，在对灵魂理念的使用方面，康德就显得谨慎许多，该理念趋向于"将精神的所有现象联系起来"。康德的审慎或许受到了某个原子论心理学的影响，该心理学的界限使得它无法想象某个理解心理学某日可以自我构成并让这个统一性原则生效。

当理念表达不同的经验内容总体时，它会进一步腐蚀现实（réel）；该理念意味着，每一个物以及每一个具体的个体都意味着该理念所有谓项之总和，对该理念的完美认识要求对所有可能之物求和：比如，品格（personnalité）的理念将不再是某个方法工具，而是某个独特客体的具体特征。在此处，我们听到了黑格尔的语气：诚然，抵达总体性始终体现为一项任务，而且是一项无限的任务，不过个体已经等同于这个总体性，并将理念作为其自身原则承载于自身身上。此外，另一个反思也将促使康德预感到理念的客体性。事实上，在康德的理论中，理念承载着三大功能：一个是经常被康德论及的启发性功能；另一个是心理功能，因为理念可作为某个晦暗但却积极的力量对研究产生激发作用；最后一个是成为客体的功能——在此处，正是最后一个功能对我们而言至关重要。康德难道没有说过理念应该根据自然[1]的限度进行构思，即便理念没有一个确定客体与之相对应，但至少应该承认理念所表达的"系统统一性取决于物本身，而且与自然相符"[2]，仿佛正是理念本身决定了客体之类的话吗？自《判断力批判》揭示出自然与我们的认识能力之间的隐秘一致性以来，该作品便已在未言明的情况下地承认了理念的客观有效性。正因为柏拉图意识到了这一点，康德才对其大加推崇，在康德看来，"柏拉图很好地看到，我们的理性会自然地上升为这样一些认识，这些认识比任何经验客体都走得更远，它们同样会对某个现实性做出回应"[3]。于是，康德使雅斯贝尔斯得以赋予理念某个客观有效性。

不过，还得朝着康德的方向对黑格尔的思想进行修正。在雅斯贝尔斯那部有关诸世界观的著作中，有好几页内容都是关于黑格尔的。[4] 在里面，雅斯贝尔斯批评黑格尔将理念完全转变为了客体，

---

[1]　Der Natur angemenssen PWa，424.

[2]　Crit. De la raison pure，trad. Barni，p.678.

[3]　Ibid. 370.

[4]　PWa，322—335.

指出他这样做不过是以缔造理念帝国之名，对认识本身的贬低。这是因为，尽管认识本身需仰仗理念，需在后者的启发下才能靠近那个从来都不绝对透明与顺从的世界，但认识的崇高性却体现在它对理念进行不断修正的努力方面；认识是一出没有结局的戏剧。如果结局在情节产生之初便已确定，如果理念与客体相重合，那么认识就会被贬低。[1] 这就是为何，在雅斯贝尔斯那里，即便理念可从精神的历史现实性处获得其客体性，它也永远不会是完全客体的 [2]，该理念依旧要求被"参与"，从而得以在"我"身上抵达现实性。因此，历史学家应该将这样一个理念据为己有，该理念在过去可能不确定且模糊不清，但就像客观精神会反映到个体精神中一样，从今往后，该理念也将在自身身上获得另一个确切、明晰的生命。在被主体接受与采纳后，即便理念依旧处在历史中且承载着某个客体的内容，但它将保留住康德意义上的理念的某种东西。

我们看到，最终，理念的两个不同含义趋向于相互靠拢，它们之间的唯一区别在于，精神比自然更容易被理念渗透。所有理念都既是主体的又是客体的 [3]，这一点可以在对科学的考察中得到确认。在这里，我们只需论证理念被列入客体性名单的事实；雅斯贝尔斯在《哲学入门》第二卷一个很长的章节中对所有客体性形式进行了研究，雅斯贝尔斯之所以对这些客体形式进行研究，那是因为它们为生存设置了诸多陷阱：国家、社会、历史。他所研究的这些客体性形式均让精神显现且都属于理念。

我们已经完成对客体性的清点。接下来，我们将探讨客体性所拥有的魅力（prestige）的各类理性。客体性拥有如此强烈的魅力，

---

[1] "当一切已知时，并不会出现康德意义上的理念，也不会有充满活力的非一知识，不会有无限的运作，而只会有循环的运作"。PWa 326–cf. la critique de l'idéalisme, infra p.38.

[2] "如果理念像主观性一样，是激起研究的某个动力，那么它同时也是它自身所特有的那种客观性"，I, 139. 又或者，"理念既是客观意义上的整体，也是主观意义上会赋予研究以动力与方向的在我身上的运作"。I, 53.

[3] 从这一点出发，雅斯贝尔斯与柏格森分道扬镳，后者在指出概念思想的缺陷后，将这些缺陷的原因归于行动的要求。相反，雅斯贝尔斯对理智主义的敬重（这一点是其思想最独特的特征）使他拒斥任何实用主义（I, 137）。

以至于某些理论甚至将客体视作存在的唯一形式，同时将客观知识视作一切思想的最后野心。这个魅力从本质上依赖于逻辑理性或精神理性（raison intellectuelle）[1]。首先，这个作为任何表征之本质的直接客体性（objectivité immédiate）帝国与意识本身的性质息息相关；当意识具有意向性特征时——任何意识都具有这一特征——意识被定义为意识与其相关物之间的关系，此时，相关物已经构成相对某个主体的客体，其中，"客体"一词取其最普遍的意义。另一方面，这些客体之所以被某个自身客观的知识所安排，这依旧是意识在起作用，或者更确切地说，这依旧是那个以理解为器官的普遍意识在起作用。这是因为，理解建立在三大公设[2]基础之上：处在其总体性中的世界经验性地在场[3]；任何现实性都可被列入某个表征中，且都可被某个知识所解释[4]，因而诸如科学所尝试理解的那个客体是存在的界限；最后，正是客体在时间中持存的能力标志着客体的真实性。在这里，我们再次看到了之前阐释"理解"时所提到的客体性的不同特征：可理解性、可靠性和总体性。正是在这些特征的保驾护航之下，某个能够满足理解愿望的必要且普遍的知识得以诞生："这个不需要'我'的帮助便可自立的客观确定性是所有坚固之物的形象本身，在这个确定性面前，所有'我'的主体性形式都将合法地消失。在领悟这个确定性的过程中，'我'将体验到无与伦比的满足。"[5]

不过，除逻辑理性之外，解释客体性魅力的还有某个伦理理性以及某个坏理性（une mauvaise raison）。事实上，主体之所以求助于客体性，并且就像找到某个庇护所一样在客体性中栖息或者将其视作托辞，那是出于某种惰性的选择，目的是既逃离非—知识（non-

[1]　I，30—31.
[2]　I，93.
[3]　I，225.
[4]　III，83 以及其他好几处有所提及。
[5]　I，92.

savoir）的威胁，又逃离承担责任的危险，最终让自身不用在思想以及行动中做出超越的努力。主体之所以被客体性吸引，这不仅因为主体可从知识处获得这个独特的满足，而且还因为主体有望在自身面前找到一个可让自身凭借的独立、稳定、坚固的客体，而不再需要为了着手研究或大胆尝试这样一个客体而忧虑，正是该客体"让主体得以从自身释放出来"。这就是为何，自然规律的专横特征可为某些抛弃（renoncement）和放弃（abandon）正名。同样地，对于融入历史而不缔造历史、任由自身被事件所牵引的人而言，理念作为某个"平静之地"显现，这里指的只是某个贫瘠的、并不伟大的平静，不得将之与把自身托付给超验的人所体验的平静相混淆。鉴于将自身等同于自由的生存需要决定、冒险与勇气，因此，对客体性的凭借似乎可能意味着某个放弃，有时候，甚至可将这个"放弃"称作"堕落"或者"背叛"。我们将经常谈到这个经验：生存的历史不过是一场对抗类似企图的长久斗争。

这些逻辑理性以及伦理理性并未将问题穷尽。它们解释了为何思想追寻客体性，但并未解释这样的追寻为何大获成功。它们意识到了客体性的魅力，但并未意识到真正存在着某些客体以及真正存在着有关这些客体的某个客观知识的事实。这个事实是可解释的吗？雅斯贝尔斯并未尝试书写某个本体论，他并不像海德格尔那样，相信可以找到现实性的某个"基础"。他满足于宣称这样的事实："有拥有其可靠性的纯客体，同时也有有关这个客体的某个约束性知识——两者其实是一回事——这是我们处在世界之中的身份的一个基本事实。"[1] 不曾尝试阐明该事实，这是一个缺点吗？并不是，因为我们将看到，这个同时作为需接受之条件和需克服之障碍而被直接提出的事实，在后面将获得某个深意：它将变成超验的某个密码，

---

[1] 如果回到传统说法，我们可以说，任何超验哲学最终都是现实的，因为它将存在作为"给予"进行思考；相反，一个没有超验的哲学，比如海德格尔的哲学，则是唯心的，因为它尝试为"存在"找到基底。

变成对绝对存在的见证。不过，客体性要想获得这个无限的意义，首先必须保证超越客体性的努力不被中断。

二、被超越的客体性

首先作为客体呈现在我们面前的存在不只是客体。同样地，主体也不应被削减为这样一个意识身份，该意识通常超越时间（intemporel）且可互换，其"主体性只是客体性的一个条件"[1]，而不是对某个具体且真实的自我的肯定。因此，既需要对生存形象进行描绘，从而引导主体承认其最独特的性质及其最崇高的使命，又需要召唤超验并揭示将超验与生存连结起来的难以言表的关联，从而抵达存在的最后形式，该存在形式不再以我们的表征尺度为限度。

如果以上内容就是超越行动的任务，那么我们可以预测，许多哲学至少已经预感到了这项任务，或者甚至已经启动了这项任务。不过，以最为坚决的方式着手开展这项任务的或许是那些生存哲学家。比如克尔凯郭尔——在他的思想中，偶尔会表达出对客体性的激烈反叛，此外，在他那里，没有"废除"（Aufhebung）的辩证法，矛盾具有某种上升价值，会将"无限思考"[2]从内在性（immanence）中解放出来。还有尼采——对尼采而言，哲学是无止境的知识危机：他的侵略性和虚无主义不过是他所说的"克服"（Uberwindung）的不同形象，"阿尔戈英雄"形象（image de l'Argonaute）则是对这个"克服"的最鲜明的阐释。[3] 不过，在尼采那里，超越由于没有超验而表现为主体性的过度（démesure），最终退化为绝对的内在性[4]；

---

[1] I，13.

[2] VE 11.

[3] "我们理想中的阿尔戈英雄"（Wir Argonauten des Ideals），cf."远岸的鸟"（Vogel nach ferner KüSten）；"无家的思乡"（das Heimweh ohne Heim），N.343—347。

[4] N.380—382.

此外，尼采和克尔凯郭尔一样，都缺乏方法意识和严谨意识 [1]，他们都曾是预言家，却不曾是告诫者（moniteur），我们接下来需要做的，就是去系统地思考他们曾经历过的经验。

然而，在此处提出一个方法论并非易事；讨论方法，就是讨论客体性。对方法的忧虑难道不会败坏行动的纯粹性或者压抑行动的冲力（élan）吗？笛卡尔以自己为代价，为我们上了这一课。在这里提及雅斯贝尔斯对笛卡尔 [2] 的评价似乎并不会显得过早。笛卡尔是最令人困惑的哲学家，因为他曾有过一个巨大的发现，但随后又在神志十分清醒的情况下将这个发现摧毁：作为哲学家，他丢失了自己所发现的作为生存的东西。因此，他是超越行动"缺席的"见证者。这是因为，他首先实现了超越，只需一个冲力，只要在"我思"主体（cogito）中发现这个思想、决定和存在的中心（foyer），他便可来到生存的界限处，事实上，正是在这个中心处，所有现实相交，该中心本身也会暴露在超验面前。然而，笛卡尔的"我思"主体（cogito）不过是一个会让自身干涸的源头，因为它被贬低为与广延物（res extensa）处在同一层级的"被思物"（res cogitans），思想存在也不再能在其原初性（originalité）中被识别。怀疑已然失败：它并未如我们所以为的那样，一直去到那个让生存的可靠性喷涌而出的激进绝望处，而是始终驻扎在理智中，并不会撼动依赖于宗教裁判权和国家裁判权的信仰与道德；这就是为何，克尔凯郭尔和尼采都曾宣称自己比笛卡尔更好地进行了怀疑。最后，"我思"主体所抵达的上帝将失去其超验意义，同时"我思"主体也将失去其生存意

---

[1] N.8, 348, 370.

[2] 有关笛卡尔书籍的提纲是这样的：在第一部分论述笛卡尔思想的一般步骤时（7—32），雅斯贝尔斯分析了怀疑、"我思"主体（cogito）以及思想和存在的基本概念，从而在其中发现处在潜在状态下的生存哲学直觉。然后，从理论转到方法（32—38），雅斯贝尔斯进一步尝试在直觉理论、推演理论以及万能数学（mathesis universalis）理论所体现出的理智主义偏见中，去寻找让笛卡尔主义原初直觉堕落的核心错误的理性。最后，雅斯贝尔斯找到了这个由方法所导致的哲学堕落的深层源头：该源头首先存在于理性和信仰之间关系的模糊性中，理性和信仰相互从对方那里获取所有权力；其次，该源头还尤其存在于某个对理解史无前例的实用主义理解中。

义：上帝不再是存在的源头——该源头无法被任何证据证明，但却是生存所祈求之物——而是理性确定性的保障。"这个让存在遗失"[1]的理性正是理解的偏见：笛卡尔将那些具有普遍有效性、适合科学的类型强加给了自我意识和超验。各科学本身也深受这个科学统治的损害，因为这类统治会以完成推断为目的，牵引人们低估经验本身的角色，忽略诸如历史的非确切学科。就连伦理本身也将遭到某个模糊性和某个混淆（confusion）的侵害：一个是从科学推演而来的伦理，另一个则是源自意识经验本身、以人类传统为依据的伦理。笛卡尔对精确性以及明晰性这两个基本哲学条件的忧虑令人钦佩，但这样的忧虑却会使作为哲学的灵魂、可让思想实现超越的灵感窒息。这便是这个神秘理论的命运：该理论令人着迷，因为它让生存哲学的核心发现得以萌芽，但我们又必须逃离它，因为它会转而让那些发现枯萎。

　　因此，相较以笛卡尔为例，我们更倾向于以康德为例，后者的方法论并非出于偶然才被称作"先验的"。康德的例子即便无法让我们抵达目标，但至少可以让我们上路，因为"康德为'超越直至遗失所有表征'的行动投射了某个令人钦佩的光亮"[2]。通过对在他之前形而上学所设定的目标进行转移，康德不再在这样一个存在中寻找超验：无论该存在被赋予怎样的名称，实质（substance）、单子（monade）或上帝，在某种意义上，这个存在都始终是客观的。康德则将所有客体性驱逐，其中甚至包括表征的客体性：无论客体还是主体都不再位于表征的范畴内。有关客体，康德通过超越做出了这样的揭示：世界并不是主宰，经验存在不过是表象，但人们并不能像物理学家去探寻某个颜色背后的振动那样去探寻这个表象背后的

[1]　D. 68.

[2]　I, 40. 在《哲学入门》前言部分所提及的诸多"名人"中，例如普罗提诺（Plotin）、布鲁诺、斯宾诺莎、谢林、黑格尔、克尔凯郭尔、洪堡、尼采、马克思·韦伯等，康德是唯一一个雅斯贝尔斯除诸多隐射外，用好几页纸的篇幅进行论述的哲学家。（I, 40—44；III, 50—55, III, 158.）对雅斯贝尔斯而言，"康德的先验逻辑不可替代"（VE, 98）。康德是雅斯贝尔斯不断致敬的理性主义大师。

某个可靠客体。物自体（la chose en soi）不是客体。康德并未掉入"表象以某个显现物为前提"这个著名说法的陷阱，他并未像布兰希维克（Brunschwicg）那样，从这个说法中看到实在论（réalisme）对超越方法论立场的某个挑衅性回归。始终存在的困难在于，需要明白，世界可以在"让其成为表象之物不是某个具体表征客体，甚至不是任何可能的表征客体"[1] 的情况下，被削减为表象。雅斯贝尔斯或许可以帮助我们理解这一点。无论如何，雅斯贝尔斯始终遵循康德的这一教诲，即"此世界的客观现实性可被悬置，而无需我们被引至此世界以外的另一个世界"[2]。"并没有两个并行的世界，始终只有一个世界"[3]。正如生存不是相对栖息于客观世界中的经验的"我"而言的另一种全新的现实性，在康德那里，生存也不是相对经验特征而言的另一种可理解特征。即便是应该被称作"绝对他者"(tout autre）的超验也并不意味着另一个世界，因为即便超验被客观世界所宣称，但它永远无法成为客体，只会被客观世界指称为无法成为客体之物。总之，从此刻开始，通过超越，康德邀请我们将我们的思想既置于世界之中，又置于世界之外，两者处于某个不稳定的平衡之中，任何心理学都无法给出有关该平衡的"配方"。此外，此类要求只能被本身服从于这些要求的人所领会，因为之所以产生超越，这并不是因为意识到了客体表征的不足（insuffisance），而是意味着一种向着自我的超越，直至向着超验的内在确定性敞开。有关这个作用于自身、"将人变成另一个人"[4] 的行动，康德未曾进行过全面的描绘；最终，对于主体，他期待更多的是主体对理性的顺从，而不是其与生存更为激进的对话。不过，在这一点上，康德的贡献依旧不容忽视；他揭示了"我思"主体本身并不是客体，先验的概念装置也不是有望获得某个实体固定性的主体的固有属性："如

---

[1] I，40.
[2] "被悬置"（Zur Schwebe gebracht）。
[3] II，18.
[4] I，42.

果屈服于对主体的客观化尝试，那么有关康德，人们将什么都无法理解。"[1] 这样做意味着对以下事实的遗忘：在康德那里，至高的肯定是自由，超越行动正是源自这个让主体的基底（fond, Grund）在真实且不可剥夺之物中自我显现的自由。康德并未从中发现生存的形象，而只是从中识别出了普遍意识。不过，这个普遍意识本身已经是一个超越的意识，因为当该意识通过结合以下两个矛盾的表达——没有无客体的主体，也没有无主体的客体——而将自身置于某个不可靠近的点 [2] 时，它不仅超越了主体的所有经验意象（image），而且还拒斥一切客体表征。

于是，康德提出了一个超越行动模型，指出"世界只是表象，无法构成自我存在"[3]，并由此开启了对生存的发现。不过，我们应该满足于重复康德的话：如果超越也是一个作用于自我的行动，而不仅仅是某个辩证练习或修辞手法，那么每个人都应该为了自己而不断地重复这个行动；克尔凯郭尔和尼采的例子就不断提醒着我们这一点。抵达生存、直面超验，这不仅是生命的任务，而且也是思想的任务；即便哲学想要方法和理论，不想只是某个有关现实经验的纪要，它也不应该忽视这项任务。对于超越的紧迫性，只有想要理解它的人才能够理解。只要跳跃（saut）尚未被完成、生存尚未被唤醒，反思所能够援引的一切论据都将失效，没有任何东西可将固执的实证主义者们从他们的阵地打发走。每个人都只能依靠自身获得救赎，且前提是他已经得到救赎。当我们尝试超越客体性时，如何还能寄希望于证据（preuve）呢？[4] 由此便产生了雅斯贝尔斯对伦

---

[1] I, 41.

[2] 这就是为何雅斯贝尔斯可以对康德"超越普遍意识"的思想路径进行讨论，I, 44. cf. II, 156："通过将普遍意识思考为所有表征的条件，我将实现对所有可被表征之物的超越。"

[3] I, 43, I, 148.

[4] 雅斯贝尔斯曾多次提及并展开这一观念。通过对该观念的阐释，雅斯贝尔斯让自身与整个唯意志论传统（tradition volontariste）相一致，比如与阿兰的智慧相一致，后者指出"任何证据都是被规定与完成的，而不是被遭受（subi）的"（Idées, 127）。读者将有机会发现，阿兰的哲学足够宽广且细腻，能够接纳生存哲学的相关主题。

理的强调：哲学只能是一个召唤，而不是一个限制，这样的强调贯穿雅斯贝尔斯哲学始终。哲学的启示要想被理解，就必须让听见该启示的人再次上路，开始他自身的运作，从他自身而非任何他者身上获得对他将抵达之终点的认识。于是，在向康德致敬后，雅斯贝尔斯开始以自己的步调前行，并开始践行自己的方法论。

首先，为揭示出雅斯贝尔斯方法论的重要特征，我们可以参考前面论及的客体性的双重含义。超越既指超越知识的客体性，又指超越任何表征。不过，客体不是存在的唯一形式，并非所有存在都可被知识解释，理解的力量是有限的——对这一事实的揭示不过是为我们扫清道路的第一步。接下来还需意识到，生存存在和超验存在不仅无法作为客体被认识，而且也无法在某个表征中被塑造，始终无法在不被彻底改变的前提下成为思想的客体。最终，在某个无法克服的悖论（paradoxe）中，我将对这样一个存在产生确信：我明白，我既无法理解这个存在，也无法对该存在进行命名，我将这个存在视作无法识别之物。事实上，只有这一步才是至关重要的。

不过，让我们先对第一步进行考察。鉴于第一步提出要超越知识的客体性且该客体性主要被探索世界的科学所构思与欣赏[1]，因此，这一步将开启对科学的某个批判，亦即将开启这个"对世界的定位哲学"（philosophische Weltorientierung），这正是《哲学入门》第一卷的标题。那么，该哲学的纲领是什么？它会去追寻某个"未知之地"（terra incognita）吗？不过，我们已经从康德处得出，追寻另一个世界是虚妄的：从"可成为客体之物"（objectif）跳跃至"无法成为客体之物"（non-objectif），这并不意味着离开这个世界并移居他处。在对世界的探索层面，要想靠近"无法成为客体之物"，必须通过某个否定的路径（via negativa）。批判能够做的，只有对科学不可避免的意图加以限制——且这个限制通常都是完全合法的——从

---

[1] "所有客体性形式本身都是具体科学探索世界时的无尽客体"，II，350。

而让由科学主宰的客体王国的边界以及由科学推行的客体性的界限显现出来；批判能够做的，或许还有对"某个唯一且绝对的世界意象的不可能性"[1] 的揭示——该意象正是某个完美科学希望构建的对象——因为，科学是永远无法被完成的。科学可以无限地进步，这正是对科学之界限不容置疑的标识[2]，因为科学可以无限进步意味着始终有某物逃离科学的束缚。科学对某个总体知识的向往是虚妄的，该知识可能将客观世界变成某个享有存在垄断权的总体；总体性是客体性的最高形式，该形式由于其排他性质而呈现为最危险的形式；批判的主要努力就在于反对这个过度的野心。此外，各科学本身也会邀请人们识别出它们的界限：它们难道不会出于对意义的着迷，而自发地走向某个似乎会挑战它们的根基之物，走向那最遥远、最微小、最古老之物，走向一切陌异或不透明之物[3]？此外，在这里，还需做出一个严密的分析，以区分偶然性界限和原则性界限：前者总是可被合理地跨越，在激起好奇心的同时，促进研究的进行；只有后者才是批判应该考虑的对象，因为这些界限会使研究停止，并让超越的可能性敞开[4]。诚然，认为各科学在其道路上不断遇到的所有障碍都是不可克服的观点是不公平的，但同时也必须指出某些界限所具有的绝对性；因为，"如果原则性界限不过是偶然性界限，那么客观世界就会是整个存在本身，科学知识将意味着所有的可靠性"[5]。因此，科学批判的核心在于对这些原则性界限的精确定位。

对科学进行审判，或者更确切地说，对科学窃取认识垄断权的非法意图进行审判，对这样一个公设和方法论都限于某个有限应用领域的理解进行审判：由此将为超越之人敞开第一条路径。这个人将由此发现，客观世界并非存在的最后形象。不过，我们已经知

[1]　I，30.
[2]　雅斯贝尔斯用以指称科学活动的术语已经表明："经验客体的知识被称作'定位'（Weltorientierung），因为它总是向自身敞开，意味着某个无限的进程"，I，28.
[3]　I，45.
[4]　Ibid.
[5]　I，148.

道，客体性有不同的面孔，将引发不同的危害，这些危害不仅会波及被客体性纠缠的思想，而且也会波及主体的存在本身以及生存的命运[1]；这是因为，只思考自由是不够的，还得体验自由，而为体验自由则需要抵抗各类客观价值本身的要求，不浸没于社会、历史以及最可敬的命令中，或者正如黑格尔所说——雅斯贝尔斯比黑格尔更为严苛——不让自身异化。因此，在整个过程中，我们都应倍加小心：在于第一卷中揭示出知识在认识论层面上的不足后，雅斯贝尔斯还得在第二卷中揭示出各类原则以及各类客观标准在伦理层面上的陷阱。不过，这依旧只是一种提防，是一条否定性的道路。除此之外，还得仔细安排对存在本身的靠近，该存在位于任何客体性之外。

然而，绝对存在（l'être absolu）无法被削减为任何表征：它不仅超越了知识的准则，而且也不可避免地超出了意识；我无法将其驯化，让其变成某个"我思"主体的相关物，因为这样只会将其置于我的视角下，让其变成某个相对的存在。因此，超越是创立"这样一种思想的可能性，该思想不再对科学而言意味着什么，因为它无法在任何表征中找到可将其填满之物"[2]；超越也意味着对内在性准则[3]的拒斥，该准则总是将思想与表征客体联系在一起，并根据可表征之物的范围来规定思想的活动范围。那么，如何实现超越？在《哲学入门》引言处，雅斯贝尔斯通过某个转弯（détour）成功实现了超越。鉴于正是内在性准则定义了普遍意识，因此，只需指出普遍意识的界限，便能让内在性准则的界限显现。让我们对以下这个事实进行确认：普遍意识并不是意识的全部，相较诸多其他意识模式，普遍意识只占据一个非常有限的地位。有关这些意识模式，雅斯贝尔斯曾在书中提出过多个分类，尽管通常情况下，这些分类

---

[1] 参考后面有关历史性章节。

[2] I, 148.

[3] 雅斯贝尔斯在提出内在性准则的同时，立即对该准则进行了批判，指出该准则可能通过自身毋庸置疑的简单性而自我仰仗，会使哲学的努力瘫痪。(I, 49.)

并不能完全相互印证，但它们的意图却非常明确。我们所发现的第一个意识模式 [1] 就已经将普遍意识归为了"我"（je）的诸多形象中的一个，而不再将其归为诸多意识模式中的一个。事实上，如果有人追问"我"的意义，那么他会得到不同的答案："我"首先是我所是的这个身体、这个性情、这个个性以及这个在生物学层面以及在社会层面被决定的个体，该个体在周围人（entourage）的判断中自我映射与自我定位：此时，"我"是经验的存在。然后就是自认为等同于任何他者的普遍的"我"，这个"我"之所以是普遍的，并不是因为它是所有经验之"我"的平均值，并不是说这些经验之"我"的独特性仿佛处在某个同一属性的意象中，会相互中和，而是因为这个"我"是任何客体都会预设的作为参照中心以及有效性承载者的抽象主体：此时，"我"是普遍意识。最后就是确信作为自身而在的无条件的"我"，这个"我"位于其所有经验层面之上，独一无二且不可替代：正是在此处，以自由之名，生存得以起飞。当雅斯贝尔斯描述这个起飞时，他依旧采用了类似对"我"的区分，不过区分的对象变成了意识。[2] 于是，雅斯贝尔斯将作为生存之本质的绝对意识与其他意识模式对立起来，这些意识模式包括经验主体的现实意识（conscience vécue）以及形式主体的普遍意识。在另一处 [3]，雅斯贝尔斯再次进行了类似的区分，不过区分对象变成主体，同时引入了些许变化：雅斯贝尔斯相继将普遍意识、个体意识以及"有依据之物（valable）的理性意识"归到主体性的名下，其中，普遍意识被视作"呈现在我们面前的一切表征的中间介质"，个体意识被经验地决定且会遭受生命的冲力，理性意识的完美形式是一种可"让理念自我实现的品格"。我们只需注意到，上面提及的第三个可

----

[1] I, 13—14.

[2] II, 255—256. 我们在后面会再次论及这些区分，我们将发现，这些区分不再被干瘪教条地分为不同的推理术语，而是以同感（sympathie）的方式被分为某个内在生命充满焦虑与快乐的不同阶段。

[3] II, 39.

能让人联想到精神概念的术语是一个中间形式，该形式预示着绝对意识的到来，是经验的"我"与生存之间的过渡形式。[1] 无论如何，对经验意识、普遍意识以及绝对意识的本质区分始终是我们思考的核心。

这样的区分有助于我们理解内在性准则不统摄整个意识的事实，因为曾被认为可度量整个存在王国并将这个存在王国纳入其裁判权的普遍意识，亦即雅斯贝尔斯所称作的意向性意识，不再是唯一的意识。由此导致，认为存在不可避免地从属于表征的理念将失效。对其他意识模式的考察则将进一步让这个理念失效，因为伴随着这些意识模式，意识似乎放弃了意向性的特权，通过类似爆炸（exploser）的操作，让自身迷路，从而让存在无限地超出其视角限度。一方面，事实上，经验意识并不是真正意义上意向性的。经验意识是世界层面的意识，它是事件的回声，会被它所遭受与经历的事物所填满 [2]，且深受本能及基本欲望的折磨——被蛇咬伤的青年帕尔格（jeune Parque）——该意识在某个毫无准则的欲望的自发性（spontanéité）中得到确认，从一个客体去到另一个客体，永远无法满足，但会从萦绕它的现实（réel）处获得所有的快乐；这个意识靠身体非常近，半睡半醒，"会在某个突然的意向性中被照亮，并由此通过追溯以往的方式被认识；不过，如果只依靠自身，该意识则将始终沉睡不醒，只能通过回忆被理解" [3]。这个意识时刻处在陷入动物性生命漩涡的边缘：在它底部的界限处，无意识那让意向性消失的黑暗肆意蔓延。不过，我们依旧假设，越过这个界限后，在黑暗中，依旧有存在，甚至还有精神存在，只不过这个存在不再能够被表征所证实。同时，我们也将看到各科学与"无法被逻各斯（Logos）穿透的他者" [4] 那不可思的现实性相遇，亦即与物

---

[1] 同样地，VE 中指出了同时包含四个术语的等级分类：经验存在，普遍意识，精神，生存（30—35，53—56；Eph. 16—18. 30，32，33）。

[2] "经验"（*Eriebnis*），I，9。

[3] I，8.

[4] I，147.

质（matière）本身相遇。于是，某个不以表征为限度的存在维度开始浮出水面。另一方面，在普遍意识之上悬挂着绝对意识，在形式的"我思"之上悬挂着生存。不过，在这个绝对意识处，意向性依旧模糊不清。诚然，绝对意识内容丰富，内在行动（l'agir interne）的经验会赋予该意识某个肯定的完满（plénitude positive），在绝对意识中，生存将对其存在进行确认并体验到其自由。[1] 不过，这个绝对意识的内容本身却是不可表达的：自由始终处在行动之中，它"只能有待实现"[2]，因而逃离任何表征。此外，"我"通过绝对意识所创造的或者将生成的那个"我"也不再能成为思想的客体，不再是某个意识的相关物；这个"我"与自身如此严密地吻合，以至于它不再能映照或显现于某个表征中。不过，只要这个"我"依旧可以在自身上找到超验的思想 [3]，亦即找到对抗一切表征的作为绝对他者之存在的思想，那么这个"我"就依旧能够被某个投向自我的意向性目光所照亮，并在忠实于自身的前提下自我命名；在超验面前体验到自身的生存"不仅会感受到它自身的未完成，而且也会感受到意识的缺陷，从此，曾在其最深基底处抓住自身的意识将想要消散"[4]。意识承认自身无法将整个存在置于其束缚中。因此，与"意识想要消散"这个极限意识经验相对应，我们将提出另一个极限意识经验，该经验涉及某个双重的界限：在对自我的认识方面，这个界限体现为自由；在形而上学方面，这个界限体现为超验存在（l'être de la transcendance），该存在拒斥任何对范畴的使用，一旦人们将之变成某个普遍意识的担保人，人们就背弃了这个存在。

于是，超验的双重经验，亦即超验的无意识经验以及超验的不可言说特征经验表明：内在性阵线已经在其双翼处被攻破 [5]，客

---

[1] II, 256.

[2] I, 50.

[3] "在意识中显现的生存从超越之物出发抓住思想，这个超越之物不再处于意识之中，而是作为一个绝对他者越过意识的界限"，I, 50。

[4] I, 51.

[5] 雅斯贝尔斯经常说："突破内在性"（Durchbruch der Immanenz）。

体性的阵地也已经被超越。人们或许可能会指责这一分析是一种
乞题式论证 [1]（pétition de principe）：为论证思想如何得以超越并
发现生存以及超验的存在，我们首先对这样的经验以及发现进行
了预设。不过，此处的循环意义深远：它再次提请我们注意，超
越行动只能以自身为证据，超越的可能性只对那些至少已经开始
该行动并且由此感受到了该行动的紧迫性的人显现。此外，对
某个超越思想的证明只对那些自身已经产生超越并且已经变成生
存的人有效。正如在某种意义上，必须让自己成为诗人，才能理
解其他诗人：不加入这场游戏的人始终只会对那些诗人的声音充
耳不闻，他们只会在象征、通感和神话面前保持冷漠，甚至大
肆讥讽。一个方法论只会为准备好理解该方法论之可能性的人
敞开可能性。[2] 这就是为何，在此处，我们只能是要么什么都不
说，要么已经言说一切。为了能够在超越思想那不可预测的冲力
中沿着这个思想的路径前进，并理解该思想所做出之努力的强
度与代价，我们必须对生存已经有充分的认识，并目睹它开始
行动。

　　不过，在 1935 年以及 1938 年的讲座论文集中，雅斯贝尔斯曾
尝试赋予方法论更多的权威与有效性。在其中，他再次对哲学曾走
过的弯路进行了系统勾勒，并描绘出了有关这个被哲学要求且被哲
学允许的哲学逻辑的轮廓。在这两本论文集中，他对超越行动给出
了另一个本质的定义。超越是对存在既包裹（enveloppant）又溢出
（débordant）之特征 [3] 的构思（concevoir），对这一点的发现是反思的

―――――――

　　[1] 乞题，又称窃取论点、乞求论点、丐题等等，是在论证时把不该视为理所当然的命
题预设为理所当然，这是一种不当预设的非形式谬误。――译者注
　　[2] 这就是为何，当方法冷冰冰地呈现超越思想的机制，而不加入其具体的努力时，它
会显得无妄或者不值一提。对于我们接下来即将谈论的两个文集而言，这是一个需要被克
服的印象。
　　[3] 雅斯贝尔斯用一个词进行表示："das Umgreifende"。波尔诺夫（Pollnov）在《笛卡
尔与哲学》中从字面上将之译为："统摄者"（englobant）。我们更愿意使用一个更加适用
于法语的说法："不可公约性"（incommensurabilité）。不过，有时我们也会使用字面上的
翻译。

一个重要时刻。[1] 事实上，该发现抓住了存在的本质特征：存在不仅超出了所有客体性形式，正是在这些形式中，理解尝试将其聚拢；而且还挫败了客观知识的所有支撑点；最后，要么通过存在所揭示的不可计数的可能性的广度 [2]，要么通过其最高现实会将一切可能之物驱逐的超越存在的丰富性 [3]，存在得以延伸至人们赋予它的所有维度之外。这个统摄所有已知领域的存在区域，这个所有地平线中的地平线，其本身是无法被认识的；对该区域进行构思或者"将其照亮"[4] 就是超越，因为这意味着使存在的概念扩大，让"监狱的墙壁后退"[5]，以及对不再能成为表征客体之物的援引。然而，对于这个在存在中悬于已知物之上的未知部分而言，当人们声称至少可以对这个部分进行命名时，这难道不会引发某个矛盾吗？我们总是与相同的困难不期而遇：超越就是思考不再能被思考之物，就是邀请思想在自我超越的过程中去宣称自身的虚无。这就是为何，支配这一操作的逻辑是一种反逻辑（alogique）：思想在尝试定义存在的"不可公约性"（incommensurabilité）的同时，努力自我克制。

在第二本论文集中，雅斯贝尔斯识别出了超越思想的三个连续性步骤。[6] 第一个步骤已经被康德完成——正因如此，《哲学入门》曾向康德致敬——：一方面，在对宇宙论理念的讨论中，康德指出，世界不是对我们而言的客体，而是理念，"由此导致，一切都在世界之中，但永远不会是世界本身"；另一方面，康德主要在他的先验演绎（déduction transcendantale）部分指出，"对我们而言，一切客体都以某个思考着的意识为前提条件"，由此导致，普遍意识的统一性为不同客体的统一性奠定了基础。因此，已经出现两种"不可

---

[1] Grundoperation Eph 14, Grundgedanke VE 43. 依旧是在《笛卡尔与哲学》中，译者在注释处引用了《理性与生存》中整整一页的内容。

[2] Eph, 14.

[3] "真实的现实性是这样一个存在，该存在不再能被思考为'可能'"。Eph 59. Cf. III, 51.

[4] Eph, 15.

[5] Eph, 55.

[6] Eph, 15—17.

公约性模式"[1]：世界的不可公约性以及普遍意识的不可公约性。[2] 不过，对"我"的思考表明，"我所是"的不可公约的存在并不能被普遍意识穷尽。由此产生第二个步骤："我"将作为经验存在的"我"以及作为理念之精神承载者的"我"都设想为"不可公约的"。最后，由于世界和"自我"（moi-même）这两个"内在的不可公约之物"都无法自足，因此，思想就应该跳跃至"超越的不可公约之物"（l'incommensurable transcendant）处，这个"超越的不可公约之物"本身承载着存在的一切意义。对于这些"不可公约性"的不同模式，在 1935 年的讲座中，雅斯贝尔斯就已经以几乎经院哲学的方式对其进行了严密的定义。[3] 这些模式中首先包括作为不可公约之物的世界。然后是"我所是"的不可公约之物，这个不可公约之物拥有与《哲学入门》识别出的意识模式同样多的形式："我"因为"我"的经验存在而不可公约，其中，"我"的经验存在指的是"我"的身体和精神方面始终敞开的部分；"我"也因为普遍意识而不可公约，后者既是一切表征的参考中心，又是一切认识和一切意愿（vouloir）的合法性普遍原则；我还因为这样一个精神不可公约，这个精神是处在不确定"生成"（devenir）中的"我"的品格的可理解总体。最后，在所有的"不可公约性"模式中，还有作为不可公约之物的超越——这个既作为存在的起点又作为存在的终点的存在，这个所有存在都依赖于的存在。

于是，这两部讲座论文集与《哲学入门》一样，将我们引向

---

[1]　"统摄方式"（*Weise des Umgreifenden*）。

[2]　需要注意的是，雅斯贝尔斯从未在任何地方尝试将这两种不可公约性中的一种削减为另一种，从而在以下两种表述中做出选择：意识统摄存在，或存在统摄意识。相反，雅斯贝尔斯对康德同时保留了以下两个肯定的做法表达了感激：没有无客体的主体，也没有无主体的客体（I, 43）。这就是说，他并不接受服从于传统实在论与唯心论所提出的两难困境。这一拒绝意义深远。首先，从我们的论证出发，这意味着内在性准则既被承认（因为意识是统摄的），又被限制（因为存在也是统摄的）。此外，这也证实了我们已指出的存在的撕裂主题，因为意识和世界既是相互依赖的，又无法相互削减。最后，只要我们让主体与客体的这个对立延伸至生存与超验的对立，这个拒绝还将宣告这样一个冲突，该冲突让雅斯贝尔斯的伦理学和形而上学处在某个自由哲学与某个超验哲学之间。

[3]　VE, 30—36.

了相同的终点。在邀请我们构思存在的溢出特征 [1] 的同时,这两部论文集让人们通过超越所发现的那两个概念凸显出来:这两个概念分别是生存与超验。不过,我们将注意到,生存并未直接出现在上面所描绘的逻辑网格中。然而,尽管生存并没有在不可公约之物的等级分类中被命名,它却并未缺席,而是作为该等级分类的激发者而在;正是生存对超越行动的激活,使得每个不可公约性模式 [2] 拥有意义;生存绝不是超越思想的客体,而是超越思想的原动力(ressort)。同时,生存也被这个运作本身照亮,因为通过构思"我所是"之存在的不可公约性,"我将意识到我自身的可能性" [3],同时,通过构思超验的不可公约性,我将得以领会把我与超验联结起来的那个滋养关系,正是这个关系为生存奠定了基础。于是,生存被发现,并作为"我所是"之不可公约存在 [4] 的最后形象而显现。它既是这个不可公约之物,也是得以识别这个不可公约之物的精神动力。此外,还需指出的是,超越思想不仅在运作层面依赖于生存,而且还直接受生存的指导:亦即受理性的指导,我们已经知道前面那两部论文集所赋予理性的重要价值。理性是"各不可公约性模式之间的润滑剂" [5],是唯一能够为挑战思想之物带来某种明晰性的力量,"是一种刺激(aiguillon),没有这个刺激,生存将了无生机,变得麻木,仿若不在场" [6]。不过,鉴于追寻明晰性与统一性的理性与对客体性的理解肩负着同样的责任,我们有理由怀疑,对理性的求助是否会让超越思想完全超越客体性的希望变得渺茫。

---

[1] 这并不意味着勾勒出某个本体论,雅斯贝尔斯始终拒斥这一点。因为本体论要求将存在削减为某个清晰的表征("eine gegenständliche Klarung",Eph,18),相反,超越使思想在不可表达之物中突然出现。因此,不要在由哲学逻辑制定的概念装置中去为某个本体论寻找装备。我们只需要完成某个"虚构的本体论"(Scheinontologien)。

[2] "生存作为统摄物一切方式的动力与基础",VE,36。

[3] Eph,23.

[4] 我们将"超越"称作让我们作为本质而在的不可公约之物,将"生存"称作让我们作为自身而在的不可公约之物。(《笛卡尔与哲学》,第18页和第26页)

[5] VE,39.

[6] VE,42.

鉴于目前，我们已经阐明最后这个步骤的原则，我们可提前得出结论，并提出这样一个问题：我们是否可以设想这样一个存在，该存在完全逃离了内在性原则，不被纳入任何表征之中？是否存在某些意识形式，这些意识形式依旧是意识，但尚未加入普遍意识，亦即尚未涉及某个相关物？是否存在某个思想，该思想拒绝提供理性与理解的服务，并且否认知识的客体性？是否可能通过在科学探索的客观世界面前转身，从而抵达生存与超验？

三、不可克服的客体性

答案毋庸置疑，客体性是无法被克服的。每当我们以为雅斯贝尔斯会臣服于某个不可言说之哲学的魔力时，他总是会记起理性主义的教诲，正是这一点构成了其作品的独特面貌，并让其作品拥有某个有时略显悲剧的语调。

（一）表征的必要性

首先，不与任何意识相关联的存在是什么？是无（rien）。无意识正是如此。在前面，尽管我们得以通过对无意识的援引来揭示意识的底部界限，但那始终以无意识被归入意识为前提。只有当无意识变得有意识时，对我们而言，它才存在。[1] 同样地，充斥于经验意识中的各类感觉（sensation）[2] 无论有多么地模糊或者麻木，它们都始终是可被内在性原则解释的。诚然，只要经验意识不以认识和缔造知识为目的，而只是通过需求、本能、感觉以及一切生命冲动的冲击，为我们带来某个主体存在的回声，那么它并不需要用到明

---

[1]　I，9. 此外，雅斯贝尔斯对"无意识"这个概念本身并不感兴趣。

[2]　即德语所说的"经验"（Eriebnis）："一切对我们而言具有存在特征之物，都应该作为客体或经验内在于意识"，I，49。

晰的表征，正如作为生存之回声的绝对意识也不需要用到明晰的表征一样；于是，表征（Gegenstandhe）与现实经验（Erlebnis）之间的区分得以被证实。不过，一旦这个被万头攒动的各类印象弄得嗡嗡作响的经验意识变成有待认识的客体，它就会立即被纳入某个表征中。当我们来到意识的另一极，我们也将发现，生存和超验同样只有被归入某个表征时，才可能服从于哲学的反思。在众多揭示这一事实的文本中，我们将在此处引用其中两个说法："将生存照亮的反思需要某个使用表征的思想"[1]，"生存的存在只能以意识为支撑点，这就是为何，超验也应该是表征的客体"[2]。

　　同样地，尽管内在性原则可能会限制存在的视野，但该原则也不会被彻底翻转；思想通过对具有溢出性特征的存在的构思来翻转内在性原则，这样的做法本身依旧服从于内在性原则的要求，思想所发现的全新存在区域即便不在法理上，至少在事实上依旧服从于内在性原则。这就是说，尽管普遍意识在诸意识模式等级中占据着某个独特的位置，但它并不真的是某个特别的、可分离的意识形式，事实上，所有意识都具有普遍意识的性质。[3]诚然，其他意识模式各有不同，不过只有当这些意识模式是现实中的意识而不是思考着的意识时，它们才可能摆脱普遍意识的服务。我们刚刚所说的经验意识亦是如此。同样地，绝对意识之所以超越普遍意识[4]，它表达的只是某个存在的上升，而不是某个思想运作本身；它是对某个处在行动中的自由产生的意识，是对这样一个自我产生的意识，这个自我抵达自身最纯粹的一点，在这一点上，从内部所体验到的自我不再是表征的客体。总之，只有当绝对意识在满足另一个要求或者实现另一个功能时，它才会超越普遍意识。不过，一旦涉及"思考"

　　[1]　"客观思想"，II，9。
　　[2]　I，6。
　　[3]　至少有一篇文章可证实这个说法："每个将存在理解为对所有人而言之存在的现实意识都具有普遍意识的特征。"I，14.
　　[4]　雅斯贝尔斯非常明确地表达了这一点。例如：II，256。

生存，而不是作为生存而"在"时[1]，普遍意识将再次起到其不可或缺的中介作用。此外，需要谨记的是，我们通过分析所区分出的不同意识形式并不是真的可以相互分离，任何真实的意识都同时既是经验意识又是普遍意识，且都至少拥有绝对意识的力量；反思完全可以识别出这些形式中的一种或另一种，并赋予某种意识以相对优先的地位，但前提是，不要忘了，所有意识其实都只是一个意识。

不过，对普遍意识的超越之所以不可能，还有另一个原因：普遍意识本身已经是超越的，这里取"超越"一词的积极含义。为从让自身沉浸于现实经验的经验条件上升至意向性思想，主体必须超越生存并且或许已经抵达生存。普遍意识的降临是深受器官麻木之苦的主体所获得的首个胜利。康德难道没有说过，普遍意识已经是一个处在行动中的自由，它无法被削减为某物的存在吗？尽管这尚且是一个不完整的自由，该自由只能在表征的抽象王国里显现，它还不能在某项具体的事业中接受考验；不过，无论如何，这依旧是一种自由，对该自由的发现意味着对真实自我的发现迈出了第一步。此外，普遍意识的降临或许也已经是对生存的某个启示，因为随着我们目睹普遍意识在对世界的探索中起作用，我们将得以更好地明白，生存完全可能早已内在于这个意识。我们不再会被不同意识模式的固定区分所骗，也不再会进一步强化这一区分直至将每个意识模式视作自治。我们将明白，普遍意识只是主体在思考客体性时所拥有的面貌，而这一思考的动力位于可能的生存之中，由此导致，在生存的驱动下，普遍意识在其运动中是超越的，而它自身则无法被超越。换句话说，即便表征为对存在的领会带来了障碍（这个障碍有待厘清），但表征本身也是一种进步，这一点不应受到质疑，而由表征所定义的思想也被某个冲力所推动，对于这个冲力，我们应该让其继续，而不应该将其抑制。

---

[1]　Cf. II, 9，还曾在其他多处出现。

该冲力将通向何方？通向某个总是越来越强烈的表征明晰性。这并不是说思想不可避免地被一些表征所定义，而是说思想始终无法逃离这个对明晰性和普遍性的要求，正是通过这个要求，思想才能变得确切与可传递。

（二）明晰性的必要性

当思想朝着超出所有表征之存在的方向超越时，它依旧需要对这个存在进行命名。思想必须被表达，否则只会陷入无形与任意之中。[1] 即便思想无法像科学那样缔造出一些必要的知识，因为这些知识主要针对那些经验在场的确定客体，但它至少不应拒绝承认科学对客观性以及普遍性的肯定，后两者正是科学的标识。《哲学入门》第二卷和第三卷的先决任务就是构思出某个可传递的语言，在这个语言中，努力将生存与超验的"超越存在"加以固定的各个表征将获得一切可能的明晰性。此外，这些表征还将尽可能地对科学为它们提供的客观语言加以利用，而不再立即将这类语言摒弃。

因此，生存理论一开始会对心理学以及传统形而上学的相关范畴加以运用。当该理论发现这些范畴不适用时，它只需要发明一种新的语言以及一些新的表征，从而让生存不再像世界那样被探索，而是被"照亮"。这将是一种间接的照亮，为这个照亮提供保障的不仅有"一些拥有某个独特特征的思想工具"[2]，而且还有与主宰客观世界的康德范畴相对立的一些全新范畴类型。为表现出这些范畴的影射特征，雅斯贝尔斯将它们称作"符码"（signa）："符码"指示（indiquer）而不陈述（énoncer），瞄准（viser）而不抓住（saisir）。

---

[1] 有关表达的相同问题也出现在了柏格森那里。柏格森找到了一个更加不向理智主义妥协的解决办法，亦即借助于隐喻以及诗歌语言来表达直觉。相反，雅斯贝尔斯坚决支持对哲学与艺术力量的区分，"一个哲学家可能意识到自己的劣势；于是，他想要通过艺术并作为艺术家去实现他作为哲学家所无法实现的东西。不过，让哲学拥有独特性的是这样的事实：通过思考的洞察，在存在意识的检验下，哲学有意识地去抓住某个真理内容。由此产生了哲学与艺术本身的分离"，I，339。

[2] II，11. 照亮生存的方法将在后面具体探讨。

这些全新的范畴自身并不拥有决定新的恰当表征的能力 [1]，只要未被某个现实经验填满，它们就始终是空洞的，但它们至少拥有可让客体性的正当要求获得满足的某个普遍特征。同样地，当我想要对超验的在场不可言说的经验进行表达时，我也必须拥有某个普遍、明晰的语言。[2] 正如在照亮生存时，我将首先借用科学或者本体论的**客观**语言，在尝试理解超验时，我也将在宗教历史为超验提供的意象中进行。不过，当我发现超验超出了一切概念的范围，而且只有当我确认它不可思时才能对其进行思考时，那么，这时我将需要另一种可见证任何语言之无力（impuissance）的语言，以及可指示出一切表征之贫乏的其他表征。此外，这里涉及的不是发明某种新的语言，而是听见（entendre）那个让超验在我身上自我宣称、将我削减为听众角色的语言。这样一个揭示，这样一个"需要以生存为依据进行解密的属于某个大写的他者（Autre）的书写"[3]，正是雅斯贝尔斯所说的密码（chiffres），是让我体验到超验之现实性的形而上表征，不过，我无法在不摧毁这些形而上表征的意义的情况下，将这些形而上表征固定于或转换为某种**客观**语言：在对超越坚持不懈的要求中，这些形而上表征会在即将获得某个客体性的同时立即消散，我应该在自以为理解了这些形而上表征信息的同时拒绝这些表征。《哲学入门》整个第三节都在呈现以下这样的场景，在这个场景中，那些"一被援引便立马被否认"[4] 的见证人（témoin）相继登场。他们所言说的语言只拥有某个不稳定的客体性，无法证实某个本体论的意图，但这个语言至少可以赋予形而上学被传递 [5] 以及被照亮的能力。

　　总之，即便哲学在超越知识的同时求助于诸如"符码"或者

---

[1]　I，15。
[2]　该问题将在第三部分的第二章涉及。
[3]　I，33。
[4]　"有缺陷的客体"，I，23。
[5]　"超验作为语言的普遍性在于其可传递性，而不意味着它是普遍的"，III，23。

"密码"之类的前所未有的表征，它也无法对作用于一切思想的明晰性和普遍性要求置若罔闻。这就是说，不仅普遍意识，就连理性也无法被超越。即便理性王国趋向于加固客体性的声望，但它并不是与超越思想的冲力水火不容。只有某个不真实的理性才会与这个冲力相对立，将思想束缚在理解的范畴内，并让思想屈从于某个令人麻痹的逻辑。[1] 相反，真正的理性参与超越行动。对明晰性和总体性的忧虑让这个理性充满生机，让其可供所有晦暗、断裂之物驱使，该理性的无限意愿使它加入所有冒险之中：只有当理性同时承载非理性时，它才是完全理性的。于是，理性通过自身的运作遍历了那条通往发现存在之不可公约性的道路。这个理性不仅超出自身的视角，而且还要求主体发生改变。如果说超越是这样一个作用于自身的行动，该行动让主体变成生存，那么理性就是对这个行动的具体实施：它强迫我"将自我置于我所思之物中"[2]。因此，理性起到了不可替代的作用，尤其考虑到它永远不会掉入客体性的陷阱或者成为客体性的奴隶，即便出于对明晰性的忧虑，它不断地推动着这个客体性。

（三）客观世界的必要性

诚然，不可能摆脱一切客体性的事实似乎会危及超越思想的整个命运。人似乎无法摆脱尼采所说的沉重精神，从而变成火焰与舞蹈。不过，如果我们不明白超越并不是离开世界，而是悖论般地在世界之中超越世界——正如康德早已告诫我们那样——那么我们将误解这一超越努力的意义，也将误解人类使命的意义。客观世界的客体性本身从来不应该被否认。这是因为，超越世界的生存和超验在世界之中在场。生存和超验只相对世界而言有意义，且这个世界

---

[1]　"精神的逻辑形式中的虚假理性"（*Unwahre Vernunft in Verstandes logischer Gestalt*），VE 79. Cf. "坏逻辑"（*falschliche Logizierung*），VE，83。

[2]　VE，87.

首先应该以决定它的客观范畴为依据被认识。

首先，事实上，"正是在经验存在中，人作为可能的生存而'在'"[1]。人无法通过某个虚假的逃离，而只能通过停留在世界中，并对其在世界中的处境产生意识，才可能抵达生存。生存不可或缺的条件是，与客体相关联，即便它自身并不是客体；生存总是被夹在"其主体性与其经验存在的客体性之间"[2]，左右为难。所有形式的客体性之所以对生存而言意味着我们在前面所指出的那个持久威胁，那只是因为客体性同时也是生存的一个必要条件。"我"极可能陷入世界的泥潭中，因为"我"只能在世界中自我实现。纯粹的客体性对生存而言也是一种危险，因为它将主体削减为某个只能在心血来潮中自我显现的偶然个体性，使主体消失在意识的黑暗中，消失在可能性的边缘，消失在"永远无法变成语言"[3]的不可传递之物中。我们将需要时常揭露这样一个生存的背叛，这个生存因为想要自我放逐、远离世界而变得孱弱："只有当主观物（subjectif）可变成客观物（objectif）时，它才能作为自身而在"[4]。客体性不仅是哲学用以照亮生存的方式，而且也是让生存得以完成的场所。同样地，超验也只有从客观世界出发才能被靠近。"没有世界，便没有超验。"[5] 我们将看到，这并不意味着两者的等同，而是意味着经由其中一个去到另一个的必要性。于是，世界的客体性将拥有全新含义，它将变成超验言说的语言，客体则将变成密码。"没有任何不能变成密码的东西。一切经验存在都可以某个面貌（physionomie）的形式被凝视"[6]，并变成让超验得以自我显现的符号。

这就是为何，哲学在揭示了作为客体性占有者的科学的界限并

---

[1]　II，2.这一表达定义了"历史性"，雅斯贝尔斯在第二部分用了整整一个章节对此概念进行论述。

[2]　II，8，II，337.

[3]　II，344.

[4]　Ibid.

[5]　I，45.

[6]　III，168.

对其进行超越后，依旧寻求与科学的合作。放弃科学、逃避经验现实性，其实就是"坠入空无"[1]。珍贵的冷酷，哦，大地的情感，诗人如是说道。哲学既不是通过逃离世界，也不是在科学的废墟之上得以被建立。我们在着手对科学进行批判性检验时将始终牢记这一点。

因此，超越并不是永久地抛弃客体性，而是在超越客体性的同时，总是不断地回归客体性。尽管这有迷路的风险，但完全忽视客体性同样会导致迷路。在进行哲学思考之前，人与客体性面对面，不向自身发问，在可靠、坚固的现实性中忘记自我。哲学则让客体性遭受"质疑"。不过，此类反思的危险在于，它可能将所有内容消解并向虚无主义低头。哲学的目的在于以一种全新的方式占有客体性，这也将是生存显现的方式。[2] 这个占有总是不确定，永远无法构成某个确切的拥有（avoir），不过，对这个占有的征服却刻不容缓。没有世界的客体性，没有知识的普遍性，没有表征的明晰性，就不会有思想。超越追寻着这样一个思想，该思想寻求对思想本身的超越但永远无法真正实现。如果超越是可能的，那么它就会自然而然地发生。不过，如果人们可以给出超越的方法并指出其目的，同时，超越的成功也是提前确保的，那么超越就依旧可以被它所拒斥的这个客体性所解释。这一发现将把我们引向雅斯贝尔斯哲学的核心，引向这个"不可避免的失败"（échec inévitable）理论，正是该理论将赋予雅斯贝尔斯哲学某个独特的语调。[3] 超越行动永远无法完成，应该始终处在进行中。这是面对始终危险的失败不断被做出的决定，正是以这个英雄主义的决定为代价，哲学同时也是一个行动，而且是所有行动中最高的一个。

---

[1] I, 325.

[2] II, 336.

[3] 从这一点出发，我们依旧可以衡量这个哲学与黑格尔哲学之间的间隔。黑格尔的超越已经被辩证的必要性所实现，因而不再需要超越："我"停留在客体性之中，每次的综合都是客体性的顶点而不是对客体性的否定。

第一部分

哲学对世界的探索

在本部分，我们将着手讨论"哲学对世界的探索"。我们已经知道本研究的意图：让人们明白，对科学所探索的经验存在的占有无法满足一切哲学都在进行的对存在的追寻。

那么，我们将采取何种方法？直击要害：总体性理念，因为如果说某个世界的总体性是真实存在的，或者至少在原则上是可理解的，那么诸科学将可以勾勒出存在的完整路线，人们就不再需要在客体性之外去追寻些什么了，整个形而上学也将变得虚妄。因此，首要任务在于揭示：世界无法自我封闭并形成一个总体（tout）[1]，总有某个无法削减为客体性的超越世界的部分，这个部分不可靠近，但在场；这样一来，无论某个科学调查做得多么深入，它都无法满足为哲学提供驱动力的存在的欲望。通过让"世界"这一概念经受考验，我们将得以确定，科学天然地受到某些不可逾越的界限的限制。不过，抵达某个总体性的希望尚未就此打住。如果没有某个有关世界的统一性，那么我们是否能够设想某个有关科学的统一性，该统一性要么通过某个严密的系统化获得，要么通过某个享有特权的科学的优越性获得？并不可以，因为诸科学只能根据某个"系统分类学"（systématique）被安排，而无法在让每个科学保留其自律性的同时，让这些科学被某一个系统所安排。如果诸科学之间真的有某个统一性，那也只能是在这些科学的精神层面，在它们尝试明确提出某个总体知识或获得某个垄断地位时所遭遇的共同失败层面。由此出发，科学的意义问题将被提出，为理解这个问题，我们将把该问题与哲学进行对比。我们将看到，科学蕴藏着某种与哲学的亲缘关系，尽管科学有自身的界限，但它依旧拥有某个毋庸置疑的见证价值。

---

[1] I, 53.

第一章　世界不是一个总体

一开始，正是世界垄断着存在的所有意义。这自然而然。存在的第一个意象就作为某个即刻显现（manifestation）被给予、在场、在那里、"此在"（Dasein）[1] 之物，对于这个显现，我只能被动地记录（enregistrer）。世界作为这一经验存在 [2] 的完满在我身上显现，我通过在世界中自我定位并积累知识从而逐步发现这个完满，直到树立其有关这个完满的某个有效且普遍的意象。由此导致，世界这一概念似乎是最显而易见的，对作为某个总体的世界进行思考的计划似乎也是最能够被实现的。世界的总体就是经验存在的总体性 [3]。从此，如果世界是一个总体，那么它就能将存在的所有可能性占为己有，对世界的认识将被等同于对存在的认识："于是，世界将不仅是经验存在，而且还是自我存在（être-en-soi）" [4]；由此导致，哲学将

---

[1]　Dasein 一词一会儿被单独使用，指称总体的经验存在，其本质在于"在那里"，陈列在我面前；一会儿被搭配一个补语使用：Dasein der Welt, der Menschen, des Geistes, 指称世界、人及精神的呈现方式，世界、人和精神处在此在的存在中，处在此在的经验状态中。

[2]　"此在的完满在于处在世界之中"，II, 3。

[3]　"宇宙由一切此在构成"，I, 79。

[4]　I, 81.

不再有对象。要想让哲学继续工作，我们就必须揭露世界这一概念中的某个模糊性，并指出我们无法以总体性的方式构建世界的事实。

一、"世界"概念的模糊性

如果追溯"世界"这一概念的源头，我们将发现，这个概念具有某种不可削减的模糊性。事实上，世界首先是与"我"相对立的"非我"，是"我"始终与之同在的他者，因为我永远无法仅靠自己穷尽存在。这是基本的事实，是普遍的境况。[1] 不过，由此出发，我一开始只会发现一个与"我"混杂在一起的世界，亦即一个作为"我"的广延（extension）、反映（reflet）以及支撑（support）的世界，总之就是一个"我的"世界，而非世界本身。如果不以世界与"我"的联系为凭借，我们还能如何对世界进行定义？在生命层面，世界是生物学家所称作的"环境"（environnement, Umwelt），这个环境既包括某个感知的世界（monde perçu, Merkwelt），也包括某个行动的世界（monde agi, Wirkungswelt），冯·乌克斯库尔（von Uxküll）曾研究过这个环境的结构；这就是为何，人们讨论着某个海胆的世界或者某个蚂蚁的世界。[2] 在更为普遍的层面上，世界是让"我"得以生存、自我定位并施行自身权力的时空，是"我"的所有前景（perspective）与所有历史的总和，是"我"身上承载着其标记且可用我的特征对其进行标识的界域（milieu）。"我的"世界，正是海德格尔[3] 所说的"我"所在的世界，有关该世界的诸多近期

---

[1] I, 61. 我们会发现，雅斯贝尔斯并没有将他对世界的思考引向现实主义和唯心主义的对立。他沿用了马塞尔（G. Marcel）的观点，认为外部世界的现实性问题是一个伪命题。此外，雅斯贝尔斯用来探索世界概念的方法与马塞尔在论及诸如忠诚、希望和"有"（avoir）等主题时所采取的那个"现象学"方法非常类似。

[2] I, 66. cf. PWa 134.

[3] 雅斯贝尔斯在注释部分（I, 66）参考了《存在与时间》，该书指出了这样一个世界的本质。

研究已经表明，该世界是多么地紧附于"我"，可根据"我"瞄准 [1]
世界时的不同意向（intention）而向"我"呈现出多么不同的面孔。
对该世界的描述是现象学的首要任务，不过，雅斯贝尔斯并未在这
一点上作过多停留。

重点在于，要明白，"我"所在的那个个人世界，那个承载且
滋养着"我"、让"我"可像动物一样感到舒适的世界，"我"拒绝
让自己沉溺其中。相较在这样一个世界中过着盲目且被动的生活，
"我"更愿意将这个世界视作某个全景（panorama）；"我"在"我"
自己身上推动普遍意识的发展，并在承载某个"原初的知道意愿" [2]
的同时，全身心投入到某个永无止境的研究中。这样的要求将引发
某个危机，我们在后面将看到这一危机的最终意义。对于这个要求，
让我们先将其视作一个事实：人趋向于打破"我"与"非我"（non-
moi）的循环，通过将认识的圈套伸得更远，从而趋向于在超越个人
世界的同时，去发现某个客体的世界。生物学家和历史学家正是这
样做的：生物学家将动物世界置于某个共同世界之中，前者只是后
者的某个特定方面；历史学家则将某个时期或者某个文明置于历史
整体之中。这个客观世界是"可靠、自足的他者" [3]，属于普遍有效
的知识范畴，因此是我们所定义的双重意义上的"客体"：充满客
体，自身是客体，且可通过理解被认识。

不过，思考客观世界的人可能摒弃主观世界吗？不仅人身上所
有的动物性会使人依附于这个主观世界，而且我们将看到，人的精
神救赎也将使人紧紧依附于主观世界，因为正是在这个世界中，人
得以作为自身而"在"并实现其最高可能性。认识客观世界是人的
使命，生活在其主观世界中则是人的命运。于是，人的生命将无所
适从，其思想亦将如此，因为对这两个世界的区分永远无法完成。

---

[1] 参见萨特：《情绪理论纲要》《存在与虚无》，还有更近的梅洛-庞蒂：《知觉现象学》。
[2] I, 72.
[3] "自在之物"，I, 71。

两个世界无法在互不影响的情况下并列在一起，最终，出于某个不可避免的平衡，"一会儿我的世界会变成客观世界的一部分，一会儿客观世界又变成我的世界的一个视角"[1]。从此，某个无法克服的混淆将使"世界"这一概念变得模糊。让我们来简单看一下这个没有出路的辩证法是如何运作的。如果"我"没有为"知道的意愿"所驱使，那么"我"会满足于思考"我"所在的那个世界吗？并不会，因为对我而言，只有以某个统摄着主观世界且让主观世界得以被决定的客观世界为参照，主观世界才可被理解；只要"我"开始讨论主观世界，"我"就不再仅仅只是生活在其中，而是已将主观世界变成了客观世界中的某个客体，在将主观世界置于某个更广阔的现实性中的同时，将其交付给了客观知识。相应地，思考客观世界，则是否定客观世界的主观部分，并让客观世界与客体性相关联。不过，客观世界也不能声称具有排他性（exclusivité），因为当"我"将总体削减为客观世界时，我始终是"悬在其上面的人"[2]；这一点可从以下这两个互补的含义出发进行理解，对于这两个含义，雅斯贝尔斯并未作明确区分。一方面，"我"依旧是客体所依赖于的主体，是一切知识的纯粹参考中心；这就是说，内在性原则无法被绕过。另一方面，客观世界根据"我"所是之主体的世界被安排；正是从"我"的身体出发，空间得以展开，同时正是从"我"的现时（présent）出发，时间得以铺开；"我"就是一切客观现实性所依靠的"此时此地"（hic et nunc）。无论我的认识如何朴实无华，它都始终与"我"的视角相连；"我"可以尝试使这个认识偏离中心，但"我"却始终无法将自身置于某个"独一无二的、真实的"至高点视角[3]之下。诚然，人已经做出了"非凡的抽象努力"；他将自身从即刻的感觉中抽离出来，从而定义几何空间，他不再将地球视作宇宙

---

[1] I, 62.
[2] "侵占", I, 63。
[3] "一个外部的视角", I, 68。

的中心（中心无处不在，边界不在任何地方）。然而，当人从某个抽象关系网络出发去理解世界时，"大地将在他的脚下崩塌"[1]，喜欢冒险的物理学家只有回到其世界的经验存在，才能避免眩晕。或许他不应该放弃他的研究，但他也无法完全是为他的研究而生的人；此外，这一在其世界中对其境况进行感知的回归不仅拥有某个生命层面的意义，而且还拥有某个知识层面的意义，因为只有这一回归才能为他所思之物的现实性提供保障。只有当"我"坚信"我"是一个活着的存在时，"我"才能构思某个有关生命的理论；只有当"我"通过无数个历史和情感的联系而与我的景观（paysage）相关联时，"我"才能创建某个有关自然的物理学；只有当"我"融入一些社会团体时，"我"才能创立某个社会学。"我"所理解的客观世界的所有方面都首先源自"我"的世界，且只有在"我"的世界中才能获得确认。因此，客观世界与"我"自身的世界之间的这个往复运动永不停歇：前者统摄后者，但同时也被后者所统摄。

　　同样的辩证法还出现在行动层面，有关这一点，雅斯贝尔斯并未过多强调。[2] 对"我"而言，世界不仅是一个作为"我"的"发现场所"（lieu de mes découvertes）的"被给予的世界"[3]（un monde donné），而且也是一个作为"我"的"发明场所"（lieu de mes inventions）的"被生产的世界"（un monde produit）。因此，我们可将某个"天堂般"的世界与某个生产的世界对立起来，在"天堂般"的世界中，一切降临到我身上，而在生产的世界中，一切需要被征服。不过，世界的这两个方面总是相互结合：世界永远不会仅仅只是被给予的，因为就连世界被给予我的方式本身也只有在"我"的行动中才能被"我"理解；没有不经由"我"调解的经验，亦没有不以"我"为造物主的事实。相应地，世界也永远不会仅仅只是被

---

[1]　"我坠入深渊"，I，69。

[2]　I，76—78.

[3]　稍后我们将指出，"被给予"的经验是一种超验的密码。在此处，该词并不具有任何形而上的含义，而只是简单地指"已经完成的、不需要再进行的"。

生产的，因为一切生产都应考虑被给予之物（le donné），一切事业也都应与某个阻力（résistance）相互妥协。同对主观世界的回归一样，对被给予世界的回归同样具有某个重大的意义，因为"一个人无论以何种方式活着，为确信其作为自身而在，他都需要某个经验存在，以让他重拾自己的世界，亦即那个由财产（propriété）和个人连续性组成的小世界，无论这个世界是多么地局促"[1]。以上这些可轻易提炼出来的分析将把我们引向某个双重的结论。

有望让客观思想（la pensée objective）找到存在的关键并获得对其自身的确认的"世界"概念首先蕴含着某个不可挽回的模糊性："当'我'言说'世界'一词时，'我'会立马锚定两个不同的世界，尽管这两个世界各有不同，但它们始终相互关联"[2]。从此，如何才能构思某个世界的客观地位？在被探索之前，世界便已在这个极性（polarité）中遭遇它的第一重界限，如今，它已经不大可能被等同于绝对存在了。此外——这一点可在对科学的考察中被更好地呈现——世界无法构成一个总体，因为它被划分为了以上两个既互逆又不相兼容的方面。为抵达某个世界的总体，就必须让这两个方面中的一个自足且排斥另一个；我们由此可能找到的要么是客观现实性的总和（total，all），要么是主观视角的总体性（das Ganze）。不过，二者都是不可抵达的。主观世界永远只能是某个不稳定的、个人的总体，因为在我身旁，还有拥有他们自己世界的他人，有时候，这些世界并不与我的世界拥有相同的限度：人类世界永远不过是不同的人类世界之间的某个不稳定的妥协。另一方面，客观现实性的

---

[1] I, 77.

[2] I, 63. 将这个区分与康德对经验特征和理智特征的区分进行对比将非常有趣。尽管两个区分涉及不同层面，雅斯贝尔斯与康德所使用的概念也不尽相同，但二者都致力于为对世界的客观表征规定界限。其所涉及的关键是一样的：自由的命运。这是因为，正如通过对理智特征的援引，康德提出思考——因为无法认识——某个让自由拥有意义的世界，雅斯贝尔斯也通过对主观世界的援引，来规定让生存充分发展的场所。二者之间的区别在于，康德在客观世界之外追寻这个世界，而雅斯贝尔斯则在客观世界之中进行追寻，如果我们可以这样说的话。不过，二者都认为这个世界都无法被描述，因为任何描述都需要经由客体性。

总体也只是一个无法实现的愿望[1]，因为科学所探索的那个客观世界自身本就包含着某个不可削减的多样性。这正是接下来我们将讨论的主题，我们将把注意力转向客观世界，这也正是逻辑思想主要感兴趣的世界。至于主观世界，我们将在研究生存时再次提及，主观世界是生存的背景，届时，我们将再次发现主观世界的二律背反结构以及它在构成某个总体方面的无能为力。

二、被分割为不同现实性领域的世界

"人的直接意识与智者（savant）的方法意志都追寻着世界的统一性"[2]。不过，这个愿望永远无法实现，它只能继续以理念之名，作为指引研究的北极星而在。这是因为，事实上，现实性被某些裂缝（faille）所分隔，这些裂缝如此深邃，以至于必须产生某个"跳跃"才能跨越这些裂缝，"人们也不再能将整个现实（réel）简化为某个独一无二的原则，或者将一切认识纳入某个普遍理论中"[3]。现实性包含四个不同的领域，雅斯贝尔将之称作"四大原初世界"[4]。第一个是**物质**，亦即死寂的自然（nature morte），可被削减为质量；物质以可被度量为标准，它散落于四处，仿佛可被各类外在于物质的规律所溶解。第二个是**生命**，亦即从出生到死亡通过一系列变形来实现持存的某个总体；生命以客观目的论为准则，该理论可在特有的运动、交换和增长中显现自身；生命不再被分散，而是根据自

---

[1] 世界是一个无法被穷尽的总体性，它在激起客体性的同时让客体性迷失方向，有关这一点，雅斯贝尔斯在别处曾用"统摄（englobant）"的概念进行表达：世界是统摄物，因为世界的地平线总是在我面前后退（VE 28 sq）；它总是无法被抓住。在《诸世界观的心理学》中，雅斯贝尔斯就已经有过类似的表达，但语气有所缓和。在其中，雅斯贝尔斯在区分出与"精神态度"对应的"世界意象"并对让这些"精神态度"得以展开的独特领域进行定义的同时，已经暗自提醒道，没有某个客观且普遍有效的有关世界的概念，相反，任何对世界的表征都被赋予了主体性的色彩（PWa 122—133）。

[2]　I，104.

[3]　I，167.

[4]　I，104. 在这里，我们几乎完全遵循了《哲学入门》里文章的观点（I，167—168）。

身准则，在与其环境的关系中自我发展。第三个是作为现实经验之内在性或意识的**灵魂**；灵魂以表达（expression）为客观标准；它与它所意识到的某个周遭（entourage）相关。最后一个是**精神**，精神根据自身制定的目标进行思考并自我决定，同时根据不同的理念被安排；它以语言、作品以及行动的协调表达为标准；它处在由它自己生产或整理的某个世界中。

以上每一个现实等级都包含某个"全新的维度"，都拥有"自身的客体性"。雅斯贝尔斯 [1] 毫不迟疑地将这些客体性分别定义为：物质的可公度性，生命体的客观目的论，灵魂的表达以及精神档案（document spirituel）的可理解含义。这足以让我们去度量间隔每一个现实性领域的鸿沟："作为生物构造的生命无法被削减为心理化学过程；尽管长久以来，灵魂一直与生命相混淆，但它可逃离空间，并在现实意识的内在性中被识别；从灵魂到精神，这意味着从感受到智力活动，从某个未被决定且无法被反射的表征到某个与自我意识相连接的思想之间的过渡。灵魂是感觉，是本能，是欲望；精神则是理解与意志，可在各类理念中获得其实质的统一性。灵魂属于孤独的个体，精神则属于融入社会和历史中的个体，因为主观精神同时具备客观精神的特征，后者可在各类历史理念中获得其统一性" [2]。总之，无论我们转向哪一面，我们都必须放弃构建某个"普遍世界"理论的幻想。

在以上简短的考察后，雅斯贝尔斯继而对"精神诸领域" [3] 进行了深入研究。在文中，雅斯贝尔斯提出了多个用于划分或联结这些领域的方案：要么根据精神在理解自身现实性时所体会到的满意程度，要么根据让精神显现的经验境况，要么根据精神发展的不同阶段。不过，在此处，精神领域的多元性依旧是不可削减且无法解

---

[1] I, 105, cf. I, 169.

[2] I, 170. 在此处，黑格尔的影响非常明显。

[3] 比如认识、艺术、宗教、行动、法律、政治、经济、沉思等。整个这一段参考自：I, 175—184。

决的：每一个精神领域为争夺至高无上性而开展的斗争，宗教、艺术、政治、伦理、经济等领域各自不同的意图，所有这些永远无法被调和，甚至也无法服从于某个至高的评判。想要让它们构成一个体系，这其实就已经意识到了它们的不可兼容性。在对世界的探索方面，精神的统一性始终缺席。我们知晓其中的缘由：在精神科学中，精神自我思考并根据其自我思考的事实而发生变化；在这里，没有去发现某个陌生客体的观察，而只有通过自我差异化从而自我理解的精神。精神世界难以被澄清，尤其因为当我向自己展示精神世界的场景时，我同时是位于这个场景中的演员。不过，导致这个困难的还有另一个更加深刻的原因：生存内在于精神。[1]"精神是这样一种现实性，该现实性与精神所思考的那些纯粹唯心且永恒的价值面对面，正是以这些价值为介质，精神得以形成……不过，尽管精神本身是实在的，但它同时也是自由的和历史的，永恒且合法之物只是其经验存在的某个时刻，而不是其核心与本质"[2]。由此将产生一个重要的断言：精神是客观的，只要它对某些客观价值进行参考，并对这些价值进行思考与实施，那么它就拥有某个客观的内容。此外，这也是为何，一个有关精神的科学是可能的。不过，与此同时，精神不止于此：它还具有自由那不可削减的主体性特征，尽管这一在知识中充分发展且依附于理念的自由尚且不是存在意义上的自由——我们将在后面会看到这个存在意义上的自由的涌现——但它至少是这个自由的"介质"[3]。因此，精神介于主观（subjectif）与客观（objectif）之间，同时具有两者的特征，是经验存在与生存之间的调解者。我们在后面还会谈到精神的这一角色。不过，现在，我们已经明白，将精神作为某个总体来把握的幻想已经彻底破灭：精神将不断逃离；它也将成为某个"统摄物"（englobant）[4]，不

---

[1]　在此处，雅斯贝尔斯与黑格尔分道扬镳，对黑格尔而言，最为重要的是精神。
[2]　I, 173.
[3]　I, 188.
[4]　VE 33, Eph 19.

过不是因为它不确定，而是因为它已经获得自由。让精神相互分离的多样性是在生存的鼓动下产生的；不同精神领域之间的斗争之所以偶尔会显得如此激烈，那是因为受到了生存的煽动。精神之所以表现出悲剧性特征，那是因为生存加入其中并构成其关键。"这些斗争的真理将在精神理念之外通往生存本身"[1]。这就是为何，如果要到某处去寻找精神的统一性的话，那就应该到得以"承载"精神的生存那里去寻找，而不应该到客观知识所处的视角那里去寻找[2]。

不过，如果精神以既为精神提供动力又超越精神的生存为界限的话，那么位于现实（réel）的另一极的物质则以自身为界限。只能经由统计学、非理性以及难以理解之物（inconcevable）显现自身的是那无法被穿透的混乱，其中，难以理解之物可被原子不可预料的运作以及自然法则的偶然性所反映。[3] 混乱之于自然，正如生存之于精神。混乱与生存，物质的不确定性与自由的无条件性，这正是知识无法探测的两大深渊，面对这两个深渊，知识只能缴械投降。我们可以说，这两个处在客观世界的两极边缘的深渊为客观世界确保了某个统一性吗？并不能够，因为这两个深渊并非边界线：生存并非一个新的现实性、另一个世界或一个可被定位的超越，而是精神或许还有灵魂的基底本身。同样地，混乱也并非另一个世界，而是蔚为壮观的有序世界的基础。因此，世界的界限并不在外部，而是在它自身中，在其基底处；世界的内部有一个永远无法愈合的裂

---

[1]　I, 189.

[2]　这个阻止思考精神统一性的关键原因或许也可用于解释现实性的其他领域。雅斯贝尔斯只是顺带说了一句："除了在精神中外，生存也在生命和灵魂中运动。"（I, 175）这就是说，在生命体的最初阶段中，在心理的最初微光中，已经显露出某个自由的东西。这个东西就像是某个不可预计的新颖元素，阻止将生命或灵魂禁锢在某个统一形式中。这一观点的不断发展最终引导人们到非反射意识（conscience irréfléchie）的即刻中去寻找生存：这正是诸多法国生存哲学所做的事情。不过，雅斯贝尔斯始终坚持让生存保留克尔凯郭尔赋予它的价值；他并不到主体的下意识行为中去寻找生存，而是将生存与所有经验现实性分隔开，并让其悬于超越的激进行动之上。

[3]　I, 147, 166.

口（déchirure）。世界无法作为一个总体被思考，它的意义总是局部的，我们无须为此感到惊讶。或许世界的客观的意义建立在另一个更加广阔的意义基础之上，只不过，唯有与超验之间的关系才能为我们指出这一意义的关键。

第二章 对世界之探索的界限

　　通过前面的论证，我们得以明白，世界不会形成某个同质、连贯的总体；于是，在对诸科学进行分析之前，我们已经辨别出了这些科学的客体带给它们的基本界限。现在，通过对知识自身的界限进行考察，我们将得以确认某个总体客体性（objectivité totale）无法被理解的事实。因此，接下来，让我们分别对一切科学固有的界限以及某个科学体系所拥有的界限进行考察。[1]

一、知识的界限 [2]

　　一切科学都渴望获得某个客观、普遍、永恒的知识。认识让

---

　　[1]　对诸科学的批判并不是一个克尔凯郭尔式的理念，而是一项纯粹的哲学任务，这不仅因为此类批判尊重智力劳动，而且还因为该批判通过开启对绝对存在的调查而对密码理论进行了酝酿。这一批判在过去曾被视作克尔凯郭尔思想的延伸。但这一批判又在何种程度上受到尼采的影响呢？毫无疑问，尼采对科学真理的忧虑要远比克尔凯郭尔强烈，他对文献学的研究已经让他对科学真理的思考做好准备。（N.150—152）尼采还领会了科学真理的界限和意义：在对科学真理的激情中，他看到了哲学激情本身的预兆（N.152—160）。不过，当尼采尝试用生物学解释超人理论（N.242—261）、用物理学解释永恒回归（N.310—318）时，他再次掉入了某个伪科学的自然主义。因此，雅斯贝尔斯拒绝跟随尼采的思想继续前行（N.382—383）。

　　[2]　此处以第二章的前四段为参考（I，89—128）。

人远离了有机生命的宁静，科学则为人提供三重的补偿：当人因无知而感到恐惧时，科学向人允诺某个无条件生效的强制性知识；当人被抛入现象那令人费解的多样性中时，科学向人允诺掌握"不确定"；当人迷失在假设的多元性中时，科学向人允诺知识的统一性。科学会信守承诺吗？我们将发现，并不可以，而且科学的这一无能为力并不是出于理解的某个先天缺陷，而是由于世界对科学的抵抗。[1]

首先，知识无法是绝对强制性的。这一逻辑强制的相对性或许更多与知识的性质相关，而与知识的客体无关。雅斯贝尔斯并未就此问题进行阐明，而只是给出了一些简短的指示。存在着好几种类型的必然性（évidence）。数学必然性既不是透明的，也不是绝对的，因为它最终建立在一些公理基础之上，这些公理要么属于直觉范畴，比如平面几何（欧几里得几何），有的拥有"某个游戏价值"，比如元几何学（métagéométrie）：在这两种情况下，知识都是假设性的，知识的确定性不过源于其内容的缺失。经验必然性是事实的本质；它依旧是相对的，而且是双重相对的，这首先因为事实本身暗含着某个理论，该理论可确定、定义、阐释事实，且始终能对事实再次提出质疑；其次，这还因为处在事实结构最深处的现实无法被逻辑触及。事实最大限度的不透明性可在统计学规律让我们看到的基本无序中被证实。那么，在本质直观（intuition des essences）中至少存在着某个"自身完备"[2] 的必然性吧？不过，这个直观很难被表述与传递，无法将诸多本质集结为一个体系，因此将遭遇其界限。在对必然性的这一考察中，我们也应保持审慎。我们越是想要不计一切代价地追求逻辑确定性，就越是会歪曲知识的意义，在将其与权威混同起来的同时，去相信那些最傲慢的肯定或最专断的论点。唯有

---

[1]　在此处，雅斯贝尔斯得出了与康德类似的结论，不过他并未严格遵循康德的批判方法，而是采取了某个唯物主义分析方法。

[2]　I, 92. 此处隐射胡塞尔的"本质直观"概念（Wesenschau）。

"理性的节制"才能避开这些陷阱:"它知道它所知道之物为何,知道它是如何知道的,也知道它是在何种限度下知道的"[1];因此,它做好了承认一些非强制性真理的准备,比如与生存和超验相关的真理。

其次,"不确定物"(indéfini)是可克服的吗?"不确定物"的现实性本就会引发古老的争论,因为它既不像经验存在那样实在,也不像数列(la série des nombres)那样非实在,其中,经验存在作为客体被"给予"并在场,而数列则始终无法完成并且依赖于理解的乐趣。诚然,"不确定物"并不像某个客体那样立于世界之中——如若不然,它就会是有限的——但它却可证明,世界超出了任何客体的界限,正如空间和时间所表明的那样。此后,人们是将"不确定物"与不可数(innombrable)混同,还是将之与某个身体中的原子或某个沙滩上的沙粒有限却庞大的数(nombre)混同,这都不重要,因为我们始终与某个无法认识之物(l'inaccessible)相关。诚然,科学方法始终致力于用"确定之物"(défini)来代替"不确定物"。数学提出一些法则,这些法则在不求级数和的前提下,得以定位级数中的每一个具体情况(cas),并根据每一个具体情况在级数中所占位置确定该情况的属性。在这些法则的帮助下,经验科学不仅拥有将杂多(divers)归入不同种属的图式(schéma),而且还拥有能够预见具体情况的法则。"不过,在界限处始终有某个'不确定物'无法被方法所掌握"[2]。然而,"不确定物"在现实中又是被限定的。如果说方法是企图通过将"不确定物"转化为"确定之物",从而对"不确定物"进行限定,那么现实性就是通过将"不确定物"与无限对立起来,从而对其进行限定。其中,这里的"无限"指的正是那些由精神或生命有机体组成的"内容丰富"的总体性,这些总体性尽管是真实存在的,但却不可分解,包含着一些牢不可破的目的论关系及意义关系。这个通过其"完满"(plénitude)而非其"贫瘠"

---

[1] I, 94.
[2] I, 98.

(pauvreté）超越知识界限的"无限"不能被混同为"不确定物"，因为这个"无限"朝向自我封闭，而不会分散为外在性关系。[1] 机械的"不确定物"无法生成精神的无限：我们难以想象某个由字母组成的机器能够生产出某本拥有某个含义的书籍，更无法想象某个精神能够承认拥有该意义的字母组合；无限并不是某个机械论的结果。不过，无限也永远无法在纯粹状态下被发现，这不仅因为决定无限的知识会将无限削减为有限客体的身份，而且还因为无限总是与"不确定物"相关联；精神的无限以生命的不确定性力量为基础。得以在生命有机体中实现某个无限的生命，其本身又被物质中的"不确定物"所承载，物质本身则以某个绝对的"不确定物"为基础，这个绝对的"不确定物"只能通过数学进行思考。因此，无论现实是通过有限还是无限自我显现，它都始终是在某个"不确定物"的基底上展开的，"我们无法思考它的开始与结束"[2]，知识无法抵达统一性。

最后，事实上，我们还得明白，不可能形成某个有关世界的连贯意象。我们本就对此持怀疑态度，通过考察诸科学要么在"物深处"[3] 要么在理念中追寻某个世界统一性的努力，我们得以进一步证实这一点。科学提出一些借鉴自感性世界的"模式"(modèle)，并以为可通过这些模式，重构并谴责现实。不过，当我们将这些图式运用于微观世界或宏观世界时，它们将立即失效，且不说这些图式还相互竞争，有时甚至相互矛盾。不过，某些通过数学提出的抽象图式的确偶尔会"像魔法一样"与现实相吻合。那么，可以说这些图式表达了世界的真实存在吗？并不能，因为这些图式只与在时空中被铺开的经验存在相关：并不是一切都是"数"(nombre)。人们可能会去寻找其他钥匙，比如生命体的生命原理（entéléchie）或者灵

---

[1] 在此处，我们将发现雅斯贝尔斯对黑格尔思想的回应，后者将无限变成了辩证运动的终点，变成了对否定的否定，"在自我身上的反映"。

[2] I, 105.

[3] "在底层"，I, 108。

魂的无意识，不过所有这些都无法抵达现实的总体性。被人们视作现实基底之物总是与存在的某个确定区域相关。那么，应该到理念中去寻找某个统一性准则吗？但我们已经知道[1]，理念的身份并不确定。一方面，（康德意义上的）理念并不是调节者；不得将理念混同于由诸多大的科学理论为其提供佐证的那些"图式"或"法则"，它们之所以是客观的，仅仅只是因为它们本质上不是理念；相反，让"图式"或"法则"产生、对其进行验证并在必要时将其打发的才是理念；"'图式'或'法则'不是理念的统一性，而是其产物"[2]。与其说理念是会在研究面前显出轮廓的某个可视目标，不如说它是指引研究、让研究不断自我超越的某个冲力。理念并不能将世界的统一性交付给知识，在思考理念时，知识会逃离，并已经超越对世界的探索；理念也无法用来为世界设限——除非通过其替代品——因为它邀请人们在超越世界之处进行思考。与此同时，在精神科学中，理念同时又是某个经验调查的客体。不过，通过对那些精神科学的方法进行研究，我们将发现，在那些科学中，客体性的含义会随着理念的变化而产生偏移。尤其地，理念不再能成为某个统一性的元素；各理念在客体性处获得什么，它们就会在统一性力量方面失去什么。这是因为，精神是无法穷尽的，构成精神的理念既复杂又不一致；我们知道个中缘由：精神参与生存并模仿其自由，正是在这个自由中，心理和历史总会触碰到它们的界限。我们能牢固地掌握这些理念吗？当我们想要紧紧抓住某个时代的精神时，我们只会迷失在细节中，并失去这个时代的统一性；而当我们以统一性为目标时，我们又会牺牲掉细节，不再能从细节出发对本质和次要进行区分。总之，无论是世界的统一性还是精神的统一性，都是不可抵达的。

于是，我们看到，知识遭遇到一些原则性的界限，这些界限主

---

[1] 参见引言部分。
[2] I，111.

要源自其客体，亦即源自那个反抗逻辑与理念的世界。这将对始终与知识相关联的实践行动 [1] 产生重要影响。世界由一个完全可被探索之总体组成的想法，与完全占有世界、彻底战胜自然的某个"乌托邦式"的希望紧密相连。如今，我们进一步预感到，行动也将遭遇一些界限，不仅是在这样或那样的境况下限制人的力量的偶然界限，而且也是一些原则性的界限。有关这一点，雅斯贝尔斯很快带过。当技术被用于洞察能够产生确切预见的原因时，它似乎是非常强大的。不过，事实上，它只相对某些独特的事件拥有力量，但根本无法改变被视作"自然规律之整体"的世界。此外，对于技术的具体实践而言，某个给定物（donné）是必不可少的：它无法从"无"出发生产出某物。最后，尽管技术让人得以扮演造物主的角色，但它并未因此让人摆脱一切生命与行动都臣服的宇宙及生物环境。只有魔法才会自以为无所不能；思考应该让我们克服所有的自大。无论如何，技术只对机械论范畴内的东西起作用：生命、灵魂以及精神需要另一种行动模式，在这个模式中，"影响"（influence）将代替"生产"（fabrication）：这是介于技术与交流之间的一个过渡行动类型，其中，技术让机器约束客体，而交流则让一个自由个体向另一个自由个体发起对话；畜牧业（élevage）和教育就是很好的例子。在这两个例子中，界限立即在他者的自律性中显现出来；人们越是努力使这个界限隐没，这个界限就越是显现：如果教育让自身沦为动物性训练，那么它将遭遇失败；就连畜牧业也是如此，如果畜牧业变成一个既无洞察力又无幸福的粗暴技术，那么它也会遭遇失败。关涉他人意志的政治行动亦是如此：该行动要么唤起他人的合作，要么与他人的抵抗作斗争，并包含一些显而易见的界限；这样的行动不仅始终无法触及某个陌异意志的中心，而且就连它自身所激发的意志，它也无法完全掌握。此外，该行动在激发这些意

---

[1]　亦即雅斯贝尔斯所称的"有目的的行动"（Zweckafte Handeln）。本段参考自：I，116—129。

志的同时，还会对这些意志进行改造，由此偶尔会得出与它自身期望截然相反的结果。政治行动尤其会在生存的无条件性那里受挫，这样的生存无法被任何计算（calcul）所考量；我们将看到，唯有生存才"敢于"在交流中直面生存，不过是在一切客体性之外，且不再有任何物质有效性方面的忧虑。因此，无论我们构思的是哪一种行动类型，都必须放弃对宇宙进行某个总体掌握的乌托邦式的幻想。[1] 行动是一个"无限的任务"，它没有任何确定的终极目标。[2]

二、科学体系的界限

我们已经分析了知识的界限：所有处在自身领域内且遵循自身路径的科学都会遭遇这类界限。接下来，我们将继续分析科学体系的界限。[3] 这是因为，既然无法把握经验存在的总体，"理解"于是寄希望于建立某个科学的总体，以作补偿。当我们考虑不同科学之

---

[1] "我是我的主人，也是宇宙的主人"，这是沉醉于自身权力、无视自身界限的暴君才会说的话。

[2] I，121. 雅斯贝尔斯主要通过医学疗法的例子对这一分析进行了阐明。医学疗法是雅斯贝尔斯通过对行医岁月的回忆所提出的一种疗法。相关段落对细微的差别有着令人惊叹的敏感度，对他者抱有崇高的敬意。在这里，我们无法完整复述这些精彩的段落，但至少可以抓住其中的核心。任何疗法都包含着某个治疗等级，每一种治疗都有自身不可避免的界限。病人首先是一个需要用药物或外科手术进行修复的身体，就像人们修一部机器一样。不过，在这里，已经有一个谦逊的告诫等待着医者：无论他的洞察力如何，他都无法预测有机体的全部反应，他只能提供一些物质，这些物质只能被生命本身转化为生命。此外，还得"触及灵魂"。不谨慎地让病人知晓自己的病情？但病人不是某个普遍意识，突如其来的告知可能对病人产生影响，尤其当病人不了解所有知识以及所有诊断之相对性时，或者当医生未告知病人这一点时。此时，医生应该抵制住让自己变得重要、行使自身权威的诱惑，尤其当病人的恐惧想要医生有这样的权威时。[在这里，我们很难不联想到可诺克（Knock）医生（出自 Jules Romains 的戏剧）]。心理治疗也被纳入治疗法中。谨慎的医生应该谨言慎行，有需要时才用到，但绝不夸大其词，有时候需要打消人们对科学的迷信。不过，无论这些手段有多讲究，它们都始终将他者视作客体。医生还得明白，病人是一个"命运"，而不是一个病例，是一个他应该从人的角度出发而不是从职业角度出发负责的自由人。这样一种感情甚至可超越某个匿名的同情而变成友谊。这样一来，治疗就"不再是一个基础或中介"：医生"敢于"在生存面前，通过将自身提升为生存，而进行治疗。不过，两个自由体之间的这一关系只有在得到病人赞同的情况下才可能存在，因为医生只能作为病人从医生那里所期待之物而在："医生是对病人而言的一个命运"（I，129），这句话既指病人会与医生相遇，也指病人激发医生成为他所是之物。

[3] 有关这一问题，雅斯贝尔斯在第三章名为"科学系统学"的章节进行了探讨。

间显而易见的相互关联时，这个希望似乎已经初步达成：某个有关事实、手段以及概念的共同体——还有这些科学对人以及人在世界中所处地位的共同服从——让我们看到各科学之间的关系，这些关系并非简单的并置。这也让不同哲学一直以来尝试开展的分类法变得合理。[1] 不过，这个希望既合理又虚妄。合理是因为，只有有关某个科学体系的理念才能阻止知识的分散，这一理念是知识的灵魂本身，"即便其最终源头尚且不为人所知"[2]；虚妄是因为，认识总是处在生成状态，况且一个科学体系的统一性要么预设了一个客体的统一性，要么预设了一个方法的统一性，但我们已经知道，不仅世界无法形成一个总体，就连被"我思"赋予统一性的普遍意识都无法产生某个连贯的范畴或方法体系。因此，在本部分，我们将首先分析在诸科学的基本连接中，统一性的愿望如何被表达以及如何遭遇失败；然后，我们将进一步考察在现实科学、自然科学以及精神科学中，会引发分离且无法被削减的对立如何导致了这一失败。

（一）诸科学之间的基本连接

在此处，对统一性的渴求以三种不同的方式表现出来。首先，对统一性的渴求表现为赋予教理学（dogmatique）以优势。教理学"在将某个信仰内容合理化的同时"[3]，以教条（dogme）的形式要求获得主宰或者甚至启迪知识的权利。尽管人们习惯将教理学与科学剥离，但它与各科学一样，都注重方法的精确性，且都拥有获取某个普遍有效性的意图。教理学可向各科学传递它对精确性的忧虑，以及通过力量或者爱有效掌控生存情况的意志，该意志尤其可在精

---

[1] 雅斯贝尔斯顺便提及了区分辩证法、物理和神学的古老分类法，以及从培根到孔德（Comte）的分类法，这些分类法既提出总结，又制定纲领，但"它们只给出了某个引导线或者线性的图式，因此并未引起哲学的兴趣"（I, 152）——人们可能惊讶于这一对孔德既简短又严肃的评价——最后还有德国唯心主义的百科全书，可谓知识的浩瀚"宇宙"，但这只是些"密码"（chiffre）。

[2] I, 165.

[3] I, 155.

神科学中被感知到。教理学所阐释的信仰甚至声称可对某些隶属于自然科学的问题行使某个检查权（droit de regard），这些问题包括天文的无限、生命的本质、灵魂与身体的关系。当诸科学因此偶尔在它们不知情的情况下与某个教理学保持联系时，它们难道不能从中找到它们的统一性吗？并不能，因为诸科学一旦从教理学处获得驱动力，它们便会摆脱教理学并确认自身的自由；诸科学必定受限于客观知识，而教理学则超出了任何客体的范围。在对比之中，诸科学让其虚假的精确性和客体性得以显现；教理学只能启明，无法认识。因此，必须放弃将教理学纳入某个科学体系并赋予其该体系主宰权的打算。教理学的真正领域在别处。

那么，某个普遍的科学能够代替教理学来保证知识的统一性吗？我们已经看到，数学就曾想要获得这个"职位"(office)，因而不断追求着"普遍数学"(*mathesis universalis*) [1] 的神圣。还有其他科学也曾是这个"职位"的候选人，比如法学（jurisprudence）和哲学。每一个科学都尝试为自身所需而去侵犯邻近科学，并将自身观点与方法强加给其他科学。然而，无论一个科学与另一个科学有怎样的来往，这些企图都是虚妄的；每个科学都有它自身的方法。这些方法首先不过是受生命启迪的某个独特的行为方式：对文献学而言，是阅读和理解；对史学而言是收集与评估证明；对法学而言是规范人类关系；对数学而言是列举和计算，对物理学而言则是观看与预见。当这些方法被系统化时，它们依旧只对客体的某个确定领域有效，每个科学都与其自身领域相关，都不过是"世界中的某个世界"[2]。不过，某些科学对普遍性的企图似乎有更牢固的基础，因

---

[1]　雅斯贝尔斯在其《笛卡尔与哲学》一书中说道（pp.42—45），于是，笛卡尔在统一了代数和几何之后，继而构思这样一个数学，这个数学可产生某个普遍的方法，可对其理解某个总体真理的野心进行论证。笛卡尔的伟大之处在于，他受到了这个蕴藏着所有真正哲学的"统一性悲怆"(Einheitspathos)(48) 的驱动，但他的错误在于，尝试从客体性层面而不是超验层面去寻找"一"，客体性层面可让他获得某个享有特权的方法，但超验层面却要求他必须揭露所有方法的不可完成性。

[2]　I, 160.

为它们的客体本就是有关现实的某个普遍范畴，是可让我们理解一切事物的某个方面：于是，逻辑学将一切事物理解为可思考的，地理学将一切事物理解为空间的，心理学和社会学将一切事物理解为与人的经验存在相关的。雅斯贝尔斯对后两种科学进行了单独的考察，尤其阐明了这两种科学的境况，哲学赋予它们的价值以及它们所引发的希望与失望。事实上，这两个科学深受某个本质的模糊性的折磨：若它们想要抵达"人的经验存在的总体"[1]，那么它们就要放弃自己的科学身份。这是因为，人的总体——正如世界的总体，只不过二者的意义不尽相同——不是一个可理解的客体：如果超越同时意味着自我超越——有关这一点，我们可在对生存的研究中进行证实——如果的确如此，那么"人总是超出在某个以人为客体的科学中人所显现之物"[2]；所有想要囊括人的科学都将遭遇这个"自我之自由"（liberté du soi）的超越准则，因而都会想要将生存归并到其领域中。因此，我们看到，这些科学的真正动力是"对生存的关切"（intérêt existentiel）；它们不再以人为客体，而是想要理解作为主体的人，这个主体可以产生不可预料的灵感，且可发生变形。不过，这些科学的身份将受到挑战：作为既具有具体经验科学的特征又具有照亮生存之思想的特征的科学，它们将遭受某个永恒的不安。于是，它们始终止步不前，因为它们无法让自身的研究不断积累，它们与哲学一样，始终只是一些个人使命，这些个人使命总是有待重新开始。就连这些科学与哲学之间的联系都是模糊不清的：一方面，它们让哲学为之着迷——比如克尔凯郭尔以来的心理学，以及黑格尔、马克思以来的社会学——因为它们对哲学自身的目标亦即生存产生了预感并勾勒出了其轮廓；但另一方面，它们又对哲学产生了威胁，因为它们通过削减这个目标从而贬低了这个目标的价值，

---

[1] I，200.

[2] I，200. cf. VE（47）："在我将自身变成客体的每一个时刻，我都同时超出这个客体，亦即超出这个将自身变成客体的存在。"对于自由存在这个无法被穷尽的特征，雅斯贝尔斯在此书中通过讨论"我们所是之统摄物"进行了说明。

正如心理分析学或马克思主义所做的那样。因此，这些科学的不确定性源自它们面对自身界限时所是的状态，这里的"面对"指的并不是像其他科学那样，在它们进行调查过后所产生的与自身界限的"面对面"，而是某种与自身界限立即的"面对面"，因为正是从这个界限出发，这些科学才得以抵达经验存在：自由是人以及人与世界之关系的起点，也是人与这个关系的终点。因此，这些科学的不确定性会让这些科学享有某个特权，因为如果探索世界的至高使命是理解生存与超验面对面时所处之地，那么该使命就尤其会在这些已经勾勒出自由的轮廓、将世界和历史视作其操作舞台的科学中显现自身。然而，再一次，这些科学只有在放弃自身的同时才能完成这个使命：它们并没有某个最终的准则，只有在放弃这个使命时，它们才具有普遍性。

最后，如果没有任何一个现实科学（science du réel）拥有"核心指导原则"（hégémonikon），那么接下来就得尝试到建构科学（science constructive）[1]那里去寻找某个统一性准则，这些建构科学会构思出某些与现实无关但可理解的图式，以为现实科学服务；例如理解心理学的类型学（les typologies de la psychologie compréhensive）[2]或者数学建构。雅斯贝尔斯用一句话对这些建构科学进行了反驳：建立在理解基础之上的那些心理建构不具备解释性科学的精确性，而以自身可理解性为前提的那些数学建构则"没有具体的内容"，正如让数学建构深受影响的那些"危机"所表明的那

---

[1] 即德语中所说的"建构科学"（Konstrierende Wissenschaften），I，163。

[2] 雅斯贝尔斯想到的或许是克拉格斯（Klages）的性格学，他曾在他的《诸世界观的心理学》（479，482—483）一书中对该理论进行过引用。在书中，雅斯贝尔斯将克拉格斯的性格学视作这样一种研究工作的典范，这个工作与专著不同，它"走向典型"，提出对某个性格结构的概括性观点。德国应用心理学研究院也曾发布过一些"心理模式"，尤其地，斯特恩（Stern）还发表过一些"病理学模式"。雅斯贝尔斯自己也在《诸世界观的心理学》（484—494）一书中要求区分不同类型的性格，比如不正常性格就包括精神衰弱、癔病、精神分裂症。对这些不同类型的构思正是理解心理学的主要目标之一，这个理解心理学主要致力于通过列出不同"理解关系"——比如：在精神贫乏与感情苦涩之间，有性厌倦和过度虔诚——来定义某个个性的总体意义。我们在后面将再次提及这个概念。

样。因此，我们无法赞同这些建构科学的意图。从此，我们应该放弃寻找这样一个科学，这个科学支配着某个科学体系的统一性，并保障这些科学的分级结构。无需对每一个科学进行考察，仅凭以下这个特殊的点，亦即让自然科学与精神科学相分离的不可削减的对立，我们便至少可以确认这些科学的自律属性。

（二）自然科学与精神科学的二元性

事实上，我们完全可以根据前面提及的四种现实领域对诸科学进行分类；不过，根据这一原则的分类会导致另一种更加简单与迫切的对诸科学的分类被隐藏，后一种分类主要以科学探讨的是自然还是精神为依据；事实上，诸科学正是以现实的这一本质断裂为依据被安排并相互区分的。或许，我们不应该将这一区分固化，因为这样会使不断"游离于各个方面"[1]的研究的自生性（spontanéité）变得枯竭。不过，正是在这一划分基础上，自然与精神的对立吸引着所有现实科学。雅斯贝尔斯立即追问由此带来的深刻含义。为自然科学提供动力的是意志，这个意志并不总被认为是"在物的不可理解的客体性中对物的认识"[2]，但却始终在这个认识中在场。自然科学立于无法被穿透的沉默不语的自然面前；如果这些科学想要在自然中揭露出某个形而上的含义，那么它们就必须抛弃自然，并驱散"一切神话"[3]。自然科学的任务是，在决定事实的同时，不迷失在表象的不确定多样性中，因为自然科学的调查始终以这类理念为指导，这些理念可在不同的理论中被具体化，可在不同的图式中被表达；此外，对这些科学的实践运用会进一步证实这些科学，这样的证实同样促使这些科学保持对事实的忠诚，即便这些科学的成功对它们自身而言不过意味着某种认可，而不是某个动力。于是，在

[1]　I, 186.

[2]　Ibid.

[3]　然而，自然科学却始终被某个形而上学的忧虑萦绕，我们将看到，自然科学驱逐自然的努力本身就说明，它们是受某个生存动力所驱使的。

这里，对事实的构思成为了研究的目标本身，而理念不过是研究的工具，其用途在于根据某个可理解的秩序对事实进行定位。正如我们所知，自然在某种程度上服从于这个秩序。精神科学则拥有另一个野心，将呈现出另一个面貌。首先是一些历史科学，因为"精神被历史地生产"[1]。自然的生成会引向永恒规律，精神的生成却不可削减，就连抽象本身都会在精神中拥有某个历史色彩；精神之间的连接通常都是在历史的维度下进行的：人们对古希腊、古罗马、古印度进行研究。诚然，人们可以期望对精神的普遍特征进行阐释，这也正是艺术、道德、宗教研究所致力于的目标；不过，如果这些研究忘记了它们的研究目标本身是"拥有自身多样性、总是让精神运动向外敞开的纯粹历史之物"[2]，那么它们就将总是面临着让精神退化为某个空洞图式的危险。此外，我们知道，精神处在以下二者之间的某个不稳定平衡中：一个是承载精神的物质现实性，另一个是启发精神的生存；精神的可理解性既受限于物质沉默的不透明性，又受限于生存无法表达的内在。因此，精神科学需要同时从两个方面做出应对。一方面，精神科学需抵制住唯灵论以及唯物论的诱惑，从而努力**在现实之中**去理解精神；它们致力于事实、偶然、对历史产生影响的原始背景（données brutes）以及始终伴随着具体精神的整个自然的灵晕（halo）。精神科学将求助于自然科学使用的概念，求助于诸如机械论以及统计学的物质范畴，抑或是求助于诸如成长、本能、倾向、意识等的生命范畴。不过，另一方面，在完成了对经验事实的决定，并实现了让这些事实得以被安排的综合后，为理解最纯粹的精神，精神科学还得"'加入'（participer à）一些理念，从而实现生存与生存之间的对话"[3]。自然科学所使用的理念只起到调节作用，并不拥有任何超出自然科学所激发的图式客体性

---

[1] 这就是为何，在《理性与生存》(VE，34) 中，"精神"被称为："某个暂时陷入困难的生产"。

[2] I，198. 在这里，我们看到了黑格尔的影响。

[3] I，186.

的其他客体性，而精神科学则将在自身面前与理念相遇；从此，需要做的不再是将理念当作某个规则来使用，而是"加入"理念。雅斯贝尔斯曾在别处说道[1]，"加入"理念，这要么意味着在实践层面通过政治或教育等"实现"（réaliser）这些理念，要么意味着在思考层面"理解"（comprendre）这些理念。精神科学致力于的正是"理解"这些理念，它们的伟大之处在于，在精神曾被遗忘之处，对处在其真实性中的精神进行揭示。精神科学要想做到这一点，就必须让研究者在某种意义上等同于其研究的精神，从而让理念在他身上重生。不过，研究者的精神与客观精神之间的对话在某个更高层面上继续，因为通过理念，历史会反映出生存的兴衰交替，并呈现出其巅峰与低谷。对话则以交流为前提，亦即以某个全新类型的"参与"（participation）为前提，相较对理念的"参与"——正是通过"加入"理念，历史学家得以在超越一切客体性的同时，将自身提升至生存，从而在历史中辨识生存——这个参与类型并不会更明晰，但却更具穿透力。[2] 不过，这项至关重要的任务却总是非强制性的，因为没有任何东西可以强制超越，历史学家始终可以在精神世界中驻足、满足于对理念的操控；他甚至可以放弃理念，转而关注原始事件和特殊情况（particularité），然而，当精神科学沉浸于由无意义之事实组成的尘埃时，它们又将再次跌落到自然科学的层面。因此，我们看到，精神科学的伟大与否取决于它们与自然科学相对立的方式，此外，精神科学还揭示出了"某个超出科学的部分，没有这个部分，精神科学将毫无意义"[3]。精神科学要求智者对自身做出某种努力，从而引出这个可对抗客体性的"超出部分"（plus），并避开那通过删除生存而贬低精神的自然主义，同时也避开因为想将生存纳入一些客观形式而歪曲生存的独断主义。我们将看到，正是在这里，

[1]　I，224—225.

[2]　后面，我们会专门用一章来对"交流"进行分析。

[3]　I，190.

历史将对生存的命运而言拥有某个极其重要的意义。

因此，精神科学与自然科学无论是在它们所采用的方法方面，还是在它们的目标方面，都不可避免地相互区分。这已经足以向我们证明，某个总体的科学体系是不可能的。事实上，每一种科学都用自己特有的方式尽可能地走出这一困境，但却始终无法准确地确定自身的边界与地位，因为其边界与地位在每一刻都根据其历史而定。"不仅世界不会自我封闭，通过科学对世界的探索亦不会自我封闭。"[1] 从此，不仅不再有世界的统一性，而且也不再有知识的统一性。

----

[1]　I, 199.

第三章　科学的意义

　　现在，我们可以开始对科学的意义进行评估了。前面几章将我们引向了"人为的知识注定遭遇某个失败"的理念；接下来，我们将对这一理念的主要主题进行集中归纳，从而让该理念发挥出其所有力量，并指出这一理念对诸哲学价值"市场"的影响；该理念要求我们摒弃诸如实证主义、唯心主义这类赋予科学某个无限声望的理论。我们将得以明白，鉴于诸科学是通过对形而上学的否定而实现对自身的显现的，因此，哲学自身也应该与科学相分离，并在科学表现出无力的地方代替科学。不过，这样的分离永远无法是绝对的，在不无道理地（en droit）宣称了这个分离之后，还得适当缓和一下语气。这是因为，科学本就具有精神以及哲学意图的特征；它不仅仅只是哲学的序幕，当它完全了解自己且丝毫不遗失其自律性时，它还是哲学的第一幕。哲学与科学的这一靠近可在以下两个本质的理念中被证实：只有一个世界，科学所描绘的世界与超验向生存所揭示的那个世界是同一个；无论是通过科学还是通过哲学，人都只有一个憧憬，亦即对存在的憧憬。

一、知识的失败

没有任何知识是已完成的："到处都残存着某个作为其界限的剩余。"[1] 不要忘了，理解以客体性为追寻对象的那些愿望，最终没有一个被实现。首先，存在以可靠性和稳定性为标志的说法不再成立；诚然，规律是永恒的，但这仅仅只是因为，同理念所产生的图式一样，这些规律仅仅只是些空洞的骨架；一切物都被"生成"折磨，尤其地，精神在本质上是历史的，它同生命一样，服从于兴衰的交替。混乱（chaos）的确似乎拥有更多的可靠性，但那是出于它的不透明性，是因为它无法被理解穿透。其次，所有存在都可被知识解释的说法也不再成立：在世界的两极，原始物质与生存都向认识发出了挑战，无论诸科学如何在其研究中不断深入，始终会有一些未知之地出现在它面前。就连在知识所探索的领域本身内，知识也都是不牢靠的，逻辑的必然性始终是相对的（除了对数学而言之外），现实的不确定性是不可克服的，统一性是不可抵达的。最后，理解的第三个愿望因此也无法被实现：世界的总体永远无法经验地在场。此处便是最后的界限："世界的总体不过是一个边界思想（pensée-limite）"[2]。必须心甘情愿地去思考某个不确定且被众多沟壑所间隔的世界；诸科学不可避免地要么根据历史的偶然要么根据行动的要求，尽可能地分散于这个世界的每一个角落，在这个世界中相互隔离，并对其自身的事实、方法和目标进行决定；这样，它们便能获得行动要求它们所具备的这个"安全感"[3]，不过，前提是它们至少得暂时放弃"对存在的获取"，因为这些科学只有通过自我设

---

[1]　I, 145.
[2]　I, 148.
[3]　这里所说的安全感（Sicherheit）与"为了保障存在"（zu Vergewisserung des seins）相反，I, 130.

限才能不断进步并获得自身效力。

除了知识总是不可靠且碎散之外，对客体性的系统性追求还要求知识忽视或者违背存在的某些方面。知识必须排除"一切主观之物，一切会让视角变形的巧揉造作之物，一切武断的评估，一切天真的观点"[1]。对于知识而言，一切主体性都表现为对有待揭露与矫正之幻觉的创造，主体性本身也是迷惑人的，因为历史和心理分析完全可对其加以解释。对主体性进行削减可能会"让主体性与其灵魂相分离"[2]，因为对主体性的削减可能使主体性中一切具有自发性、真实性和信仰之物，一切让主体性已经对某个可能的生存进行表达之物，都变得不为人所知；就连精神科学本身也将变得不忠于生存。此外，从此，某物将被遗失，这个物不仅是属于"我的"，而且也是属于"世界的"："当经验现实与主观幻觉之间的区分得以实现，当世界被思考为客观事实的总体，在我对存在的意识中，有东西被打破了。"[3] 这将是某个不可弥补的遗失，仿佛现实在我面前后退、被抹去[4]；在我自在之处，我已与世界相分离，曾几何时，对我而言，这个世界有一个面孔（visage），有一个表情（éloquence），有时甚至有一个友谊的举止。我曾与这个世界交融在一起，一切自在，为让这个世界远离知识，我斩断了我自己的根：如今，属于这个世界的某个东西已经消失，属于我的某个东西也已经异化。伊甸园已经遗失。有关原罪的神话表达的正是这个痛苦的断裂。在生存层面，我们也将识别出这样一个理念：在过错（faute）的征兆下，那个"让世界不再自在"[5]、让知识的无限冒险得以开始的危机应运而生。

与世界之间的某个滋养式和谐一去不复返，对这一点或多或少

---

[1] I，87.

[2] Ibid.

[3] I，73.

[4] 《生存哲学：三次讲座》(156—58) 对"远离现实"(Zurückweichen der Wirklichkeit) 这个运动进行了描绘，该运动要求哲学家在意识到这个运动的同时，做出另一个努力，从而"向着现实超越，此时的现时不再能被抹去，因为它以超验为基底（ibid. 67—69）"。

[5] I，34.

的模糊感知始终萦绕在人们通常向知识发起的指控[1]周围。在此处，我们可以列举出好几个重要的指控。第一个指控是：一切知识都只能引向失望——放弃对"我们曾经所是之存在"的天真拥有，转而去追寻某个始终不确定的科学，这样的做法实属得不偿失。第二个指控是：知识让本应使生命充满生机的快乐与希望窒息；知识渊博的人并不能一个顶俩，无知和遗忘有时更加合乎所愿："个体需要他们那充满生机的谎言，需要他们所有的幻觉"。最后，第三个指控则批判知识的削减性特征：在某种意义上，任何解释都是一种贬低；通过说出某个"这不过是"的话语，解释贬低了存在的价值。诚然，以上抱怨都不是决定性的，雅斯贝尔斯也并不赞同。第一个指控所说的失望只会发生在人们一开始出于不小心赋予知识某个信心的时候；明了"知识是有界限的"这一事实的人是不会抱怨被知识欺骗的。同样地，第二个指控忘记了"任何确定性都是相对的"这一事实：知识也以人们所缅怀的这个"无知"为荣。尤其地，这一指控以为生存辩护为借口，却剥夺了生存自身的权利，因为只有生存自己才能决定是否相较知识的清晰性危险而言，更加偏爱无知那无忧无虑的安宁。最后，第三个指控之所以得以对知识的唯物主义横加指责，那只是因为它一开始就赋予了知识太多的东西；要知道，削减性图式永远无法穷尽现实性，因而也就不会有贬低真实存在的风险。真正的知识则足够审慎，可避开这一陷阱。不过，在我们逐一进行回应之后，我们将发现，以上那些反对意见依旧保留有某个力量，该力量源自这样一个模糊的感觉：知识是缺陷（déficit）与过错（faute），正是这个感觉让前面那些反对意见得以产生。为回应那些反对意见，人们不得不再次确定知识的界限并让科学摆脱其最高意图，这一点意义深远。如果存在着另一个对这些反对意见的可能回应，那只能是通过生存的某个自由决定，这个生存可以改变知识

---

[1]　I，141—144.

的含义并承担其所有风险。至于生存如何做到这一点，我们将在稍后详细阐明。目前，我们已经将分析引向了客体性的失败主题方面："对知识而言，世界不是一个总体"，正是在这一理念中，客体性遭遇失败。在此基础上，我们还需做出两个推论：首先，强调建立在知识基础之上的体系的错误（erreur）；其次，决定将要替换科学的哲学的地位。

二、对实证主义和唯心主义的批判 [1]

乍一看，将实证主义和唯心主义放在一起进行考察是充满悖论的。不过，当人们不再以将唯心主义与现实主义对立起来的古老争论为依据来理解唯心主义，而是以黑格尔的方式对其进行构思，将其视作这样一个理论，该理论"假定存在等同于精神存在，亦即等同于被精神科学所探索的那个存在" [2]，那么，这样的做法就是合理的。于是，这两个哲学似乎都拥有这样一个共同的准则：知识理应完全可被知识渗透，哲学则是对这个知识的沉思。[3] 它们也拥有同样的严密性，因为在这两个哲学看来，总体就是"真"（vrai），而处在这个没有缝隙之网络中的个体则是"总体的仆人和工具" [4]。两个体系之间的唯一区别在于，实证主义更加信任自然科学，而唯心主义则更加信任精神科学。事实上，实证主义将存在削减为客体，并将主体变成众多客体中的一个。客体首先可被因果论解释，一切认识都是成因的认识（connaissance génétique），这就是说，由于所有

---

[1] 我们在这里参考的是第四章，I，212—239。

[2] I，222.

[3] 这就是为何，某种过渡得以发生在黑格尔与马克思之间：他们至少都对康德的不可知论持怀疑态度；比如，在有关黑格尔的逻辑的册子中，列宁就将黑格尔视作对抗康德的战争机器。此外，在《思想与年代》（Les idées et les âges）一书中，阿兰也对黑格尔和孔德进行了对照。

[4] I，212.

行动都遵循因果论的倾向，因此，我根据我的行动进行认识，无论在何处，行动的成功就是"真"的标准。技术并不比知识拥有更多的原则性界限："弗洛伊德像爱迪生掌握原始自然那样掌握灵魂"[1]。此外，一切现实性都将被消减为经验存在，而一切行动不过是对这个经验存在的安排：行动为决定其目标需参考一些价值，这些价值本身内嵌于经验存在之中，可在它们抵达某个持久可靠之物时被识别出来；唯有客体性是这些价值的标准。[2] 相反，唯心主义则强调主体和思想，不过这个思想"同时是一切存在的本质"[3]。这是因为，存在"加入"理念，以便这个"加入"本身成为对其现实性的度量，存在"分享"（partager）理念的辩证变形，以便整个地变成"生成"。存在是让精神得以具体化的场所，它之所以可被理解，那是因为它是精神的显现：现实的合理性为知识的真实性提供保障，可解释知识的所有野心。人们可能会说，在某个不确定的辩证过程中显露出来的那个理念永远无法完成；不过，与康德不同，如果说康德认为"理念保持为一个无限的任务"[4]，那么唯心主义则无法抵抗住将理念客观化的诱惑：它不仅会揭露出内在于世界、总体生命以及共同体实体的理念的存在，而且还会在该理念不确定的显现之外，将其升华为"某个自我封闭的无限的总体性"[5]。因此，理念就是存在的界限，我们知道，这也是为何，黑格尔对无法表达概念且在怪物、例外、偶然等元素中表现出非理性的自然充满蔑视。此外，理念也是对我而言的生命准则，我要么像在参与历史时所做那样将之实现，要么在精神与精神的对话中将之理解。无论如何，理念为我带来了和解：通过将自身交付给理念，并在理念中自我遗失，"我将沉浸在

<hr>

[1] I, 215.
[2] 必须得承认，在此处，雅斯贝尔斯将遭遇某个强劲的对手。无论是求助于心灵与情感价值的孔德的实证主义，还是强调上层结构的马克思主义，它们都无法在这个简短的指示中被识别，该指示指出的更应该是唯科学主义的一般趋势。一个哲学总是在其断言方面比在其争论方面拥有更多的真理。
[3] I, 223.
[4] I, 234.
[5] I, 224.

总体性的宁静与完成的安宁之中" [1]。

因此，尽管实证主义和唯心主义可相互靠拢，但它们之间也将产生某个无尽的争论，在这个争论中，二者都可在对方那里激起某个有益的反应：实证主义对事实的依附、对经验的尊重以及对效力的追求可以警惕理念脱离现实的趋势，并捍卫真实（vrai）、抵抗虚幻；唯心主义则通过其对精神的强调，捍卫精神，抵抗实证主义的平均化。雅斯贝尔斯指出 [2]，二者的角色甚至可以互换：实证主义者可能出于"想要看见裸露现实性的英雄主义式的渴望"而在没有意识到的情况下见证了生存，唯心主义者也可能在以理念之名去论证生存的反复无常与激情的过程中，远离了生存。无论如何，争论永无止境，只有将争论双方置于同一水平线的两侧，并揭露出二者隐秘的亲近性与共同的不足时，才可能让这个争论平息。二者都为构思某个有关世界之总体图像的需求所驱动，都宣告了现实的普遍可理解性；不过，它们由此将惊讶（étonnement）的力量、怀疑的不安甚至还有研究的热忱删除了。二者都认为没有任何谜题，当它们与自身界限相遇时——实证主义在精神中与自身的界限相遇，唯心主义则在物质中与自身的界限相遇——它们会平静地用某个"绝对的拒绝"（fin de non-recevoir）来对抗这些界限：前者提出不可知论，后者对不顺从于概念的自然加以鄙视；于是，这些完全忠实于知识的哲学可以比生存哲学更自在地与非—知识（non-savoir）达成和解——我们将看到，生存哲学承认知识的界限只是为了引出自由。此外，二者支持的知识是无差别的：最终，一切存在都被削减为了某"物"（chose），要么是客体，要么是固化的理念；时间已经失去其实体，因为规律或理念是永恒的（非时间性的），所有不符合规律或理念之物都被随机处理。最后，二者还以相同的方式危害着生存的命运：二者都对个人主义充满敌意，都将个体变成了某个案例或

---

[1] I，225. 此处，雅斯贝尔斯依旧忽略了至少直到《精神现象学》都一直为黑格尔哲学注入活力的"泛悲剧主义"（pantragisme）。就连出现在《哲学科学百科全书》中的"泛逻辑主义"（panlogisme）都无法如此轻易地实现对自我意识与自然的分离。

[2] I，228.

工具，将个体视作各种成因性规律的某个会合处，或者某个理念的代表；它们赋予个体的唯一任务就是让自身与普遍规律保持一致，或者让自身融于总体理念之中。义务这一理念本身与"生成"混淆在一起并被削弱。从此，是"在某个盲目的安宁中接受某个作为命运之不在场的命运"，还是在毫无荣光的情况下顺从于心理和社会的冲动，这二者并无太大的区别。应该指责这些理论将经验个体性自以为是的虚无与真正自由的存在包裹在一起并不加区别地拒绝吗？不应该，因为科学无法通过自身对这个自以为是的虚无和真正自由的存在进行识别。对某个完全透明、没有阴影、没有悲剧之世界的构想，将不可避免地伴随着某个没有自由的伦理的诞生。

因此，只有当彻底超越了实证主义与唯心主义之后，我们才能够设想生存的跳跃。这是否意味着实证主义和唯心主义的教训要被毫不保留地抛弃？并不是，在这里，我们将再次看到一个非常熟悉的雅斯贝尔斯式的理念：对于在超越过程中被暂时搁置的概念而言，当人们从上升后所抵达的更高视点出发，回过头来对这些概念进行考察时，这些概念将重新获得新的意义与价值。于是，稍后我们将看到，科学将重获其所有魅力，实证主义和唯心主义将在某种程度上恢复其地位：实证主义是因为它对经验现实的重视，正是在这个经验现实中，生存以自己的命运为赌注进行冒险；唯心主义则是因为，在探索精神的同时，它发现了让自由得以运动的精神空间。不过，宣称它们地位恢复的将是哲学；接下来，我们就要去见证这个哲学的到来。

三、哲学的到来

我们在前面分析了科学对世界的探索的界限，这些分析的主要作用正是为哲学开辟道路。不过，哲学登上舞台并不是这个批判的直接结果。我们不能认为哲学与科学处在同一层面，认为哲学如孔德所说的社会学一样，位于知识之树的顶端。在任何情况下，哲学都无法从科学出发被推演出来，也不能作为某个得以填补科学空隙的"天外救星"（Deus ex machina）呈现。我们已经知道，哲学思考就是超越。在此处，这句话意味着，哲学并不由它所呈现的体系所定义，这个体系使哲学依旧可以与科学相对照，而是由它所要求的原初哲学行动所定义。哲学是知识，但是扎根于生命的知识；我们甚至可以说，哲学就是介入（engagement），如果"介入"一词并非雅斯贝尔斯习惯使用的词汇。哲学在自我反思的同时，以同等的程度反观自身（se voir）；它既是沉思也是行动。[1] 哲学思考并不意味着教授或者学习某个理论，而是意味着承载某个存在方式，从事某个信仰行动，真正地"成为生存"：哲学正是绝佳的生存行动。由此将显现出让哲学与科学区分开来的本质特征。首先，哲学不会局限于客观的认识；科学只能让一般意义上的认识与被削减为可理解图式的客体保持某个无人称的、毫无温度的关系，而生存这个主体则想与客体保持某个更加亲密的关系，希望客体能够变成符号、"语言"以及对存在的见证，正如客体相对诗人和神话所成为的那样[2]；"于是，世界不再仅仅只是那个可靠、独立、有用且经验地在那里的世界，而且也是我所爱之物，我所恨之物，是我在所有实践目的之外所激活之物"[3]。这个重新变得生动的世界意味着存在，亦即那个唯一能够让生存感兴趣的存在、那个让哲学充满激情地不断追寻的存在；这就是为何，只有无条件的真理才能让哲学满足，这些真理的必然性源自某个信仰，而不是某个逻辑的限制。[4] 此外，科学可在匿名且可互换的意识之间传递，而哲学则意味着一个人与另一个人之间的某个对话，对话双方都将毫无保留地参与其中；这个对话"永远不会被它所表达的内容所穷尽"[5]，一旦不再是生存在说话或被

---

[1]　I, 326.

[2]　"当我瞄准客体本身时，我依旧处在科学之中，但当我让我的目光从客体出发投向存在时，我就是在哲思"，I, 139。

[3]　I, 82.

[4]　后面，我们还会用一个长篇幅对"哲学信仰"理念以及哲学的地位与价值进行讨论，在此处，我们只是强调了哲学的主体特征，从而将之与科学相对立。

[5]　I, 320.

涉及，这个对话就会立即衰退。尽管这个作为哲学家之信条（credo）的哲学无法成为一个普遍有效的科学或者一个让所有人获得救赎的启示，但它依旧通过自身所担保（engager）与要求之物而保留着自身的权威：无论哲学预言还是唤醒，它始终是对某个自由的见证，这个自由与其他自由产生对话并激发那些自由，它这样做的目的并非强迫其他自由加入，而是热忱地希望，"哲学运动，亦即对某个决定性权力的表达，最终可将自我与自我统一"[1]。

以上只是为突出科学与哲学之间的差异而进行的简短描述，该描述将在后面被逐步阐明。不过，通过揭示[2]"世界观"（Weltanschauung）如何构成哲学的开始，我们便已经可为这个描述带来些许明晰性。不过，"世界观"[3]一词很难被定义。"世界观"既是观看世界总体的某个角度，也是根据某个价值尺度赋予人类生命以意义的某个方式，还是对作为现实性之基底或者得以证明一切价值之物的靠近（approche），这里所说的作为现实性之基底或得以证明一切价值之物指的正是超验。"世界观"是让一个个体得以自我确认（s'affirmer）的所有已做出决定的总和。因此，"世界观"只对那些不再从外面打量它而"始终留在其内部"[4]的人产生意义。尽管需要的时候，人们可以对不同的科学理论进行对照并从中做出选择，但

---

[1]　I，321.

[2]　I，241—246.

[3]　雅斯贝尔斯说，"这是德语独有的词汇"：因此，我们将遵循哲学法语的做法，保留该词的德语形式。

[4]　雅斯贝尔斯在这里所做的事情，有些类似他在《诸世界观的心理学》中所进行的操作，因为《诸世界观的心理学》这本书正是以盘点不同种类的世界观为目的。让我们再次提及这本书的提纲：在第一部分，雅斯贝尔斯尝试识别出构成一个世界观的基本元素；从客体与主体之间的本质关系出发——在此处，相较生存哲学，雅斯贝尔斯更加接近心理主义——他区分出了主体的不同态度（Einsiellungen）——客观态度、反思态度、激情态度以及与这些态度相符的、作为"精神生存之条件与结果"（122）的不同世界图像（Weltbilder）。在这一静态分析之后，在第二部分，雅斯贝尔斯再次引入了世界观的动态元素，亦即精神；——此处尚未明确提出生存的说法；"生存"的概念产生于《哲学入门》一书，随后在《理性与生存》一书中，此概念才进一步既与精神靠拢，又被系统地与精神相区分。不过，此书呈现不同精神类型（Geistestypen）的意图，以及呈现有关这些精神类型的"某个系统结构"（190）的意图（无论两者之间的区分多么微妙），均可被《哲学入门》中的那些反对意见所证实。此外，雅斯贝尔斯并未兑现其承诺的事实意义重大：因为对精神类型的分类只会引向某个辩证法，这个辩证法只会让精神历史的结构显现，而不会让精神类型的多样性显现。此外，《诸世界观的心理学》就是这样一个理解心理学的典型，我们在后面还会提及。

声称集结并超越"世界观"多样性从而在其中做出某个选择的声称只能是虚妄。一个冷漠且不偏不倚的观察只能描绘出一些抽象且毫无生机的意象，这些意象被归入不同的类型，被贴上诸如浪漫主义、唯心主义、唯物主义、乐观主义的标签。对这些意象而言，唯一可理解的态度就是交流的态度，但这个态度难以在相对主义与狂热主义的双重诱惑中得以保持：在相对主义的诱惑中，人们将每一个意象削减为某个简单的视点，并像业余爱好者或收集者那样，从一个视点去到另一个视点；而在狂热主义的诱惑中，人们则将执着于某个既定的立场。

可以说，一个"世界观"指的就是一个主体相对存在的视点，但前提是要正确地理解这个视点。这是因为，"一旦一个视点作为视点被我认识，那么这个视点就不再是我的'世界观'"[1]，因为，通过承载这个视点，我不再让自身等同于这个视点。"世界观"并不是我在一开始就已选择的一个视点：在我所处的具体历史境况中，"世界观"作为某个我必须接受的必然性出现；我并不曾选择拥有这样一个身体，这样一个国家，这样一个性格，我也不曾选择爱这样一个女人或者喜欢这样一个演出；因此，这是一个具体的视点，相较这个视点，所有其他视点都或多或少是抽象与虚构的，该视点与我合而为一，将我填满。渴望获得不同的可能性、尝试获得另一个境况或另一个人格的人，只会失去立足点，且不再有真正属于自己的思想。我不应该否认或改变我的境况，而应该将自身等同于这个境况，不是作为一个陌生的命运以糟糕的心情忍受这个境况，而是毫无保留地承载这个境况。这样，我所处的视角就不再外在于我，而是就是我本身：从此，我忠于我自己，忠于我所是之物。"世界观"就是对"原初之我"（moi original）的表达。于是，我们将得以明白，即便"世界观"被一个客观的语言所陈述，它永远无法被穷尽；

---

[1]　I, 244.

因为普遍之物表达的不过是无人称之物，而不是独一无二之物。尤其地，经验存在所使用的这个语言无法表达尤其让个体感兴趣的东西，亦即"个体从其自由内部出发所体验到的存在"[1]；该语言无法表达这样一个信仰，该信仰是"'世界观'的核心"[2]，亦是哲学的核心。

如果"世界观"的确是哲学的灵魂[3]，那么上面的简短分析便已经可以让我们明白，作为主体为理解存在而做出的无与伦比的尝试，哲学超越了所有科学。不过，在用后面两个部分对这一点进行论证之前，我们还得再次回到科学，从而得以明白这样的事实：这个尝试已经在科学中启动，因此，科学已经构成哲学的条件并成为哲学的最初行动，哪怕有时候，这一切只是发生在科学不知情的情况下。

四、科学的终极意义

"同必然性知识（savoir nécessaire）一样，科学延伸得很远，不过，科学比必然性知识延伸得还要更远。对这个'更远'进行阐释，就是理解科学的意义"[4]，并关注科学与哲学之间的隐秘亲近性。在科学与哲学之间存在着某些接触点（point de contact），对于这一事实，我们已经非常清楚：精神是科学与哲学的共有领域，在这个领域中，科学与哲学相遇并发生争论；这是因为，精神永远无法被削减为各类客观公式，它会求助于得以承载它的生存，该生存不再是科学的客体；这不仅会让各类精神科学充满不确定性，而且也会让

---

[1] I, 246.

[2] Ibid.

[3] 可以说，为将自身等同于哲学，世界观缺少的只有对理性的忧虑，雅斯贝尔斯1935年的讲座集对这个忧虑进行了强调："获得理性是哲学不可抑制的动力。"（VE 40）

[4] I, 129.

它们充满吸引力。不过，这并不是决定性的，因为无论如何，一切科学都被置于为其提供原初假设的形而上学的对面；在这个对立中，形而上学将得以消除迷信和魔法的成分，而科学则将得以清晰地获得客观现实性；每当面临空想或者盲目的威胁时，这个无需付出代价的**征服**[1]都应得到重申。

如果说科学与哲学之间的确存在着某个亲缘性，那么，我们是无法在对两者的研究对象或研究方法的决定中找到这个亲缘性的；必须在为科学提供动力的精神中，在该精神无法被任何东西满足的"对知识的原初意志"[2]中，从而更加深入地探寻。之所以称之为"原初意志"，那是因为，该意志没有任何前项，也没有任何动因。不让世界经受某个不间断的调查，我也能很好地活在这个世上。不应该说无知让我麻痹，也不应该说为了"能够"（pouvoir）必须"知道"（savoir）。这是因为，不仅"我"可以相信直觉，科学的好奇心也会无限地超越行动赋予它的目的。雅斯贝尔斯并不认可对科学的实用主义阐释；在知识带来的不同类别的满足中，雅斯贝尔斯将"实用主义满足"列为最低等[3]，而且在这个"实用主义满足"的基础之上，雅斯贝尔斯还进一步区分出了人们在遭遇认识与行动的统一性时所体验到的快乐的纯实用价值，仿佛行动不过是对认识的一种考验和证明。为证实科学不被任何需求所支配且在原则上依赖于某个积极主动的自由，只需注意到：研究在一开始就对准了最艰难的问题，且对这些问题的解决不具有任何实际有用性。为科学提供灵感的这一"推向极限的意志"永远不会认输。我们知道其中的缘由：这个永不满足的研究驱动力正是源自这样一些理念，从康德所揭示的这些理念的主体方面出发，这些理念禁止人们为某个调查画上句号。在科学本身内部，这些理念已经意味

---

[1] "如今，甚至在日常生活中都能够围绕一切可通往知识之物展开行动与思考，这已成为作为理性存在之人的崇高"，I，133。

[2] I，72，133，145.

[3] I，136，188.

着某个形而上学的要求，就像是科学与哲学之间的中间介质。[1] 服从于这些理念，并不是提出某个理性概念的普遍意识会采取的措施，而是以下这样一个理性本身会采取的措施，1935 年的讲座论文集指出，这个理性是"无法将某物视作完结的不安"[2]，是"探索世界过程中那充满激情的求知欲望"[3]。论文集将这个理性变成了生存的伴侣和合作者。正因为那些理念源自"想要不惜一切代价获得统一性"[4] 的理性，它们才始终是对这个统一性的近似表达，并以某个无法抵达的总体性为目标。不过，除了可让为科学开辟道路的那些理念显现之外，朝着"一"前进的这个冲力还将激发出这样一个忧虑，该忧虑将推动诸科学在某个整体的知识体系中相互靠拢。然而，当我们说由理性驱动的科学追寻"一"时，这其实就是说，科学服从于某个形而上冲动并追寻存在。这是因为，统一性就是存在的形象。《哲学入门》第三部分在揭示"'一'是形而上所追寻之物"[5] 的同时，将呈现出"一"的本体论意义，这个本体论意义既超出了"一"的逻辑意义，也超出了"一"的宇宙论意义：在"一"的逻辑意义中，"一"指称可思考之物的总体性，在"一"的宇宙论意义中，"一"指称现实的总体性，而在"一"的本体论意义中，"一"则拥有某个"生存意义"[6]，指称自我的无条件性。通过这一指称，生存将不再迷失于可能之物的多元性中，也不再深陷一时想法的不确定性中，而是将肯定它与自身所承载之真实自我（le soi réel）的等同。不过，让生存在其生命中留下印记的这个统一性，仿佛是对更高、更隐秘的超验统一性的反映。这是存在的最后统一性，其他所有统一性不过是该统一性的具体形象。每一个

---

[1] "如果人们承认，科学有某个内容，那么这个内容就是，科学被理念指引，这些理念从让生存显现的哲学处获得其无条件性"，I, 256。

[2] VE 40.

[3] VE 63；cf. Eph. 48.

[4] VE 41；Eph. 48. 正如我们所知，在雅斯贝尔斯看来，正是这个"统一性悲怆"（Einheitspathos）造就了笛卡尔的真实性。

[5] III, 116.

[6] Ibid.

科学都无限憧憬但又无法知道的正是这个统一性。当一个科学为自身争取统治权（hégémonie）时，它所表达的正是在这个科学不知情的情况下为其提供驱动力的本体论忧虑[1]；这是因为，科学对知识统一性的觊觎并不属于科学自身的运作，而是意味着科学超越其自身目的地，并面临迷路的风险。每一个科学都执拗地想要拓展它们所遭遇的事实界限，或者与它们不再能拓展的原则界限相遇，在这一执拗中，还会显现出抵达存在以及为抵达存在而进行超越的忧虑。尽管科学总是被重新引向被客体性界限包围的经验存在，但它模仿着为完成超越所需的某种不知疲倦的努力，仿佛被某个模糊的使命置于两难境地，从此摇摆于它应该决定的事实与它所预感到的绝对之间：对于那个绝对，科学无法在不背叛自身的前提下将之理解。

不过，科学本身的使命并不模糊：它应该遵循实证事实，而且正是通过完成自身目标、将自身置于其王国的边界地带并与形而上产生断裂，科学得以以最为清晰的方式承认作为其源头的形而上驱动力。[2] 此外，自我设限不会让科学失去任何东西：即便当它驻足于客观现实性领域时，它也依旧能在某种程度上让存在在场，要知道，对事实的简单考虑就已经可获得某个"沉思的满足"[3] 了。这是因为，在对世界的探索中所显现的事实不仅仅是我漫不经心看到的五颜六色的事件，也不仅仅是理解努力寻找其结构的骨架[4]，而是

---

[1] "之所以每一个具体的科学都想自我绝对化，那是出于哲学动力的驱使"，I，161。

[2] 雅斯贝尔斯批评笛卡尔将哲学与科学混为一谈。在笛卡尔的作品中，始终存在着两个不同的驱动力，这两个驱动力混杂在一起并相互影响，"一个应该走向某个贴近地面的耐心且渐进的经验；另一个则应该走向某个以生存之总体为方向的冲力以及超验的'一'"，D．63。在其中，形而上和科学都失去了它们的纯粹性。尤其地，科学在其中失去了"与现实的接触"（47）；笛卡尔不承认经验的本质角色；当他批评伽利略凭经验行事，在衡量重力的效果前并未决定何为重力时，在这个争论中，有理的是伽利略（51—56）。这并不是因为笛卡尔未发现一个实证科学的发展条件：所有赋予现代科学以灵感的原则——对逻辑的忧虑、经验至上、对细节的考究、技术运用的意愿、"对'新'的激情"等——所有这些，笛卡尔都曾明确地表达过或模糊地暗示过；不过，笛卡尔在提出这些原则的同时让这些原则产生了歪曲（56—64）。

[3] I，139.

[4] "死寂之物"（Ein tot daliegendes Etwas），ibid。

一个真实、厚重、物质的在场，在我看来，世界将在这个在场中膨胀并深化；即便无法对这个事实进行精确的阐释，但它"在"；这个事实"如是在"[1]，我什么都无法改变，同时，正是在这一无力中，我已经可以体会到存在的深度，亦即那个可让该事实变成"密码"（chiffre）的第四维度（la quatrième dimension）：这个事实是对存在的证明，就连其沉默也是一种语言。[2] 我只需向这个事实投以被笛卡尔称作"赞美"的目光。这一对现实的尊重将阻止现实如我们通常所看到那样在研究者眼中"消失"。这份尊重源自对存在的爱：当智者在事实的原始在场中预感到存在的奥秘时，"这份对存在的爱将在自然和历史中引发认识的进步"[3]。这便是真正的经验主义的基础。[4] 我们需留意不要将这个经验主义与独断的经验主义混为一谈，后者更加大众，会在将事实视作完全可与知识通约的同时，剥夺事实的所有财富，最终只会引向绝望或者精神的狂热。对存在的爱则没有那么自大且更加忠诚：它会与幻觉（phantasme）、幻象以及上帝展开斗争，并让科学思想的真实性（sincérité）在这个斗争中被识别出来；即便存在被削减为客体，对存在的爱依旧立于事实的全部及其新颖性（nouveauté）面前；因此，对存在的爱将表达出抵达"真实现实性"（réalité authentique）的某个不可动摇的意志：这个现实性是所有哲学都努力追寻的对象[5]，统一性是其最高形象[6]。

不过，当我们说科学被某个哲学冲力所支撑，这同时意味着，

---

[1] "作为简单存在的生存"（Dasein als blosses Sosein），ibid。
[2] 参见第三部分，出现在多处。
[3] I, 139.
[4] 由此出发，实证主义也将重获尊重，只要它"表达认识现实的坚定意志"，I, 236。
[5] "哲学的终极问题依旧是有关现实性本身的问题"，Eph. 55。
[6] "对我们而言，真实现实性只存在于它作为'一'而在之处"，Eph. 64。在《哲学入门》中被称作"Sein"的绝对存在，在《生存哲学：三次讲座》中被称作"现实性"——在《哲学入门》中，"现实性"一词被用以指称根据理解范畴被思考的世界——该专有术语对这样一个理念进行了指责，该理念曾在超验的形而上学中得到充分论证，它认为，超验并不构成另一个世界，于是，超验确认了负责探索经验世界之科学的崇高性。

智者已经是一个可能的生存。这是因为，鉴于一切哲学都从"可能的生存"开始，因此，存在的形而上意义就只能被将自身上升为生存的人预感；沉浸于经验存在的人无法拥有对存在的忧虑或爱。这就是为何，实证主义者无法自证；因为如果智者本身不过是自然的一个碎片，那么他就只能被某个生物的、心理的或社会的动因游戏所解释，而无法为他自身的事业辩护，也无法自证为一个"在其自由中与其他自由对话"[1] 的负责任的存在。事实上，最不妥协的实证主义者反而会做出对实证主义不利的证明：他对其原则的忠诚，他探寻被他视作存在之物以及揭露被他视作幻象之物时所表现出来的激情，所有这些都是某个对自我的肯定，是某个对其自由的表露。生存的美德——挑战（défi）与献身（dévouement）——属于渴望知识的研究者；"通过思考，研究者以超出自己所认为的程度而成为自己。"[2] 由此我们得以确认，普遍意识本身自我超越；为客观地思考起见，我将自身削减为一个无人称的点，但这个让我放弃一切人格的行动本身依旧是一个从个人出发的行动，是某个自由所做出的决定。普遍意识已经预设了绝对意识。诚然，当普遍意识意味着确切性时，亦即当普遍意识构成"对某个认知主体而言，其相关物（corrélat）的一切位置都需满足的独一无二的条件"[3] 时，普遍意识无法被超越。不过，当普遍意识同时指称某个"主体的存在方式"[4] 时，这个存在方式则总是被生存的自由支配或唤起。

　　总之，科学的悲剧在于：它在客体性中追寻着存在，但最终只

　　[1]　I, 222.

　　[2]　Ibid. 雅斯贝尔斯在《时代的精神境况》中指出，科学的当代危机针对的并不是技术进步以显著的方式所认可的科学的力量，而是针对科学的意义。科学"失去自身灵魂"，因为行动的意愿（vouloir-faire）代替了原初的知道的意愿（vouloir-savoir），专业化且或多或少技艺精湛的技术人员代替了研究者。雅斯贝尔斯指出，"敢于变得智慧的勇气"（sapere aude）之所以不再为科学提供动力，那是因为，现代社会想要将科学授予大众，而不再将其归于某个智者精英群体。无论我们如何看待这一解释，它都指示出，科学依赖于智者灵魂的品质。

　　[3]　II, 255. 正是在这个意义上，普遍意识是一个"统摄物"（englobant），VE 32, Eph. 16。

　　[4]　II, 339.

能在其中找到一个不完整的存在面貌。不过，科学的执拗并非虚妄，它所取得的成果应该被哲学纳入考虑范围。这是因为，只有从客观存在出发，存在才能抵达自身。超越世界的前提是，人们首先已经对这个世界进行了探索，如果没有这样的探索，超越运作将失去其所有支撑点和可靠性。雅斯贝尔斯并不要求人们在未经考察的情况下，在某个哲学力量的倏然一击之下做出决定，也不要求抛弃科学的眼光（optique）；相反，必须采纳科学的眼光，并将由此展开的观点铭记于心。只有从科学出发，哲学才能成为可能。"只有充满激情地投入到对世界之探索中的人，才能找到通往哲学的入口。"[1] 这是因为，事实上，哲学无法撇开世界不谈：哲学家处在世界之中，他无法放弃它自身的条件，也无法忽视这个世界，否则他只会自我迷失；这正是生存理论的主旨（leit-motiv）之一。此外，我们将看到，超验的面孔（visage）只能在世界之中显现：形而上学会说，没有世界，就没有超验。最后，科学为表达有关世界的客观知识而缔造的语言本身也并不是对哲学而言毫无用处。我们已经推测过，这个语言无法恰当地言说这样一类意识，即生存对其不可削减的客体性所产生的意识以及生存对其与超验之间的原初关系所产生的意识。不过，生存和超验要想在思想中在场，思想就必须被客体性的普遍语言所表达。[2] 我们将证明，无论哲学在使用这个语言时如何地小心谨慎，它都无法完全舍弃这个语言。

因此，科学因为这样的事实而变得崇高：它既与哲学相对立又与之互补。一方面，科学的驱动力源自哲学；另一方面，哲学源自某个知道的意志，该意志首先在科学中得以实现，哲学无法否认科学的成果，更不能忽视科学所使用的手段。存在于两者之间的并非某个充满敌意的对抗，而是为抵达某个真正的科学以及某个真正的

---

[1] I, 29. cf. I, 325.

[2] "没有这个普遍性，对存在产生某个意识的经验就将陷入绝对的黑暗，该经验甚至无法与其自身产生交流"。

哲学而展开的友好对抗。科学服务于哲学的方式是：阻止哲学将自身看作一门科学，并由此提醒哲学其真正的使命在于理解生存的跳跃。哲学服务于科学的方式则是：揭示科学的界限、让科学免于独断论的侵袭、保持科学与客体的联系。[1] 知道与信仰可相互支持，前提是两者都保持各自的自律性。在这一点上，雅斯贝尔斯依旧忠实于康德的教诲。接下来有待我们考察的是：哲学如何在保全科学的同时超越科学，以及哲学家如何通过抵达生存而在自身上超越智者（savant）。

---

[1] I, 328—329.

第二部分

对生存的启明

哲学对世界的探索向我们揭示，对存在的调查无法仅借助于客观知识完成，尽管这曾是实证主义与唯心主义的观点。哲学应该接替科学。不过，思想体系的改变同时意味着人员（personnel）的某个改变：哲学家将接替智者，生存即将来临。《哲学入门》最厚重的第二卷整个地被用于对生存进行描绘。在对该卷进行具体分析之前，需要注意的是，该卷呈现的并非有关某个哲学的陈述，而是有关进行哲学思考之人的画像，这个人激进地提出有关存在的问题。在某种意义上，该卷是对能够让某个真实哲学产生的伦理条件以及概念条件的分析与"批判"（Critique），由此产生的哲学不再是需要让理解加入其中的某个体系，而是意味着对存在的某个捕获，在这个捕获中，信仰与逻辑赞成（assentiment logique）占有相同的份额。启明生存首先意味着对人类拥有某个哲学这个可能性的决定，因为不要忘了，"生存不是哲学思考这一行动的目的而是该行动的源头，生存在自己身上捕获自身"[1]，且应该在对某个形而上学的构思中抵达顶点，如若不然，雅斯贝尔斯不会比海德格尔走得更远。不过，对生存的启明依旧意味着对这个哲学的践行，因为它意味着对某个全新存在面貌的发现，该存在无法被科学认识，位于科学所探索的经验存在与形而上学所追问的绝对存在之间。唯有哲学才能将这个存在启明：接下来，我们将立即看到，这个存在如何难以把握，以及为确定这个存在，将需要怎样的方法技巧。

---

[1]　II, 5.

第一章 生存与启明的方法

生存是与自身产生联系[1]而不再锚定一个外部世界的极其独特的主体，该主体会在自身上发现某个独一无二甚至可能无法穷尽的可能性源泉。这个主体不再是某个无人称思想的抽象或局部中心，而是让一个人的具体行动像火焰般喷涌而出的"火炉"(foyer)，我们已经看到，普遍意识就是在这个"火炉"处被点燃的。对这个主体进行描绘并要求获得其权利，这将意味着重新发动苏格拉底对独断本体论、帕斯卡尔对笛卡尔、克尔凯郭尔对黑格尔的永恒反对。不过，这不会是件容易的事情，因为生存是肯定与征服。生存并不像我的身体、我的性情和我的特征般实在，并不像它们那样可被某个客观考察所解释。生存显现为这样一个存在，我并非出于天性作为这个存在而**"在"**，而是通过一系列有关自身的决定而**"成为"**这个存在，亦即"一个不'在'，但能够而且应该'在'的存在"[2]，不过每当我或出于漠然或出于挑战，拒绝完成为该存在奠基的行动时，这个存在也可以不"在"。因此，只有当我在某个原初的行动中

---

[1] Verhalten zu mir selbst，I，14，15；II，35，etc.
[2] II，1. Cf. I，15："生存永远不会是客体"，该说法被多次重复。

构成生存时，我才能认识生存，通过这个原初的行动，"我将自我超越"[1]，也就是说，我将超越我的经验个体性（individualité），以抵达另一个真实的我。对于生存，我只会在我与自身所建立的关系的隐秘深处产生某个绝对内在的确信，任何他人都无法对这个生存进行否定或者肯定。即便这个生存应该在世界中且从客体层面被实现，但它永远无法作为客体在世界中显现："它与世界相分离，以获得比世界可成为之物更多的东西。"[2] 此外，由于当生存将自身贬低至客体之列时，它已经背离自己，因此，声称根据客体性标准并使用普遍性语言来认识生存的哲学也将背离生存。

我们已经看到困难所在，因为我们无法废除这个语言：当我们肯定生存的独特性时，我们讨论的其实是一般意义上的生存；稍后我们将讨论自由、源头、历史性等主题，但事实上，只存在着"一些"自由、"一些"源头、"一些"历史性，它们并非某个相同模型的不同样品，而是一些独创的风格。[3] 因此，当我们为把握生存而向主体独一无二且不可转移之经验求助时，我们依旧想要对生存进行思考。我们别无选择。这是因为，放弃思想，就是放弃生存；只有当"我"思考生存时，"我"才能作为生存而在："生存只是'我'所是之物，'我'既无法看见它也无法知道它，但它又只能通过某

---

[1] Das ursprüngliche Transzendieren zu mir selbst，I，47.

[2] I，4.

[3] 或许有一种方式可让困难减轻，这个方法就是：揭示生存尽管总是某个独特主体的独特行动，但它依旧参与普遍。这就是说，"我"并不意味着让自身像个体一样被归于某个类属，而是意味着明白"我"多于或者不同于某个无法定义的主体，意味着通过"我"确定人性。"我"位于某个客观类型的匿名性与某个无秩序主体性的摧毁性原初性之间。这或许就是以下这段晦涩文本的含义："我不断寻找自我，以找到自我，我以傻子之名寻找自我。"(II，16) 生存与普遍之间存在着某个可称作本体论的亲近性，有关这个观点，雅斯贝尔斯并未进一步发展；他并未提出某个"人性"的现实性问题。雅斯贝尔斯在论证交流方面的问题时（cf. supra p.171，注释 83）可能会遇到这个问题，尤其当他思考我为何能够承认他人且发现这并不是因为我们两人都属于一个相同的本质时。不过，在这里，雅斯贝尔斯的主要忧虑在于指出作为主体真实性条件的主体不可削减性。不过，雅斯贝尔斯不得不承认，生存可以拥有客体的形象；因为当生存需要在世界中被完成时，如果它依旧躲避在荒漠、贫瘠的主体性中，并拒绝为实现其完成而拥有一些客观形式，比如接受其身体、与国家融为一体、与历史合作等，那么它将自我迷失；生存应该接受让它得以展开之境况"污染"的风险。或许我们还可以从境况共同体出发，加入某个自然共同体的想法。

个阐明性知识的中介而在"。[1] 如何走出困境？我们可以说只需要让想谈论生存的人将自己上升至生存并参考他自己的见证吗？诚然，哲学家的这一转变是必须的；如果"我"不与"我"所说之物处在同一层级，那么对我而言，词以及产生共鸣的概念将不会有任何内容……不过，即便这个转换得以完成，问题依旧存在，因为"成为"（devenir）生存与"思考"（penser）生存，二者之间的相互关联并不会驱逐它们的差异。那么，我们依旧可以说，在某些特殊的时刻，生存向着生存显现吗？我们将需要就这样一个交流进行讨论，在这个交流中，两个存在相互识别、相互敞开，有时甚至在他们的沉默中相互理解。不过，我们的问题并不是去思考生存如何得以被领会，而是去思考它如何得以被思考与表达。我们看到，超越的必要性让我们总是被同一个障碍所绊倒、让该障碍不断出现在我们面前：思想如何得以与原则上无法思考之物相结合？[2]

如果说从此，我们不得不求助于一个任何思想都无法拒绝其帮助的普遍语言，至少，在这方面，我们应该倍加小心。我们将赋予该语言"三重功能"[3]，以确保在使用该语言时不掉入陷阱。首先，通过一个"否定的方法"，我们将揭示出该语言命名生存的无力：我们提及这个语言只是为了对其进行反驳。在撕破经验存在的防线并将我们径直引至客体性界限处后，我们不会立即正面思考生存，而是会发现生存的运动空间，在这个空间，我们将得以对生存进行定位；在这个过程中，人们将识别出我们曾在对世界的探索方面所采用的方法，正是这个方法将我们牵引到了这里。接着，在将生存包围住后，如何才能更加近距离地对其进行决定？我们将再次求助于逻辑语言，不过不再是为揭示该语言的无能为力，而是为了利用该语言的能力：通过将生存与客观思想所使用的范畴对照起来，并在使用这些范畴的同时将它们推向某个让它们相互矛盾的极点，我们

---

[1] II, 16.

[2] II, 11.

[3] Ibid. 我们在描绘超越思想时已经指出过这个路径。我们会在谈及超越的"形而上学"章节再次提及。

将在这些范畴的不恰当之处识别出生存的完整意义。不过，通过这个依旧是否定的方法，我们还是无法正面定义生存；最后，我们还将被引导着去构想为该任务量身定做的全新范畴。

因此，下面，让我们对得以启明生存之方法的这三个瞬间进行回顾[1]；经由此，我们将有望赋予生存第一个形象，并勾勒出后续分析将论证的主要主题。

一、否定法

否定法并不意味着对客观思想的逻辑系统进行判断，而是意味

---

[1] 启明而非理解：正是在这一点上，生存哲学不同于某个心理学。此外，也正是在这一点上，生存哲学不同于"世界观哲学"，后者呈现为理解心理学的一部分。我们知道，对雅斯贝尔斯而言，理解（comprendre）——所幸的是，《心理病理学》（Psychopathologie）的译者很少将德语中"理解"（verstehen）一词译作"阐释"（interpréter）——是心理学以及一般精神科学最高的野心。理解理论隐含地依靠于现象学。心理现象之所以能够被理解，那是因为它们拥有某个内在于其内容的可理解性；它们是被明确的目的所激发的，承载着自身的意义；它们可被某类"内在因果关系"所解释（Psychopathologie, 275），根据该因果关系，"它们相互催生"；为理解这些心理现象，必须尊重它们的能指特征，并放弃某个伪科学方法，这样的方法只会将心理现象削减为被剥离意义的原始事实，并尝试根据某个外在因果关系对其进行安排。"理解的显然性是终极的东西……它自身拥有其确信的力量；因此，它并不是如因果关系般的'规则'：一些理解关系由于经常出现而被视作规则，这完全是处于失误……比如上当受骗的人变得多疑"（ibid, 278）。[cf. M. Pradines，XIX—XXIII，《心理学专论》（Traité de la Psychologie）有关雅斯贝尔斯的方法的论述，还有萨特在其《情绪理论》（Théorie de l'émotion）一书前言处有关某个现象学心理学方面的精彩论述]。不过，这个理解与所有客观知识一样，都有自身的界限：特殊心理倾向的存在，心理生活的演变，所有可被我们视作属于灵魂基底之物——亦即"那些超意识机制"（26, 281, 372），通过这些机制，雅斯贝尔斯表达了灵魂与身体的关系，这些机制构成了"灵魂的基底（282）——所有这些都限定着我们的理解"（ibid., 281）。只不过，"每一个理解边界都是一个提出因果关系问题的刺激物"（ibid.）：由于无法从内部出发进行"理解"，心理学可尝试从外部出发进行"解释"，并求助于一些可将现象统一的超意识（意识之外的）关系，比如习惯、秉性、禀赋、心理社会学机制。这就是为何，雅斯贝尔斯为某个"理解心理病理学"（271—367）加上了某个"解释心理病理学"（368—441）。生存哲学则并未采取这个策略：当理解缺席，不可能求助于解释；解释立即意味着对生存的背离以及生存要求从思想处获得之物的缺失，亦即某个超越努力的缺失。

有关这一对启明与理解的区分，雅斯贝尔斯也曾在论及荷尔德林、梵高以及尼采时有所提及，其中，尼采的作品出色地提出了创造与疯癫之间的关系问题。在这里，或许既需要通过疾病医学概念去解释某些异常，又需要通过将疾病与作品的"例外"（exceptionnel）特征相结合，从而将疾病启明为命运。经由此，生存哲学不仅忠实于其方法的特性，而且也忠实于病人的意图，这个病人总是追寻其疾病的意义，将之视作一种考验，或者或许将之视作一种信仰，视作超越所有医学概念从而成为"真正的病人—存在"的途径。（N.93—98）

着在不进行判断的前提下对这个系统进行驳斥。这是否操之过急？但如果我们首先尝试从对经验存在而言有用的概念出发对生存进行推演，我们是永远无法抵达生存的。这是因为，生存不会自我孕育，它并不是客观世界中的某个隐藏客体，它并不属于客体家族。只有通过一记跳跃打破经验存在[1]，生存才会自我显现，这也是为何，要想启明生存，哲学自身也需要通过一记跳跃去到逻辑思想之外。我们将立马通过对生存之来临（avènement）的描述来对这一点进行论证；如果说我们的这个描述依旧与某个诞生（genèse）相似，那是因为我们无法完全摆脱客观思想的习惯。

生存的这一"来临"无法被任何东西决定。"我"完全可以自在地活在经验存在中；通过科学来探索这个经验存在，通过技术来掌握这个经验存在，"我"在其中无忧无虑，或者只需忧心让自己适应这个经验存在，同时也让经验存在适应"我"[2]；"我"只能在其中寻找经验存在所能呈现的、对"我"的感官或欲望起作用的东西。不过，有时候，这种安全感也会产生动摇[3]，当我让世界说了算时，某种"不安感"（malaise）会让我感到难受：科学认识无法满足于它所获得的确切结果，某个已经属于生存的驱动力将推动科学去完成一些危险的事业，且任何失败都无法阻止其前行。同样地，我曾因将自身行动或事业置于某个整体的、有组织且严密的世界之中而感受到了某种满意，但当"我"发现这个世界永远不是一个总体，发现死亡或失败[4]使某个无–意义（non-sens）的威胁始终侵蚀着"我"的活动时，那个满意将烟消云散。曾将"我"与世界联系起来的那个无忧无虑的和谐将被打破；从此，尽管"我"的认识或"我"的行动会取得部分成功，但"我"不再在世界之中感到自在。突然，

---

[1]　"以经验存在为媒介进行突破"，II. 18。

[2]　Daseinssorge. 在雅斯贝尔斯看来，通过某个让大众动员起来（Massenordnung in Dasein fürsorge）并认可机器与技术之胜利（Herrschaft des Apparats）的结构来改造世界的执念是我们时代的不幸：在其中，生存被抑制或不为人所知。(cf. G. S. Z. 25—38)

[3]　Unbefriedigung am Dasein, II, 6.

[4]　这是一些极限境况；cf. supra p.173 sq.

"我"感受到了"我"的孤独。

于是，"我"被返还给了"我"自己。"我"是谁？一旦"我"开始思考这个在"我"看来似乎自然而然的"我"，我便会发现，"我"对"我"自己一无所知：对于这个位于"我"深处的内部在场，一旦"我"想将其带到光亮下，它就会立马消散。[1] 这是否是因为"我"依旧想让这个在场变成一个客体？如果是这样，那么"我"的心灵（cœur）是否就是激活自我意识的作为"我思"的形式主语？最后，"我"真的是这个纯粹的、无人称的点吗？相对这个点而言，所有一切都是客体，即使一切改变，它都始终在那里。并不是 [2]。当"我"说"我"时，"我"并不知道"我"是谁，但在"我"身份的空洞形式之外，"我"确信自己作为一个具体的"我"而在，这个"我"充斥着某个不可替代的内容。是什么内容呢？"我"始终不同于"我"自身的所有面貌；让我们来感受一下。首先，"我"是一个身体：在快乐与痛苦中，在运动与静止中，"我"都感觉自身与之相连。不过，"我"对"我"与身体的这一连结所产生的意识本身却证明了差异的存在："与我的身体合而为一并不意味着等同于身体"[3]。此外，当"我"的身体变得残废或者当这个身体在诸如疯癫中背叛"我"时，"我"依旧是"我"自己；因为，只有对于某个陌异的观察者而言，疯子才不是他自己，事实上，在疯子身上依旧有某个等同于他自身之"我"的可能性。"我"因为"我"的身体而是一个活着的人（vivant），不过这个活着的人在决定其生命之意义的同时，无法被削减为其生命，因为他还可以冒着让自身消失的风险选择失去生命。[4] 如果"我"并不是"我"的身体，那么"我"会是那个产生自社会组织的个体，以至于有时候，被标准化的"我"会与"我们全体"混淆在一起吗？也不是，"我"对"我"角色的

---

[1] 在这里，我们参照的是名为"Ich selbst"的段落，II，24—35。
[2] 雅斯贝尔斯在此处与康德相分离：如果说"我思"主体只是一个空壳，那么康德禁止任何对某个本体之我的考察，而雅斯贝尔斯则以这样的研究为起点。
[3] II，28.
[4] 论自杀，cf. supra, p.272。

意识表明，"我"并不能被削减为这个角色，哪怕"我"努力地扮演着这个角色并以此为荣；离经叛道者或者革命者将始终提醒我这一点。更为普遍地，"我"也不能让自身等同于"我"的行动；"我"所做之事无法穷尽"我"的可能性，而只会立即对"我"而言显得陌异。诚然，"我"是"我"的过去，设想"我"可能成为另一个人的想法是虚妄的，"我"应该承载"我"曾经之所是。然而，通过承载这个过去，"我"让它为"我"所用，正如"我"让"我"的身体为"我"所用一样。"我"对过去的忠诚取决于"我"，"我"赋予过去的意义亦是如此，该意义随着"我"的现时的变化而不断更新。"我"可以走得更远吗？在"我"的所有这些面貌背后，在"我"使用"我"的身体、"我"的社会地位或"我"的过去的方式本身中，有某个东西逃离了"我"，这个东西似乎是"给予"(donné)给"我"的："我"是如此这样的[1]，"我"什么都无法改变。这就是"我"的个性。不过，"我"依旧未触碰到"我"自己的深处。这是因为，尽管该个性作为一种"给予"强加于我身上，甚至隐匿了它在"我"每一个行动中所留下的烙印，但"我"始终相对这个个性而言拥有某种独立；即便这个个性是我的自由的风格，但它只有经由"我"的自由才在，"我"有对它负责的意识。我们将看到，"我生来所是之物可能以这样的方式向我显现，仿佛我是通过某个前时间（prétemporel）的选择想要它如此"[2]，这就是自由的帝国。于是，自我总是超越其所有面貌。自我是这样一个可能性"中心"(foyer)，自由是该"中心"的名字，该"中心"无法被任何观察所限制或穷尽。"我"已经发现，"我"之所以既不是"我"的身体，也不是"我"的个性，那是因为"我"所是之物取决于"我"，我在每一刻

---

[1] Ich bin auch al sein sosein mir gegeben，II，33. Cf. II，47：Mein Charakter ist ein Nun-einmal-sosein.

[2] II，33. 在这里，我们认可萨特以及阿兰的观点：一个性格就是一个誓言，萨特曾在《存在与虚无》中两次提及阿兰的这句话。我们将与萨特再一起走一段路，但当我们明白自我通过其自由自我形成时，自我会与自身相遇并重拾自身，我们将与萨特相分离。

都决定着那个被"我"质疑的"我";"我"之所以尚未能了解这个原初的"我",这并不是因为原初的"我"是某个主体的逻辑形式,而是因为它就是自由。[1]

在这里,我与克尔凯郭尔一样产生了困惑。对生存的感知总是在某种绝望中被恢复。这不仅因为任何对这个感知进行表达的尝试都注定失败,而且还因为,由于缺乏对自身的客观确定性,"我"总是能够让"我"自己产生缺失(me manquer)。我可以在我本身的存在或虚无中进行选择,而且我只能不断地在这个虚无面前恢复冷静。"立于陡峭深渊前的眩晕"[2],面对这个深渊,我会想要在疾步向前的同时说道:一切都应被摧毁,我什么都不是,我会消失于遗忘与死亡之中。这一有关虚无的悲剧经验是对生存的关键考验,丹尼斯·德·鲁日蒙(D. de Rougemont)将这个经验归于激情,雅斯贝尔斯在研究荷尔德林以及梵高时则将之归于疯癫:该经验让生存的跳跃成为可能,并赋予生存其自身的力量。这是因为,最高的生存应该经受最危险的考验。我们将看到,未能经受住考验的人,亦即自杀的人,至少应该获得尊重,因为相较那些没有勇气自我怀疑、从未体验过"因自身过错而让自身迷失的虚无化焦虑"[3]的人而言,自杀的人离存在更近。

让我们在此处停留片刻,从而对这个将"过错"与"焦虑"概念结合起来的表达进行考察。与克尔凯郭尔一样,雅斯贝尔斯也对身体意义上的焦虑和生存意义上的焦虑进行了区分。不过,与海德格尔不同,雅斯贝尔斯将死亡的前景(perspective)变成了身体焦虑的动力[4]。只有躯体才会在死亡面前发抖,而生存不会:生存会勇敢

---

[1] 由此出发,对自我的思考将拥有一个更快的节奏以及一个更悲剧的色调。在此之前,这样的思考都还表现为某个客观的考察。这样的特征在 VE 中表现更为明显,在其中,雅斯贝尔斯揭示了我如何既作为与世界之不确定性相关联的经验存在,又作为所有思想都依赖于的普遍意识,还作为与理念之无限相关联的精神,而不可通约。(VE 30—34, cf. Eph. 16,19)

[2] II, 265.

[3] II, 266.

[4] II, 226 et 266.

地直面死亡，并在忍受死亡的时刻依旧自我肯定；因为是生存选定了死亡，从而将突然终结之物变成了完结（achèvement）。"我的死亡的意义随我的死亡而变"[1]，或许我的死亡展现的是死亡的某个超验。唯一能让生存产生焦虑的虚无，是生存的虚无，亦即完全沉浸于经验存在中的某个生命之所是的那个"持续的死亡"[2]，或者这样一种可怕的可能性：我一旦遗失天真，或者思考一旦让经验存在失去名誉，我将什么都不是，从此只是某个经受恐惧（peur）而不是绝望（désespoir）的动物，也就是还不如一个动物。于是，我将在以下这个原初且会不断重新开始的选择面前感受到焦虑：我可以将我的虚无升华，或者朝着生存超越，因为我总是能逃离生存，对于这个生存，我永远无法像确信某个客体之存在那样确定其存在。总之，这是面对自由的焦虑。[3] 因此，我们得以明白，焦虑拥有某个伦理意义。这也是为何，雅斯贝尔斯将焦虑与德语中的"过错"（Schuld）理念联系起来，亦即同时将焦虑与"责任"和"有罪"（culpabilité）理念联系起来，此处再次涉及德语特有的模棱两可。首先，非常清楚的是，我总是对这个让我得以存在的根本选择负责；在这个意义上，"我的责任没有起始点"[4]。当自由祈求一些可酌量减轻罪行的情节（circonstances atténuantes）时，它将自我否定；如果我自我遗失，那只会是我自己的过错。不过，即便我赢得自我，某个不可避免的过错特征依旧始终伴随着我的责任，这个不可避免的过错超越了所有"可避免"[5]的过错。这是因为，每当我做出选择，我都驱

---

[1] II，229. 论死亡的一般意义，II，220—229；cf. supra，p.184 sq。

[2] II，227.

[3] 克尔凯郭尔与海德格尔有关焦虑的思考，详见萨特，《存在与虚无》（法语版，第66—84 页）："在焦虑中，我既作为完全自由之人，又作为无法不让世界的意义通过焦虑来到我身上之人，抓住自身。"（77）

[4] II，196.

[5] II，249. 有关"过错"，supra，p.189. 我们在萨特的哲学中也能看到有关该思想的某个共鸣，在萨特那里，"意识的不幸"是一个杰作，正如马格尼（G.-E. Magny）在《精神》杂志所发表的"萨特体系"一文中所说的那样（Système de Sartre, in Esprit 1945, n°4—5）。

逐或者扼杀了我身上的某个可能，并更加深刻地与自我分离：生存（exister）意味着通过自我而在，依靠自我而在，并剪断将自我与存在相连的脐带。这就是为何，生存总是处在傲慢与自恋的边缘，而且它也应该冒这个险；认识在让经验世界失去纯真时所犯下的这个过错——由此导致了衰退，生存在自我肯定时便已经犯下了，这也是为何，该过错不仅在有关焦虑的悲剧中，而且也在有关过错的悲剧中，亦即在有关某个永远无法被彻底克服之过错的悲剧中起作用。我们已经能够感受到这些分析的伦理意义：一切有关生存的思考都是某个伦理方面的思考，即便某些思考看似否认这一点，比如海德格尔的思考。

因此，否定法并非某个简单的技巧。正如笛卡尔的理性怀疑催生了"我思"主体（cogito）并构成了超验意识，在此处，某个有关生存的怀疑构成了这样一个运作，通过这一运作，生存在对一切客体性 [1] 的质疑中赢得了自我。不过，再次提醒，必须注意的是，我们在此处所勾勒的这个思想路线无关某个起源 [2]：没有任何方法可以生产生存，没有任何主体可以通过在不安（inquiétude）中预感生存或者在对自我的反思中逐步发现生存，从而一步步抵达生存；相反，只有当生存已经唤起并启明这些经验，不安才能被感知，反思才能进行。任何人都无法在尚未找到生存、尚未通过某个跳跃抵达生存

---

[1] 在《笛卡尔与哲学》一书中，雅斯贝尔斯自己对生存焦虑与笛卡尔的怀疑进行了对比。笛卡尔的怀疑所形成的思想路径是受"逻辑严肃性"（le sérieux logique）（16）启发，而不是受某个隐秘绝望的启发。该怀疑并不质疑信仰的真理，正如笛卡尔在他与布腾迪克（Buytendijk）的一封书信中所指出那样。在信中，笛卡尔对针对理解的怀疑与针对意志与信仰本身的怀疑进行了区分。不过，无论这个怀疑有多理性，它都会因为对邪恶天才的非凡绝伦的预设，而在某个时刻让理性本身不再站得住脚（Bodenlosigkeit, p.29）：一个陷阱出现在我们脚下，一个极端的灾难将成为可能，正如在尼采身上所发生那样。不过，这一对生存的突破并未被笛卡尔挖掘，这就是为何，我们将发现，对"我思"的发现并不在真正意义上具有某个生存意义。

[2] 这就是为何，哲学思考可以通过其他思想路线来论及生存问题。在《诸世界观的心理学》（PWa, pp.247, 408）中，雅斯贝尔斯就将生存问题与他所称作的界限境况（situations-limites）联系起来进行研究：生存的跳跃是对生命伤口的有力反击。在《时代的精神境况》（G. S. Z.）中，他则将生存问题与经济、政治和社会境况联系起来进行研究：人的经验存在被机器和大众所定义（p.25, sq），对生存的唤醒会在面对技术、计划经济，以及对福利的忧虑时提出有关人的问题。

的情况下，去追寻生存。这个跳跃之于内在生命（vie intérieure），正如超越行动之于思想。

二、对逻辑的超越 [1]

现在，我们对生存得以显现的方式已经有所了解，不过我们还不知道生存为何物，也不知道我们可以用何种语言对其进行表述。理性思考可为我们所用；让我们对这个思考进行检验，并尝试将客观思想的范畴运用于生存；我们将发现，生存会让这些范畴溃败。不过，类似的尝试并非徒劳，它会传授给我们一些有关生存的东西，让我们得以讨论生存，哪怕这样的讨论意味着对语言规则的破坏；逻辑语言的失败至少让我们得以触碰到生存的真理，并通过一些不恰当的概念，实现对生存的某个恰当的捕获（saisie）。让我们对某个三重失败的教训进行罗列，从而对此进行核实。

首先，当我们使用客体性的范畴去谈论生存时，这些范畴的意义会产生偏移。[2] 于是，"肯定自我"从此意味着"个体大于普遍"，因为尽管对科学而言，个体不过是物种的某个样本或者某个概念的形象，但生存的独特性却拥有某个不可思的深度；生存在仅仅只是自身时比它在加入某个具体的普遍时更为丰富，其中，具体的普遍包括种族、国家、人性等，为加入这些具体的普遍，生存可能会产生异化。正如"相对变成绝对的形象"，同样地，时间性（temporalité）也不再被永恒所排斥。其中，"相对变成绝对的形象"不仅意味着生存的偶然性是一个绝对的事实，而且还意味着这一对经验条件的服从可通过对比见证另一个更高命运的存在：正因为"我"是一个"历史"的存在且扎根于世界之中，"我"才可以像

---

[1] I, 46—48, II, 12—15.
[2] I, 47.

兰波那样说道，"我"不在世界之中，或者真正的生活在别处。我们将看到，生存的巅峰时刻不仅是对永恒的允诺，而且还构成了永恒的形象或实体。这一对范畴的翻转——正是通过这些范畴，逻辑思想才得以获得秩序——将为哲学带来矛盾的混乱。在后面，我们将不断遇到类似的永远无法解决的矛盾。

有人声称可通过论证来克服这些矛盾，但这些人会遭遇另一个困境，并陷入某种恶性循环。[1] 此处所说的恶性循环揭示的并非逻辑地解释自然时所遭遇的不可能性，而是逻辑地解释生存之源头时所遭遇的不可能性。对于这一点，我们已经在前面的表述中有过模糊的预感：生存内在于发现生存的反思运作。不过，在这里，我们将更明确地看到，存在着两个本质的循环，一个从自我到自我，另一个从自我到他者，第一个循环被包含于某个自由理论中，第二个则被包含于某个交流理论中。让我们就此进行简单的论述。第一个循环可能存在于这样的表述中：我是我让我成为之物，但我让我成为的是我所是之物。[2] 我们已经看到，对自我的反思发现我不同于我所有的客观面貌：我完全不是我自以为所是之物。不过，这些否定为我想成为的存在腾出了位置；我的真正存在在我的前方，而不在我的后方；它并不被我所是之物定义，而是被我所成为之物，亦即被我决定或者开始成为之物定义。正是这一自我选择的权力让对自我的反思充满价值。从此，为向我的自由致敬，我将可以说，我是我自以为我所是之物。这是否意味着我陷入了某个任意且不连贯的生成之中[3]，从此可以随意变成不同的"我"？并不是，因为如果我的追寻是真实的，那么该追寻会将我置于某个在某种意义上绝对的"我"面前：我在我的行动中通过不断的否定或者有时通过焦

---

[1] "任何真正的哲学都体现为一些循环"，VE 81。

[2] II, 36, II, 199.

[3] 东克戴克（Le P. de Tonquédec）所谈论的雅斯贝尔斯"生成至上"的观点似乎是错误的（*L'Existence d'après K. Jaspers*, pp.101—106）。雅斯贝尔斯的原创性在于，他将某个生成哲学与某个永恒哲学——即使不是理性地，至少也是矛盾地——结合在了一起。东克戴克的批判矛头或许应该对准海德格尔。

虑所产生的"我"，正是我曾经需要成为的"我"，亦即我曾经在不知情的情况下所是之"我"。当我终于与我相遇，在包裹着我的确定的、安全的情感中，我识别出我自己，并得以说道：我让我成为我是之物。于是，宿命论与自由得以结合在一起。同样地，自律和依赖也将在第二个循环中结合在一起，该循环可以这样表达：我是他者让我所是之物，我通过我所是之物来塑造他者。我们将看到，这正是交流的奥秘所在。我只有在另一个他者的召唤下才能向我自己启明自身，这时，他者的友谊足够慷慨与无私，不会对我施加任何权威与影响，只满足于让我做我自己。于是，我以他者为中介和典范而成为我自己。不过，相应地，这个他者也只能通过我而在。这是因为，只有当我已经是我自己且能够对他者产生影响时，这个他者才能成为他自己并对我产生影响；他之所以对我负责，那只是因为我对他负责。对逻辑思想而言，使每个人都"通过他者而在，但同时都在他者之前已在"的这个意识联结是一个循环，经常出现在日常的爱情悲剧中。

那么，这些循环意味着什么？它们意味着：生存既位于让其得以构成或显现的行动之前，也位于该行动之后，这就是说，生存既"在"又不"在"；生存之所以拥有某个本质上模糊的存在，说到底那只是因为，它被置于两个它所依赖于的存在形式之间，以抵达某个不稳定的平衡，其中，这两个存在形式分别是：经验现实的相对存在以及超验的绝对存在。现在，若我们进一步展开该主题，我们将得出两个悖论 [1]，这两个悖论一方面将揭示自由与世界之间的关

---

[1] 出自克尔凯郭尔的悖论在此处将获得哲学上的合法地位。雅斯贝尔斯在这里呼应的是克尔凯郭尔而不是黑格尔。这是因为，尽管黑格尔很好地认可了矛盾不可避免且充满繁殖力的特征，并将矛盾与概念的辩证运作相关联，但他却将矛盾变成了合理性的原动力：这依旧是一种将之驯化的方式。反观雅斯贝尔斯，他拒绝类似的操作：让分裂的理解被证实为无力并不足够，还得让理性也被打乱，即便生存理论需要以理性为中介。悖论是任何辩证法都无法抹去、任何"废除"（Aufhebung, Abrogation）都无法掌控的"丑闻"。不过，需要补充说明的是，尽管理性无法将悖论削减，但它至少可将悖论提出：只有对某个从不自我反驳的理性而言，才会存在非理性（cf. VE 84.）。非逻辑亦是某个"理性的非逻辑"（VE 80—87）。

系，另一方面将揭示自由与超验之间的关系。在这里，让我们先对这两个悖论进行简单的勾勒，至于详细论述，我们将在后面章节进行（第一个悖论将在"历史性"章节论述，第二个悖论将在"自由"章节论述）。首先，生存既在又不在世界之中。生存无法以物的方式获得经验身份[1]，因为只有否定一切"给予"(donné) 并自我形成，生存才能存在。我永远无法像利用世界中的某个"存有物"(avoir) 一样去利用生存。此外，我甚至无法"意愿"(vouloir) 生存，哪怕生存是我的使命，因为这个被有意识地表达的"意愿"会破坏超越行动的自发性 (spontanéité)。生存注定摇摆于让它异化的客体性和让它衰退的主体性之间，无论在将自身等同于经验内容时，还是在缺乏具体内容时，它都将面临自我遗失的风险。[2] 为表达这一观点，雅斯贝尔斯指出，生存是"可能的生存"：这一表达几乎反复出现在《哲学入门》的每一页。这意味着，生存永远无法形成某个完满的总体性，这便是在雅斯贝尔斯的界限哲学中，"自在"(être-soi) 被赋予的不可逾越的界限：正如自我存在无法回到原初的天真，它也无法自我完成。[3] 对时间性的分析可证实这一点："作为位于时间中的经验存在，我处在某个分裂的状态下。"[4] 如果我想将自身思考为一个总体，那么就只能"形而上地超越"，从而以永恒[5] 为依据寻找一个有关我的意象，但该意象只会让我更加清晰地感知到我在时间中的"未完成性"(inachèvement)。为避免一切可能让雅斯贝尔斯的思想转向某个激进悲观主义的阐释，也为赋予悖论其所有的力量，有必

---

[1] «Existenz ist nicht als solche da», II, 420; cf. II, 45; "'我是一个生存'的说法没有任何意义。"

[2] 有些像萨特所说的，意识——这便是我们在前面所说的"他的不幸"——摇摆于意识想要等同于的自我存在和意识为了存在必须分泌出的虚无之间。

[3] 顺便说一句，这一不可完成性甚至可在受生存启发的艺术作品中被感知，歌德就是此类作品创作者的典范，雅斯贝尔斯将这类艺术作品与有限的、非时间的作品对立起来。我们可将梵高的画作称作"让一切劳作同时保留"(alles Werk bleibt zugleich Weg) 的作品 (Strindberg und van Gogh, 29)。

[4] In einer Zerbrochenheit, II, 345. 在雅斯贝尔斯那里，我们并不会找到某个类似海德格所说的时间化理论：这是因为，对雅斯贝尔斯而言，与经验存在相关的时间是激情；生存忍受时间，而不是构成时间；只有在永恒的语言中，生存才能被理解。

[5] II, 34.

要立即进一步指出：尽管生存介于客体性与主体性之间且始终"未完成"，但生存身份的这一不确定性丝毫不会影响在沉默中体会到生存召唤之人的确定性；即便这个人无法**说出**（dire）：我就是生存，但他至少可以**体验**（vivre）生存，并在为生存奠基的行动中找到某个平衡。此外，这也是一个始终不稳定且无法被思想构思的平衡。换句话说，通过让范畴的意义产生偏移（我们已经见过其他范畴的例子），在此处，可能性变成了现实。将生存称作"可能"，这并不是否认生存的现实性，而是对其独特存在模式的定义。

另一个本质的悖论则将生存与超验联系起来。雅斯贝尔斯是这样表述的：生存"从内在出发、通过超验"（aus sich und durch die Transzendanz）而在，亦即通过它自身以及通过超验的恩赐（grâce）而'在'。这是因为，我与自我相遇，并被"给予"给我自身的经验表明，"我站在超验面前"[1]，亦即站在这个绝对的他者[2]（Autre absolu）面前，正是这个绝对的他者曾想让我成为这样一个自由的存在，亦即这个在现世的经验存在中向自我显现的自由存在。如果"生存当真要么只与超验相关，要么根本不存在"[3]，正如形而上所认为的那样，那么就必须明白，自由既是绝对的，又是相对的。在这里，悖论使得自由与宿命论的循环**再次显现**。

因此，当理性思考以理解的范畴为武器时，它是无法领会生存的：矛盾、循环和悖论揭示了这个思想的不恰当性，并构成了雅斯贝尔斯所宣称的那个"理性非逻辑"（alogique rationnelle）。[4] 对于为理解生存而做出忠诚且毫无保留之努力的人而言[5]，生存似乎

---

[1] II，49.
[2] "Ich bin durch ein Anderes"，II，199.
[3] III，6.
[4] Eph. 80—87，VE 46.
[5] 需要注意的是，这一条件并非无实际意义的俗套说法：这个让某个生存理论受挫的"非—知识"（non-savoir）并不是对知识的一个简单否定，实证主义因此而选择了安静地放弃，人们偶尔因此对蒙田表达平静的怀疑。这一"无法克服且深刻"（ibid.）的"非—知识"只会向将游戏一直玩到底的人显现，这个人在某个毫不妥协的知道的意志推动下，"不想失败，但注定失败"（ibid.）。

不可理解。不过，我们可以说，这是由于"过度"（excès）而不是由于"不足"（défaut）[1]：生存是由于太过丰富而无法被理解，而不是像某个原材料一样，是由于太过贫乏而无法被理解。尤其地，我们之所以说生存不可理解，那只是因为我们依旧对生存抱有某个想法，这个想法或许不恰当且不可表达，但它却非常迫切与确定。我们在前面所提及的两个方法步骤——一个通过不断的否定揭示了让生存得以运动的"空无空间"，另一个揭示了逻辑思想在领会生存方面的无力——只对那些在"非—知识"内部已经知道生存之所是的人而言有意义。为对这个暗含的知识进行说明，第三个方法步骤的出现迫在眉睫，该方法步骤在本质上是"启明性"（éclairant）的。不过，我们必须立即指出，该方法步骤之所以能在认知层面成为可能，那只是因为在存在层面，生存自身具有实证性；因为生存并不总是受虚无所害或与生成相关，而是会在对自身之追寻的终点找到自己；最后，还因为雅斯贝尔斯的哲学并非某个有关焦虑或颤动（tremblement）的哲学——如果否定法是其最后的方法，那么它就可能成为这样一个哲学——而是一个有关肯定和同意的哲学。这就是为何，除了对这个最后的方法步骤进行定义之外，对这个方法步骤的最好注解就是列出几个生存理论的实际主题，以对其进行说明。

三、通往一个全新的逻辑

在对生存的分析中，我们遭遇了诸多悖谬（aporie），在对这些悖谬的介绍中，我们谈到了自由、交流和绝对意识。在未特别留意的情况下，我们使用了诸多对经验存在而言并不适用的概念，正是这些概念将构成我们在后面会持续使用的众多生存范畴。这些概念的独特性

---

[1] "Sie als Unverstehbarkeit wird im Werstehen hell und wird durch ein Maximum von Verstehbarkeit erst ihrer eigentlichen Unverstehbarkeit inne", II, 12.

体现在，它们会在不直接指称其对象的情况下对其对象进行命名；鉴于这些概念对其对象进行了命名，因此它们依旧具有"普遍的一面"，可产生某个严密且可传达的哲学话语；不过，由于这些概念永远无法穷尽其对象，因此，它们只能通过它们所唤起的"共鸣"拥有意义，没有这个"共鸣"，它们将只能相对生存得出某个空洞的、会不断遭到误解的形式化图式（schéma）。对这些范畴的使用不仅应该与这些范畴将要激发的某个内在经验相结合，而且还应该确定某个理性的含义。因此，我们只能将它们视作"索引"或"符码"（signa）[1]：它们是这样一些术语，这些术语既拥有某个咒语的力量，又拥有某个逻辑的力量，会将我们的目光引向某个它们无法完全抓住的存在，并为我们唤醒某个它们无法完全明确表达的现实性。我们无需为这些"怪物"感到吃惊。普遍语言已经将诸如自由、决定、坚韧（constance）、忠诚、命运等的词汇隐藏，"这些词汇其实并不能被定义，或者一旦被定义，它们将失去其真实的内容"[2]。要想理解这些词汇，我们只能让自身与这些词汇所指向的行动相关联，正如只有切身体会充斥在诗歌语言中的情感时，人们才能理解这首诗的词一样：这些词的真理在于它们的味道，或者在于它们令人感动的力量。

为进一步明确这些"存在概念"（雅斯贝尔斯并未列出一个此类概念的清单），雅斯贝尔斯还根据以下图式将这些概念与康德的范畴进行了对比。下面，我们将对这个图式进行完整的复述[3]：

康德范畴

可由规则解释的客观现实性

因果律

实体在时间中的连续性

---

[1]　I，32，46；II，15，294.
[2]　II，17.
[3]　II，17—18.

实体间的相互作用

与某个感觉相符之物是真实的

数量上的伟大

同时间条件相吻合之物是可能的

始终真实之物是必要的

客观时间

任何新的东西都无法产生

生存概念

无规则的生存现实性

自由

生存的间断性（intermittence），该生存只能靠自身的

稳定性来保持自身

生存间的交流

在瞬时（instant）无条件之物是真实的

等级（rang）或层级（niveau）

在某个开放的未来中，依赖于我的选择之物是可能的

将瞬时填满并将之变成某个永恒且现时的"此刻"（présent）

之物是必要的

生存特有的时间

通过跳跃（bond）与再生，生存得以展开 [1]

此处列举的某些概念已经在前面有所提及；另一些概念也会被

---

[1] 雅斯贝尔斯对康德的这一参考让我们得以进一步阐释这两位哲学家之间的关系：雅斯贝尔斯比康德更有野心。对于"本体"（noumène）这一概念，康德称之为"可疑的或局限性的"，因为我们对其不具备理智直觉；唯有"实践认知"才能提供可对该概念进行细化的数据，不过这些决定应该被归入"信仰"的范畴。雅斯贝尔斯也谈论行动与信仰；不过，他所采用的方法是，在知道与信仰之间尝试开辟出一条中间道路，让符号变成让理智直觉超出自身的一种方式（这个理智直觉从来都不是被"给予的"），让其填补康德所凿出的鸿沟，并变成实证地思考"本体"的一种方式。

逐步阐明。不过，为了解释这些生存概念的普遍意义及其合法性，我们还需指出，这些概念之所以有助于实证地思考生存，那是因为生存自身具有某个独特的实证性。为证实这一点，让我们回到前面的分析，这些分析已经将我们引至生存的门口。当我自我拷问时，如果我关心更多的是自我创造而不是自我认知，如果我明白真正的"我"是我将成为之"我"，而不是我所"是"之"我"，那么我将在自我身上发现这个"让我得以思考与行动"[1]的原动力（ressort）。雅斯贝尔斯称这个"原动力"为"源头"（origine）：源头不是某个有待探索的客体，而是将始终处在行动中。突然间，在一记跳跃中，该源头在我身上显现——德语可以让我们看到"跳跃"（Sprung）一词与"源头"（Ursprung）一词之间的亲缘性[2]：重拾源头指跳跃至"我"的最深处，纵身一跃则指以"我"身上最原初的东西为凭借。这是因为，源头是"我"身上这样一个纯粹的点，从这一点出发，自由得以喷涌而出，我的决定得以被做出，其中尤其包含这样一个决定，从该决定出发，我得以终结有关自我之思那令人麻痹的不确定性，并说道：这就是我想要的！很好！得做这个！这样，我才是我自己！"'我'像一个馈赠（don）一样来到我身上，一切都是那么地清晰、明了与确定……怀疑如何会持续如此长时间？"[3]从此，由于生存的所有行动都源自源头[4]，因此，它们都将拥有这样一个快乐的确定性以及自发性特征。这里指的并非本能、任性或野蛮意志所具有的盲目且动物性的"自发性"——其中，野蛮意志指的正是在德语中与"Wille"相对立的一切被命名为"Willkür"之物，该意志会用拳头来强化其决定——因为"反思"作为一种激进的自我拷问，其作用就在于将这样一个自发性摧毁。此处指的更多是某个不可战胜的自发性和确定性，这个自发性和确定性越是在一切被质疑

---

[1] Existenz ist，was nie Objekt，Ursprung aus dem ich denke und handle，II，15.

[2] II，5.

[3] II，44.

[4] Aus dem Ursprung：这一表达几乎出现在《哲学入门》一书的每一页。

后重建于混乱与绝望之中，它们就越是不可战胜。于是，生存将体验到某种深刻的确定性 [1]，因为在体验到其源头时，生存将与最为隐秘的"我"相遇，这个"我"不再以某个客体的方式而在，而是变成这样一个中心（foyer），从该中心出发，自由行动得以展开。这一对自我的确定性转而定义了"绝对意识" [2]。这是最高的意识，该意识既超越了经验意识，也超越了普遍意识，其中，经验意识不过是簇拥在一起的实际经验，其心理内容只会产生某个有关"自我存在"的始终模糊且短暂的表象，而普遍意识对应的则不过是一个毫无生气且无人称的超验主体。之所以说这个意识是绝对的，那是因为，"我"在这个意识中把自身当作"绝对"："该意识是对自我存在的确定，是对自我存在之真正现实性的反映（reflet）" [3]，是对自我存在那不可削减的主体性的反映。不过，同样地，无论是在他人身上，还是在我身上，该意识都无法成为某个描述或者认知的对象。它无法被穷尽，任何目光（regard）都无法将之占有。[4] 该意识在场，但并不像充满不透明内容的经验意识那样，宣称自身为某个客观现实。它就像是"虚无"——正是在这个意义上，我们可将之与普遍意识进行类比，后者也只是一个纯粹的点——不过，它是"对我的本质的意识" [5]，会为我带来某个无法为任何东西所撼动的保障。

---

[1]　Selbstbewusstsein Selbstgewissheit，Seinsgewissheit der Existenz. 这一对"源头"的发现不正类似于在笛卡尔式怀疑中对"我思"主体的发现吗？我们或许可以这样说，因为"我思"首先表现为对自我的确信。不过，笛卡尔立即放弃了对"我思"主体的**客观化**尝试，并没有将"我思"作为"正在思考着的我"（cogitans）与"存在物"（res extensa）类比起来，并将之视作"非—存在之物"进行考察（D.11—13）。从此，"我"（Je）作为"思考之人"，将是一个已经以某种方式在那里（此在）的有条件存在。这与以另外一种方式作为**延展物**（**étendu**）而在的存在不尽相同。这个存在不是可能的生存，而是非实体的主体性；对源头的确信消失不见。于是，与康德一起诞生的有关"我"的哲学可以合理地反对笛卡尔那里"我"的遗失。不过，只有揭示有一事实时，这样一个反对才能成立，该事实就是：人们始终将产生"我思"之直觉的理性含义与生存含义相混淆。

[2]　第 255 页，第八章的标题就是：绝对意识。

[3]　II，257. 因此，这并非胡塞尔意义上的绝对意识，它并不是所有现实的超验条件。雅斯贝尔斯将重心从超验转向了伦理。

[4]　"我喷涌而出，但不再能返回我自身；我奋起反抗，但不再能触碰到基底"，II，258。

[5]　II，260.

从这个"保障"出发，某个伦理学将得以诞生。[1] 事实上，绝对意识就是伦理意识[2]。该意识由于终结了反思的不安，因而可站到"就像是决定之永恒青春"的"激情"[3] 一边，以克服过错（faute）的悲剧。于是，由于充斥着这个从源头出发的决定性力量，生存将获得充分发展，曾经是某个"虚无"的绝对意识也将"自我填满"（se remplir）。[4] 让我们简单说明一下生存所面临的任务。首先，生存不会形单影只：它总是面对着其他生存，既应该识别出其他生存，也应该向其他生存敞开自身。其次，生存还应该在让自身得以展开的客观世界中行动。不过，生存在世界中行动时，"并不会让自身迷失其中"，因为事实上，它在世界中有待实现的目标并不属于这个世界。生存应该重视让它扎根于其中的经验存在，不能忽视这个经验存在的效力（efficacité）；但同时，它又不应该让自身迷失于对物质目标的追寻中，让自身受牵连。[5] 因此，生存需要通过诸如反讽、克制（pudeur）、对游戏的偏爱等情感，来抵制为追求客体性而可能受到的异化诱惑；它通过想象力（fantaisie）与外界保持距离。不过，与此同时，生存又将毫无保留地沉浸于爱情与信仰在绝对意识中所唤起的无条件行动。正是在这些行动中，生存将经历其最高时

---

[1]　我们会专门用一个章节来讨论生存理论的伦理向度。

[2]　尽管雅斯贝尔斯并未言明这一点，但他至少是将伦理意识当作绝对意识进行研究的，将伦理意识视作对绝对意识的显现（II，268—275）。

[3]　II，270.

[4]　通览全书，我们将发现，正是在此处，雅斯贝尔斯与海德格尔以及所有这样一些哲学分道扬镳，这些哲学探索着焦虑主题，但却无法超越焦虑。在此处，未完成预示着完成，就连失败本身都揭示着存在。在克尔凯郭尔那里，生存总是在"恐惧和战栗"的征兆中自我展开。相反，尼采则是在狂热的征兆中自我展开，正如巴什拉在《空气与梦境》（L'Air et les Songes）中尝试进行精神分析的那些意象所揭示那样：对宽阔（large）的偏好，火焰的喷射，舞者的轻盈跳跃。这些其实也构成了狄奥尼索斯的神话，在这个神话中，恐怖的勇气和音乐的温存相互交织；还有超人的神话，这个神话中生物学方面的遐想不应该让人上当受骗，该神话应该意味着我对我自己身上"弱者"的战胜（N.139—147）。不过，对于克尔凯郭尔与尼采的不同经验，我们不应该强化它们的对立，尽管两者的确各不相同甚至相互矛盾。

[5]　我们看到，在这里，有关"存在"与"做"（faire）以及"纯洁性"与"有效性"之间对立的现代政治思考已经出现端倪：安提戈涅（Antigone）与克雷翁（Créon），艾莱克特（Electre）与艾吉斯特（Egisthe）。有关这一点，我们在有关历史性的分析中将再次谈及。

刻，"离源头最近"[1]，并让自身变得真实。

雅斯贝尔斯经常将让生存得以显现的重要选择表达为介于"真实"（authentique）[2] 与"非真实"（inauthentique）之间的选择。那么，"真实"这一概念具体指的是什么呢？在分析梵高案例时，雅斯贝尔斯将精神分裂症患者（梵高）的真诚与某些现代风格的诡计与伪造进行了对比。[3] 在当时，他就已经发出感叹，惋惜心理学完全没有阐明"真实性"（authenticité）这一核心概念。在这里，我们也可以发出感叹，惋惜雅斯贝尔斯自己也并未像海德格尔那样，在《哲学入门》一书中就此概念进行系统阐释。不过，他至少提出了对该概念进行定义所需的元素。"变得真实"（être authentique）就是在度过危机后完全地成为自己。这不仅意味着要真诚，不跟自己玩把戏或行欺骗之事，而且还意味着让从对自我的确信出发所产生的这份完美的"自在"（aisance）——或者也可以说这份恩赐（grâce）——表现出来：回溯到源头的人，其行为将变得真实而自然。[4] 这是一个美德（vertu），当艺术家与其作品完美重合时，这一美德将在艺术家那里获得最好的体现：艺术家完全处在其作品中，理念和情感同表达它们的风格完全一致，在这个一致性中栖息着毋庸置疑的符号。"真实性"是位于一切逻辑之外的某个必要性的意象：我的所有行为都带着我的标记，我是穿过所有这些行为的"一"，是蕴藏于每个行为中的整体。"处在'一'中的独特幸福"。[5] 正是在这份自在中，人们得以捕捉到某个悲剧的痕迹，亦即当生存感觉自己被困于自身虚无时所上演的悲剧；这就是为何，雅斯贝尔斯十分关注诸如荷尔德林、梵高等那些痛苦的酒神式天才。此外，这也是为何，在那些

---

[1] II，276.
[2] Echt ou eigenstlich.
[3] Strindberg et Van Gogh，p.151.
[4] 在这里，我们将看到，我们离萨特的观点非常遥远。在后者看来，"坏信仰"（mauvaise foi）在很大程度上决定了意识的结构，以至于意识会受到这个"恶意"的影响。的确，萨特曾在《存在与虚无》的一个注解处指出，"人们可以彻底逃离恶意"，而且正是真实意识的这一记跳跃被萨特命名为"真实性"。
[5] II，333.

未触及悲剧的生存态度中——比如希腊智者，正人君子（honnête homme）以及歌德的生存态度——对真实与非真实的区分并未占据重要位置。不过，有关"不同生存层级"的观念可扩大我们对"真实性"概念的理解。在这里，雅斯贝尔斯并未提出某个有关"真实性"的武断、局促的概念，因而避免了人们可能对海德格尔做出的指责。[1] 两个理论的侧重点完全不同：在雅斯贝尔斯那里，"真实性"并不意味着对"向死而生"之存在的某个深思熟虑，而是意味着对存在战胜虚无的认可。生存在其限度以及失败处的这一复苏是可能的，因为生存可朝着超验敞开。我们将看到，此处正是真实性的最终基底。[2]

于是，我们将得以讨论生存。不过，必须重申的是，让我们

---

[1]　沉默并充满焦虑地"理解其最极限之可能性的人是真实的，这里的可能性指的是看到其虚无与罪行"（de Waelhens，Herdegger，p.170）。

[2]　在这里，请允许我对《哲学入门》中整整一页的内容进行引用，在其中，雅斯贝尔斯充满激情地勾勒了生存的肖像。

"只有无视某个无尽反思可能产生的持续危害并质疑一切时，生存才能回到自身：这是敢于毫无保留地向自我敞开之自我存在必须经历的步骤。对于这份真诚而言，只有当我对自身践行这份真诚时，我才能向他者展现这份真诚。这份真诚以知识和反思为无限媒介揭示道：我超越所有知识，独一无二。经由问题与回答的普遍性，这份真诚作为原初特征呈现（als Ursprünglichkeit）。我的自我存在在自身并没有任何遮掩，不过，所有将这个自我存在客观化的尝试都可能被反思所中断。一旦我向这个自我存在投以可穿透其客观性与主观性的直接目光，它就会变成'即刻的'（immédiat）。不过，这个'即刻'的自我存在对于这样的'我'而言尚且并不意味着什么，这是作为我自身的'我'，亦即臣服于'我'的'我'，这个'我'要么以某个普遍的'无效性'为掩护，将自身视作一个始终能被替换的理解存在，要么让自身隐藏在别处，与'我'之间仅保留某个表面的、非严肃的关系。'我所遇到的那个神奇、真实的存在，只会是作为自身的人。'"这个存在不会被固定在某个变得客观的价值中，但它会让无限的提问进行到底。此外，这个存在不会以事不关己的态度提出问题，而是最终会让自己变成说话与回答的人。这是一个既倾听所有理性又倾听其独一无二之自我的理性存在。我会无条件地爱这个存在。它在场，行恰当之事（was an der Zeit ist）。它在等待中保持冷静，在不再等待的行动中保持冷静。它让自身介入它所在的境遇中，但从不将自身等同于这个境遇。它穿梭于形形色色的人当中，并冒险。一切对它而言最陌生甚至最敌对之物，一切对其提出质疑之物，所有这些都吸引着它。它让自身在其中接受考验，以了解它自身之所是，以及在这一接触中，它将变成什么。它从来不冒充整体，因为一旦某个意象赋予其某个有效的形式，它就不再是它自己。它既能意识到自身的有限，也能意识到其源头的无限。对它而言，经验存在被照亮的是为了向它揭示真正的黑暗。通过对自我的反思中质疑一切，它得以依靠自身，在某个具体的时刻与自身相遇。（aus seinem Grunde）。它在其真诚中与自我相遇，即便在这个过程中，它需要跨过撕裂、不确定与无理性。它在不知情的情况下来到自身。不过，它无法凭一己之力通过不懈努力获得成功："它像一个馈赠般来到自身：这很清楚，很显然，也很确定，是那么地简单：怀疑如何会持续如此长的时间！对自我的反思向着'事实意义上的生存'（Existence de fait）超越。"（II，43—44）

得以对生存进行讨论的方法并不是无懈可击的，对该方法的相关表述产生误解是始终可能的。[1] 当我们使用普通范畴时，即便未出现应该让我们产生警觉的矛盾或循环，我们也要时刻小心掉入陷阱，谨记不要让生存屈从于这个方法，也不要将这个方法视作客观现实性。当我们求助于生存概念时，必须打消将这些概念削减为客观概念的企图。事实上，生存概念越是出于忠实方面的考虑变得边界模糊且留下极大的理解空间，将这些生存概念削减为客观概念的企图就越是强烈。正因如此，人们极可能将自由与生命的冲力、自我的孤独与对某个向自身折叠之意识的怀疑，命运的连续性与历史的兴衰交替混淆在一起。这些混淆可能是出于某种愤恨的预谋，比如某些致力于堕落事业的道德主义者（moraliste）就可能故意将美德与利益或者爱与情色相混淆。当然，人们也可能出于好心如此行事：比如当人们想要不惜一切代价从生存处获得某个可靠、严密的知识，并将生存重新引至唯一能够为知识和证据提供支撑点的经验存在时。那么，我如何才能提防这个始终存在的模糊性威胁呢？或许可以通过始终将分析推向极致的途径：思想注定陷入的二律背反正是对生存之不可削减性的揭示。尤其地，当在我看来，任何误解都不是一个错误（erreur），而是一个"过错"（faute）时，还可以通过这样一个途径：让我感到对我有关生存说的话"负责"。这是因为，我是忠实还是背叛，是让自我敞开还是将自我封闭在唯一能驱散模糊性的内在确定性中，这一切都取决于我自己。"成为生存"是思考生存的必要甚至充分条件。任何见证（témoignage）或证据（preuve）都离不开这一条件。对于那些有眼睛却拒绝看的人，任何人都无法强迫他们睁开双眼。任何不**是**哲学家的人都无法**从事**哲学。

　　在拥有了方法，并知晓了这些注意事项后，下面，我们将开始

---

[1]　II，19—23 et passim.

分析生存的实际特征。对于这些特征，我们刚刚只是一带而过。这些特征分布在三大领域，由此将产生一个三重的研究：生存自我生成，即谓自由；生存与其他生存共在，即谓交流；生存处在世界之中，即谓历史性（historicité）。

第二章　自　由

自由是我们必须研究的基本生存符号（signum）。[1] 我们已经看到，人通过超越"我"的所有经验内容并对其源头产生意识，从而对自身产生确信。让其变成生存的那一记跳跃让自由得以显现。预感到我的源头，其实就是预感到我是让我的所有行为得以展开的唯一中心（foyer），并愿意为我的所有行为完全负责；陷入焦虑，则是因为感受到了我的自由可能自我否定、我可能自我缺失的事实，并同时明白，非—自由（non-liberté）有某种难以忍受的东西。于是，自由成为生存的组成部分。不过，鉴于此，有关自由的问题也只能在生存层面提出。正如我无法在没有成为可能的生存[2] 的情况下有效地讨论生存，一切有关自由的话语也必须在对自由的某个"兴趣"的启发下完成，并保有某种隐秘的确信。"自由要么不存在，要么已经蕴藏于我所提出的有关自由的问题之中。"[3] 只有自由才能针对自

---

[1]　在这里，克尔凯郭尔的影响非常明显。克尔凯郭尔是一位研究"主体性"的哲学家。我们会看到，我们在这里即将遇到的诸多主题都源自于他：生存的选择与生命的任意性以及理性的意志的对立，将选择理解为超越任何"两者择一"式选择的自我选择，在限度方向以及给予（don）方向对选择理论的双重扩展。

[2]　Cf. II, 276.

[3]　II, 176.

由进行提问，正是在这一提问中，我们得以与自由不期而遇：充满激情地探寻着自由的人已经自由。问题之所以依旧被提出，那是因为自由并非一个客观事实。它只是一个符号（signum），一个"绝佳的符号（signum）"。[1]

因此，首先，我们必须承认自由无法被客观证据证实的事实。接着，我们将用到前面用于启明生存的方法，来对自由进行描述。

一、不存在有关自由的证据

寻找有关自由的证据，这既是出于理解的欲望，因为根据客体模型，理解只将现实性构思为可定义和可证明之物，而且也是出于生存本身的欲望，因为生存想要获得某种保险以防止失去自由。事实上，有关自由的问题是在焦虑中被提出的，这同一切产生于"绝对意识在源头处的运动"[2] 的问题一样，这些问题产生于我自身上的某个隐秘点，在这一点上，我的存在受到了质疑。曾几何时，我被包裹在家庭的组织中 [3]，过着无忧无虑的童年；突然，在远离了童年无忧无虑的天真后，我发现我被交付给了我自己，同时，在经常出现在小说家笔下的某种青少年叛逆运动中，我向整个世界宣战。不过，很快地，在这段鲁莽的叛逆期过后，当我回归冷静，我开始思考，我刚刚得以品尝其滋味的这份自由是否不过是幻象，"某个'非—自由'的可能性让我感到恐惧，这份恐惧一直蔓延至我的存在源头深处"[4]。在我看来，这是自由所需付出的代价：这其实是我对自己提出的信任问题——稍后，我们将得以更好地明白这一点。事实上，自由需要这个代价："没有可能的绝望的威胁，就没有

---

[1]　II，176.
[2]　II，261.
[3]　II，25. Et 187.
[4]　II，188.

自由。"[1] 这是因为，我并非天生自由，自由并非我的某种无意识状态 [2]，只有当我发现可能不自由且会自我遗失的时刻，亦即当我完全真诚地与这个不可避免的致命风险面对面的时刻，我才是自由的。当我隐秘地趋向于同意这份遗失时，这个可能性更加会让我难以忘怀；这是因为，自由要求我做出的承诺、通过选择对诱人而又虚妄的可能性的放弃，所有这些"亦会让我感到恐惧"[3]；我在要求获得自由的同时，在自由面前逃离。自由与不自由意味着两个同等可怕的景象。

这份焦虑足以解释人们为何迫切地想要为自由构思某个地位或为其提出现实性证据。[4] 不过，我们已经指出，如果自由只能被某个超越的思想抵达，那么类似的调查只能是虚妄。有谁会不明白一个依赖于某个论证的自由终将自我否定的道理？[5] 我们并不处在自由中，我们也无法强迫某人变得自由。不过，与此同时，自由也逃离任何企图阻止自由的论点。这就是为何，雅斯贝尔斯在讲出那些支持或反对自由的论点后——当然，通常都是简短的提及——都立即对这些论点进行了否认。

人们可以要么从人类学的角度出发，要么从宇宙学的角度出发，对自由展开讨论。从人类学的角度出发，人们将自由定义为意愿（vouloir）的独立。首先是一般意义上的、相对一切决定性动因的独立；不过，这个以"布里丹之驴"[6]（âne de Buridan）为形象的冷漠自由产生自"一个什么都无法证明的空洞思想"[7]，它无法在我们的意

---

[1] II, 267.

[2] 我们将发现，正是在这一点上，雅斯贝尔斯区别于萨特，对于萨特而言，人不能不自由："我们**生来注定**自由。"

[3] II, 183.

[4] "Hat die Freiheit das Sein des Daseins？".

[5] Ibid.

[6] 布里丹之驴是一个以 14 世纪法国哲学家布里丹名字命名的悖论，其表述如下，一只完全理性的驴即将饿死于两堆等量等质干草的中间，因为它不能对究竟该吃哪一堆干草作出任何理性的决定。——译者注

[7] II, 164 et 188.

志（volonté）中产生任何反响。人们是否会进一步指出，意志是意愿相较动机（motif）在心理层面上的独立？然而，用以阐释意愿与动机之间关系的心理学总是面临背叛自由的风险，因为它预设自由与动机处在同一层面，要么与那些动机产生和解，要么与之对立。出于"某个动机的绝对优势"[1] 而做出的选择不再是一个选择，亦即不再是产生自我内心深处的、会让我全身心投入的某个决定；这顶多算是对某个至高力量的承认，对某个已完结之事实的认可。即便在具体分析中，当人们将意愿确定为客观事实时，意愿相对动机的超越性会凸显出来，但这样的分析依旧将意愿贬低为动机之列，会将意愿与动机进行对照。总之，自由无法像动机那样，被心理学所解释："我作为原初意义上的自我而在之处，便是自由所在之处，这是心理学永远无法抵达的地方。"[2] 唯有某个有关生存的理论才能尊重自由的真实性，在确定自由相对不同动机的独立性的同时，不从动机的层面对自由进行定义。[3] 最后，人们还会说自由是相较社会力量（无论是经济的、世俗的还是政治的力量）的一种独立吗？然而，**诸**自由尚且还不是自由**本身**，这些不同的自由不过是对自由进行操练的"机会"，我们既不应否认这些自由，但同时也不应夸大其重要性。[4] 总之，有关独立的理念本身充满着陷阱。我当然应该在经验存在中努力摆脱可能将我奴役的那些限制，即便是专横地强加在我身上的动机限制亦是如此——该限制驱使我努力获得某个物质和精神的独立区域，从而为我的自由提供场所和器官——因为哪怕是对某个拥有至高力量的上帝的

---

[1]　II，151.

[2]　II，166.

[3]　不过，也不能因此认为意愿与动机无关；意志可以在从动机处获得灵感的同时超越动机。这是因为，我们可以拒绝承认意愿源自动机，但我们必须认可，动机需要意愿的光亮来让自身显现，因此，意愿激发动机不是为了臣服于动机，而是为了通过动机说明自身。我们将看到，正是在对理性动机的决定以及对法律或者价值的认可方面，意志（Wille）区别于**任意（Willkür**）。不过，必须得承认，在雅斯贝尔斯那里，缺少一个有关动机与意愿之间关系的确切理论。

[4]　对自由的社会状况进行考量始终面临着改变自由思想的风险：G.S.Z. 揭示出了某个"对自由的倒置"（19），雅斯贝尔斯进一步指出，无论政治自由如何发展，重要的问题在于去了解，如今，人是否还能自由。（189）

形而上依附，都依旧可能将我奴役并使我陷入绝望。[1] 我永远无法像为我的独立找到保障那样，为我的自由找到保障；"我无法避开所有危险"[2]。此外，某个彻底的安全只会意味着我的自由的遗失，因为要想获得彻底的安全，我必须以某个"绝佳的隔离"[3] 为代价，但我却只有"在某个一切成问题的世界中历险"[4] 时才会是自由的。爱比克泰德（Épictète）难道没有教诲过我们：为获得自由，无需等待独立，永远都不应该依赖于我们的独立吗？

另一方面，所有围绕自由的争论还在某个宇宙论的大背景下展开，在这一背景下，自由被预设为决定论的相反面。于是，人们想要将自由定义为动因的不在场，亦即没有动因的开始，也就是自成动因[5]（causa sui）。针对这一观点，雅斯贝尔斯以康德为参照[6]，或者简单说，以康德为依据，做出了以下反驳："原初开始"的理念在客观上是无法证实的；该理念可用来间接阐释有关某个非—客观存在的理念，但从客观性视角出发，该理念既无根基也无内容。至于在决定论的空隙处寻找自由，将自由视作逃离因果律的某个剩余，这样的希望只是徒然。这是因为，首先，认为某个不确定的客体是一个主体，这样的说法本就始终有待证明；如果说人们无法使用统计学规律来反驳自由，因为这些统计学规律只对整体生效，而"绝不会就个体言说任何事情"[7]，那么人们亦无法通过物理的统计规律来认识个体的原子进程；即便人们确实拥有原子的自由，但依旧不能就此得出人们拥有某个主体自由的结论。尤其是，鉴于任何客观认识都以规律王国内的经验客体为基础，因此，人们只能抵达或者通过实验论证某个自由的赝品。不过，在这里，任何论证都遭遇

---

[1] II, 197.
[2] II, 167.
[3] "Sich isolierende Unberührbarkeit", ibid.
[4] II, 168.
[5] II, 164, 188.
[6] II, 169, 190.
[7] II, 169.

失败，这不仅不可避免，而且还是一件幸事。这是因为，正如在绝对的独立中，不再需要冒险或冒进，某个可让自由获得客体身份的"绝对可理解性"亦无异于将自由删除。任何行动或知识的安全性只会将自由摧毁。"自由只出现在我不'知'之地"[1]，在那里，除了对自我之外，我无法确信任何事物，且对自我的确信亦无以言表，无法被转换为任何证据。对我而言，自由无法成为某个合法的财产，甚至也无法成为这样一个客观的目标：我为自己制定这个目标，且可通过协调一致的官方方式抵达这个目标。

不过，尽管这一对自由证据的调查以失败告终，但该失败本身却具有启发意义。这一失败让我们得以明白，从决定论或非决定论出发提出问题是不恰当的，人们一旦从客体性层面出发去寻找自由，从而对自由进行肯定或否定，"人们便立即遗失了真正的自由"[2]。在客观世界中，自由没有位置。[3]自由在此世界中运作，但它并不属于这个世界，同样也不属于可能让它拥有某个全新客体性的另一个世界。这就是为何，雅斯贝尔斯鼓励我们超越康德，后者将自由置于某个物自体的世界中。不过，雅斯贝尔斯要求我们在康德主义（Kantisme）精神本身中去超越康德。这个康德主义告诉我们，存在的意义不仅仅在于对服从于规律之物的考量。此外，这个康德主义的本体理论（théorie des noumènes）始终是真的，即便该理论是"存在有关自由的不可避免客观化的陈述"[4]。如果我们想要避开以上陷阱，并在不将自由异化的前提下将自由启明，那就到"自在"（être-soi）中去找寻吧："自由不在任何其他地方"[5]。只不过，自由无法被定义，因此，我们首先应该按照启明生存时所使用的否定法来让它间接显现。

---

[1] II, 191.
[2] II, 169.
[3] "这些问题在于……以表征为媒介，对无法表征之物的存在的间接表达"，II, 166。
[4] II, 191.
[5] Ibid.

二、对自由的靠近

　　为勾勒出自由的轮廓，让我们尝试对自由的诸多必然形式进行呈现。正如自由会遭遇其界限，它亦将遭遇不同的必然形式。我们将发现，自由的界限亦是其条件，由此我们即便无法得出自由的全貌，但至少可抓住其初步面貌。这一对自由界限的研究可以以某个意愿（vouloir）的现象学为参考，因为自由的界限就是意志的界限。不过，首先必须对雅斯贝尔斯根据克拉格斯（Ludwig Klages）的研究所提出的"形式意志"这一传统理念进行修正 [1]：这是处在行为等级中最高等级的行动，该行动拥有明确的目标意识，服从于起决定性作用的动机，会审慎地构思行动方式；这个提出、推算、决定并陈述规则的行动，会迫使人们所做的努力遵循某个规章，让人们摒弃放任自由和突发奇想，并准许将意志和合理性（rationalité）等同；在这个行动中，通过让意愿以正当理由为依据，并让其表现出可被某个客观认识所理解，合理性至少可为意愿的客观性提供某个双重的保障。不过，通过某个细致的考察，我们将揭示出该意志力量的三重界限，这三种界限又将引发自由的三重显现。

　　首先是身体的下意识性（involontaire corporel）。[2] 大多数情况下，身体的力量都是不受我控制的：我的身体先于我，我只能赞同身体的主动性，并跟随身体冲动的节奏。[3] 只要我保持某个动物意识的天真性，我就可以与我的身体处在某个愉快的默契中："我那

---

　　[1]　II. 156.

　　[2]　值得注意的是，雅斯贝尔斯哲学极少指向有关身体、身体的激情及力量方面的思考。通常情况下，身体作为界限和权力的角色暗含在其有关人类条件的所有分析中。此处是非常罕见的让这一点被明确提及的段落之一。雅斯贝尔斯甚至海德格尔似乎都未曾涉及过这个有关**"身体本身"**（corps propre）的理论，马塞尔至少对该理论进行了勾勒。该理论正是梅洛-庞蒂最新研究的主要内容。

　　[3]　伍尔夫《波浪》（The Waves）中的吉尼（Jinny）说道：我的身体先于我。或许文学首先能够探索这个身体的隐秘帝国。

金黄色的'泥土'[1] 朝着我明亮感官的方向遨游……"然而，年轻的帕尔卡（Parque）却讲述了这样一个时刻，在那时，在某种过错感（sentiment de faute）的侵蚀下，意识产生了分离，开始陈述或预感到其自身的要求，从此变得不幸。于是，正如"知道"（savoir）的危机会打破人与世界之间立即的和谐，意愿的危机同样会打破人与身体的融洽，从此，身体的"生成"将作为某个被意志反对的障碍出现。当心理—物理存在逃离意愿，当我不再能完成我所意愿之物，冲突还可能在这种下意识性的反抗中加剧。不过，这种无力感意义重大。它警示我们，意志不仅对身体有诸多抱怨，而且也对身体有诸多义务。没有身体的协作，意志只会陷入麻痹，人用以统治世界的整个宏伟技术建筑只会崩塌。只有在身体的能力范围内，意志才能获得它自身的能力；意愿的无限性趋向于打破身体的机制，但意愿只能在身体的无限性中获得其效力。因此，在意志与下意识性之间不仅仅存在着某个敌对的关系，而且也存在着某个相互联结的关系。存在着某一点，在这一点上，这个相互联结的关系可被充分描绘：这一点出现在运动中的思想所发生的转变中。存在着这样一个身体的本能初步实践，尽管该实践对我们而言异常熟悉，但它始终拒斥任何反思，会让任何想要研究它的经验心理学所做的努力白费：这个经验心理学原本可能要么像对待"失动症"（apraxie）那样从失败的角度出发对该实践进行研究，要么在结合不同基础运动的学习中对其进行研究——"这是这个世上唯一可让魔法变成现实的地方，在这个地方，某个精神的东西（ein Geistiges）可立即转换为某个物理和心理的现实，并由此左右其自身经验存在的某个变化"[2]。在身体的这个原初事实（Urfaktum）中，我驱动着我的身体，并将意识性（volontaire）与下意识性紧密地联结在一起。形式意志由于反对身体自然力量的非合理性而斩断了它自身的根源，最终注定只能是空

---

[1]　此处指上帝造人时所用的泥土。——译者注
[2]　II. 153.

洞或者僵化的 [1]。相反，真正的意志是"人自身的力量，这个力量作为下意识性时是无限且晦涩的，在被意愿之物（voulu）的清晰性中则是有限且确定的"[2]。在这里，我们将发现有关自由的第一个意象，该意象产生于这样一个力量中，这个力量从让理解（entendement）失效的黑色源头处汲取养分。这个意象就是：任意性（Willkür），一种鲁莽、冲动且任性的活动。不过，这个任意性已经表现出了某种"自发性"（spontanéité）[3] 和冲力，后两者即便不是自由本身，但至少是自由不可替代的某个时刻。若我们想要在比雅斯贝尔斯所称作的"伟大意志"（der grosse Wille）更高的意志形式中抓住第二个自由时刻，那么就只能将意愿与身体的下意识性相分离，并为意愿增加某个深思熟虑的决定，该决定会在不删除意愿的最初效能（vertu）的同时，赋予意愿以其他效能。[4]

我们将通过对第二个必然性形式的考察来阐释自由的这一新面貌，这个必然性形式指的就是"自然的必然性"[5]。自然是一个无法被削减的"他者"，对世界的探索已经向我们揭示出它的不透明性（opacité）。这个自然同样抵抗着意志。我掉进了某个"生成"的圈套中，我无法估量这个"生成"的力量，在这个"生成"中，我无法预估我的行为在不远处的后果。然而，一个不去战胜某个必然性、不首先通过"知"去克服这个必然性的自由会是怎样的呢？通过"知"，我统治着经验存在；我清晰地决定着目标；我结合不同的方式；我不再在摸索中或根据身体的灵感行事；即便我无法做到某件事情，但我至少知道我在做什么。因此，这也是一个"自由的时刻"[6]，因为某个盲目的自发性尚且还不自由。不过，这也不是整个

---

[1] "Es ist das Bild einer verwüstenden Wirkung des Willens das Klages entwirft", II, 157.

[2] Ibid.

[3] II, 178.

[4] "Auf der einen Seite (dem unwillkürlichen Geschechen) stehen Wrden und Wachsen, Fülle und Kraft；auf der anderen Seite (dem Willen) Machen und Zweck Ausdenken und Konstruktion", II, 156.

[5] II, 192.

[6] II, 177.

的自由，因为一个清醒的活动不一定是自由的。此外，对科学的批判已经提醒我们，任何活动都无法消除世界中无法穿透的部分。最终，正是由于这个难以识透的现实部分，对自由的愿望才会变得更加急迫，自由才会以"选择"的最高形式呈现[1]；因为"选择"的必然性既会局限意愿，又会放大意愿"[2]。不过，只要"选择"仅仅只是在"知"所提供的可能性中作任意取舍，它就依旧具有任意性的特征，因而也就不是真正的自由。"选择"首先得逃离理性。

事实上，意志还面对着另一个必然性，这个必然性不再是通过"知"所注意到的自然必然性，而是意志将自身等同于的"某个理性规范的必然性"[3]。律法依旧是强加给意愿的一个界限，不过这一次是意愿自己让它强加于自身的。当律法获得意愿的同意，并变得内在于意愿时，那么它就会激起雅斯贝尔斯在纪念康德时所说的超验的自由。[4] 在这里，我已经"找到自我"。通过研究雅斯贝尔斯的伦理学，我们将更清晰地看到这一点：主体的无条件性与法则的合理性是互逆的，即便一切律法都被生存的冲力所超越，"普遍意义上的合法性律法"[5]也将继续存在，并成为对生存的所有能动性的持久约束。不过，为让生存感觉自己与义务的合法性相关联，生存必须真正意义上将律法视作自己的律法，并且首先已经对自身产生意识。只要生存未进行这个跳跃，律法就始终外在于生存，"生存始终可能在某个明确提出的命令面前堕落，我也始终可能在某个自我实现的工具面前迷失"[6]。在客观、普遍的规则面前，我依旧是无人称的，对律法的服从可能让我深陷于某个毫无灵魂的机械行为主义（automatisme）中，深陷于某个"简单的规章"[7]中，这个规章的

---

[1] Nichtwissen ist der Ursprung des Wollenmüssens. II，191.

[2] II，161.

[3] II，193.

[4] II，178 et 185.

[5] II，331.

[6] II，179.

[7] II，159.

目的只在于确立某个形式的秩序，主体任何形式的自发性都将在其中变得枯竭；我们已经就康德的极端专制主义（caporalisme）有过很多讨论。这就是为何，自律性（autonomie）无法成为这样一个主体哲学的最终归宿，该哲学想要超越普遍意识以及主体无人称价值，并肯定在某个独特的境况下生存那永不失效的独特性。

"处在境况之中"的事实为意志规定了最后一个界限：意志只能朝着一些有限的目标前进。在将某个规范的必然性与自然的"生成"对立起来的超验自由中，我们看到，意愿的无条件性开始显露出来：它无法被削减为"对此世界中目标的追寻"[1]，而是相反地趋向于打破经验存在的秩序并表现出对无限的某种欲望。[2] 不过，由于意志需要考虑效力（efficacité），因此它始终应该为自身提出一些有限的目标。这是因为，人注定生活在这样一个封闭的世界中，这个世界被目光的地平线所包围，效力的场域比认知的场域更窄，行动的界限比"知"的界限更为局限，这是属于人类的律法。如果说无利害关系与非行动的沉思可以通过言说"和"(et) 来悬于对立物和相反面之上，那么意志则应该言说"或"(ou) 来选定立场[3]。我无法同时意愿一切。我能够理性且有用地意愿的，始终只有某个确定且有限的目标，始终只能是某物。在这里，我们再次与"选择"的理念相遇。当然，意志也可以通过将自身纳入某个整体并让自身在其中扮演某个角色，来尝试赋予自己某个更加宽广的内容或者实现某个更加深远的延伸。"意志亦作为理念而在"[4]；这就是说，通过在此世界中不断自我生产，意志尝试让自身融入某个总体性中，尝试自我指涉并认同某个它不知道其界限的存在领域（因为理念是不确定的），但该领域的在场可以赋予意志行动以某种和谐，这个和谐是无法在孤立状态下产生的。所谓自由，指的就是生活在家庭、职场、国家、

---

[1] II, 295.
[2] Unbedingtes Handeln als Durchbrechen des Daseins. II, 296.
[3] II, 161.
[4] II, 179.

时代等这些总体（tout）中。我们的行为受限于自身的身体状况、知识甚至还有理性律法的约束，这些行为拥有相当的规模，会在由理念敞开的地平线上显出轮廓：这就是为何英雄的壮举总是在某个历史背景下被描绘。

然而，由于我无法在完全认识理念后再通过理念自我定位，而且"时间有限"[1]，因此，在这里，我依旧应该选择，并下定决心去追寻这样一些目标：即便我的行为的影响是无限的，但我只能看到这些目标的限度。因此，雅斯贝尔斯同意黑格尔的说法："作为一种意志，'思考的理性'（la raison pensante）在于让自身变成意志的界限"，在此基础上，雅斯贝尔斯进一步补充道："在世界的总体性中，在我们所处的位置上，只有投身于有限的创造中，我们才是实在（réel）的。"[2] 不过，必须放弃始终萦绕黑格尔哲学的那个"对某个绝对自由的幻想"，放弃让主体和客体"在某个产生自哲学和宗教的自在真理领域内"[3] 实现和解的远景。对立面的消失以及必然性的消除只会将生存带向虚无："没有对立面的自由是空洞的"[4]。自由之所以是真实的，只是因为它是被限定的，因为它的能力处在"无力"（impuissance）的边缘。从各方面出发，我因为自身的限度而不得不陷入选择的必然性中。

正是在这里出现了生存自由。雅斯贝尔斯并未像黑格尔定义绝对自由那样，将生存自由定义为"在人的纯思想中所实现的和解"[5]，而是将之定义为让人真正意义上处在其本质独特性中的决定。我选择：我开创某个新的东西，尤其地，我通过中断一个可能无止境的争论而采取主动。这是因为，尽管为赋予决定以权威，以反思为中介不可或缺，但这也会将我置于某个不确定的进程中；我们已

---

[1] "必须在获得某个有关行为的理性理解之前行动。"II，331.

[2] II，157. 有关这一点，黑格尔引用了歌德的话："想要成伟业者，必须自我限定：这将是历史性伦理学诸多中心中的一个。"

[3] II，194.

[4] Ibid.

[5] Ibid.

经在对自我的认识中看到了这一点；从该认识出发，会产生"'在'或不'在'"的问题，并敞开一个无限的问题，存在只能通过某个粗暴的行动才能逃离该问题。在此处，问题是一样的。我只能通过某个"即刻"[1]（immédiat）的决定才能逃离反思。在所有的问题以及所有的不确定性之外，我知道我想要的是什么。选择是在生存的运作本身中的一记跳跃，在这个运作中，生存通过超越"生成"。这正是各大自由理论未曾明白的一点，那些理论首先将目光转向了我所选择之物上；由于想要解释选择的内容，绞尽脑汁地去追问是哪个动机、哪个原因让我摆脱了原初的冷漠并将我引至这样一个选择，那些理论让自身陷入种种二律背反之中。至于认为我不应该做出任意一个选择、应该让自身的决定经受考验、应该参考某个规则或者理念等想法，所有这些都还只是一种谨慎和预设[2]。自由的核心并不在于我所采取的立场，而是在于我采取立场的事实本身。这就是为何，任意行为（l'acte gratuit）哪怕任性的自发性（spontanéité）都可被视作自由的某个原初意象。不过，经过了深思熟虑的生存自由将意味着，选择会拥有新的特征，尤其地，它会成为对"自在"（être-soi）的表达。

三、生存自由

因此，现在，我们需要去考察自由如何是生存的行动，或者更应该说，自由如何等同于生存。前面让生存降临的分析与刚刚让自由获得其最高形式的分析遵循了相同的路线，这绝非偶然：我在我身上显露自由或显露生存，我变得自由或变成我自己，这完全是同

---

[1] II, 181.
[2] II, 180. 对雅斯贝尔斯而言，笛卡尔的自由理论就处在这些预设之中。笛卡尔论证了思想如何逃离生命的需求并获得判断的自由。由此暴露出大量的可能性（Descartes, 23—25）；不过，只要自由的能力在于要么通过中止判断来否定，要么通过向逻辑限制让步来肯定，那么这个自由就依旧是"没有内容的"（Gehaltlos, 79）。由此便得出了"应该被生存本身的历史实体填充的某个自由的空洞空间"（24 et 80）。

一个运作。自由就是让我走向我自己的行动。得以揭示自由的选择并不是在众多客观可能性之间的选择，并不像一个旅者在众多路线中选择了一个，而是"对我自己的选择"[1]；通过我采取的立场，我决定的是我自己，我约束的也是我自己。这并不意味着我在众多等同的、可互换的有关我自己的肖像中选择了一个，就像在杜米埃（Daumier）的《业余爱好者》（*Amateur*）[2] 系列画作中选择了一个。这甚至也不意味着我可以直接意愿自我或者意愿生存。[3] 我只能意愿一些有限的、外在于我的目标；不过，正是在这个意愿中，我得以自我肯定："我通过选择而成为自己"[4]。对自我的选择始终是一个间接的选择；这个选择是一种奖励，奖励的是我在我所处的经验存在领域内对具体、有限之内容的选择，因为我回到了柏拉图的洞穴中，获得了对我的存在的内在确定性，并体验到了我的自由。[5] "通过让我与我的选择合二为一"[6]，我得以抵达最真实的我。我自身的总体性已经完成，并在我的决定中在场，它不再会在我充满焦虑地自问"我是谁"时，被反思束缚。在这里，对自我的经验到达顶峰。我是做出选择并通过自身选择决定自我存在的人。甚至可以说，自我的完满（plénitude）与自由的冲力成正比，正如雅斯贝尔斯援引自克尔凯郭尔的一句话所说：意愿越多，自我就越多。[7]

对自我与自由的等同可能产生一些问题，在进一步考察这些问题之前，让我们先去看一下，之前有关意志所说的所有内容如何在

[1] "Freiheit als aie Wahl meines selbst"，II，182.

[2] 奥诺雷·杜米埃（Honoré Daumier, 1808—1879）是法国著名画家、讽刺漫画家、雕塑家和版画家。他创作了多幅以《业余爱好者》为题的画作，多以日常生活中的小人物为主角。——译者注

[3] 我只能从生存出发进行意愿，却无法"意愿生存"（II，162）。我甚至无法意愿让生存作为悲剧——如果生存真的会在日常的麻木中萎缩的话——得以展开的境况：对悲剧的故意追寻只会是"感人的谎言"（Ibid）。这不正是蒙泰朗（Henry de Montherlant）相对马尔罗（Malraux）而言时常给人留下的印象吗？

[4] II，152.

[5] 在决定中，我在这样的希望中抓住自由，这个希望就是：通过我能够意愿之事实，我在我的基底处抵达我自身。II，162.

[6] "Ich und mein Enischluss sind nicht sweierlet"，II，470.

[7] "Je mehr Wille，desto mehr Selbst". II，151.

这个等同中获得全新的含义。一个有关意志的现象学不应该像我们已经尝试做的那样，仅仅指示出意愿如何不仅在底部被一个黑暗的边缘所限制，因而承载着必然性和下意识性的重担，而是还应该指示出，意愿在顶部受到生存自由同样黑暗之冲力的推动而被超越。从意志不再是形式化的时刻开始，也就是从意志不再仅忧心明晰性和有效性，而是会被自我的冲力所牵引，因而变成生存的意志开始，意志将获得其他维度。首先，意志将获得某个全新的明晰性。这是因为，对理解而言无法识透之物，对生存而言却异常清晰，因为生存在别处汲取其确定性。无论目标、动机、方式拥有怎样的理性明晰性，从此，意志都将被另一种源自生存的明晰性所包裹。这是一种没有影子的明晰性，因为该明晰性产生自某个决定，而不是某个检验。哪怕"对于该原初决定而言，不可能有任何充足的动机"[1]，或者"该决定的目标无法找到根基"[2]，所有这些都无足轻重，因为确定性是毫无保留的：这就是我想要的！这就是我之所是！[3]

这个明晰性还将伴随着一种全新的力量。诚然，意志应该受限于身体供它支配的生命力量。不过，它可从决定的无条件性中获得另一种力量[4]，该力量与身体—心理力量不可同日而语，意味着这样一种能力：一方面，即便无法在经验秩序中实现其目标，这个能力也不会因此被贬低，因为它不以实践有效性为限度；另一方面，"这个能

---

[1] II, 151.

[2] II, 163. 由于缺乏某个明确的动机理论，在有关生存与理性之间关系的问题上，雅斯贝尔斯的思想中还存有某种不确定性。有关这个问题，1935 年的系列研讨会并未涉及。能够说决定的明晰性可免除一切理性的明晰性吗？并不可以，因为当雅斯贝尔斯同意将"追寻目标的清晰性与生存的清晰性结合起来"(II, 158)，他似乎主张的是，通过采纳这些明晰性，意志可以展开对动机的改造：这些动机将承载一个全新的力量，并拥有一个全新的含义。不过，这些动机自身是否拥有某个内在合理性，亦即某个生存自身臣服于它，而不是生存让这些动机服从于它的合理性？理性的价值不就是因为它们迫使人承认才是理性的吗？更为广泛地，理性在生存面前不就是一种自动的能力吗？雅斯贝尔斯面对所有理性之物的强硬及其让生存承担的异化威胁都太过谨慎，以至于他无法给出一个明确的答案。在有关伦理问题方面，我们将再次遇到这个困难。

[3] "从此，一切变得清晰、明了与明确，从此便是如此，不可避免地、简单地如此……怀疑如何得以持续如此长时间？"II, 44。

[4] Die Eraft der Entschlossenheit. II, 270.

力在对原初自由的意识中没有界限"[1]。对于这个全新的力量而言，心理学所求助的那些概念通常都只会将其掩盖，或者只抓住该力量的堕落形式：于是，意愿的强度被削减为肌肉的颤动，无法持续，也没有对某个命运的意识；持久性变成类似于机械的执拗；暴力（violence）被归结为某个具有摧毁性的活动。不过，当意愿的这些模糊面貌变成对某个自由决定的呈现时，它们便会重获其最高含义：强度变成能量，持久性变成连续性，暴力（violence）变成对自我至高无上的肯定[2]。于是，这些面貌将揭示出总是"投身于"其行动中的生存那总是出乎意料的、无条件的力量[3]：没有什么可以阻止我成为我自己。

此外，意志还具有另一种有限性特征。当意志确定其限度并决定追求某些明确的目标时，它会被一种迫切的无限感所驱使。由此将产生意愿的矛盾性：由于我是用自身命运为赌注去追寻一些有限的目标，因此，我总会发现这些目标是相对的，并意识到在经验存在中其实没有目标可言的事实；不过，只有当这个发现是在某个坚持不懈且真诚的追寻中实现时，该发现才拥有其全部意义，才能避免让生存陷入某种失望或冷漠之中。[4] 其中，目标的消失源自这样的事实：通过有限的目标，我向某个"终极的目标"[5] 走去。这个终极目标是什么呢？我无从得知，不过"意志不需要答案，因为无限在有限中在场"[6]。意志的界限本身对它自身而言就像是某个无限性的符号；确定有限，就是通过选择赋予有限以无限的价值。这或许就是歌德所说的"努力"[7]（Streben）的含义。意愿的这一变形意味着，通过生存毫无保留地加入的那个自由的无条件行动，生存将获

---

[1]　II，187.

[2]　II，160.

[3]　Der Einsatz der Existenz，ibid.

[4]　Nur auf dem Wege ihrer Zweckverwirklichungen wird Existenz imDasein ihrer Zwecklosigkeit inne，II，163.

[5]　Endzweck，II，159.

[6]　Ibid. cf. I，16. "… in der Zeit für die Ewigkeit enischieden wird".

[7]　对福斯特（Faust）而言，在记忆和梦境那虚构且令人失望的世界中诸多探寻之后，重新回到具体世界的计划和经验行动中，这并不意味着消除对无限的怀念，而是意味着给予无限所有的可能性。

得统一性和现实性 [1]；而且无论这个总体存在相对自我的在场多么地短暂，它都将呈现为一个永恒的形象和一个超验的符号。在后面我们将看到该在场的形而上光晕。

现在，我们得以明白，当自我存在在意志中自我肯定时，意志会具有一种独特的神圣性：这个打破一切怀疑、免除所有论证的无条件肯定就是自由——当我提升自身存在时，我就是自由的。让我们在这个主宰着雅斯贝尔斯哲学半壁江山的说法处停留片刻。该说法首先会让人产生愤慨：选择与自我存在的联结难道不会损坏这两个被联结的术语本身吗？一方面，如果说选择的价值不取决于我所选择之物，而是取决于我做出选择这一事实，而且它除了作为选择而在之外没有其他要求，除了是我的选择之外没有其他功能，那么这个选择岂不是会被削减为一个任意的行为（acte gratuit）？另一方面，从这些无序决定出发所构思的"我"难道不会陷入某种不连贯性中？当与某个偶然且多变的选择相关联时，这个"我"难道不会丢失其一切实体特征？[2] 在此处，我们或许可揭示出某个循环论证：为让我的选择是真诚的，我必须成为我自己，但只有通过选择，我才能成为我自己。不过，我们知道，对于生存哲学而言，循环更多是一种确认而不是一种反对，比如此处的循环就只是以一种挑衅的方式强调了生存与自由的等同。不过，还有两个问题：首先，如果自由在超越了自然必然性和理性必然性的层面之后，在它所处的那个层面不再遭遇任何新的必然性障碍或跳板，那么还能称其为一种自由吗？其次，如果"自在"（être-soi）为其选择所支配，且并不是一开始就具备某种实体性，那么它还是一个"自我"（soi）吗？这两个问题也可合二为一：我可以在没有某个有关自我的必然性的情况

---

[1] "在分散（由经验存在所激发的行动）中作为'可能'存在之物变成了'真实的'自我存在"。III，334.

[2] 《存在与虚无》的读者可能会注意到，同样的问题也可向萨特提出：在由自由主宰而且有一个完全透明的意识超越"我思"的体系中，这个问题或许没有答案，甚至也没有意义。

下存在吗？我可以在没有某个存在强度且对自我而言不是某个必然存在的情况下成为我自己吗？总之就是，存在着某个可为自由提供基础的生存必然性吗？在这里，我们来到了一个自由哲学可能面临的诸多困难的核心深处：主体可在其中占据什么位置？主体需要为自身提供基础并变得没有厚度吗？这一点非常重要，因为此处涉及的不再是对理解的满足——为确保其支撑点，理解需声称具有某个客观可靠性——而是在行动的时刻能够说：这就是我之所是。原初的我将面临这样的风险：它可能不再是一个存在，而是一个运作，是自由朝向某个无厚度之生存的冲力，即便这个运作可在此世界完成且承载历史，但它始终没有实际内容。雅斯贝尔斯躲过了这个陷阱吗？一方面，自我存在被自由完全浸透，另一方面，自我存在承受着这样一个物质，该物质既赋予自我存在以身体，又用某个必然性对抗着自我存在的自由，因为如果没有这个必然性，自由就不存在：雅斯贝尔斯可以让这两个理念产生调和吗？

在《哲学入门》中，我们至少可捕捉到某个解决方案的相关元素。首先，的确存在着某个自我存在的现实性，这个现实性并不是经验存在或"如所是之存在"（Sosein）的原始数据（donnée brute），而是由自由编织的一个实体。这是因为，我不仅是做出决定之人，而且也是被决定之人："每个生存的决定都作为具有决定性的某物被启明，一旦完成，就无法重来。"[1] 我的行为——真正意义上我的行为——与我如影随形。因此，自我存在并不是一个不连贯的可能性"宝库"，在其中，我通过一系列的"政变"（coup d'état），在我选择的时刻，去挑选我所是之人；自我存在更多是一个**已经**被我选择的存在，我应该在保证"我行动意义之连续性"[2] 的同时，忠实于这个

---

[1] II, 195.

[2] II, 152 et II, 158. 有关这一点，我们可以再次提及对自我存在特征的分析，以揭示这并不仅仅只是一个从外部强加于我的原始事实，而是我通过我的选择所自由变成的对象，是我自由的果实。我出于天性所是之物，甚至还有我能够照看、安排的身体，这些都不是原始状态：只要我将"给予变成意愿"，自由就参与其中（II, 47）。

存在。不过，此处涉及的绝非我的编年学意义上的过去，因为：首先，这个与过去的关联依旧是经验的；其次，当我回到过去时，不难发现，自由较少参与其中——对于充斥着童年的晦暗性，自由行动完全无法将之照亮。相较我的过去，此处涉及的更应该是我感觉与之相连的我的源头，亦即我自己的基底，对于这个基底，我不再能声称曾对其进行过选择，或者即使曾选择过，那也是某个在此世界中无意义且超越时间的选择。[1] 发现我的源头，就是既发现我之所是，又发现我的选择之所是：这个源头之所以是我的，那是因为我选择了它，但由于它是**源头**，因此它意味着站在所有选择边缘处的自我。因此，尽管自我与自由相关，但它不再受某个任意决定的支配，而是将被某个实体所填满，该实体由自由本身所滋生，或者至少由自由本身所承载。只有当我通过自由承载着这个与我相关之选择的过去，并且在我做出的所有具体选择之外承载着我自身的源头时，我才能因为我的自由而成为我自己。责任始终在起作用，因为"自由要求将我所是的一切变成**我的**自由以及**我的**过错"[2]；自由将获得其全部意义，因为它以我之所是为基础，而我是一个确定的存在，或者我们可能更倾向于说，我是一个实体的存在，哪怕对理解而言，我并不确定。

与此同时，决定不再能与任意性相混同，因为它将再次面对某个必然性并需与之达成和解。当然，此处涉及的不再是某个原始自然的必然性或者某个理性价值的必然性，亦即不再是生存作为某个永不失效的首创能力和冒险能力显现时所超越的那个必然性。事实上，正是"自在"本身将这个得以激发自由的对抗力量置于自由的对立面。尽管自由无法被任何外在于它的东西所限制，但它至少可以被它自身所限制。这个由我的自由所形成的必然性并不是某个"本应该"（Sollen）的外在且总可被质疑的必然性，而是当我感到自

---

[1] "……仿佛在时间之前，我还对我之所是进行了选择"，II，33 et II，197.

[2] II，198.

身与我的源头相连，当"我说：我就在此处，我没有其他可能"[1]
时，我所感到的某个"应该"[2]（Müssen）的内在且毋庸置疑的必然
性。雅斯贝尔斯所说的这个生存的必然性可被"命运"理念很好地
解释。命运首先是让我沉浸其中的境况，对于该境况，当"我甚至
不再去想我可以在另一个世界成为另一个人"[3]时，我将毫无保留地
选定（adopter）它；它依旧是我所有选择的总和，但这些选择不再
是根据情绪的心血来潮而做出的因时制宜的短暂决定，甚至也不再
是理解的光亮，亦即并不意味着"意志变成了命运"[4]；它不再是我
所遭遇的障碍，不再像《第五交响曲》（Cinquième Symphonie）第一
乐章那样，是以我为基础的某个威胁；它就像是伴随着我所有行为
的我的自由的影子，我不再能立于其对面进行意愿，而只能处在其
中进行意愿，既忠诚于我所承载的世界，又忠诚于我在我的一系列
意志中让我所成为的那个自我。[5]因此，可以说，真正的选择就是
一个主体必然的选择，不过，这里指的是"可意识到真正自我之原
初必然性"[6]的主体，而不是某个被置于抉择（alternative）面前的主
体——只有不满足于简单地存在转而向自身提问的人才会面对"抉
择"。真正的选择只属于作为自我而在、能意识到其源头、不面对
任何抉择、不表现出优柔寡断的人；或者即便依旧有抉择，但当这
些抉择危害到对自我的确信时，对这些抉择的解决原则依旧产生自
这个确信本身。因此，生存自由的选择并不是由理解所构思的某个
选择；要想对这个选择进行思考，就必须对以下这些自身不一致且

---

[1]　II，196. 在此处，我们识别出了克尔凯郭尔的主题：变成你之所是，werde der du bist.
雅斯贝尔斯曾指出，同样的主题也出现在了尼采那里。对尼采而言，最高的创作是某种忠
诚：Werde fort und fort der du bist—Bildner deiner selber！—So erheälst du das Gedächinis—
und findest ihren Zusammenhang，die goldne Kette deiner selbst（Nietzsche 346，cf. 137）.

[2]　Die Freiheit dessen der so muss weil er selbst ist. II，182，cf. 195.

[3]　II，278.

[4]　II，152.

[5]　我们将发现，源自尼采的"对命运的爱"（amor fati）是雅斯贝尔斯伦理学的重要
片段。

[6]　II，181.

表面不可兼容的表达进行总体考察：我选择，我意愿，我应该，我在。[1] 正因为"我在"，我的意愿才能被某个内在必然性所决定："没有决定就没有选择，没有意愿就没有决定，没有义务就没有意愿，没有存在就没有义务。"[2]

通过将自由与自我存在的等同推向极致，我们难道不能说极度的自由与极度的必然性不期而遇吗？不可以，这仅仅只是因为，这个必然性依旧源自自由，它无法被客观地领会。[3] 我可以对自我充满确信，但这永远不是通过理解完成的；因为我无法勒令（sommer）我的存在，或者正如我们在前面所说，我无法抓住我的源头。这就是为何，雅斯贝尔斯始终强调选择所意味着的偏见（parti pris）、风险和勇敢特征 [4]：对自我忠诚始终需要勇气，因为我永远无法知道我之所是；任何决定都无法被完全证实，每个决定都是我所冒的风险。因此，决定始终表现出"任意性"的表象——只是表象——哪怕事实上，在我的最深处，决定建立在某个就连选择的勇气都会认可的确定性基础之上。

于是，我们看到，自由为何是生存的灵魂：这是一个真实的自由，因为它以某个必然性为基础，这也是一个充满勇气的自由，因为该必然性永远不相对自由透明。最后，正是通过这个自由，我将得以回答"我是谁"的问题：当我不再接受将自身削减为经验存在时，这个问题就已经被提出了。每当我通过自由决定我的存在时，我就会给出这个问题的答案。此外，这里的决定比自然必然性或理性必然性更具力量，即便它同时也需要认可这两个必然性的力量或合法性并与之产生和解；这是因为，一旦自由不再显示出其力量的无限性，或者一

---

[1] Wenn in dem "ich wähle" das Bewusstsein der Entscheidung die eigentliche Freiheit trifft, so ist diese Freiheit nicht in Willkür der Wahl sondern in jener Notwendigkeit die sich ausspricht als "ich wille" im Sinne des "ich muss". II, 186.

[2] Ibid.

[3] II, 176.

[4] Risiko, Wagnis, unbegründbare Entscheidung 这些表达不断出现在《哲学入门》中。在有关非—知识的论述中，我们已经遇到过。

旦自由通过援引一些缓和的情景来为不负责辩护，自由便会立即自我否认。在这里，我们似乎触及了哲学的核心深处。[1]

然而，自由之所以是不可战胜的，那只是因为它是有限的。它与某个隐秘的必然性相遇，该必然性在自由主体的存在中内在于自由本身。对于"我是我所选择之人"这个将自我存在与自由联结起来的毫不退让的说法而言，我们应该已经做出了修正：我选择我所是之人，那个我通过我过去的选择和我的源头而是的人。然而，认为这个作为命运影响着我的选择的"我的实体"只属于那自我对抗着的自由，因此即便在面对某个必然性时，自由也依旧拥有无限力量——正如我们到目前为止所指出那样——这样说足够吗？并不足够，我们还得走得更远：即便我自觉对原初的我负责，但在这个原初的我中，有东西逃离我；有关这一点，源头这个术语本身就可以很好地说明：这不是作为主语的某物，而是从宾语出发进行思考的某物，对我而言是某个给定物（donnée），是我无法创造的某物。在这里，我们将再次发现某个隐秘地伴随着一切有关生存之分析的主题：我将我变成我之所是，然而我还没有自我生成。[2] 当我将自身等同于我的源头时，在我通过自由与我自己组成的这个"总体性"[3]中，有某个不属于我的东西："如果在那个只能被部分启明的黑暗性中，我通过我的原初意愿回归真实的我，我将发现，**在让我完全作为自我而在之处，我不再仅仅只是我自己**"[4]。我被给予给我自己[5]。

---

[1] 从此刻开始，让我们指出，在思想秩序下的超越运作依旧是一个自由的行动。因此，当真理是我的真理时，真理本身就是选择；"真理要么是约束性的，这时它就不是选择，要么是无条件的，这时它就是经由选择的"（II，418）我们将看到自由理论对真理理论的影响。

[2] "诚然，我通过自我生成而成为我自己；不过，我之所以是我自己，那只是因为我还没有自我生成"，（II，36 et 199）。这就是为何，雅斯贝尔斯说道：我自我生成，而不是自我创造。相反，在尼采那里，**表达则具有始终如一的作用**：Wandel der Werte—das ist Wandel der Schaffenden. Nur im Schaffen gibt es Wahrheit；创造就是在没有超验界限的情况下获得自由（Nietzsche 130—139）。

[3] Bin ich entschlossen, so nur Ganz, II, 290.

[4] II, 1919.

[5] Ich werde mir doch nur geschenkt. II, 45 et 265.

在我身上最属于我的部分，甚至还有我的自由，都来自他出：我"通过一个他者"[1] 而在，他者就是我的超验。

于是，雅斯贝尔斯的哲学将转向另一极：这将不仅是一个有关自由的哲学，而且也将是一个有关超验的哲学。我们将在第三部分看到这个双极性（bipolarité）意味着什么。在此处，我们只需进一步指出，这一对超验的追忆不会剥夺任何属于自由的东西。我的责任依旧是完整的，以下事实足以为之提供保障：我即便不是"通过我"（durch mich）但至少也是"从我出发"（aus mir）而在之物。自由依旧是首要的，因为只有当我首先是自由的时候，超验才能向我显现：只有当我的行动要求获得最高程度的独立（indépendance）时，我才能发现我的依靠（dépendance）；我的自由只有在坚持自身的请求和无条件的要求时才会预感到其超越的基底。只有当自由是无限的，它才会与自身的界限相遇。

---

[1]　Durch ein Anderes，passim.

第三章　交　流

自由的口号是：成为你之所是。然而，我只有在他人的帮助下才能成为我自己：这便是交流的悖论及其独特的神圣性。在我的自由的内部，他者的在场作为让自由发生跳跃的必要条件而被写入其中。

不过，在对这一点进行论证之前，有必要就某个预先的观察进行介绍。他人（autrui）问题作为现代哲学的一个发现和获得出现在历史中；我们大概可将该问题的到来归功于黑格尔；在黑格尔之前，唯我论充满侵略性的悖论尚未获得哲学家们的注意；他者的在场被认为是自然而然的，在当时，围绕他者唯一可能提出的问题都是严格意义上道德范畴的。不过，从《精神现象学》开始，人们不再能回避他者的现实性、与他者进行某个对话的可能性、人们可能赋予他者的本体论地位以及将两个意识统一起来的关系性质等问题。不过，雅斯贝尔斯对这些纯形而上的问题并不感兴趣；或者说，这些问题只有在它们以"描绘生存"为总体目的时才能激起雅斯贝尔斯的兴趣；这就是为何，雅斯贝尔斯始终将伦理学方面的研究置于首位。[1] 或许我们会发现，雅斯贝尔斯触及了形而上问题并为其带来了不容忽视的贡献；不过，这并非他的主要目的。比如，雅斯贝尔斯并不会像胡塞尔在《笛卡尔的沉思》（*Méditations Cartésiennes*）中所做那样，去论证："他人"直接包含在"我思"主体（cogito）中，因为只有当我在与"被思对象"（cogitum）的和谐一致中通过对意识的某个不确定多元性的参考来思考"被思对象"时，"被思对象"才能拥有某个客观的含义。无论如何，对胡塞尔而言，"他人"首先是思想（noëme）之客体性的保障，而不是我可与之产生交集的具体在场；他与雅斯贝尔斯的考察并不处在同一层面；胡塞尔研究的更多是意识与意识之间的关系，而雅斯贝尔斯研究的则是生存与生存之间的关系——这正是雅斯贝尔斯的原创性所在。不过，雅斯贝尔斯也并未追随海德格尔的路径，后者为肯定我与他者之间的关联，将人类现实性定义为某个"共在"（Mitsein）。事实上，用海德格尔的话说，雅斯贝尔斯并不尝试揭示人类现实性的本体论结构——在雅斯贝尔斯的哲学中，某个有关"生存之结构"的理念是行不通的——而是尝试去揭示将一个具体的"我"与一个具体的"你"联系在一起的实体关系。真正的问题既不是超验可能性的问题，也不是诸多本质决定的问题，而是一个事实层面上的问题：当我在我的道路上发现他人时，我可与他人产生怎样的交流，可与之产生何种亲密性（intimité）？与那些想要一劳永逸地逃离唯我论陷阱的哲学

---

[1] 这样的研究至少可以突出意识的多元性问题。相反，这个问题在克尔凯郭尔那里始终缺席，后者忧心的只有对自我表达之可能性：如何言说不可言说之物，如何说出生存的"秘密"？与之相反，对雅斯贝尔斯而言，交流的激进问题是两个投身于彼此的存在互相创造的问题。交流主题让自由主题获得平衡与缓和，而不是像克尔凯郭尔所说的那样，生存是没有对等物的秘密。此外，克尔凯郭尔趋向于因交流的"宗教期"概念而忽视交流，在这样一种概念中，个体在"不断重复"（répétition）的失败后远离了世界，也远离了人与人之间的交往；不过，雅斯贝尔斯并不认为与超验的关系会导致对交流的背叛。

在尼采那里亦是如此，"例外"（exception）哲学驱逐了某个有关意识相关性的哲学。尽管尼采也曾被某个完美友谊（N.46 sq）以及与其作为"他者"（N.62—63）之可能弟子的遥远融洽的美梦所萦绕，但他依旧深受某个绝对孤独的沉重经验之苦。（N.69—75）这是因为，在交流中涉及的这个地位对等性（有关这一点，我们在后面看到）无法与例外共存。雅斯贝尔斯进一步说道，在尼采那里，"在生存层面上，超验的绝对不在场与交流的绝对不在场相关"（N.388）。

不同，雅斯贝尔斯并不假设他人——一个抽象的他人——能够随我一起被合法地给予、内在于我的组成或者我的活动。或许雅斯贝尔斯曾有过萨特所说的"我们与他人相遇，但不构成他人"[1] 的强烈感觉。他人的生存是一个事实层面上的必然性，而不是一个合法层面上的必然性，与他人的相遇是一个偶然的事件。我无需寻找该事实的原因 [2]，而只需加入其中：如何与我碰到的这个他人相处？他可以帮助我成为我自己吗？他在助我一臂之力的同时依赖于我吗？于是，我与他人的关系问题将立即拥有某个伦理学表象，但同时也并不排除某个形而上学的意义，因为我会发现，我需要他者来真正意义上地成为我自己。不过，只有将交流置于其真正层面亦即生存层面后，我们才会发现这一点。

一、交流与社会

事实上，由于与他者的相遇是一个偶然发生的事件，因此交流似乎可以首先在经验存在层面被实现。[3] 在人与人通过不断的交换（échange）而生活在一起的社会中，交流难道不是有效的吗？让我们像心理学和社会学那样去思考这些人与人之间的关系。这些关系

---

[1]《存在与虚无》，第 307 页。在此处再次提及萨特与雅斯贝尔斯的对照非常有必要。他们用非常相似的术语提出问题：他人的在场将我卷入主体性和客体性的两难选择中；在每一刻，我都面临着成为他人的客体或者将他人作为客体对待的风险；他人让我时刻承受着持久的异化威胁。不过，如果说萨特更多是用本体论话语来表述这个论证，并在某个意识理论中为该论证找到了动力源头的话，那么雅斯贝尔斯使用的则是一个伦理学话语。从此处开始，两个理论分道而行：对萨特而言，主体和客体的极性（polarté）会腐蚀我与他者的关系："我始终忧心的是，在他人的客体性中包含他人，我与客体—他人的关系主要由致力于让他人保持为客体的诡计所决定"（同上书，第 358 页）；于是，除了虐待狂和受虐狂外，将不再有其他出路：他人就是地狱。不过，在雅斯贝尔斯那里，我们看到，交流要求做出不懈努力，以将冲突转变为爱的冲突，并且通过将两个主体纳入一项"自我"（soi）肯定的共同事业中，来规避所有让主体堕落为客体的威胁。

[2] "我为何不是一个人？"这个问题，跟"自我存在"的问题一样，不会有更多有效的答案。II，50.

[3] Daseinskommunikation. II，51.

主要通过三个层面相互关联。它们的第一个形式是：盲目地融入某个人类共同体中，处在该共同体中的人由于还未对自身产生意识，因而不会对施加在他身上的影响产生质疑："他做所有人都做的事情，相信所有人都相信的事情，想所有人都想的事情。"[1] 接着，当人通过理解训练而感受到他自身的思考能力后，将产生另一种形式的关系：这个关系联结的不再是隐没于共同体中的个体，而是相互独立的单子（monade）[2]，这些单子由于在思想或行动中遵循普遍的合理性（rationalité）要求而可相互理解。这将是一个普遍意识的共和国，在其中，每一个主体都是匿名的。最后，在经历了抽象的必要转弯之后，人重又回到对某个具体共同体的感知，将这个共同体领会为某个既统摄人又超越人的总体性——某个国家，某个家庭，某个职业——，并将之视作这样一个理念，人永远不会停止追寻该理念的意义，正是该理念本身赋予了人生命以意义。于是，交流得以在精神层面被确立，并获得一个具体内容。从此，前面所说的人们对共同体的盲目加入将变成对某个目的（fin）的有意识承诺，该目的可无限拓宽其行动界限。因此，当人变成国家的一分子，亦即变成对社会起组织作用的最后的至高权力机构的一分子，他便加入了整个人类的真实命运之中；他或许还会通过以生命为代价去捍卫国家，以此来自行决定该命运的意义。[3]

在这一层面上，当社会被构思为一个让个体汲取活力并充分发展的有机整体，这个社会就会变成一个"客观交流"的场所，它对生存的跳跃而言不容忽视。[4] 让我们简单论证一下。首先，在经验存在领域，该社会会创造并保障一个人类秩序，在这个秩序之外，

---

[1] Daseinskommunikation. II, 51. 为阐明该主题，我们既可以用莱维—布鲁尔（Lévy-Bruhl）的分析，也可以用海德格尔有关"人们"的分析。

[2] Daseinde Ichatome. II, 52.

[3] 在 VE 中，雅斯贝尔斯再次对这些为生存交流拉开序幕的交流模式进行了概括分析。这些交流模式勾勒出了一个三重的共同体：同情与切身利益的共同体，被等同于理解存在之个体的共同体，作为一个总体之成员的共同体，这些成员既与这个总体相联系，也与他们的理念相联系。（VE 56，Eph. 30—31）

[4] Existentielle Relevanz von Staat und Gesellschaft. II, 363.

生命将变得不可想象，只能放任自身被动物性的冲动和蛮力的偶然性所左右。通过其创立的法则秩序，社会通过所有制为个体确保生存空间，通过继承法确保个体被嵌入历史的连续性中。[1] 此外，通过经济秩序，社会还将推动这样一个组织的产生，在这个组织内部，既作为生产者又作为消费者的每个个体都将获得一个全新的身份。最后，通过文化秩序，社会还将确保个体享受精神作品的福利。尽管这一对经验存在的安排远称不上完美，但它依旧是在真正交流中实现超越这一运作的必要条件。此外，让这个真正交流得以产生的人类最初关系正是在社会中形成的。社会提供了雅斯贝尔斯所说的"交流场景"[2]（situations communicatives），对生存交流而言，这些场景既是"机会"（chance），又是危险。社会让人与人靠近，并为他们提供成千上万的交流机会，由此让交流的火花得以迸发；总而言之，对产生于社会中的那些关系而言，在为这些关系强加某个形式体系并让每个文明自行定义该体系之规则的同时，社会还会赋予这些关系以人性化的特征；雅斯贝尔斯举出了中国礼仪、中世纪骑士精神、正人君子和绅士之典范等例子。[3] 或许，这样一种人与人之间的关系准则依旧流于表面，甚至大有危害，尤其考虑到它忠于其贵族源头，因而依旧是排外的，而且会大大增加失去社会地位之人（déclassé）与"贱民"（parias）的数量。不过，这样的关系准则至少可以让人学习共同生活，避免让自己变得难以与他人相处。

那么，除了能为某个真正的交流提供机会外，这个客观交流还有什么价值？如果我们还记得推动整个雅斯贝尔斯哲学的这个原则的话，亦即生存只能在世界之中自我确定的原则，那么我们就会明白，决不能轻视客观交流，"只有以客观交流为媒介，生存交流才能获得基底与具体形式"[4]。对主体而言，加入社会的客观性，其实就

---

[1] 雅斯贝尔斯在这里想到的或许是黑格尔的法律哲学。

[2] II, 91 sq.

[3] II, 57.

[4] II, 91.

是获得具体形式；逃离这个客观性，则将"仿佛陷入虚无"[1]。只有在同意遵守社会游戏规则并履行社会游戏赋予自身的义务时，主体才能抵达生存。主体通过确定与捍卫其在经验存在舞台上的地位来自我肯定，通过让自身被组成其时代文明的理念精神内容所填满，来让自己变得充实。主体不应该逃避它被要求提供的服务[2]；通过纳税、"在国家中生存"、参与主宰整个个体生活的经济和政治事件，主体将获得某种"独特的神圣性"[3]。主体不仅仅是这些事件的观众或受害者，而是会通过加入让这些事件得以发生的普遍意志并尽可能引导该意志，从而在其岗位和领域内就这些事件采取行动。无论是让自己的意志靠近其他意志，从而得以加入其他意志并对其产生影响，还是对一项共同的事业表示支持，所有这些都已经是对真正交流的靠近。

诚然，我们离真正的交流还很远。客观交流有许多显而易见的缺点。不过，必须明白的是，客观交流的缺点不可避免，其对生存交流的到来亦不可或缺。比如，人们可能会说，社会生活催生冲突而不是促进交流。这是事实：为生活而奋斗并不是一句空洞的口号。社会关系的第一个形象就是主人与奴隶之间的关系，雅斯贝尔斯将这个关系置于"交流场景"的顶部。[4]事实上，一切人类关系都建

---

[1] II，375. 我们将在讨论雅斯贝尔斯伦理学的章节再次论及这些观点。

[2] 雅斯贝尔斯是这样表述该服务的不同等级的（尽管很难说清这些不同等级之间的区别）：Dienen，Bauen，Organisieren，Handeln（服务、构建、组织、行动）. II，375。

[3] II，376.

[4] 雅斯贝尔斯在《哲学入门》中用了整整两页来揭示主人和奴隶的关系。他用以揭示该关系的方式很好地展现出了他与黑格尔的对立，因此，我们要在这里停留片刻。在黑格尔的辩证法中，一切根据逻辑命运被安排；矛盾对立面通过第三项的到来被解决；值得注意的是，这个最后项由"能够思考"的意识组成。通过（冒着生命危险）加入战斗，单独的意识得以确定，它们并不是必须与某个客观的形式或确定的生存产生关联；由此将可能显现出一个在所有主体那里都相同的普遍自我意识。此外，萨特（《存在与虚无》，第294页）所提出的辩证法以"我 = 我"的抽象形式假设自我意识的说法并不确切。这是因为，如果说正如黑格尔所认为的那样，如果一个抽象意识是"中间项"，亦即是通过意识之间的冲突来确保这些意识之统一性的元素，那么，在这个冲突结束时，尽管每一个意识都被上升至普遍性，但同时，它们也将重获自身的独特性：奴隶获得解放，这就是说，奴隶的本质不再由主人决定，自我意识在另一个意识中删除自身存在，由此让另一个意识重获自由"（*Phénoménologie*，trad. Hyppolite，p.156）；因此，自我意识既是普遍的，又是独特的。自我意识之所以保有其普遍性，那是因为它首先是一个思考着的意识；其次，（转下页）

立在暴力（violence）基础之上；无论我愿意与否，我都被一个力量体系所左右，这些力量既可能相互加剧——正如我们在危机时刻所看到的那样——也可能相互抵消；任何秩序都总有些像"华沙统治下的秩序"，即便这些秩序是被首肯的。任何礼貌机制（appareil）都只能掩盖而不是摧毁那些让个体相互对立的基本冲动。[1] 在各种意志针锋相对的政治行动中，每个人都努力使他人的意志削减或瘫痪；"为获得领导权，必须战斗"[2]，而且自讨论的诡辩与雄辩的感人（pathétique）诞生以来，所有方式都被认为是好的，甚至借助于武力（force）也是好的。历史情节总是由冲突和战争编织而成。[3] 此外，如果说社会关系是以抗争（lutte）为符号展开的，那么每个人的确依旧会在损害他人的情况下在这些关系中自我肯定。然而，我只有在斗争（combat）中才能成为我自己 [4]，我应该在经验秩序中不断抗争以将自身提升至生存。利己主义和斗争不可避免。不过，它们不会构成交流的障碍，相反，我们将在交流中见证它们的变形：利己主义将变成对自我的肯定，斗争将变成"爱的斗争"（combat amoureux）；它们在社会生活层面所提出的问题，将重新向生存提出，这就是为何，交流只能以一种悖论的方式实现，它需要持久的

（接上页）当奴隶通过劳作摆脱奴役后，他的意识会自我识别出来，并以与之接触的物为限度，**奴隶**构思并思考着这些物，最终，正是这些物将在被构思与思考的过程中反射出**奴隶**本身的意象。不同意识的矛盾对立终止于对物的思考，"值得注意的是，由此产生的自我意识的全新形象是一个普遍的思考着的意识"（ibid., 168）。

相反，对雅斯贝尔斯而言，正如我们在前面所说，不存在废除（Aufebung）。意识的多元性无法被克服，战斗仍在进行。对于思想的出发点而言，雅斯贝尔斯并不像黑格尔那样走得如此远：对立意识之间的相互关联并不像在黑格尔的《精神现象学导论》中那样如此紧密，在《精神现象学导论》中，每一个意识都在另一个意识中抓住自身，并将自身等同于另一个意识；但对雅斯贝尔斯而言，不同意识保持面对面，始终相互区分。这就是说，在最后，它们不会相互遗面，而是会继续面对面并得以交流。这就是说，交流并不是自然而然地进行的；交流需要以某个努力和某个意愿为前提：必须让奴隶放弃作为奴隶而在，主人放弃作为主人而在，并且在主人与奴隶之间建立起某种精神平等。只要主人和奴隶依旧在他们原有的位置上，他们就无法"逃避对他们孤独的意识"，他们将互相逃离，最后自我遗失。对于这个贫瘠的对立而言，除了某个生存决定，别会再有其他出路。没有任何单独的辩证法可助他们走出困境。

[1] Ⅱ, 97.

[2] Ⅱ, 375.

[3] Ⅱ, 372—373.

[4] Dasein kommt nu rim Kampfe. Ⅱ, 371.

努力，且只能拥有某个总是不可靠的身份。

此外，交流之所以得以实现，那只是因为社会中将人们统一起来的客观联系异常脆弱且可被切断。有时候，理解会让自身被某个最终的世界结构理想型所吸引 [1]，该理想型可根据某个合理的计划，通过技术的胜利来确保对每个人需求的满足。雅斯贝尔斯将之称作乌托邦，因为这样一个计划无法将人类无法预料的因素纳入考虑范围内，也无法避免一些令人类无能为力的场景，比如苦难与死亡。不过，即便我们假设该计划可行，它也无法带来人们所期望的满足，因为在冒险需求的推动下——这已经是一个超越的生存意志形象了——人会拒绝安全感，并蔑视既定秩序。这样的秩序只是服务于某个无条件目的始终不完美的方式，这个无条件的目的超越了该秩序本身；让该秩序变成无条件的目的本身，这正是生存可能陷入的最大险境。这是因为，"在国家中生存"趋向于通过让生存为国家利益服务来让其浸润到客观性之中。[2] 诚然，社会承载着各类理念，这些理念会赋予社会某种精神神圣性，因此，个体融入社会可让自身变得更好。不过，问题在于，理念无法为这项以某个囊括全人类之结构为目标的计划提供支持。这是因为，我们知道，理念无法被完成，这不仅仅因为它无法被表述，而且还因为它隐藏着某个意义并以某个超越自身的目的为意图。理念趋向于某个客体性，该客体性在一切可指定的客观物（objectif）之外，超越客体性本身。在理念的保驾护航之下，对某个一般结构的忧虑依旧可以是一个目标，但"不再是行动和社会的终极意义；唯有那个隐藏的意义才将赋予行动以内容"[3]。社会的客体性同时还会与主体性相互浸润：它通过个体且为了个体而自我实现；理念在这个个体的行为和意愿中

---

[1] Das ideal des Wellwohlfahrtstaats. II. 366. 这是雅斯贝尔斯在《时代的精神境况》（*Geistige situation der Zeit*）中所批判的当代文明所具有的幻想执念。或许在这个批判中，雅斯贝尔斯略感失望，但并未表现出过多的同情。

[2] 我们知道，社会就是这些客观性形式中的一种，雅斯贝尔斯揭示出了这些客观性形式对生存而言的危害。

[3] II, 371.

获得圆满，并从"伟人"处获得其明晰性和诱惑力，"伟人"坚毅果敢，头脑清晰，敢于挥动理念的旗帜。于是，"理念向它所承载的生存求助"[1]。社会不是生存的障碍，它并不会用某个笨重且日益膨胀的客体性将生存碾碎；相反，社会更应该是某个客体性意志的化身，该意志为生存所共有，是生存即便处在自我肯定的至高点时依旧需要保留的意志，因为否则，生存就会自我遗失。不过，由于被夹在客体性与主观物（subjectif）之间，理念的地位并不稳定；它总是面临堕落并回到某个压迫式客体性的风险。[2] 于是，在社会中，个体既被缠住又被驱逐。个体之所以被缠住，那是因为，他的所有活动都是被要求与被决定的；个体之所以被驱逐，那是因为，当国家声称能满足其所有需求时，他将变成"某个与世隔绝的内在性的暗点"[3]。由于无法在一个真实的交流中被识别，该内在性将只能通过主体本能的展开或者在某个可疑神秘主义的冲力下向神甫或精神病学家吐露心声，来实现自我肯定；我被交付给自身，而我的经验存在则整个地被交付给社会，于是，在内在性的要求与"社会的我"（moi social）的满足之间，将产生一个充满毁灭性的反差。因此，生存应该在不沉溺于某个毫无节制的主体性眩晕的同时，与社会"决裂"：当理念死去，客体性将变成游戏的规则，从此只拥有技术重要性，而不再拥有实质重要性"[4]。生存要想避免异化，就应该为自己留有后退的可能性。对于已经失去灵魂的制度而言，生存将作为"异端"[5] 而在，在尚且不知道其反抗是创造性的还是贫瘠的、也

[1] II，347.

[2] 在此处，我们想用一个雅斯贝尔斯或许不会采用的例子来阐释其思想。一方面，这个理念的客观性并不排斥主观性，因为它声称需要个体的帮助；另一方面，这个理念的客观性始终贯穿着对某个超越目的的忧念。这个理念不正好定义了《社会契约论》里的民主吗？在《社会契约论》中，普遍意志一方面收集并表达着个体意志，另一方面又不断追寻着某个司法理想型。相反，像克罗诺斯（Chronos）这样吞噬自己子民的国家不正是一个集权国家吗？

[3] II，370.

[4] II，387.

[5] II，389—392.

不知道自己将以何种形象活在人们的记忆中——是作为新秩序的奠基者，还是作为既骇人听闻又令人兴奋的某个疯狂且无谓的自由典范——之前，生存就已经让自己的命运卷入其中了。不过，为让生存与社会相分离，必须让社会背离得以承载它、为它辩护的理念并将自身削减为某个无灵魂的客体性吗？这并不是必须的，因为事实上，在社会中，客体性和主体性永远无法完全和解并"变成一个总体"[1]：即便当个体与社会在某个充满活力的理念中相互结合时，两者之间的张力也永远不会消失。个体无法在社会的生成中获得自身的完满；他只能在其中找到自身的根基和基石。我能够而且应该与这个生成合作，不过，一旦我将自身作为一个无条件的自由进行肯定，那么我就再也无法将我的整个命运寄托于那个合作。生存始终是"例外"（exception），例外则总是呈现出"异端"的形象。生存不仅无法完全根据社会规范来决定自己的行动，而且也无法满足于社会提供给它的客观交流。唯一能让生存满意的交流形式是生存与生存之间的对话。不过，该对话无法在社会现实性层面进行，因为在这个层面上，我还不是我自己。

二、生存的对话

只有在以下这样的时刻，我才能真正地交流：我是我自己，且我面对的他者亦是他自己，同时，为让我们成为我们自己，我确信这个在场是必要的，确信这个在场具有某种"生存必要性"[2]，而非经验必要性。于是，我们向对方敞开，并在不做出任何限制的情况下，向对方发出召唤。最后，通过这个召唤的力量，我们的"面对面"（confrontation）将变成一个相互的创造。我通过他者变成我自

---

[1]　II，382.

[2]　II，58.

己，但我之所以变成我自己，那只是因为我曾是我自己。我们看到，这个初步的描述已将我们卷入一系列悖论之中，这些悖论只为哲学留下了这样一个唯一的希望：启明交流，在所有那些充满诱惑力的尝试之外，始终"保存交流的可能性"[1]。下面，让我们来看一下这些悖论都是如何连接在一起的。

首先，把成为自我视作交流的条件，这样的说法本就充满悖论。这是因为，"成为自我"不就是"自我孤立"吗？如果我是我自己，我为何还需要他者的帮助？然而，不得不认可这样的说法：要想交流获得某个深度，我必须不仅让我的经验存在介入其中，而且还要让我的整个存在介入其中，不否认也不舍弃我身上的任何东西。因此，我应该对这个独立，亦即我的自由在此世界中的形象进行肯定。正如我们在前面所说，面对他者的侵入，不仅要确定以及必要时捍卫我的生存空间，而且也要保存我的自由的精神空间。一旦忠于我的源头，我就将面临在交流中饱尝孤独的风险，并需接受"我与他者之间距离的生硬"[2]。任何自由都是孤独的，因为它意味着某个独特使命的完成，没有任何人可以代替我自由。这份孤独如同"我思"主体（cogito）相对唯我论的孤独一样彻底，会被自由体验为自由的存在本身。这不是尚在追寻友谊的青少年所体会到的令人惶惶不安的孤独，也不是立于死亡面前并说出"再也不"（jamais plus）[3]之人的绝望的孤独，因为这个人所体验到的空无依旧可被对记忆的忠诚或者对某个超自然的召唤所填补；这不是某个或骄傲或痛苦的孤独，而是一个与自由之存在相关的本质孤独[4]：我对他者什么都不能做，他者对我也什么都不能做。交流将把无法被任何事物明确联系起来

---

[1] II，61.

[2] II，61 et 79.

[3] II，81.

[4] 在这个意义上，海德格尔的"共存"（Mitsein）不是自由的某个结构，而是对经验存在的一个决定。在这里，自由作为一种诅咒出现：它似乎让我们注定孤独。我们可在萨特那里看到相同的说法。不过，对雅斯贝尔斯而言，这个惩罚并不是决定性的。我们在后面将看到。

的孤独者联系在一起，因为正是通过孤独，我抵达我自己，在获得足够的深度以接收他者的消息、变得足够富足以不亏欠他者之后，变得无拘无束（être disponible）。于是，孤独为交流拉开了序幕，在这一点上，雅斯贝尔斯与克洛岱尔（Claudel）和里尔克（Rilke）的想法不谋而合。[1] 孤独不仅为交流做好准备，而且还对其提出要求。正是那孤独地体验到自身的"自由"渴望着交流：它不能仅通过自身而在，而是要与他者同在。此处正是伦理层面的唯我论的真正界限[2]：作为自由的本质行动，"通过自我创造自我"的事业无法在没有他者的情况下完成。由此导致，逃避交流不仅意味着对自我的遗失，而且还意味着对他者的放弃。我们在上面所说的一切有关自由的话语既是真的，又不是真的。这是因为，一切仿佛，让我可以只依靠自身的"我的自由"却需要依靠他者、让我得以存在的那个无条件要求却在召唤另一个人。正是在我自己的内心深处，他者相对我而言变得不可或缺。即便不能说与他者的关系构成了我的结构——因为自由没有结构——但这个关系至少决定了我的存在。在这一点上，雅斯贝尔斯比海德格尔走得更远：雅斯贝尔斯将他者安放在了"我"的秘密深处。此处涉及的并非他者的"目光"——在萨特那里，正是他者的目光将我变成客体并让我堕落，因为这个目光会逃离他者并相对他者变得陌生——而是他者的在场本身，正是这个在场得以支撑并承载我。

　　然而，如何才能描述他者对我的这个行动？非常遗憾的是，在这一点上，雅斯贝尔斯是通过暗喻进行说明的，他给出的意见是否定性的。他指出，交流不是约束、矫正或者教诲[3]，它不同于任何对

---

[1]　区别在于：对克洛岱尔和里尔克而言，孤独主要促使与世界的融合，强调让自己有所得，而不是在他者身上自我遗失。

[2]　有关自由，我们还预感到了另一个界限，这个界限将在对超验的研究中得到阐明。这个界限就是：我之所以能自我创造，那只是因为当我根据某个未经预先设想的有关我的意象回到我自身时，我感觉被创造了；因此，在我孤独一人时，我站在超验的面前。

[3]　II, 57.

暴力或权威的使用，甚至也与讨论中证据的权威性不兼容 [1]。雅斯
贝尔斯之所以并未尝试描绘"影响现象"(phénomène d'influence)，
或者像柏格森那样去描绘典范的召唤，这可能是因为"影响"
(influence) 依旧有成为某种约束的风险——哪怕这只是所有约束
中最隐秘的一种——英雄形象所唤起的情绪亦是如此。事实上，一
旦他者与我之间显露出某个不平等性，并且从这个不平等性出发建
立起某个力量关系，交流就会立刻终止。这就是为何，对以各种不
同面目充斥在各类关系中的主人—奴隶关系而言——比如师傅与
弟子的关系、聆听忏悔的神甫与忏悔者的关系、母亲与儿子的关
系、年长者与年幼者之间的关系等，当这类关系偶尔在两个存在之
间创建出某种完全经验且偶然的联系，以此为交流提供机会时，一
旦人们抓住这个机会，这类关系就应该被立即克服。如果两个存在
无法处在"同一个层面"[2] 且无法在他们之间宣称某个绝对的精神
平等，由此将导致的结果是：要么其中一方不接受，要么"状况"
(circonstances) 本身将交流驱逐，比如在成年人与孩童、圣人与疯
子 [3] 之间，交流就是不可能的。此外，还需要进一步理解这里所说
的"平等"：平等并非某个比较的结果，因为生存并不能像客体那样
相互间进行比较，也无法像经验价值那样相互估价 [4]，并不存在任何
有关生存的算术；平等也不是某个身份的符号，因为生存总是独特
的；平等只是对他者的完全接受，是将他者视作一个"自在"的誓
言：完全慷慨的肯定，这里的"慷慨"一词取其笛卡尔含义。[5]

不过，这个驱逐一切力量关系的平等依旧是作为一种谨慎或者

---

[1]　II，100.

[2]　II，85 et 94.

[3]　阿兰说，人们不会喜欢一个疯子。

[4]　此外，雅斯贝尔斯说道，我们也无法比较伟人。II，410.

[5]　不过，雅斯贝尔斯进一步指出，这一对平等性的意志并不会驱逐构建某个"永恒精
神等级"的理念，该理念致力于根据不同精神与超验的亲近性来对这些精神进行排序：
"某个精神比另一个精神离神圣性更近"(II，94)。不过，这个等级并不具有任何神秘含
义——或者雅斯贝尔斯所说的形而上含义——在任何情况下，都不能成为在此世间论证或
者认可某个不平等性的借口。

条件被给出的。除此之外，为阐明交流中的这个相互行动，亦即这个作为交流的实体且可让每一个自由加强他者自由的行动，我们难道真的无话可说了吗？或许的确如此。这个沉默、隐秘且无法被抓住的行动排斥任何分析。雅斯贝尔斯至多可给出一个口号："我希望每一个他者都是我努力成为的对象，希望他者处在自身的真理之中。这便是最本质的要求：不要模仿我，走你自己的路！自我存在会唤醒自我存在。"[1]"做你自己"，这个说法并非一则格言，而是一个召唤。这个召唤之所以生效，我之所以尽管宣称对他者无能为力，却可在鼓励他者成为他自己的同时为他做一点事情，这都是交流的奇迹。我们相互通过对方而生成自己。

　　不过，从这第一个悖论出发，还将引出其他悖论，首先就是这样一个悖论：在交流中，我必须先存在，然后再生成。事实上，该悖论只是第一个悖论的一体多面。我通过交流生成我自己，但为获得交流，我必须已经是我自己。这是因为，我在自我肯定且丝毫不放弃自身特性的同时，将自身毫无保留地交付[2]给他者，这也是交流的一个必要条件。没有任何迟疑，也没有任何掩饰。不让自己躲在矫揉造作的礼貌举止后面或者藏在某个外来的（d'emprunt）"我"的外表[3]下面；不让自己呈现出某个固定、僵化的形象，而是拥有确保让自身产生变形（métamorphose）的勇气，当然前提是这些变形是真正的变化，而非一时的心血来潮；不让自己蜷缩在某个秘密周围（由于无法呼吸到交流的空气，一个隐秘的我只会窒息）。雅斯贝尔斯不断说道，战胜所有恐惧，敢于在他者面前"变得赤裸"[4]，这些都是开启交流的重要步骤；我自身是我带给他者的"嫁妆"。然而，如果我的确只能通过交流才能生成那个存在，那么我如何能实

---

[1]　II，437.

[2]　Das Offenbarwerden. II，64.

[3]　II，97.

[4]　II，82.

现对这个存在的揭示呢？让"一开始"[1] 并不存在之物显现，这是客观思想所无法设想的。然而，只有在让我自我揭示的运作中，我才能"在"；我仿佛从"无"出发自我生产，正是在这个生产过程中，交流召唤我成为我自己：交流催促我根据我自己的源头，找到我自己、放弃我的经验存在并"生成我的永恒之所是"[2]。让我得以自我完成的这一对自我的激进提问，我无法在自由的孤独中进行，而只能与他者一起完成。

不过，交流中涉及的是我与他者的生存，因为我们两人需要做的并不是在一项共同的事业中展开合作，也不是让我们归属于某个共同体，而是肯定我们的独特性与分歧。因此，交流会让我们相互对立；它将成为一场斗争。不过，为让我们同意加入这场斗争，交流也必须是爱。因此，交流实现了成为"爱的斗争"（combat amoureux）[3] 这个悖论。让我们依次考察这两个方面。首先是"爱"。事实上，正是通过爱，交流得以获得其所有意义。为让我投入其中，我那尽管孤独甚至独一无二的存在必须在某种意义上与他者的存在相关联；我必须放弃有关我生存的一元概念，开始畏惧"绝对远离的深渊"[4]，并进一步在一切思想之外[5]，认为自己在实质上与他者相连："你和我在经验存在中相互分离，在超验中却合二为一。"[6] 这就是爱，爱的热忱会跳过步骤，通过结合（union）来思考统一性（unité）。因此，爱将不可避免地言说一种形而上的语言[7]；爱逃离经验存在，祈求永恒。某个相遇有时比长久的相处更具决定性，可能

---

[1]　II，64 et 71.

[2]　II，64.

[3]　II，65 et passim.

[4]　VE，41 et 73.

[5]　Wo diese Einheit ist，da ist der Sprung aus dem schon Unbegreiflichen zum abolut Undenkbaren. II，72.

[6]　II，71；cf. II，95 et 277. III，209 et VE 62.

[7]　这就是为何，对爱的分析将不再能用一个伦理学的口吻。此外，有关对爱的分析，雅斯贝尔斯在《哲学入门》中只是一带而过。在灵感的王国，任何劝告、任何训诫甚至任何准则都将变得虚妄且微不足道。在生存的这个纯粹行动面前，就连反思本身都变得无力：从此，它至多只能呈现（montrer）。

影响整个一生，某个瞬间可能带来无上的灵感：这便是永恒的意象。在人世间的这个偶然相遇似乎被某个神意所安排，以确定某个充满永恒的命运。在不同生存通过经验联系相互识别并相互对立之处，"这些生存似乎都以另一种存在模式——或在另一个区域——相互触及"[1]。正因如此，对于爱的人（qui aime）而言，爱"不会在内在性中质疑超验的在场"，爱"是此处此刻的神奇（merveilleux）"[2]。作为此世界中的一个意象，爱拥有肉身，也拥有某个存在，其存在与只在世界之外成为可能的超验拥有某种神秘的统一性。这就是为何，雅斯贝尔斯将爱变成了一个绝对意识的时刻：只有在这里，"无"才能被填满，"一切追求才能被满足"[3]。因此，爱就是先于交流的"实质"（substantiel）现实性，是交流的"源头"，因为它通过一个形而上的信仰行动[4]，一下子就涌向了交流无法抵达的终点。不过，相应地，爱也需要交流，只有通过交流，不同存在才能在相互揭示的同时相互对立。爱之所以需要交流，还因为，爱永远只能在希望中被完成。爱是对这样两个存在之间的某个统一性的预感——这个统一性在他处或许是确定的——：在此世间，这两个存在始终相互分离，且只能不断地保持分离，并在保留各自差异的同时不断向对方趋近，如若不然，他们的爱就会熄灭，爱的诺言也将干涸。正因为爱作为统一性被思考，它才在此世间始终作为一个"二元性"（dualité）而"在"：如果我们接受在现实中作为"二"而"在"，那么我们就可以拥有作为"一"而"在"的希望；但若我们想要通过某种色情的混淆，从此刻开始就作为"一"而"在"，那么我们就只能永久地放弃存在。

因此，如果说爱需要交流，那是因为它既分离又统一。事实

---

[1] II, 429.
[2] II, 277. 我们明白，在海德格尔和萨特那里不能出现一个有关爱的理论。这个不在场已经足以说明这些理论与雅斯贝尔斯理论之间的差别。
[3] Ibid.
[4] "信仰是对爱之独特存在的确定性的表达"。

上，与爱相对的另一极是斗争，它会将两个无法削减的生存对立起来，这两个生存下定决心要一直走向自己的存在——我们也可以说，一直走向他们的使命。诚然，该斗争同社会或政治经验秩序中让人们心神不宁的斗争没有任何共通之处，后者更多意味着某种具体的至高权力。爱的斗争所产生的对立则更多意味着一种"联结"（solidarité），因为只有在双方的联结中，生存才能完成；该斗争的准则不允许借助于强力（force）或诡计，要求某个彻底的真诚和某个绝对的相互信任。不过，因爱而不是恨相分离的两个存在也绝无和解的可能性。每个生存为之斗争的，是"他自己的真理"[1]，而非某个普遍的真理。普遍的真理可能创建一个共同体，在这个共同体中，每个存在不会在其独特性中自我肯定，而是努力在某个融洽中让自身与他人等同。显然，这样一种融洽已与交流背道而驰。爱的斗争将在"异端"之间展开，会表露出某种不可削减的精神无政府主义。这个斗争反对"对信仰的信仰"[2]（la foi à la foi）。这是因为，作为绝对意识的另一个时刻，信仰是对自我的最高肯定。信仰不会或多或少冷漠地加入某个真理，亦即已经为某个外在于我且相对我而言无比陌生的普遍意识所认可的真理；信仰也不会像知识那样，决定"某个不作为我而'在'的方式"[3]；信仰就是我自己：我是我之所信仰；雅斯贝尔斯援引了克尔凯郭尔非常有名的说法：信仰即存在（Glauben ist sein）[4]。因此，信仰为我的斗争提供武器：任何信仰以外之物都不是真的[5]，这就是为何，我会在每个时刻都感受到排除异己以及狂热崇拜的诱惑。不过，一旦我向交流敞开，我便具有了信仰的能力，同时也拥有了领会（compréhension）的能力，我将可以设

---

[1] II, 67. 在此处，我们只是指出交流理论与真理问题的关联。我们在后面将用一个章节展开说明。

[2] II, 434.

[3] VE, 73.

[4] VE, 38.

[5] I, 18.；II, 417.

想，他者亦被他自身的信仰所驱动："只有信仰才能设想信仰"[1]。此处说的是设想（concevoir）而不是选定（adopter）：这便是交流的崇高与界限。此外，在这里，在超验的地平线上，我们将看到某个总体信仰的意象显现出其轮廓，每个单独的信仰都将在不自我牺牲的前提下消失在这个总体信仰之中；不过，同对爱而言一样，这个希望要想有意义，就必须让每个生存毫不怯懦地肯定自己的信仰，永远不让其宽容堕落为某种冷漠，并果断接受可在另一层面上对统一性与和平进行表达的那个分裂与斗争。

最后，当我们说不同的生存在交流的同时无法在它们中间创建某个共同体时，悖论还将呈现出其最后一种形式。这个精神共同体只能以拥有某个共同真理为基础，而我们刚刚已经指出，每个生存自身就是它们自己的真理。这是否意味着不同生存之间没有任何联系？是的，因为一个纯粹的共情关系既无力量也无实质（substance）[2]。无论这些生存愿意与否，它们都是通过经验存在相互关联的，这些生存都将自己的根深埋在经验存在中，并以相同的方式处在境况（situation）中，即使它们的具体境况各有不同。同样地，正如生存无法脱离经验存在，交流也必须在某个地方激起合作并完成一些经验任务时才能实现。爱为某个中心（foyer）提供基础，友谊则会催生一些共同的事业：某个可被共同思考的客体以及某个被共同选定的目标是交流不可或缺的"中介"(medium) [3]。不过，交流不能仅限于此：合作只是一个跳板，它可以让交流或者自由跳跃至这样一个地方，在这里，"生存在不可领会之物中相互领会"[4]。于是，交流通过沉默表达，这里说的并非用以表达怀疑的犹豫不决的沉默，也不是没什么可说之人那空洞的沉默，而是一个完满的沉默，该沉默肯定着一切语言的不恰当性（inadéquation），并以比词更雄辩

---

[1]　II，434.
[2]　II，67.
[3]　II，69，428.
[4]　II，428.

的方式言说。[1] 这些被火焰穿透的沉默是交流的最高时刻。

然而，沉默是可能的，这样一个事实透露出了交流某个无法克服的弱点：交流永远无法宣称它的到来，也无法宣称它的胜利。因此，交流的身份始终是不牢靠的；接下来，我们需要对这个身份进行揭示，并言说其最后意义。

三、交流的脆弱与存在的裂口

当交流与生存的命运相连，它如何可能不是脆弱的呢？生存永远都是可能的生存；它始终有待自我完成，因为只有通过不断的自我超越运动，它才能"在"；一旦被固定在有关自身的某个客观意象里，生存就将自身废除了。同样地，交流始终只是"生成"[2]，交流像追寻自身福利与安静一样所趋向于的那个绝对统一性也只有在某个超验的他处才能被思考，而在此世界中，交流只有通过不断超越每次的具体实现（réalisation）才能完成对自我的表达：对交流的未来而言，交流以合作形式去完成经验任务时所获得的具体成功至关重要，但这无法满足交流的野心；对交流而言唯一重要的"生存成功"无法被任何标准所证实，也永远无法被视作是最终确定的。

交流不仅共享生存的命运，而且还承担着将两个生存统一起来的任务，这两个生存之所以可被统一，那只是因为它们都反抗任何具体形式的结合。交流的脆弱性正是从这个悖论出发被构思的。首先被构思的是交流的"局促性"（étroitesse）[3]。正如我们在前面所说，交流只能在"同等的存在之间"（inter pares）进行，这些存在会在每个人身上识别出相同的存在品质并始终处在同一个水平面上，在某

---

[1] II, 75.

[2] Als Prozess. II, 69.

[3] II, 60 et 438.

种意义上，这些存在甚至都会预感到它们注定因爱而相互统一。这是因为，如果交流不被这个路径成谜但选择不可更改的爱所承载，那么它将无法获得支撑。任何爱都是专属的："只爱普遍人性的人并没有真正地爱，爱这个或那个人的人才是真的爱。"[1] 爱可能幻想自身变成普遍的，但在此世界，这只有通过自我限制才能做到。这一"丑闻"（scandale）会进一步让自由饱受某种过错感的折磨，且没有什么可让这种感觉减弱。[2] 另一方面，我所爱的这个他者，我必须某天与他相见。即便我会在之后将交流变成某种必然性（当然，这个必然性也只相对生存而言有意义），但在此处，交流依旧充满偶然性的缺陷：如果没有偶然发生，交流始终缺失，我的"开放性"（disponibilité）将无用武之地。此外，他者也有可能不回应这个期待，不回应我向他发出的这个召唤：我期待着某个永远不会到来的词或者手势；"如果我们死去，词不会被言说，本质的任务不会被完成。"[3] 如果没有任何一只手伸向我、助我脱离孤独，我是永远无法逃离我的孤独的；于是，这份孤独将不再作为我的自由的召唤显现，而是将作为压迫我的诅咒显现，当他者的死亡将我从交流中拉出来时，这个诅咒将以宿命般无情的面庞出现。此外，交流还可能被这个或那个交流者的过错所"打破"[4]。这个过错十分隐秘，交流意味着该过错的中止。这个过错在存在深处得以完成，不过没有任何明确的动机可对其进行说明或者至少对其产生意识。诚然，可轻易给出合适的借口。首先，交流所要求的完全真诚的努力可能引发某个难以克服的"恐惧"：我敢完全放弃我之所是吗？这个同样可让我通往自由的焦虑经验，我可以在某个见证者面前重新经历它吗？要知道，这个见证者的在场将为我的焦虑增添羞愧感。即便我敢，但在

---

[1]　I，16.
[2]　雅斯贝尔斯极少提及某个普遍仁慈的基督教慈悲理念。需要指出的是，当他将爱与仁慈对立时，"Karitas"指的只是我可以为我的同类提供的帮助，不过在提供帮助的同时，我并不会让我的自我存在与他人的自我存在靠近（II，383）。
[3]　II，74.
[4]　Abbruch der Kommunikation. II，81—91.

每一刻，我的努力都将遭遇自尊、利益以及这样一个"我"的阻碍，这个"我"吝啬、嫉妒、不诚实，这个"我"不愿受连累，会在不断尝试与他人比较并占上风的同时，切断这个让交流得以获得根基的平等契约。一旦契约被打破且不再有任何和解的希望，那么分离就是唯一的出路。不过，即便对精神场景的分析似乎论证了断裂，即便他者似乎对这个断裂负责，但在产生断裂的同时，我不可自已地感到羞愧：我真的已经做了所有我能做的一切吗？在我的内心深处，我感觉自己为此负责。[1]

或许这就是为何，"一旦我曾与他者相连，哪怕只是一瞬间，我便再也无法相信某个永恒的断裂"[2]。交流的打破对存在而言意味着一个损失，而我并不认为这个损失是决定性的。不过，即便我必须承载这个断裂，在我的孤独深处也依旧有保持开放与忠诚的能力，即便不是对与我分离的那个存在保持忠诚，至少也可以对交流本身保持忠诚。于是，我再次发现超验，在这个超验身上，我的交流的意志还可以找到意义，失败（échec）依旧可以被克服。[3] 不过，只有对将自己的考验与要求进行到底的人而言才有超验；这个人从超验那里期许的并非某个普遍有效的万灵药：通过某个最后的悖论，只有这个人鲜活地记住其罹难时的感受，只有他"不再次将自己完全封闭起来，而是让自己的存在保持开放，并一直忍耐到最后"[4]，超验才能填满他的孤独。

因此，就连超验的在场都无法掩盖这个"存在的裂口"[5]，对于这个裂口，交流永远无法完全将之克服，交流的脆弱正好证实了这个裂口的存在。生存是复数的。不过，复数的生存并不意味着众多

---

[1]　在这个交流理论中，尽管责任理念并不是一个专门分析的对象，但它无处不在。我们可以在西蒙·德·波伏娃的小说《他人的血》中看到有关责任理念的最佳阐释，不过需要注意的是，对波伏娃而言，责任并不包含交流，而是超出了交流。

[2]　II, 87.

[3]　II, 81.

[4]　Ibid.

[5]　Zerrissenheit des Seins.

可让我列举其多样性并得出总和的同等且可替代的统一体（unité），而是意味着独特且不可替代的统一体，这些统一体每一个都"扎根于自身"[1]，与他人没有任何共同的分母，每一个都宣告着"一"："我"是这样一个存在，我甚至将生存所爱且可与生存进行交流的人驱逐。只有让自己成为生存并变得可交流，我才能体会到他者的生存，不过，我无法通过在此世界中投射出某个客观的目光来定位不同的生存并对其进行计数。这是因为，在这个世界中，我还只是不计其数的"配角"[2] 中的一个，生存依旧躲避我的目光。此外，如果我继而想要到某个"生存类型"[3] 史中去寻找生存，那也将只是徒劳：即便在这段历史中，生存也总是独特的，但任何企图对生存类别进行定义的人，最终都只能得出一些并不是生存本身的意象、特征或者场景。此外，历史为其竖立雕像的英雄也并不一定都将自身上升到了生存，"生存的真实性"[4] 要求我对人类的伟大与生存进行区分，生存总是隐秘且谦逊的，没有在此世界中的宏伟抱负。总之，没有一个属于生存的身份，我们也终将明白，正如我们在本章一开始所说，雅斯贝尔斯为何始终拒绝构思一个他者的身份。他者之所是取决于我之所是，取决于我所追寻的对象。只有当我以深刻的方式成为我自己时，他才是真正意义上的"他者"，才是我之所不是：他在交流中且通过交流成为"他者"[5]。如若不然，他就只是任意的

---

[1] II, 421.

[2] II, 424.

[3] Ibid.

[4] II, 411. 在《诸世界观的心理学》中，雅斯贝尔斯对生存的独特性与典型人性理想型之间的矛盾非常敏感，典型理想型以美好灵魂、天才以及恶魔人等为特征，在文艺复兴以及浪漫主义时期被塑造。（363—364，381—387）

[5] 不过，我们可以进一步思考，他者是否只有在交流的最高时刻才如此相对我而在，或者他是否像作为"可能之生存"的我那样总是一个"可能的他者"，又或者在我与"他人"的关系中，是否会不断地有某个"可能的交流"。这样的假设可能进一步推断出，我总是能够通过"他人"不可言明地预感到"他者"，我所有与他人相关的行为都充斥着交流的可能性，哪怕这个行为发生在经验存在层面，正如我与自己相关的行为也始终充斥着生存的可能性。从这个观点出发，又可催生出另一个更为广泛的观点：有必要像雅斯贝尔斯那样如此严格地区分经验存在与我以及生存吗？超越的行动是否会引起它们的分离？此处正是雅斯贝尔斯哲学的原创性，但可能也是其危害。

"他人"（autrui），或者也可以说，是泯然众人的个体，这个个体跟其他所有人相似，可与所有人进行比较，是一个对象也是个方式，是世界的形象，又或者是一个与所有意识相同的普遍意识，这个意识只有在我们拥有同一个目标或构成同一个普遍有效的思想时才对我感兴趣。

鉴于作为生存的他者无法被定位，也无法被计数，因此，对某个同时囊括我与他者之"生存王国"[1]的思考是没有根基的，即便这样的思考有望在诸如爱这种独特的经验中起作用。无论如何，一旦该思考让我产生进一步将生存客体化这个不断复现的意图时，我就应该立即拒绝它。当我是我自己且他是他自己时，是不可能出现总体性的。"生存的多元性"是一个"原初的事实"[2]，是一个"基本的事实"[3]，是对交流之分析的最后话语。生存应该紧随这个理念直至眩晕，直至在裂口的"深渊面前失去控制"[4]。无论一元论在对世界的探索中多么有效——事实上，它也无法在其中得到证实——它都无法用来表达生存之间的关系。不过，必须立即补充道，单子论也并没有变得越来越有效，因为单子享有的是某个稳定的形而上统一性[5]，这个统一性不要求它们拥有窗户，而生存则是在世界中被获得、形成与解开的，意味着同与他相联结的其他生存进行斗争。没有任何有关生存的本体论，但有爱，这个始终可能并且被生存无比怀念地欲望着的爱："当一切坍塌，**与我同在或者我可与之交流的那些人留了下来，**与这些人一同留下来的，还有我的真实的存在本身。"[6]

---

[1] II, 421 et 431.

[2] II, 422.

[3] II, 440.

[4] II, 442.

[5] II, 432.

[6] II, 117.

第四章　世界中的生存：
界限境况与历史性

　　生存在他的自由里喷涌而出。生存与他者同在。生存处在世界之中。自由、他者与世界这三个词，以及"在……里面""处在……之中""与……同在"这三个表述构成了生存的存在坐标。[1] 此外，这三个主题之间的连接非常复杂，这一点在我们将在后面阐释的真理理论以及伦理理论中可见一斑。第三个主题，亦即"生存处在世界之中"，本身包含了大量次级理念，这些理念与该主题的对等性或者亲缘关系一般都很难被识别，其中最重要的"历史性"理念就是如此。我们已经知道，该主题在整本《哲学入门》中有数不清的分支：在某种意义上，该主题就是"超越"这个运动的对立面（contrepartie），正是在世界之中，我得以超越世界。生存条件所面临的诸多困难悖论正是源自于此。

---

[1]　I, 52—55. 我们将用马塞尔那篇著名的文章"卡尔·雅斯贝尔斯作品中的基本境况与极限境况"，《从拒绝到召唤》，来对本章进行补充。

一、处在境况中的存在或第一重界限境况

经由"境况"（situation）这一概念来靠近"历史性"概念似乎更加容易。此外，境况概念也是《哲学入门》开篇最先被提及的对象[1]；当我问"存在是什么"时，我同时发现，提出这个问题的"我"既不位于开端，也不位于结尾；我在某个有限的境况底部提出一切绝对的问题。问题与境况构成了哲学家状况的本质差异与不安；雅斯贝尔斯径直走向结论：处在境况中的存在意味着对永恒、抽象以及总体知识的驱逐，亦即对不依赖于存在者现世的、具体的、主观的、部分的状况的知识的驱逐。[2] 不过，与此同时，雅斯贝尔斯还抛出了一些谜一般的表达，这些表达警示我们要注意"境况"这一概念不可预料的丰富性。雅斯贝尔斯说道：境况赋予生存"某个历史的深度"；它"每一次都是以存在表象为中项的历史性完成"[3]。这个深度是什么？这个将境况与自由以及表象与存在关联起来的完成是什么？

在这里，为相继展开"境况"一词的不同含义，我们将遵循一个更加符合教学法而不是带有预言性质的顺序：从最简单的含义出发——我所在以及我所忍受的境况——到最丰富也最神秘的含

---

[1]　I, 1—4. 事实上，有关极限境况的研究已经出现在《世界观心理学》(*Psychologie de Weltanschauungen*) 一书中；对极限境况的讨论是由某个对价值的反思所引出的，对极限境况的思考作为义务存在最极端的真实而与对价值的反思相对立：PWa 202—252。该研究包含三个时刻：(1) 客观时刻：意味着"此在的二律背反结构"，本章将以该结构结束；(2) 主观时刻：意味着受苦（souffrance）。受苦是对所有极限境况的总结；我们每个人都深受其苦（1932 年，受苦被视作其中一个极限境况被研究）；(3) 对单独极限境况的研究：斗争、死亡、偶然、过错（faute）。(在《哲学入门》中，"偶然"只是对第一极限境况的阐释。) 最后，极限境况将引出伟大的人类态度（Geistesbilder），由此构成《世界观心理学》的第三章："在有限中获得庇护"，"在超验中歇脚"，等等。PWa 252—408。

[2]　G. Marcel,《从拒绝到召唤》，p.7 sq. 在书中，马塞尔也将所有类似的从某个中心出发对形而上学的系统展示思想视作与人的具体境况不相兼容。正是在那个中心处，思想将利用某个瞬时的降落得以被确立。

[3]　I, 3.

义——被承载且变成"自我存在"之光芒本身的境况以及作为自由之身体的境况。从"未成年"到"成年"的语调转变在某个自由行动中得以实现：这是一个"承载"（assumer）的行动，更多会赋予整个分析以某个伦理学的基调，而不是某个描述性的或者本体论的基调。"历史性"概念将汇集所有局部的意义，并赋予这些意义以某个闻所未闻且具决定性的意图。

（一）被忍受的境况

当我们谈论境况时，第一个浮现在脑海里的描述是属于空间范畴的：境况是物体（objet）的拓扑学。不过，一旦我们考虑在境况中起作用的意识，那么境况就会变成被感知的秩序本身，变成欲望与恐惧的界限、行动的场所、努力的实质以及行动的所有障碍和通道：境况就是其他人所称的行为的环境。不过，我们还未触及问题的核心：因为环境（Umwelt，environnement）被科学视作一堆对任意个体都起作用的客观决定。我的境况的特性是：它以一种独一无二、不可替代的方式影响着我，以至于我无法从外部浏览或者探索它；境况没有外部（dehors），它只是或者只有一个"内部"（dedans）。由于缺少某个时空距离，境况对思想而言是无穷尽的；我不可能像某个抽象意识生产一个对它而言毫无影响的客体那样，让自身置于我的境况对面。

以上论述可将我们引至对境况与界限境况进行区分的入口处。接下来，第二点论述将继而为我们揭示出最核心的部分：每个境况都是可被废除的；我致力于通过技术、政治等改变它。不过，每个境况都在改变，于是，我不断从一个境况来到另一个境况；但我始终处在境况之中。与每一个暂时的、可战胜的境况相比，"我始终处在境况之中"的这个境况是决定性的且不可废除。

"界限境况"理念的两大本质特征是："难以理解"且"不可废除性"。雅斯贝尔斯可能会说，在一般境况与界限境况之间——

个以抽象的方式被认知，可被预测且服从于技术，另一个则是我在自身上所**体验**到的某个具体的、无所凭借的**考验**（épreuve）——存在着某个不仅仅是层级方面的而且还是本质上的差异，亦即存在着一个跳跃。"界限境况"中的"界限"一词表达的就是这个"跳跃"。于是，我们来到知识与行动的界限："一般境况之于经验存在，正如界限境况之于存在中的可能生存"[1]。这些境况在限制经验秩序的同时，会被其自身的某个超验所限制，亦即被"超验"（Transcendance）的绝对存在所限制："界限获得其真实功能，它依旧是内在的，但已经揭示出超验。"[2] 对任何"界限经验"的表述都应该同时包含以上两重含义。我们先将第二重含义搁置到一边。因此，经验境况向着界限境况的跳跃就是被构思为一堆利益、客观认识以及行动图式的经验存在向着生存本身的跳跃。变成界限境况后，经验境况将面临某个彻底的震动：生存从知识与技术转向悲剧（tragique）。这个发现像自由一样，会让我们对不掺任何杂质、不含任何目的的幸福憧憬幻灭，而交流则好比生存的诞生行动：这就是为何，雅斯贝尔斯将参与其中的意识称作无条件的或者绝对的意识。[3] 随后，这个考验又被分成了三个不同的阶段。[4] 首先就是我们刚刚讲到的这个阶段：尽管境况发生改变，但存在始终处在境况之中。[5] 第二个阶段会让我们进入尽管无所凭借但依旧属于个人的境况：死亡、受苦、斗争、过错。第三个阶段则会将我们提升至一定的高度，让我们开始思考"世界的存在以及我在世界中的存在的脆弱性"[6]。

---

[1]　II，204；I，56；II，208.

[2]　II，204.

[3]　雅斯贝尔斯对极限境况的研究所属的那个文集就叫作："在境况中、意识以及行动中作为无条件性的生存"的文集。

[4]　II，209.

[5]　"由生存的历史决定所引发的极限境况"，II，210—219。

[6]　II，209.乍一看，这个有关界限境况的理论取代了海德格尔哲学中"此在"（"处在世界之中的存在"）的位置，或者更明确地说，取代了作为海德格尔哲学中某个时刻的"精神状态"（Befindlichkeit）的位置，这个"精神状态"指对我们被抛入世界这一事实的情感揭示。然而，相似只是表面的；首先，雅斯贝尔斯的分析更加灵活，而不那么体系化；死亡并不是他分析的所有特征都将汇聚的目的地；处在境况中的存在无法被（转下页）

（二）被改变的境况

在阐明从忍受到意愿、从局促到深邃的转变之前，我们暂时不打算离开第一种界限境况的循环。始终处在某个境况中的事实——男人或女人，年幼者或长者，这个或那个，等等——意味着与某个具体的决定总体相关，这些决定被体验为生存的局促性（étroitesse）；我的境况通过所有它所驱逐之物限制着我：这便是否定的决定（omnis determinatio negatio）。然而，对于我的境况而言，只要我让自身与之对立并将其视作障碍，那么我就尚未说出本质之物，甚至尚未体验过我自己的境况；只有对理念之人（l'homme idéal）所垂涎的总体性投以某个虚构的目光，并以此为名加入某个放逐的运作中，我才能宣称自己被限制。

只有当我接纳并承载那些境况时，那些界限境况才能变成我的境况；那些境况并不是被自由给予的，而是被自由承载的。[1] 事实上，不会有哪个境况如此紧密地束缚着我，甚至不给我自由的空间以及拒绝或接纳它的可能性：在对境况的承载成为消耗我的永恒衰弱的过错时拒绝它；在仿佛出自我自身的意愿去承载我的境况，以此来生成自我时接纳它。[2]

（接上页）命名为"向死而生"，这样的命名只是一种无法接受的简化。此外，尤其地，两者的总体意图是完全不同的：在雅斯贝尔斯那里，界限境况保留着某个毋庸置疑的被动性，会让生存在其可能性与现实性之间产生撕裂；处在世界中的生存依旧是一个具有不可持续趋势的悖论。然而，在海德格尔那里，"处在世界之中的存在"是"此在"的一个构成性结构；在海德格尔的超越概念中，撕裂以及悖论的理念是不在场的；超越不是对世界的超越，而是向着世界的超越；由此解释了海德格尔在《存在与时间》第二部分以及尤其在"论大地的本质"（vom Wesen des Grundes）中所做出的努力，他的目的是：在自由自我超越的基本行动中，将**"精神状态"**（Befindlichkeit）本身消除；于是，"精神状态"变成一种"大地"（Grund）的模式，变成自我奠基的行动。我们将在第四部分的第二和第三章进一步深化这个对比，并尝试寻找该直观差异最深层次的原因。

[1] "作为存在这一动作本身之深度的决定；该决定似乎只是抵抗，作为界限境况的'局促性'变成了存在表象不可思的深度本身"，II，213。

[2] II，209。一个境况的本质特征在于会引发某个对自由的总结："境况一旦被意识到，就会召唤某个态度"，GSZ，19。我是处在某个境况中的人。萨特哲学将这一理念推向了极致，并由此导致了一系列后果。其中，第一个后果就是，将自由仅仅定义为"选择的自主性"（《存在与虚无》，563）；第二个后果是，混淆境况概念并掩盖其被动性特征："作为'自在'存在（en-soi）以及自由的偶然性的共同产物，境况是一个模糊的现象，（转下页）

有两个例子可以用自由的符号说明这个从局促到深邃的转变：一个例子与我的出身以及让我与父母相联结的关系相关；我被一个我无法选择的开始所决定，被个体与源头的某个相遇所决定，这个相遇自身包含着上千种偶然的结合。不过，这个源头的含义是模糊的，我的态度本身可不断变更甚至彻底改变含义：我不曾选择的父母要想变成绝对意义上绝无仅有的父母（需要承认的是，普遍意义上的父母概念本就是最空洞的概念），就必须从他们到我以及从我到他们之间建立其某个归属的趋势，这个归属源自某个最不容选择的决定，但它却将为最为内在的交流提供机会。但如果我仿佛出自身的意愿接纳了我的源头，那么我就抵达了真正的孝心（piété filiale），这个孝心即便在仇恨中也是无懈可击的；从此，要想与我的父母决裂，我必须与自己的一部分决裂，并在我的基底处产生动摇。[1]

第二个是有关偶然（hasard）的例子。这个例子是第一个例子的延伸，因为生活只是由不同的相遇编织而成，这些相遇似乎将我变成了随机状况（circonstances aveugles）的玩偶。我注定要玩这场让我在坚不可摧的必然性中摇摆的绝望游戏吗？我注定只能获得虚假的自由以及好运的魔力吗？并不是。通过自由，我打破循环，并说道，偶然——这就是我，是我的表达，是我的外表，是我的身体：对命运的爱（amor fati）[2]。命运正是被自由承载并改变的偶然。当幸

（接上页）在其中，'自为存在'（pour soi）无法识别出自由以及原始存在者（existant brut）的贡献"（568）。相反，雅斯贝尔斯始终将境况理念置于与自由相混淆的边缘；在他那里有某个真正意义上的"灵魂激情"的概念。境况表达着这个激情，表达该激情的还有可让世界既定的亲切特征绽放出来的密码理论（théorie des chiffres），有关密码理论，我们将在后面涉及（见第四部分第二章）。这就是为何，在雅斯贝尔斯那里，自由是一个对话而不是一个独白。

[1] 当我生活幸福时，我要感谢的是我的父母；当我对生活感到绝望时，我所爱的依旧是他们；最后，每个人都曾心甘情愿地活过，哪怕在他逃离生活时亦是如此。II，216. 这段话与马塞尔发表在 Homo Viator 上的 "家庭的奥秘"（Le mystère familial）一文中的观点非常类似。

[2] "我不再将偶然置于我的对立面；不过，通过超越所有可领会思想，我感觉我自己处在了界限经验中，从此刻开始，'一'（l'un）与偶然同在，我将这个偶然领会为我的偶然。"II，917."我像爱自己一样爱我的命运，因为只有在命运身上我才能对自我产生生存意义上的确定性。"II，219.

福被理解为另一个身体、另一个出身或者另一个历史时代的神话时，我应该放弃这样的幸福。当放弃了在另一个世界成为另一个人之后，我就可以从幸福来到命运，并沉浸在我的境况中。最终，正是在这一"沉浸"（plongée）中，我得以抓住命运，不过不是作为纯粹外部的命运，而是处在"对命运的爱"中的我的命运。[1] 稍后，我们将进一步说明，"对命运的爱"如何将反抗（révolte）、自杀以及挑战（défi）中的"否"（non）保留为一个被克服的时刻。

（三）历史性（historicité；Geschichtlichkeit）[2]

"历史性"首先指的就是前面所说的第一重界限境况，该境况不仅作为局促性被忍受，而且也作为深度被确认。雅斯贝尔斯分别使用了"历史意识""命运意识"以及"历史决定"[3] 几种说法来对其进行指涉。

不过，除这个基本含义之外，还存在着许多其他补充说法（harmonique），这些说法让"历史性"这一表达变成了某个略显神秘的密码，从长远看来，该密码的含义似乎无与伦比。对词的选择本身将在后面具体论证。

（1）"历史性"可被命名为生存的某个具体范畴，该范畴指称"生存与经验存在的结合"[4]；生存并不是分离的（losgelöst）。不

---

[1] II，219.

[2] II，118—148；i，173—174；II，393.

[3] "被理解为命运意识的历史意识意味着对具体经验存在的严肃对待。" II，219.PWa 中正是这样来理解"偶然"一词的，PWa，239—249.

[4] II，121. 是时候强调雅斯贝尔斯对克尔凯郭尔的借鉴了：历史性就是"重复"（Répétition），或者也可被命名为"重新肯定"（Réaffirmation）[参见《重复》（La Répétition）与《恐惧与战栗》（Crainte et Tremblement）]；亚伯拉罕通过将手伸向自己的儿子而"中断了伦理"；于是，他进入了与上帝的绝对关系中。这就是为何上帝归还了以撒；此后，一切被给予，时间被拯救——时间被荒谬拯救。另一种"直接性"（immédiateté）在超越了焦虑之后得以开始。重新获得的生存不仅可以承载自己的生命，而且可以承载一切东西。不过，需要记得的是，在克尔凯郭尔那里，"重新肯定"是最具黑格尔色彩的时刻（克尔凯郭尔重新找到了外部和内部的同一性——尼采也在"对命运之爱"中找到了两者的同一性）：它是以婚姻为象征的"伦理阶段"。（事实上，即便在这一层面上，主观物与客观物并不会形成一个同一的总体，而是处在辩证的张力中；雅斯贝尔斯并未忘记这一点。）因此，这并不是克尔凯郭尔那里最具克尔凯郭尔特色的一点。

过，即便这一点，人们也无法用清晰明了的理念进行思考，因为我一方面将主体思考为自我的绝对位置，但另一方面又将主体的境况思考为由不同情境交织的客观网络。必须将境况思考为存在的显现模式（mode d'apparaître），亦即将之思考为生存的"表象"（Erscheinung）；理解理论（doctrine de l'entendement）意味着二元对立，生存哲学则意味着悖论地统摄身体与灵魂之结合的努力。[1] 在这个意义上，生存哲学以笛卡尔分析中曾被视作"不可思之剩余"（le résidu impensable）[2] 的部分为视角中心（centre de perspective）。与此同时，该哲学更新了围绕表象与存在的古老争论，并将该争论与人类境况的基本经验联系在了一起："可能的自由"由于与自身身体以及世界相关而变得真实；经验秩序由于与自由相关而具有主体性特征并变成某个存在的"显现"（apparaître）。我们将看到，超验密码学说如何让这个围绕表象与存在的古老问题重获生机，该问题还涉及表象与存在之间不等同的结合。不过，我们已经知道，这个结合意味着一个行动，意味着一个强烈的希望，是瞬时（instant）的恩赐，亦是雅斯贝尔斯所称的"起源"（Ursprung）或者"独创性"（Ursprünglichkeit）：悖论就是起源，是喷涌而出的源头（参见德语表达：Ursprung der Geschichtlichkeit，II，118）。

---

[1]　在某个时刻，克尔凯郭尔本以为"重新肯定"是可能的，并且曾在有关信仰之父亚伯拉罕的书中进行过追寻。然而，最终，他发现"重新肯定"不可能；其"秘密"摧毁了它与世界的关系；生存需要像某个与"基督激情"（Passion du Christ）相连的受害者那样被献祭。正是在这一点上，"宗教阶段"超越"伦理阶段"。因此，雅斯贝尔斯只是远远地跟随克尔凯郭尔的步伐；生存哲学的第三个主题同第二个主题一样，不过是对"例外"之痛苦路径的削弱了的回音；这个回音带有某个黑格尔的烙印，但始终未回归纯粹的黑格尔；生存与超验不是两个不同的阶段，而是作为"伦理"而非"神秘"的生命本身的两极。II，321. 不过，雅斯贝尔斯继承了克尔凯郭尔的这样一种感觉：历史性是一种张力，该张力有时是痛苦的；雅斯贝尔斯有时甚至会说，生存在这个世界中不可能，失败哲学甚至要求生存不被实现。于是，这个历史性理论中的不和谐音停留在黑格尔和克尔凯郭尔的半路上；II，14—16—18。

[2]　参见 1643 年 6 月 28 日以及 5 月 21 日，写给伊丽莎白的信。笛卡尔承认，"人的精神可以同时清晰地设想灵魂、身体以及灵魂与身体的结合三者之间的区别；正因如此，应该将它们设想为同一个物；如果是这样，那么就应该将它们设想为由相互对立的两者所组成的一个整体"。

（2）我们还可以说，"历史性"是自由与必然性[1]的结合，亦即没有阻力的可能性与毋庸置疑的"给予"之间的结合。对坚定的（résolu）生存而言，被我思考为已完结（révolu）的存在同时也是进行某个实际创造的物质。这个具体的范畴位于康德在"精神的我"与"经验的我"之间所凿开的巨大间隔处，意味着对决定论与自由之间二律背反的克服。生存哲学是一个邀请，这个邀请以被克服的二律背反而不是以互不相容的两端为出发点。

（3）最后，我们还可以说，历史性是"时间与永恒的结合"[2]。"此在"始终是在时间之中的"此在"，境况会随时间而改变：这甚至是第一重界限境况的本质。不过，从外部看来，我的境况不过是一个偶然的乐园，这些偶然产生于某个情感充沛之表演的心血来潮；它是一个历史。相反，作为可能的我的自由意味着在世界边界处的行动：它是永恒。历史性就是处在时间之中的有生命的永恒，或者就是被永恒性侵入的历史。在这里，"历史性"（Geschichtlichkeit）一词获得证实：历史性与历史本身（Historie，historisches，Wissen）相对立，后者只是对某个史学家意识而言的场景对象（objet de spectacle），这个史学家意识不会受到对历史的叙述的影响。"历史意识"（conscience historique）或者"处在历史中的意识"则与史学家意识不同：正是通过"历史意识"，历史得以到来并被创造。"历史意识"切实地抓住历史之所是。[3] 相应地，时间则是现象，是永恒的"显现"（apparaître）。最后，对"瞬时"（instant）的具体经验是对该悖论的保证[4]：克尔凯郭尔所推崇的"瞬时"（instant）是这样一个至高的时刻，在这个时刻，我们将我们的生存悬垂（surplomber）；

---

[1] II，125—126.

[2] II，126—127.这一说法与克尔凯郭尔的表述非常接近：所有阶段——美学的、伦理的、宗教的——都是面对时间的态度。美学阶段是遗失的时间，伦理学阶段则是重拾的时间，这个时间作为任务与忠诚被重新获得。

[3] II，118—120.

[4] II，127. 在PWa（94—102）中，雅斯贝尔斯尤其提及了巴门尼德、布鲁诺以及克尔凯郭尔："时间的不在场是无（rien），瞬时是一切（tout）。"PWa，97—98.

它不同于刚刚过去的那个时刻，也不同于像绝缘的电影胶片那样既与过去无关也与未来无关的时间原子。那是真正的"瞬时"，决定的"瞬时"，强烈交流的"瞬时"以及让沉思获得满足的"瞬时"，这样的"瞬时"是一颗永恒的种子，在其中，被变容的时刻赋予过去以意义，并孕育着未来。充满奇迹的是，最不确定的"瞬时"却最具永恒性。历史性既是这个不断消散着的不稳定性，也是这个实体的强度。知道在心跳的间歇之间回忆与等待的人是幸福的！除了珍贵的"瞬时"外，我们别无其他有关永恒的征兆。[1]

（4）因此，历史性是一切具体之物的特征；从此，"历史性"一词的含义被无限细分："历史的"（historique）与"非时间的""抽象的""普遍的"等相对立；这个全新的范畴将迎来被比作最低形式（infima species）的个体（individuum）所提出的古典难题。对普遍意识而言意味着某种剩余（résidu）之物，亦即位于不同种类界限处的某种非理性，被生存用某个自由的行动所照亮，该自由承载着世界和历史的某个片段；逻辑学家尝试用上千种抽象序列进行统摄并用一些限定性概念进行指称之物，生存**扮演**它们，并将它们体验为其

---

[1]　保罗·克洛岱尔（Paul Claudel）的"三声部大合唱"（Cantate à Trois Voix）正是对这个永恒瞬时辩证法的抒情评价：

拉埃塔（Laeta）：这个介于"春天"（Printemps）与"夏天"（Eté）的时刻！

福斯塔（Fausta）：当一切结束后还剩下什么？

贝尔塔（Baeta）：这个既不是白天也不是夜晚的时刻。

拉埃塔（Laeta）：什么，这个一年中最极度、最尖锐的时刻……

福斯塔（Fausta）：一切开始的终将过去！

贝尔塔（Baeta）：除了这个介于"春天"（Printemps）与"夏天"（Eté）的时刻。

福斯塔（Fausta）：当一切抵达顶峰，并要求不再……

拉埃塔（Laeta）：你会在那里找到什么样的住所（demeure），又会找到哪个道德的陷阱？

福斯塔（Fausta）：明天，我们将不再美丽。

拉埃塔（Laeta）：我们只是可怜的女人，有时还微小、屠弱。

贝尔塔（Baeta）：但在这一天，我们被邀请加入永恒的事物。

福斯塔（Fausta）：贝尔塔，请为我们说话。

贝尔塔（Baeta）：要我说什么？

福斯塔（Fausta）：吟唱，解释

我在内心深处已经隐约理解的东西

这个独一无二、最为尖锐的至高时刻

为何对于一个时刻而言

已经是不再能够过去的时刻（pp.11—21）

在世界中的具体在场。对"历史"与"具体"的这一等同将产生重要的后果：从此，一切既不任由自身被某个普遍准则所固定、又不融入某个观点体系中的行动都将是历史的 [1]；此外，一切既不任由自身被某个普遍准则所固定、又不融入某个可让其消除风险与意外的目的和方式体系中的行动也将是历史的 [2]；最后，一切既不让自身被某个普遍"真"的信条所束缚、又不融入某个由证据和揭露组成的体系的"超验的显现"亦将是历史的。[3] 从今往后，我们将看到历史性将这一系列影响作用于真理理论、伦理学以及形而上学。

因此，概括起来，"历史性"一词同时涵盖了以下含义，该词指称这样一个存在：该存在与境况相关并承载境况；该存在从外部被限制；该存在由于对其界限的接纳而变得深邃；该存在在其运动性（mobilité）中既不断运动又保持永恒；该存在相对自身完全在场；该存在独一无二，无与伦比，无法被削减为任何概念图式；该存在不断被质疑并被交付给决定那不可废除的法令。

必须承认的是，为指涉以上所有含义，"历史性"（historité）这个法语词汇无法产生足够的共鸣；该词的德语说法"Geschichtlichkeit"可以更好地做到这一点；事实上，对于我们法国人而言，历史是一门具体、朴素的学科，并无任何形而上的意图；而该词的德语说法则有一个更加丰富的传统，概括了德国思想通过对"生成"（devenir）的某个沉思去追寻"具体"（le concret）的所有努力。早在黑格尔之前，该词就已经做好了迎接克尔凯郭尔以及尼采的全新经验的准备。

这个具体的范畴尤其在克尔凯郭尔那里获得了其悖论性：亦即对那个曾经被自由悬置的世界进行"重复"还是进行"重新肯定"的悖论。这就是为何，"历史性"有时会呈现为超越努力的完成，因

---

[1] II，124—126. 上面部分参考自第五章和第三章。

[2] "没有对所有人而言独一无二的最终目标"。II，134. 以下内容参考自第六章，第一章以及第三章。

[3] II，124—125；253—254；I，34，49；I，3—4. 以下内容参考自第三部分，第四章、第一章和第三章。

为如果不抵达最大限度的具体，超越努力将停留在可能性之虚空的半路上；此外，哲学从此只能指示出这个走向自我之进程的最后一步；旅者将独自一人从"可能"（possible）来到"真实"（réel）。[1] 不过，"历史性"有时又会呈现为这样一个努力的相反面，通过这个努力，"我沉浸于可能的孤独中，在这个孤独面前，一切世界中的经验存在都将消散"[2]；自由依旧是一个放逐的行动，或者至少是一个冥想的行动，通过该行动，某个必然性链条被挣断；相反，"历史性"则意味着回到洞穴中。于是，在分离运动与接纳运动之间产生了某种张力，其中，"异端"是对分离运动的具体阐释，对大地以及"母亲"的忠诚则是对采纳运动的具化。这个难题将支配整个伦理学：生存如何得以在不延伸其可能性的情况下变得真实？这个实践层面的张力将进一步加剧思想中存在与表象、必然性与自由、永恒与时间之间的悖论。不过，该张力不应该让我们将选择理论与历史性理论中的深度统一性抛之脑后。我们在前面曾经说过，最后的选择就是对自我的选择：不过，选择自我指的是选择同时作为灵魂与身体、源头与界限境况的自我。在这两种形式下，选择不再是某个二选一的抉择（alternative），而是对自我的承认。需要进一步指出的是，让选择以及某个"非—选择"（non-choix）的复制品（double）得以诞生的内部天赋（don）与限制选择的外部必然性是对等物，外部必然性或许是内部天赋的可视符号。因此，对自我的选择已经是对我自身源头的"再次肯定"，而对必然性的"再次肯定"也意味着对该必

---

[1]　I，46. 有时候，生存向自我的诞生被呈现为某个"三重的跳跃"（triple bond）（II，204—8）：通过第一重跳跃，我将自己放逐到确定的思想之岛上，并将目光投向万物与自身；通过第二重跳跃，我进入到我决定的孤独之中，将自己变成可能的生存，将界限境况视作一个非真实的地平线驱赶到我之外。只有第三重跳跃才能让我成为真实的生存：我的境况被承载，一切转换为行动。不过，在那时，我将停止哲学思考，因为哲学思考意味着"尚且不在"："我还不是我作为哲学家所知之物"。II，206. 从此，我不再思考，而只"在"：雅斯贝尔斯不会说：我思，故我"在"；而是会说：我思，故我还不"在"。"生存是不再言说的历史现实性。它的沉默超越一切有关世界的知识，超越一切有关'可能'的哲学反思"。II，208.

[2]　II，6—8.

然性的选择；我们甚至可以反过来说：我"重复"我的可能性，我"选择"我的现实性。

二、特殊的界限境况 [1]

在不断变化的不同境况中，有的境况不会变；这些境况与阻止生存始终处在境况之中的那个非常普遍的界限境况一样，会表现出同样的思想不透明性以及行动必然性。这些境况就是：死亡、受苦、斗争以及过错。[2] 没有任何迹象表明这个有关特殊界限境况的清单做到了详尽无疑 [3]，也没有任何迹象表明"这些特殊的界限境况"可成体系；死亡与受苦的唯一共同点在于，它们都可在没有"我"的协助下倏忽而至，斗争与过错的唯一共同点则在于，它们都是源自"我"的行动；后两者之所以是界限境况，那是因为它们必然是源自我的行动，且会以受苦和死亡的限制形式重新返回到我身上。最后，所有这些界限境况都将以不同的名义成为我们经验存在的"病变"，成为否定或者失败的不同模式。如果生存的确只有承载其境况才能变得真实，那么这些界限境况就是其勇气的基石。如果生存的确只有超越其境况才能成为自己，那么这些界限境况就会让这样一个确定性经受考验，亦即生存"超越其经验废墟而在"。"只有当我经验地显现时，作为可能之生存的我才是真实的。不过，在'显现'（apparaître）中，'我之所是'超出了表象（apparence）。"[4] 这就是说，描述（décrire）的忧虑被唤醒（éveiller）的忧虑所掩盖，其中，

---

[1] II，220—249.

[2] 当第一界限境况让生存的所有经验存在所包含的历史面貌进入意识之后，独特界限境况就会作为普遍之物进入历史性内部，这个历史性每一次相对每一个个体都是创新的（original）：这些界限境况是死亡、受苦、斗争以及过错。II，209.

[3] 在《世界观心理学》时期，雅斯贝尔斯将斗争、死亡、偶然和过错列为这类界限境况。那时候，受苦被认为是所有界限境况的主观特征。PWa，202—252.

[4] II，220—221.有关这些独特的界限经验，参考 G. Marcel o.c.，309—320。

唤醒的忧虑可被总结为以下这些词：承载，超越；通过承载超越。

（一）死亡 [1]

死亡承载的是什么？死亡超越的是什么？承载死亡意味着，在生存变得真实且死亡让生存产生某种彻底震动（ébranlement radical）时，在这个彻底的震动中走到底。然而，死亡既不是相对知识的界限境况，也不是相对生存意愿（vouloir-vivre）的界限境况。对于知识而言，死亡只是一个一般事实，只会在特定场合下波及我；而对于生存意愿（vouloir-vivre）而言，死亡则是这样一种可能性，我想要通过各种技术规避这个可能性，并通过各类消遣向自身隐瞒这个可能性。只有当死亡被接纳为我的经验存在以及我在时间中之"显现"的彻底终结时，它才能以生存的方式被抓住。相信我的终结，放弃无限地持存，只有这样才能承载死亡并真实地存在。在交流结束时，我有一个关于我的终结的具体形象 [2]；第一次，至亲的死亡意味着独一无二之人的死亡：我孤身一人，我让我的朋友一个人死去。不过，我的死亡只是在其中被预示出来，因为没有任何辩证法可以让人们从"你"的死亡转到"我"的死亡，在我身上，受苦和垂危（agonie）都无法让我产生有关这个死亡的经验；剩下的唯有对某个无转圜余地之衰落的赤裸预测，以及对这样一个跌落的赤裸预测，这个跌落既发生在最后的非—知识中，也发生在所有经验存在的虚无中。[3] 一直以来，哲学都做出了过多的努力来掩盖死亡的

---

[1]　II，220—229. PWa，229—239.

[2]　"同类的死亡"，II，221—222。

[3]　"我的死亡"。II，222—225. 在这一点上，雅斯贝尔斯与海德格尔之间的分歧大过相似性。对海德格尔而言，（1）死亡是至高的可能性，它通过将所有可能性补全（compléter），从而得以完成人类现实的总体性；在这个意义上，人类现实是一个"向死而生"的存在；（2）自由本身就是"向死而在"的自由（liberté-pour-la-mort），亦即是这个可能性的积极捕获，是"向死而生"的存在清醒且勇敢的祝圣（consécration）。相反，雅斯贝尔斯只是将死亡视作众多独特境况中的一种。为什么呢？因为无论死亡对生存而言如何重要，它都不是生存至高的可能性；人类的可能性并不向死靠拢。最后一个原因是，对海德格尔而言，超越意味着"朝向"（vers）世界的超越。因此，死亡是人类现实的构成部分；但对雅斯贝尔斯而言，超越意味着处在世界之中的同时超越到世界之外（au-delà）。（转下页）

这层激进含义。哲学尤其通过虚构所谓的灵魂不朽的证据,将死亡理解为某个感性的、现世的持存(survie),或者将之理解为某个向类经验(quasi-empirique)生命模式的过渡。必须打破这个有关持存(survie)的幻象,正是该幻象改变了作为界限境况之死亡的含义,并"删除了真正的'死'(mourir)"[1]。承载死亡,就是拥有批判性的勇气,并说道:"如果我们将不朽理解为某个感性、经验形式下的时间绵延,认为其与我们现时生活之间有某个记忆连续性,那么似乎就不存在不朽。"[2] 这份勇气会带来恐惧,也会带来焦虑,亦即不再能经验地存在的焦虑。

不过,当我的死亡作为虚无被承载时,这个死亡就已经处在即将被超越的时刻了。从"绝望"到"确信"的翻转会立即发生在这样一个时刻,在这一刻,面对死亡的我可在我身上区分出什么是本质的、什么是无意义的;一切因现世的忧虑和有限的目标而获得重要性的东西都将被摧毁,并从此被死亡的焦虑所侵蚀;相反,所有因无条件性而充满价值且只会赋予无条件性某个短暂、脆弱之表达的东西则将保存其意义,并在死亡的威胁下进一步确认其意义;只有对深陷现世忧虑、充满活着的渴望并期待无限持存的生存而言,简言之,也就是只有对深陷经验存在的生存而言,死亡才是绝对的绝望。事实上,真正的生存会在死亡面前发现一种比"不再经验地存在"这种焦虑更为激进的焦虑,亦即遗失作为生存的自我、任凭自己跳入世界的陷阱的焦虑;这是对第二重死亡的焦虑:我可能成为一个"活死人"(un

---

(接上页)这一悖论让雅斯贝尔斯的立场显得更加微妙;当他说超越在世界之中进行,这一点让他似乎与海德格尔非常靠近,但当他说超越意味着在生存与其经验命运之间产生某个"垂直位移"(dénivellement)时,他又似乎离海德格尔非常远。这一点将在第四部分第两章第三节中重新论及并进一步深化。雅斯贝尔斯与尼采也有非常深刻的对立:在没有了超验之后,死亡的含义发生了**改变**。N.198,201,285,288—289,383. 这一点即将在第三部分第一章第二节中涉及。

[1] II,225. 不朽问题不应该完全处在形而上学框架下,而不处在"生存启明"(Existenzerhellung)的框架下:不朽更应该属于上帝的循环,而不属于自由的循环。参见第三部分第四章第二节。

[2] II,225.

mort vivant），一个已死的生存。[1] 这个真正的焦虑让我得以摆脱另一种焦虑，这个第二重的死亡让身体层面的死亡黯然失色；从这个"第二重"的焦虑出发，人们已经可窥见这样一种确定性，这个确定性不再是某个知识，而是生存的现实性在瞬时中的在场。

以下两类经验可让我们朝着本质之物前进：至亲的死亡和牺牲（sacrifice）。我们已经对第一类经验进行了考察，并从中发现了对虚无的揭示；现在，这类经验将向我们揭示一个在场：我知道由死亡带来的孤独完全不同于因缺乏交流所导致的绝对孤独；后面这种相互的沉默是对某个永恒的现实性的包裹，在这个包裹中，交流保留着其隐秘的存在。我不是一个人，至亲隐秘地在场："曾真正被爱之人会作为一个生存意义上的在场继续存在。"[2] 忠诚让我得以在一切经验安慰之外，在我有关持存（survie）之幻象的破灭之外，获得这个在知识层面无法描述的确定性："被死亡摧毁的是表象（apparence），而不是存在本身。"[3]

牺牲，亦即英雄式的死亡，在让人接受牺牲自身利益的同时，包含着这样一种确定性（该确定性可能是暗含的，甚至是在意识上被拒绝的）：我可以超越时间，死亡可以实现我的可能性，死亡本身就是平静与完成。对某些幸运的存在而言，被雅斯贝尔斯用一种十分浪漫的语言所称的"在青春狂喜中的爱情死亡"[4] 甚至作为对生命

---

[1] "焦虑"概念的这一双重性在让雅斯贝尔斯与海德格尔相对立的同时，让其与克尔凯郭尔相互靠近。在克尔凯郭尔那里，焦虑概念具有丰富的模糊性，由此也解释了该概念在其追随者那里所衍生出的各类含义。（1）焦虑是可能性的眩晕，是"自由"在开始那令人恐惧之力量面前的战栗。勒基埃（Jules Lequier）就曾体验过这个焦虑。雅斯贝尔斯保留了这个含义："焦虑是自由面对选择时的战栗和眩晕"。II, 256.（2）同时，可能性的眩晕也是自我遗失的眩晕。因此，"焦虑概念"尝试与介于无辜（innocence）与过错（faute）之间的这个时刻相遇。自由处在危险之中。我们在此处所评论的雅斯贝尔斯文本更多指的是这层含义。（3）焦虑是已经变得有罪的焦虑：由第二层含义所开启的从自由到过错之意义滑动在此处得以完成。（4）焦虑是在上帝面前能够向上帝发起挑战的时间：这是一种带有挑战意味的敬畏。我们会在第三部分第一章，第二节再次论及。

[2] II, 222.

[3] II, 222. 这个隐藏的在场已经是在上帝中的在场：非经验性的不朽主题立刻被置于超验中对信仰之依赖的范畴下。

[4] II, 228—229. "表象的面纱突然被扯下，一个新的死亡真理显现出来：不再是界限，而是完成。"II, 228. "死亡少于生命，因为它需要勇气；死亡又多于生命，因为它会呈现为一个确定的庇护所。"II, 229.

的快乐感召而出现。不过，这个向着死亡的慷慨前进既不意味着对自我的憎恨，也不意味着对活着的憎恶。

因此，存在的确定性只会赋予给这样的人，这个人可以始终承载死亡的焦虑，并深入到界限境况之中。"只有在绝望的底部，存在的确定性才会被无偿允诺。"[1]

界限境况无法被删除，只能被超越。我无法将自身安放于超越死亡的另一个生命中，因为我只能经历此世界的生存；不过，我可以知道除身体和死亡外有关我的更多的东西。

这个说法的确令人迷惑。[2] 对雅斯贝尔斯而言，它就应该保持如此；"我"的生存扎根于超验之中，当不朽作为这个生存的神秘密码出现时，这个说法可被有力地确定，但却无法被启明。[3] 此处描绘的正是这份确定性。从此，将不再有所有人都认可的有关死亡的真正含义："死亡与我一起改变"。[4]

（二）受苦[5]

受苦似乎不会一开始就提出死亡以更为激进的方式所提出的问题：受苦难道不就是死亡的"马前卒"吗？不过，在受苦面前，面对死亡时的那个不可能的梦依旧难以消除：亦即在不受苦的情况下活着的梦；所有无论是医学还是政治方面的慷慨活动（action généreuse）都源自这个梦。将受苦作为界限经验承载，就是放弃幸

---

[1]　II，227. 在 PWa（死亡：229—239）中，我们就已经可以看到，除对感性不朽证据理念的抛弃外，还出现了一个有关主体性永恒的"非系统性理念"，该理念明显与克尔凯郭尔相关；雅斯贝尔斯对克尔凯郭尔引用道："我意识到我的不朽的时刻，就是我变成绝对主体的时刻。"6，242—253.

[2]　参见有诸如此类的表述："以死亡为目标的受苦将变成对生存的确认……掌握真理的既不是对死亡的欲望，也不是面对死亡的焦虑，而是作为生存之在场的表象的消散……尽管我无法删除作为经验存在的我的死亡（结束）这个受苦，但我却可以在对生存的确定中克服这个受苦，也就是变成这个受苦的主人"。II，220—221.

[3]　参见第三部分，第四章，第二节；"对存在之确定"与超验的关系在此处被多次提及。

[4]　II，229.

[5]　II，230—233. 在 PWa 中，雅斯贝尔斯赋予了受苦更高的位置。218—226.

福的乌托邦并在受苦中存在。这或许比承载死亡更加困难：因为对于我想说出的这声"是"而言，我无法从内心深处发出，我的整个行动都是对这个"是"的违背，而且我应该违背它，因为我之所以用尽我的力气承受苦难，目的只是为了将受苦删除。

因此，超越受苦首先意味着承载受苦；有某个东西告诉我，幸福的胜利意味着生存的沉睡 [1]；必须让幸福受到质疑，并从其脆弱性和无根据性（gratuité）中获取其价值 [2]。然后，还要跨越沮丧的逆来顺受，这是生存的另一种沉睡，会在痛苦的攻击下或者在对抗敌人的激烈斗争中，逼迫自己酝酿出自身的相反面，亦即在享乐中的绝望消散（dissipation）。受苦的至高成就，就是让我抵达我与超验之间的统一性。[3] 于是，我在精神上的"无依无靠"（déréliction）变成对我的存在的揭示；或许甚至存在着某个受苦的使命，就像存在着某个死亡的使命一样：我为他人以及这个世界而受苦。[4]

（三）斗争 [5]

斗争是第一个源自我们行动的界限境况：我们之所以会产生避免斗争、不让其成为界限境况的愿望，这只是因为斗争是我们的自由的一个结果。不过，正如我们在谈论交流时所说，我们又始终无法逃离斗争：在逃离了它的暴力形式之后，我们注定掉入它的爱的形式。暴力与个体和团体的生活相关；它关注空间、物质财富、权威和荣耀；它躲在合法性、文化、仁慈和团结的背后：文化往往甚至在没有受益者的情况下对人民进行剥削，而团结则总是某个人或者某几个人的力量。在某日，我与我的同类注定会像遇难船只上的两个受害者一

---

[1] "当幸福主宰着经验秩序时，可能的生存依旧处处沉睡。"II，231.

[2] "幸福的真理建立在失败的基础之上。"II，232.

[3] 于是，界限境况的两大含义汇聚在一起：它既是知识与行动的界限，又是对限制世界及生存的超验的召唤。II，232.

[4] "当我看到其他存在受苦时，仿佛他们是为我而受苦，生存仿佛接收到了这样的指令：像为自己受苦那样为世界受苦。"II，233. 这让我们想到了陀思妥耶夫斯基的受苦伦理学。尼采也是承载并超越疾病非凡绝伦的典范。N.93—200.

[5] II，233—245；cf. 65 6，98，272，278，434—441；PWa 226—229.

样，争夺一块只能让一个人活下来的木板。我可以以非—抵抗（non-résistance）的理想型为名，拒绝暴力吗？我只能放弃暴力最显见的形式，但继续利用暴力的其他形式。我至多能放弃行动，与世界请辞，任由自己被他人撕碎，任由自己的亲人被撕碎。我会毫无保留地纵身于暴力之中吗？这样，我将失去源自斗争的唤醒能力，该能力产生于这样的时刻：生存做出了一切努力来避免斗争，并在这份努力的界限处接受了斗争。我会投身于由技术和计划所保障的"永恒和平"的乌托邦吗？当我去除幻觉，这一点根本就不成立：人类境况只允许在力量与权利（droit）之间产生并不纯粹的妥协，这些妥协本身就是被力量所征服与获取的；我始终需要做出是屈服还是斗争、是忍受还是反击的决定；没有任何人可以完全地同意或者反对力量。

爱是否能为被公共行动所玷污的这份纯洁提供庇护？然而，爱本身就是一场斗争：这场斗争没有暴力，没有战胜者也没有战败者，是一场为了获得真诚并自我征服的斗争；爱是一种痛苦的助产术（maïeutique）（苏格拉底惯用的主观唯心主义的辩论术。——译者注），在其中，每个人都对他人提出质疑并助他人找到自我。爱只有在非常特殊的情况下才是平静的允诺；被延长的高光时刻（haut moment）将变成情感上的困窘。只有对抗自我（s'affronter）才能成为相较他者的他者以及与独一无二的自我同在的独一无二的自我。礼貌、腼腆、怜悯、被动（passivité）或者威望（autorité）所掩盖的正是这个至高的斗争。

因此，斗争让生存陷入某种不安（inquiétude）之中，并邀请生存在行动与交流本身之外去追寻平静。

（四）过错[1]

在界限境况范畴下，雅斯贝尔斯只用了几页纸来谈论"过错"

---

[1]　II，246—249.

主题；不过，他在这几页纸中的暗示足以让我们注意到，我们在这里把握到了雅斯贝尔斯作品中的某个关键点 [1]。这是最扰乱人心的界限境况，因为它并不像受苦和死亡那样是在违背我们意愿的情况下到来的，它甚至不再要求另一个诸如斗争的意志立场；这是我与自我的关系中不可避免的东西。这也是最具争议的界限境况：在某种意义上，常识只囊括可被称作局部的过错，这些过错都可被某个恰当的补救措施所解释，且在法律上是可避免的。良心厌恶极端且不可避免的有罪（culpabilité）经验 [2]；过错首先存在于我的行动的遥远效应中，这个行动总是伤害或者杀害某人。过错存在于影响一切行动以及爱本身的斗争之中。过错存在于总是将人驱逐的交流的界限之中。过错存在于它自身表面看来最不可避免的失败之中：因为如果交流的成功既是一个无偿的给予，又是一个功绩，那么交流的失败也既是一个神秘，又是一个过错；过错存在于我们行为的秘密之中，存在于我们动机的含糊和不纯洁之中，存在于驱逐上千种可能性、让我陷入局促境况的选择之中。最后，当我将过错当作我的个性来承载，从而让自己变得真实时，过错还存在于我的个性本身之中。在这里，我们来到了过错的最后一个循环：过错取决于这样一个行动本身，通过该行动，我得以承载自身境况的局促性；通过承认自己作为"如所是之存在"（tel être；Sosein）被"给予"给自身，并将这个"给予"纳入我的自由，我让自己变得有罪："我是如此这样的，因此我有罪。" [3] 过错在于对我进行了如所是的选择；然

---

[1]　过错与性格：II，33，47；过错与交流的失败：II，59—60，86；坏的意志：II，170—174，过错与超验：II，45，196—198；过错与良心：II，271—272. "形而上学"章节延长了该分析：过错与挑战：III，72—73；过错与对黑夜的激情：III，111 [其他隐射：谎言：II，102—105；恰当性（propriété）：II，365]。

[2]　II，271—272. PWa（242—247）着重强调了这个过错理论的克尔凯郭尔源头，并着重突出了两大核心理念：（1）正是经由过错，我才抵达主体性；（2）正是经由过错，我才遭遇"永恒幸福"的问题（过错是"与永恒幸福之间的关系准则"）。相反，在宣称着"生成之纯真"的尼采那里，过错理念是完全陌生的（N.127—130），尼采对基督意识完全否定的态度以及他对生物学的青睐就是原因。

[3]　II，33.

而，如果我想变得真实，我只能选择成为有限的我；当我承载我的
个性时，这一切仿佛我在时间之前选择了自我，仿佛我将这个自己
从未真正做出的选择据为己有。[1] 正是在这个意义上，可以说，我
处在过错之中，因为我的开始先于我的自由；也正是在这个意义上，
可以说，我让自己变得有罪，因为我将我的源头据为己有："负责就
是做好承担过错的准备。"[2] 从此，与自由一样，过错变得独一无二，
而且这个独一无二的过错跟自由一样广阔："我是我自己，但是作为
有罪的自己……因为我自知是自由的，我自认是有罪的。"[3] 我就像
忘记了我的源头的开端那样，忘记了我的责任以及我的过错的开端；
过错是无限且不可避免的。然而，我承载的正是这样一个过错，正
如我也承载着无法被我意愿但却让我在其中得以意愿的源头；在这
个意义上，认为"我的个性属于我、仿佛我选择了这个个性"的理
念可作为一种刺激，促使我将事实上无法被选择之物并入自由之中。
因此，与只在"无辜"（innocence）的基础上思考过错的整个基督教
传统不同，雅斯贝尔斯从生存那原初的、深奥的、非—选择的构成
角度出发对过错进行了思考。[4]

　　如此自我施压，我得到了什么？我得到了我曾失去之物：我失
去了我的安全感（sécurité）；如今，我得到了我的冲力，并在我的

---

[1]　II，33；II，197.

[2]　II，248.

[3]　II，196—197. 只有很少的页码带有克尔凯郭尔的口吻。雅斯贝尔斯将克尔凯郭尔的
两个理念结合在了一起：生存通过自我限制而变得深邃以及原罪存于限制之中。正是这
样的结合让过错变得不可避免，并将其变成一个界限境况。我们是否可以说，在雅斯贝尔
斯那里，过错理念已经失去了它在克尔凯郭尔那里所具有的力量？如果我们认为过错理念
不再被置于死亡理念之上，也不再被置于受苦和斗争理念之上，那么答案似乎是肯定的。
不过，后面对挑战和黑夜的分析（第三部分，第三章第一和第三节）将赋予过错理念以优
越性。

[4]　我们可以认为，该特征是让雅斯贝尔斯最为靠近海德格尔的一点：过错失去其道德
含义，亦即失去其与意志的关系，并转而拥有某个本体论的含义；它不可避免地变成生存
的一个不幸。我们可以进一步思考，在雅斯贝尔斯那里，这个不可避免且未经意愿的过错
为何不会趋向于让生存的形而上学根基产生某种极端的失信，而且也不会趋向于摧毁作为
某个密码理论之原则的惊叹（émerveillement）。一个在其意志之外有罪的生存——且并没
有比其有罪更加根本和原初的无辜——依旧可以是"上帝的形象"或者（如果觉得这个说
法过于神秘）超验的密码吗？

生存所追寻的有限目标及其所犯下的局部过错之外，为我的生存发现了一个深刻的无限。我的自由至少可被我的过错无限衡量，因为过错可清楚地认识到那个任何境况都将面临的悖论：不可避免之物正是我所承载之物。一个境况只有是对自由的某种限制时，它才可能对我产生影响。不可避免之物（l'inévitable）是我的跳跃。深陷过错之中，其实就已经是对过错的超越。此外，经由坦白的认罪之路进行超越的运作，同时也是通往超验的理想之路。早在"形而上学"（Métaphysique）章节之前，雅斯贝尔斯就已经在《哲学入门》第二卷中开启了自由与超验之间的关联；过错正是产生这一关联的主要原因。[1] 雅斯贝尔斯谨记克尔凯郭尔的话——"我在上帝面前是有罪的"——并将过错与宽恕结合在了一起："通过自我实现，我已经在我的未完成（inachèvement）中与我的超验相关联，这个作为自由的未完成就是过错。"[2] 因此，过错不仅让我产生作为自由自我超越的强烈意识，而且还让我产生被超验所超越的意识[3]；如果我们没有忘记的话，这正是"界限境况"中"界限"一词的第二重含义：超验的内在指数（index）。过错在我的耳边轻声道："自由有它自己的时间，它依旧只属于一个想要自我摧毁的较低等级（degré）。"[4]

同样是在《哲学入门》第二卷中，我们可发现另一个分析，亦即对坏意志（la volonté mauvaise）[5] 的分析——让该分析与上面的分析相吻合并非易事。坏意志是一个过错吗？并不是。坏意志并非我们在上面所称的过错；因为过错存在于自由之中，甚至可以说，过错就是自由的"质地"（étoffe）。相反，坏意志永远只是我所构思出的某个极端建构，正如笛卡尔所说的"邪恶天才"（le malin génie），

---

[1]　II，196—198.

[2]　II，199.

[3]　我生活在这样一个二律背反之中："我在自我之中之所是，我只能通过自我是之；当我在自我之中是其所是时，我是有罪的；当我不是通过自我如所是时，我是我通过参与（participation）所意愿成为之物（als mir zuteil geworden）"，II，199。

[4]　II，200.

[5]　II，170—174.

而我永远无法确信其在事实层面上的存在；它是幽灵，是位于好意志身后的复制品（double）。

那么，绝对的坏意志会是怎样的呢？它将是这样一个坏意志，该意志有意地反对着可能的生存、反对我身上的存在、反对他人身上的存在、反对上帝的存在，但却认同真正的生存的清晰性、能量以及无条件性。这个意志想要不意愿存在，它选择让自身变坏；它是处在其绝对清晰性中的虚无的意志，是对正当的自爱的戏谑，是对真正的失败的歪曲。因此，这完全不是我们刚刚所说的过错；过错不是对存在的某种实际的憎恨，而是附着于自由的操作本身中的"不洁"（impureté），是一种"缺少"（défaut），一种"缺失"（manque）。这就是为何，坏意志不是一种经验，而是一种构建（construction；konstruktion）：它是恶魔，是撒旦，亦即某个神秘形象。然而，唯有这个神秘形象才能启明过错：过错是永远无法清楚地意识到（réaliser）恶魔但却始终与恶魔类似之物，我的意志越是有意地迈向善之路，亦即迈向作为自由生存的自我选择之路，这个"我自身中的可怖他者"[1]就越是会浮现在我的意识之中。恶魔的在场与对纯洁的意愿相互刺激；认为永久地战胜了恶的人会比承认自身斗士身份的人更为明确地屈服于恶。坏意志的形象让我从平静中抽离出来，从此，我知道好意志同时伴随着一个其永远无法摆脱的复制品。

因此，代表坏意志的是这样一个意象，该意象不断让我对过错的统觉（aperception）（亦即对过错的反思和意识。——译者注）产生警觉。正是通过这样一个功能，坏意志与对过错完全主观的分析融为一体，恶魔的形象也将变成这样一个辩证法的时刻：在这个辩证法中，过错既作为不可避免之物被发现，又被至高的自由所接纳。

---

[1] Ⅱ，173.

三、最后一重界限境况：一切现实性的历史性[1]

历史性首先是"我的"历史性，它处在我的限度内，处在我的自由的限度内。通过一个大胆的推论，雅斯贝尔斯将这些适合我的境况的特征扩展到了整个经验现实性，并开始讨论"普遍现实性的历史性"以及"一切经验存在的普遍界限境况"。

这样一个奇怪的推论步骤回答的是什么问题呢？回答的是这样一个问题：为何世界是这样的，而非别样的？然而，同以下这个相似的问题相比，亦即"为何我有（或我是）这样一个身体，这样一个出身，这样一个阶层"，该问题并不能获得某个更加客观的答案。对另一个世界的幻想同对另一个身体的幻想一样虚妄。我无法从某个由诸多可能的世界组成的体系出发得出这个世界；此世界就像此个体一样：它们都是独一无二的喷发，仿佛源自某个决定。世界的合理性与自然的规律是某个宇宙的"历史性"的可理解方面，正如我的个性仿佛源自某个先于我的出身的决定。在世界面前，我应该放弃源自具体情况下的分类的抽象思想运动：我立于其面前的，是一个独一无二的、时间的、具体的世界。从个体"历史性"到宇宙"历史性"的这一扩展要想成为可能，必须以诸如死亡、过错等独特界限经验为中介；这些界限经验可揭示一切事物的脆弱以及它们的"二律背反结构"。这个世界的存在不是我所追寻的绝对，它无法给予我平静：这正是最后一重界限境况；该世界被无法克服也无法废除（Aufhebung）的矛盾所撕碎：只有以我所摒弃的否定价值为代价，肯定的价值才能得以实现。自由与必然性共存，交流与孤独共

---

[1]　II，249—254："所有经验存在之未定特征以及普遍真实（réel）之历史性的界限境况"；II，134—135："历史性的形而上外延"。我们将看到（II，209—210）界限境况的总体图表："在这个界限境况中，存在意识从个体的历史生存出发不断深化，直到变成这样一个的意识：历史地显现的，是普遍的存在。"

存，历史意识与普遍真理共存，可能的生存与其经验表象共存。"世界绝望的不幸"。

当我放弃幻想某个最终的认知行动体系时，我便会接受这最后一重界限境况。**我通过对密码的解读来超越这个界限境况**。对我们而言，后面这一点尚不明了：事实上，正是在这一点上，"形而上学"与"对生存的启明"（L'Éclairement de l'Existence）部分得以衔接在一起。我的境况是我的自由的表象；世界是超验的表象 [1]，正如自由是经验存在的界限但又只有在这个经验存在中才真实，作为世界和自由之"绝对他者"（Tout-Autre）的超验也只有在世界中才能被感知。这就是超验的"历史性"[2]。与此同时，雅斯贝尔斯曾想要强调人类学和宇宙学的相互关联与相似性，强调灵魂与身体的统一，强调上帝在世界中的无处不在。有两个对称的说法可对这两个问题进行总结："我作为可能的生存而处在经验存在之中，但我不只是经验存在"以及"只有经验存在'在'，存在才'在'，不过如所是的经验存在并不是存在本身。"[3] 如果人们承认，我将世界作为我的自由的身体以及超验的密码进行承载以及进行超越是同一个运动，那么上面所说的那两个问题之间的关联就一目了然了。[4]

---

[1]　I，19—24.

[2]　II，253—254."存在与经验存在之历史性的关联对生存和超验而言都有价值"。II，253.

[3]　II，253.

[4]　"被理解为不断自我摧毁之'上升'（promotion）的历史性是这样一个表象，唯有在这样一个表象中，我才能对自我以及超验产生确信。只有在这个表象中我才能领悟存在。"II，254. 在 PWa（204—218）中，"此在的二律背反结构"被置于界限境况研究的中心位置，它构成了界限境况的客观面，而受苦则是该客观面的主观相反面；该名称已经指示出了思想、行动和情感中所有充满生机的矛盾。

第五章　真理理论

现在，是时候顺着理论和实践两个层面，去厘清前面所说的三重理论所产生的复杂后果。这就是说，是时候对**真理的生存概念**进行整理（该概念在雅斯贝尔斯的作品中依旧是模糊的或者分散的），并提取出某个生存伦理学（éthique existentielle）的元素（主要从第二卷第二部分中提取），同时让这个真理的生存概念以及这个生存伦理学与生存的以下三个时刻相关联：自由，交流与"历史性"。

一、真理与自由

任何这样的思想都可被称作生存真理，该思想不以智识限制（contrainte intellectuelle；das Zwingen）为标准，而是以广义上的"我之所是"为标准，以回归"同一"之物为标准，或者以通过自由让我自我生成的能力为标准。从一开始，重心就从被肯定的内容转移到了进行肯定之存在的品质方面；除非产生了从主体到客体的辐

207

射，否则"真"始终与内容无关。因此，我会说：我的真理，亦即"我在"的真理。[1]

这一中心主题可被雅斯贝尔斯作品中几乎无法摆脱的两大主题阐明：

（1）自由与客体性不相兼容，某个彻底的精神严密性会让生存窒息。体系的不可能性是这个敌对关系的特例。在其中，自由、非—知识与信仰相互指涉。鉴于信仰始终伴随着"不信"（non-foi）、怀疑和勇气，因此，有关信仰的真理有必要保持其模糊性并始终处在危险之中 [2]。

（2）对某物的选择最终就是对自我的选择 [3]；我们将看到这一原理对真理理论的影响。这一对自我的选择是生存的绝对标准，它没有任何确定的客观标准；它会产生原初的无条件真理。真理"在我自己的源头中"被选择 [4]。任何人都无法通过反思酝酿出某个可让我们的陈述获得"完结"（accomplissement）或"完满"（plénitude）的自生性（spontanéité）。当这个对我的选择是真实的，它会让某个对自我的忠诚流转于我所有的肯定之中，这份忠诚超越了不同思想领域的自律性，会将某个无法模仿的统一性 [5] 与相似性注入每个人心中。这个相似性就像是存在于同一个艺术家所有作品中的那种相似性一样，而这个统一性则与某个表达的幸福相关，亦即与

---

[1] "我是我自身的真理"，II. 416."我的真理，我只作为自由而在的真理……"，II，417。笛卡尔的"错误"就在于，丝毫未意识到，对"我思"主体的发现意味着一个新的真理概念：笛卡尔依旧囿于偏见，认为只存在一种真理类型，亦即具有约束性的普遍真理。D. 7—10，23—5，47。

[2] 《作为源头的转折点的非—知识》，II，261—262；"非—知识中的确定性"，II，263—264；I，271—272；"当我通过证明才知道，我并不信仰……当信仰表现出其客观确定性时，它将失去其真理。信仰是勇气。绝对客观的不确定性是真正信仰的基质"，II，281. Ex. Ph. 29."信仰与不信是自我存在的两极"，II，4，6，36，42—43，184；I，246—255，马塞尔：背叛（trahison）和背弃（reniement）是刻在信仰本身的身份之中的可能性。

[3] "简单选择只会表现为在不同客体之间的选择；自由就像是对自我的选择"。II，182.

[4] "在绝对的选择中，生存作为意愿的无条件性被实现"，II，160."真理要么是强制性的，在这种情况下，它未被选择；要么会通过选择而变成无条件性的。"II，418.

[5] "精神经验领域中的'一'（l'un）和'多'（multiple）"，I，255—262。

天才作家的每个句子都显露出来的某种"天真性"[1]（simplicité）相关。因此，我可以说："真"就是存在；因为在这样的命题中，构成"真"与"存在"的是"我"。[2]通过这一真理理论，我们再次说出了我们曾在别处有关"世界观"所说的话；"世界观"并不像植物标本集中的一朵干花那样，是从某个生存和信仰中脱离出来的众多观点中的一个。相反，哲学家以此为生，它就是哲学家的意图和选择。

以上两个公设密不可分：它们互为正反面。在知识语言中，信仰是相对的；但在生存语言中，信仰是绝对的。

我们或许可通过列举雅斯贝尔斯对自己提出的几个批判以及他所给出的答案，来进一步阐明这个真理理论。我们可以称该理论为非理性主义（irrationalisme）吗？如果我们将"非理性主义"一词理解为某个情感哲学或者某种实用主义，那么答案当然是否定的。信仰与理解之间的张力对信仰本身是必要的。在这个张力中，理解的

---

[1] "天真性（simplicité）"，I, 266—268。

[2] II, 257. 在这一点上，雅斯贝尔斯在最大程度上靠近克尔凯郭尔的思想（正如我们在前面所说，在对生存与主体性的定义方面，雅斯贝尔斯的思想与克尔凯郭尔保持距离）：只有在有关交流和"历史性"方面，雅斯贝尔斯才有意与克尔凯郭尔并肩前行；我所是之真理，正是克尔凯郭尔所称的"主体思想"（la pensée subjective）；在费希特（Fichte）之后（不过，是在更为个人和具体的方面），同乐奎尔（Lequier）一道，克尔凯郭尔将真理问题纳入了信仰问题中。他说道："意识从自我出发产生真""真理就是自由的行动""只有当个体通过行动产生真理时，真理才相对个体而言在"。信仰所涉及的"如何"（wie）问题将战胜肯定本身所涉及的"什么"（Was）问题。不过，如果我们忘记以下两点，我们将严重曲解该真理理论的含义：（1）对克尔凯郭尔而言，只存在一个真理问题，即对上帝的信仰问题。当他讨论信仰时，上帝始终涉及其中。（2）我所是之真理同时也是我立于其面前的"他者"（l'Autre）。因此，信仰所涉及的"如何"问题包含了它与上帝的关系本身；在这个意义上，我们可以说，至高的主观性就是至高的客观性：如果存在着一个"如何"，当这个"如何"被给予时，"什么"也是被给予的，那么就只能是有关信仰的"如何"。极致的内在性作为客观性而出现。（参见 J. Wahl o. c., p.318.）这个在选择中产生的超验恩惠（grâce）赋予了信仰的"主观性"其最后含义。在这个意义上，存在的确是最为主观的真理的限度（参见 Haecker, La notion de la vérité chez Sören Kierkegaard in, *Courier des Iles*, n.4）。这个对"真"的内在化以及超验对"真"的最终变容完全可在雅斯贝尔斯处被捕捉到。此外，作为哲学家，雅斯贝尔斯还用交流理论对选择理论进行了补偿。我们将在第四部分第二章第一和第二节重新论及这个问题：我们是否可以对以下两者进行同时肯定：一个是"他者"的超验，另一个是信仰的"如何"相较信仰之"内容"的优先性？无论如何，这是雅斯贝尔斯与马塞尔（G. Marcel）之间的一个重大分歧（要知道，两者的思想非常接近）：在马塞尔那里，真理更为直接地是一种证明（attestation）和见证（ttémoignage）；然而，通过某种回归（retournement）（我们将在稍后论及），密码理论将雅斯贝尔斯重新带回到某个比较相近的位置。参见第四部分第二章第二节。

有效性不会受到牵连；理解本身就是相对活着的"我"的一记跳跃，因而已经是一种超越。[1] 尽管某种诱惑力打破了，但这并不是说（理解的）要求（exigence）不复存在。人们不可能在超越理解之外的某个直觉中"安家"；理解被超越理解的运动本身所确认。正是得益于信仰与理解之间的这一张力，生存哲学才得以避免陷入无法表达之物（ineffable）中，避免被"碾碎"，避免变成抒情式的情感流露（effusion lyrique）；它不是某种直觉主义，而是某个被推向极致的理智主义的迸发。[2] 此外，如果我们考虑到雅斯贝尔斯在最新出版的讲座论文集中轻微的口吻转变，如果我们在康德和德国唯心主义之后再次提出对理性和理解的区分，那么就必须指出，信仰不仅超越了理解，而且在这个超越过程中，信仰还伴随着同样超越了理解的理性。[3] 在每个人身上，理性都意味着在封闭之外对"敞开"的欲望，意味着对黑暗坚持不懈的耐心。即便是在生存的神秘中，在对黑夜的激情中，在摧毁与断裂之中，理性都依旧意愿着清晰性和统一性。正是理性推动科学趋向于"一"，并在生存层面进一步祈求着蕴含一切真理的超验的"一"[4]。不过，在要求这个至高的超越之前，理性是产生联结之物（das Verbindende），是在每个人身上将所有真理等级统一起来的联系。有了这个理性，信仰就不会变成由生死攸关的利益、客观思想以及集体信仰组成的无序星团，而是会变成由某个独一无二的冲动贯穿始终的立体结构或者等级制度（hiérarchie）。通过哲学家的执行，这个起组织作用的理性将变成一

---

[1] 参见第一部分。

[2] 在克尔凯郭尔那里，就曾发生过用悖论拯救对美的感知的情况：我们可以说，这是一种反理智主义的理智主义。

[3] VE，1—5 92."必须要不断地重新讨论并获取'理性'一词的含义……意识到亦即知道理性之为何物，这一直是且永远会是哲学自身的任务"。Ex. Ph. 46—47."几个世纪以来，哲学就像是向理性抒发的某个独一无二的赞歌"。Ex. Ph. 53. 正如我们将在结论处所说那样，这一对理性的求助意味着生存哲学向着某个真正的生存与超验教义的转向。这样一个忧虑已经在 PWa 中可见一斑，53—54，61—65。

[4] Ex. Ph. 48."理性将'封闭'的虚假真理撕碎，打破幻象，禁止停留在情感或理解中。理性是'相对理解而言的神秘'，尽管理性根据其所有可能性展开理解，以为自身创立自己的中介"。Ex. Ph. 53.

个由存在等级及相关真理等级组成的真正意义上的系统。[1] 在这个上升的辩证法中，位于最低等级的是活着的我（le moi vital）、这个"我"对"真"的实用主义标准以及这个"我"的功利主义思考和情感思考；然后才是要求普遍有效性以及通过客体性实现意识识别的理解；最后是拥有文化、政治、教会总体性的精神。因此，存在着一些被信仰概括与超越的真理层面。正是在此处，哲学依旧作为某个"思"（Denken）而在，召唤着某个"哲学逻辑"——尽管事实上，它不过是一个"非逻辑"[2]（alogique）——并宣称对哲学自身的"启明"。因此，理性就是生存的其中一面，这一面顺从于某个系统以及某个闪烁的明晰性。即使生存有完全黑暗的另一面，是自我选择的"黑暗基底"，但它对"一"的意识使得我们可以说，它的信仰也是理性。[3]

不过，需要指出的是，对理性的这一歌颂并不妨碍信仰通过其与非理性自由的结合而变得主观。雅斯贝尔斯自己不就在《理性与生存》中指出，理性不是生存本身，而只是生存可思的、清晰的、可交流的部分吗？在某些充满神秘的句子中，雅斯贝尔斯揭示出了让理性与生存相互分离的难以察觉的裂痕：两者就像是同一个超越顶峰的两个侧面；生存——亦即对真理的选择——是深度，是源头，是灵感，是活力，如所是的生存是黑暗的而非清晰的，是真实的而非总体的，是历史的而非普遍的，是"信仰而非思想"[4]。理性则是不同连接的意义，是一种捆绑，是一种连接：因此，理性"不是源

---

[1] 有关这些等级，详见 VE 52—55. Ex. Ph. 29—34. 对这些等级的陈述趋向于某个新的经院哲学陈述宇宙论：里面说道，在这个"由不同存在模式连接起来的建筑中"，每一个存在等级都包含着下一个等级，且完成了上一个等级。这些存在模式甚至被命名为"形式"，它们使对"所有具体哲学的抽象"成为可能；因此，我们称其为"可让哲学内容**毫无遗漏**地保存其中的地平线或形式"，VE 28；"统摄本身不是形式而是地平线"，《哲学入门》中已经在这个意义上使用"形式"一词（II，117）。

[2] Vorwort IX；II，117；作为对"超越形式"之考察的哲学逻辑，雅斯贝尔斯的另一部著作将论及该逻辑。

[3] 详见"生存的理性"表述。VE，110，以及 VE. 77—79。

[4] VE，36—39.

头，而是像源头一样的东西"[1]。雅斯贝尔斯既未曾想过摆脱克尔凯郭尔和尼采的震动，也未曾想过摆脱永恒哲学（philosophia perennis）对理性的要求。不过，雅斯贝尔斯似乎并未能让他对生存以及对生存之信仰的沉思与他对理性的思考相重合。在生存的唤醒能力与理性的透明意志之间，不断地产生着某个隐秘的分离。生存与理性的不同要求甚至在生存哲学的方法内部不断斗争。对"透明"的要求与唤醒的能力是相反的两极，它们以不同的方式牵引着哲学逻辑以及对生存的启明。[2] 哲学逻辑趋向于对"超验形式"进行某个系统的调查，并在极限情况下，趋向于某个有关生存本质的哲学；"界限""跳跃""地平线"等词已经指示出了这个有关矛盾、循环、循环论证以及悖论的逻辑时刻或者非逻辑时刻。在《理性与生存》的最后，雅斯贝尔斯指示出了某个在未来可能的反思，亦即对这个非逻辑与形式逻辑、科学方法、康德的超验逻辑以及黑格尔逻辑之间关系的反思；其中，黑格尔逻辑尤其会唤起它自身的克尔凯郭尔风格以及尼采风格的同等物。在体系本身的失败中，这个全新的逻辑将成为生存的系统分类学以及大写的"总和"[3] 的唯一相似物。或许，在当时，雅斯贝尔斯思想趋向于的正是这个哲学逻辑，该逻辑或多或少与对生存的例外方面的阐释背道而驰。自那时起，《哲学入门》之后形成的观点就不再主张对由理解与超验信仰之间的关系所提出的困难进行彻底改造；这个困难内在于选择本身，介于其最清晰、

---

[1] VE，40. Ex. Ph. 50；"生存只能通过理性才能被启明；理性只有通过生存才能拥有内容。"VE，41；理性提出问题（例如：为何有某物，而不是无?），而生存则是提出问题的冲动。Ex. Ph. 51. 相反，在 VE 42 中，雅斯贝尔斯指出，"生存在理性问题的激励下转向超验"。

[2] 因此，VE 区分了理性对透明的要求（Durchsichtigkeit）以及生存的唤醒能力（Erweckung）：哲学逻辑属于理性，对生存的启明则属于生存，VE 46；*Ex Ph*。进一步说道："哲学逻辑与对生存的启明背道而驰，后者与自我存在的可能性以及通往理性的自我意识的道路相关，这个理性被视作思想的普遍性；换句话说，生存是理性这样的努力，在这个努力中，理性尝试阐明不同存在保障模式所涉及的形式和方法（这些方法总是以无意识的方式行事），这些形式与方法可能存在于各类科学中，也可能存在于对世界的哲学探索中，可能存在于对生存的启明中，也可能存在于形而上学中。"Ex. Ph. 99.

[3] VE 98.

最普遍[1]与最可交流的形象和其最无可避免地黑暗、例外、隐秘的形象之间。

　　因此，求助于超越理解的理性无法克服真理理论的所有困难：我们不可避免地被重新引至真理通过自由进行选择的问题。对自我的选择难道不是一个主观标准吗？雅斯贝斯可能会回答，这个标准既是超主观的（trans-subjectif），也是超客观的（trans-objectif），其中，客体性的缺席并不会被某个简单的意识状态所接替，而是会被某个行动所接替，该行动与行动的客观媒介（médium）并存。假设的确如此，但应该如何区分这个理论与尼采的观点主义（perspectivisme）呢？这个问题非常重要，尤其考虑到整个生存哲学是根据其自身标准被评判的；如果说生存哲学是雅斯贝尔斯通过自己进行的选择，那么在该哲学与它自身所形成的循环之外——通过主观地创造对其自身进行确认的有关"真"的主观标准，该哲学与它自身形成了循环——该哲学依旧成立吗？对于这个质疑，我们只能给出这样一个答案：要更加细致地思考这个作为真理之灵魂的"对自我的选择"。所有质疑都源自这样一个独特的幻象：人们将这个选择想象为在好几个可能的"我"之间的抉择；然而，我并不能如此这般地将自我客体化并将自身投射于某个外在于我的可能性表格中。我并不是我所选择之物，而是让我得以进行选择之物；在对某物的选择中，对我而言，存在与选择已经变成了一回事[2]；因此，这个选择的独特之处在于，它不是它自身的客体。从此，对我的真理的选择将不再是某个在众多真理之中的选择。[3]没人会在众多体系中选择他自己的体系；相较最终的选择——并非在不同物之间的选择——而言，任何"两者择一式"的抉择（alternative）都是次要的。这就是为何，伴随着这个最终选择的必要性始终会表现出

---

　　[1] "思想的普遍性就是理性本身，前提是这个普遍性在逃离形式主义的同时，保持'介入'（engagé, gebunden）与'被填满'（remplie, erfüllt）状态"。VE 78.
　　[2] "我就是这个选择的自由"，II，182。
　　[3] II，418.

某个作为专制之相反面的独特特征："我别无选择"，"我应该"（ich muss）；这个必要性是一个内在符号，正如我们在前面所说，表达中的统一性和简单性则是某个外在于我的符号。这也是为何，我无法从外面出发来考虑我的真理 [1]；我可能对其进行思考，但这样一个相对且临时的后退是一个需要被克服的时刻：我的真理，是我与我自己的统一。否认这个真理，就是在没有源头的空无中进行判断；只有对那些游离于人的不同观点的看客而言，信仰才会作为对众多可能体系的某个专横选择出现。真理的语言位于无条件的选择这边；在对观点主义的指责中采用的就是这种语言；没有某个有关生存及其真理的永恒至高点（une vue de Sirius）。从自身迸发的人，就是同自身的真理以及存在同在的人。

对主观主义（subjectivisme）的这一反驳在雅斯贝尔斯有关尼采的书中有过明确的表达。在其中，雅斯贝尔斯有力地反驳了认为真理只是通过生命对现象的"阐释" [2]（exégèse, Auslegung）的观点，以及认为真理就是谬误（erreur）的观点。真理的标准超出了生命、超出了幻象（illusion）、超出了视角，否则尼采如何得以在肯定真理只是对生命之阐释的同时，不掉入某个恶性循环之中？必须让存在超出表象（paraître），才能让对幻象的思考超出幻象。雅斯贝尔斯并不否认"加入"（adhésion）的无条件特征足以在信仰范畴内区分真与假、区分绝对与生命的专制（l'arbitraire vital）。不过，值得注意的是，雅斯贝尔斯是通过求助于其密码理论 [3] 才得以将自身与尼采区分开的：表象是"有关……"的表象，表象是存在的语言；在这个语言中，绝对通过符号自我呈现。自那时起，雅斯贝尔斯更加确信：生存不产生"真"，它只见证"真"；"阐释"（exégèse）一词不再意味着对文本的创造性解释，而是意味着对文本的服从性解释

---

[1] Aus dieser Wahrheit kann ich nicht heraus. II, 417.

[2] N.160—175.

[3] N.256—261.

(interprétation docile)。因此，真理既是对我之所是的表达，也是对我产生限制的存在符号。[1] 稍后，我们将再次论及雅斯贝尔斯在《哲学入门》第二卷中所讨论的真理理论同该书第三卷所讨论的密码理论之间的关联或者暧昧关系。[2]

从前面这些分析出发，我们被引向了一个新的理念：如果对我的真理的选择就是对自我的选择，那么对我而言，就只有一个真理，正如我只是一个生存。独断主义者（dogmatique）不无道理地指出，对自我的选择意味着对我的统一性的抵达，但他们并不知道这个选择究竟意味着什么；怀疑主义者不知道无条件真理为何物，因而会说：存在着好几个不同的真理。[3] 只要我立于某个"两者择其一式"的抉择面前，我就未处在某个无条件的真理中；当我找到自我时，我应该处在某个独一无二的哲学中。"多"只会在反思的时刻得到保留，这个反思会朝各个方向努力，直到在决定中沉思并与自我汇合。对个体而言，他的真理是独一无二的。[4]

由此导致，其他"世界观"并不是其他真理，而是有关他者的真理。正是在此处，交流问题得以替代无条件性问题；对生存而言，"多"不再存在于可能的真理之间，而是将存在于不同的生存之间。

---

[1] 真理是作为密码的世界，"它是对生存而言这样一个简单的真理，在这个真理中，由阐释——亦即所有可能从'外部'（dehors）理解的具体阐释——构成的普遍知识将被悬置，并让位于存在本身。因此，真理是'我'的真理，但与此同时，它又不仅仅是我的真理；因为，首先，它变成了历史性的，变成了这样一点，从这一点出发，我与存在在一起；其次，它就是存在本身——尼采将之命名为强力意志——，在这个存在模式下，存在作为自我进入生存之中"。N.259.

[2] 参见第四部分，第二章，第一和第二节。

[3] "如果存在着好几个拥有经验现实性的无条件真理，我可以与之面对面并从中选择一个，那么真理将失去所有意义。这样一来，我将可能认识一些作为多重真理的真理，在这些真理的无条件性中，这些真理相互排斥；这是不可能的。要么我知道真理，要么我加入真理，要么我就是真理，总之，每次只能有一个真理，这个真理像驱逐他者一样驱逐'非真之物'（non-vrai）"。II, 418.

[4] "我所源自的那个作为真理源头的选择是这样一个生存的选择，在这个选择中，生存自我选择。我不再是在多个相反类型中进行抉择，而是从对真理之选择的内部出发，加入真理；通过这个选择，生存将在对他而言唯一真的'世界观'中自我启明"。II, 418.

二、真理与交流

对真理问题的重新探讨在雅斯贝尔斯的哲学中如此重要，以至于有时候，其分析的整个重心似乎都落在了真理的传递方面。[1] 没有他者，我什么都不是，在交流产生之前，我不是我自己；因此，"真"的本质在于让自己被他者所理解与归化（approprier）。我们在前面所列举的每一个真理等级都提出了各自独特的中介模式，这些模式又可被信仰概括：在生命层面，"真"意味着由共同的需求、共同的观点及共同的任务所带来的联结；在理解层面，"真"则意味着向某个抽象、恒同的真理会合。最后，大写的精神（Esprit）会让所有个体加入不同的大写理念（Idée）的总体性之中，文化、政治与宗教正是对这些大写理念的具化。[2] 最后的最后，信仰意味着斗争（combat）与对话；只有与他者的真理产生联系，我才能抵达我的真理，如若不然，我只会重新跌入专制（arbitraire）与幻象之中。生存是为生存而在。[3] 正因如此，主观主义与独断主义的错误是同等的，因为它们以同等的方式反对交流：前者通过揭示客观主义的独裁，来宣称它自身的真理才是唯一的"真"，这样便排除了任何对话以及任何对共同的寻求；后者只能拥有门徒或对手，却无法拥有朋友；[4] 通过将意识定义为其内在性，主观主义忽略了这样的事

---

[1] 在 VE 中，第三次演讲的题目就是"作为中介的真理"（Wahrheit als Mittelbarkeit），第49—75页。在《哲学入门》一书中，真理就已经是在讨论交流时被论及了："论整体真理"（Die Wahrheit im Zueinandersein），第416—421页；"信仰反对信仰"（Glaube gegen Glaube），第434—441页。真理与传递之间的这一关联证实了雅斯贝尔斯思想从克尔凯郭尔的"例外"思想向着西方哲学传统的滑动：他者真理的问题并非克尔凯郭尔的问题。即便克尔凯郭尔也曾讨论过"间接交流"，但他思考的始终只是在即便存在误解与模糊性却依旧可被理解的某个信息或语言中自我表达的可能性；它既未提出对他人的理解问题，也未探讨不同生存之间的交流与相互性（mutualité）的问题。

[2] VE 49—65；II, 51—54；Pwa 331—335.

[3] Existenz zu Existenz；Zueinandersein, II, 416.

[4] II, 111.

实：对话并非从外部加诸生存之物，而是构成了生存本身。他者的真理并非被简单地置于"我"之外，而是在斗争之中让"我"得以产生；哲学是共同的哲学（symphilosophieren），意味着"最好的人"（les meilleurs）之间的某个广阔的交流，其真理是"交流的"[1]。雅斯贝尔斯同笛卡尔、尼采、信教徒等之间的爱的斗争正是该真理的活生生的例子。雅斯贝尔斯对历史以及传统的尊重同样也来源于他对他者之真理的忧虑：凡未聆听过、评价过与热爱过伟大哲学家的人，都还不是他自己；凡未与"例外"、宗教、无神论角逐过的人，亦即凡未与生存哲学所排除的"另一个可能性"角逐过的人，都不是原初的。[2]

还必须在不同生存之间的这个关联与相互性（mutualité）中看到理性的一面[3]：在不同的生存之间，理性是关联准则，是连接（das verbindende）——克洛岱尔可能会说，是一种液态的联系（lien liquide）；理性让一个生存在另一个生存中敞开，想让最为隐秘之物被启明并被言说，同时让这个秘密得以被听见与理解。理性是一切对话的准则。没有理性，生存将成为抗拒任何中介的例外，亦即成为"不可交流的例外"[4]；从这个角度出发，哲学史就是理性的历史形式。[5]

因此，问题在于重新弄清楚，"另一个真理，另一个生存的真理"这一表达是否不再会引发怀疑主义：为个体所排斥的观点多样

---

[1] "正是交流的真理允许对他者之真理的这一承认，并赋予某个非我之真理的他者真理以可接受的含义"。VE，65.

[2] "我们应该已经更加透彻地厘清了永恒哲学（philosophia perennis）的源头，并更加清晰地指出了有关空洞无物之理性（rationalité creuse）的真实哲学。对我们而言，某个言说着生存语言的全新哲学正在酝酿；然而，这个哲学却想要相较以往更加忠实地保留哲学的古老开端，因为这样，它才能更好地找到哲学的内在意义……生存哲学的可能性之所以仅位于其源头的纯粹喷发之中，这只是因为该哲学立于另一个现实性面前，该现实性对这个哲学而言并不为真，但对它自身而言却是真理：被启示的宗教与无神论"。VE，101. 论无神论与宗教，以下内容参考自：第三部分，第一章第二节，第四章第二节。

[3] …den verbindenden Gedanken der Wahrheit als Communication. VE. 97；62—63.

[4] VE 95.

[5] VE 52.

性难道不会在交流阶段实施报复？如何才能避免得出"有多少生存，就有多少真理"的结论？[1] 对于这个问题，我们只能给出某个局部的答案，且这个答案的局部性是为人所共知的；不过，该答案的弱点本身并不仅仅只是雅斯贝尔斯哲学的弱点，而是整个人类境况的弱点。首先，人们可以回答，只有当将真理的普遍标准以及智识的统一性变成交流的标准时，这个质疑才有意义；不过，人们也可以更加坚定地回答，"存在好几个真理"，这一说法中的相对主义建立在对生存之多样性的某个错误阐释基础之上，其与我们在前面所批判的"观点主义"一样，不过只是幻觉。[2] 我们已经说过，我们无法离开自我，从而在其他可能性中选择自我；同样地，我也无法飞跃到战场之上去四处炫耀无条件真理的多样性。"多样性"只有在"与"(avec) 之中才能被"给予"给我，而这个"与"永远意味着某个"与我"(avec-moi)。他人只有通过他们的信仰与我的信仰之间的交流，才能在我身上被揭示；因此，我始终只能从自我的内部出发并采取间接的方式，才能抵达真理的其他立场，这些真理立场与我的真理不可同日而语。对我而言，位置的交换以及对选择的比较是禁止的。[3] 交流拒绝这样一个更高的视角，从该视角出发，我的真理作为众多可能真理中的一个在我身上显现。交流禁止我说"我是唯一的真理"，因为还有其他真理；交流也禁止我说"有好几个真理"，因为其他真理是有关他者的真理，我永远无法列举出每一个生存，并从总体体系出发得出总体之中每一个成员的部分功能。总之，我的真理与他者的真理，两者加一起并不会得出好几个真理。用于理解的语言本身所不断暗示的相对主义应该在信仰与交流的迸发中不断被克服。当我是我自己，他者是他自己

---

[1] II，417；434.

[2] II，434.

[3] "我的真理，亦即让我存在且让我作为自由而在的真理，与另一个作为存在者的真理不期而遇；正是通过这个真理并与这个真理一道，我成为了我自己；这个真理并非独一无二且唯一的；不过，在这个真理与其他真理的关系中，它却是独一无二且不可替代的。"II，417.

时，我们在超越了所有怀疑主义与独断主义之后，不断斗争又相互扶持。[1]

一切困难都已经被克服了吗？并没有：留下的还有那撕裂存在（être déchiré）的不安；在怀疑主义这个虚假的问题背后隐藏着真正的斗争与爱的问题；并不存在某个被给予的总体性，来克服信仰与信仰之间斗争。这并非真理理论的弱点，而是人类境况的伤痛："唯有在冲突中，我的信仰才能产生，我才能成为我自己"[2]。必须让交流打破生命层面、**智识**层面或者社会层面的临时总体性的幻象，方能抵达真正的裂口：我是我，而不是你。正是在此处，生存真理理论抵达其巅峰：该理论是失败哲学（philosophie de l'échec）中的一个时刻，这个哲学从各方面驱逐超验；"知道"的完成意味着对生存的驱逐。交流的完成则意味着某个没有超验的总体性。[3]"生存真理的多样性"，从其所指涉的意义出发，该表达指向某个"太一存在"（Etre-Un）的真理，这个真理是生存的界限[4]；该真理不再是我们之所是的真理，而是"自在"（l'en-soi）的真理，我们将发现，这个真理只能通过密码且只能经由某个生存才能抵达。不过，还需指出的是，"太一存在"并不仅仅在生存真理的空隙中显现，而且还在某个"总体交流"的愿望中显现，这个"总体交流"就是超验存在的形象本身。[5]即便是信仰与信仰之间最微不足道的分割（partage）也包含着对某个"共同存在"（être-en-commun）亦即"爱"的确定[6]；这个"实质的统一性"（unité substantielle）正是我们隐藏在上帝中的统一性；同样地，这个生存真理理论通过其失败与完满证实了它自身

---

[1]　"对理解而言，生存真理的原初悖论依旧存在，亦即真理在保持独一无二的同时，与其他真理相关联"。III，419—420.

[2]　II，434.

[3]　II，438.

[4]　II，440—441."在此世界中，一切认知的未完成主宰着内在。"VE，68."此世界中真理的失败就像是对上帝之存在的某个证明"，因为"应该存在一个真理"，68。

[5]　VE，66.

[6]　II，70—73；II.，277—279."爱不是交流，而是交流的源头，是在交流中所呈现之物。"

以外之物。[1]

不过，没有任何人可以处于这个超验层面。人们无法像厘清"太一存在"的不同方面那样，从这个存在出发得出不同的生存真理。超验无法在众多生存真理之上引入某个超级真理。爱只有在"爱的斗争"这个运动中才能显现；共同的源头是具有滋养功能的沉默，这个沉默承载着相互对立的话语并让这些话语与源头相连。[2]人们总是用某个编码的语言，在无知的年纪言说真理，或者在"时间的尽头，当时间和过程都被删除时"，预感真理体系的实现。[3] 这个末世论语言指涉超验的非存在真理，而超验则将在我们的总体交流意志的密码中得以显现。不过，交流本身依旧是一场斗争，真理始终是多重的；甚至可以说：即便我知道我的上帝也是他者的上帝，但只有在信仰与信仰的斗争中，亦即在上帝与上帝的斗争中，对超验本身的讨论才会成为可能。正是在信仰与交流中，超验得以通过密码被给予。因此，生存真理**决定**的不是存在，而是人。[4]

三、真理与历史性

以上这些对经由交流所揭示的有关生存之界限的思考，将有助于我们对一切真理的历史性产生意识[5]，"历史性地真"（historiquement vrai），这是频繁出现在雅斯贝尔斯笔下的一个表达，

[1] 失败：在超验面前，我所是之真理"只是在时间中的衰落。作为在时间表象中的时间存在，不同的真理就是不同的衰落模式"。II，436. 充盈（plénitude）：II，71—72。

[2] II，73.

[3] II，107. VE，73.

[4] "启明"的关键在于对"深渊之眩晕"的唤醒以及对超验的最后召唤。其中，"深渊的眩晕"会攫取遭遇"真理多样性"的生存，而超验则是唯一可从该眩晕里释放出来的东西。II，441。

[5] "自在（l'être-soi）……将作为纯粹可替代的理解而消失：它只存在于历史的统一性中，存在于某个时代或者某个位置"。II，49. 对尼采而言亦是如此，认知无可挽回地只能是"尝试"（essai）和"危险"（danger）（N.339—342），philosophie du gefährlicher Vielleicht，N.397—398。

该表达的矛头直指宏大体系以及古典本体论的普遍性、永恒性以及总体性企图：对话提醒我"一"不是总体。[1] 如果我们始终铭记"历史性"的特征，我们将轻易得出真理理论的主要结论：人们将在其中看到同样的从"被忍受的局促"向"被承载的深度"的转变。首先，任何真理都只是一个有界限的真理：一个哲学将在一个人的生命的间隙中、基于某个有限的信息与有限的能力、在某个有偏见的个性的影响下被构思出来。所有这些因素都大大地限制着通往真理之努力的作用范围，但它们也同时决定着从总体出发所理解的存在。[2] 这一所提问题的无限性与提问者境况的局促性之间的不相称（disproportion）正是我们对生存哲学的第一步反思：我既不位于开始，也不位于结束，而是对"开始"与"结束"进行着发问。[3] 其次，生存真理的主要界限还源于其时间条件（condition temporelle）。既然真理是选择，那么它就意味着在时间中的一种征服；然而，我从未将我的存在形象，亦即我的真理形象固定："我还是其他东西"[4]。从此，生存真理就将变成"始动的"（inchoatif），不断被改写，而知识（savoir）则可以被领悟并变得永恒。[5] 内在于自由的可能性会阻碍"真"的完成：危机和勇气与人类真理的本质密切相关。[6]

当将这个理论运用于形而上学时，该理论将拥有不可估量的影响：事实上，正是在"真"的"生成"中，"真"的绝对得以显现。所有客体的相继消散不仅让哲学与一切永恒本体论（ontologie immuable）对立起来，而且也让哲学与黑格尔的某个自由神话对立起来，黑格尔所说的"自由"也是绝对的，不过不是某个"无条件"的自由，而是某个驱逐进程与斗争的自由：在黑格尔那里，某个跨越时间的自由就是超验；对我而言，"真"将证实这样一个箴言：

---

[1] "无条件性每次都是'一'；因而不是'总体'"。I, 261.
[2] I, 264—266.
[3] I, 1—4.
[4] II, 34.
[5] 论理解的偏见：作为永恒的"真"。I, 30.
[6] II, 107；II, 36.

"我变成我之所是"。

真理理论的这个特征尤其让该理论接近某个运动主义（mobilisme），正如该理论的前两个特征仿佛将该理论与某个怀疑主义和相对主义混同在一起。不过，再一次，此处情况并不简单；有限之物是绝对之物得以显现的符号与方式。某个完满的意义可能栖息于最衰弱的真理中 [1]；而消逝之物却可拥有永恒的强度：那是真理的时刻，那个时刻充满模糊的回忆与等待，充满被留住的过去与刚刚开始预测。[2] 我们触碰到了永恒与时间的悖论，该悖论将真理问题作为生存问题来阐释。因此，"真"是"一"与永恒，正如长久以来哲学家们所说的那样，但哲学家们并未曾真正如此理解，因为这里所说的统一性允许另一个真理外在于其自身，而这里所说的永恒则只有在对信仰提出质疑的危机中才能显现。

这一对真理时间的思考将我们再次引向同"真理多样性"相同的结论（这没什么好吃惊的，尤其当我们考虑到时间和多样性是生存的两大弱点）；"真"的"历史性"是超验存在的否定标记：时间所在之处，超验便不"在"。[3] 我们可以对雅斯贝尔斯有关意识多样性的宣称进行改写，并说道："历史性"是上帝存在的证据。生存真理处在失败的状态下，并通过这个失败本身祈求（conjurer）超验；不过，与爱的完满一样，永恒的完满也是超验的实证符号："我所是"之真理被"我所不是"之存在所环绕；这是"结余"（appoint, Hinzukommende），是"馈赠"（don, Geschenkte）。[4]

因此，该真理理论可能在多个方面表现出令人担忧的特质，并与其在这个世界上最想敬而远之的主义相邻近：观点主义、相对主

---

[1] 原文："aie geschichilich vermittelte jeweilige Erfüllung der Erscheinung des Seins." I, 3。

[2] I, 16—17. I, 268—270.

[3] "在'我是'（je suis）的表达中，人们所认为的超越所有客体的永恒之物——因此，该物将在知识面前不断消隐——作为某个可撤销的决定在我身上显现；因此，当思想阐明这个存在时，根据这个思想所遵循的不同道路，我时而是将来，时而是永恒，时而是生成，时而是存在。从表象出发，我只能是我所获得之物；但从永恒出发，我却是得以变成表象之物。我在表象中不断地自我创造，而不是在永恒中被一次性创造出来。"

[4] II, 48—49. 我像"给予"一样走向我。II, 44；II, 198—200.

义、运动主义；该理论在难以调和的术语之间，在自我选择与同他者的对话之间，在永恒的统一性与时间危机之间寻求平衡。或许，相较艺术用来隐藏不协调的这样或那样更为和谐与巧妙的理论而言，该理论更接近人类的具体境况。不过，该理论自知未完成；该理论的一切意义都源自为其提供动力的隐秘意图，这个意图就是：酝酿一个超验的哲学。如果信仰克服了知识，那么它亦将揭露其自身的未完成性，亦即其不可弥补的多样性及其无可救药的时间性；同时，信仰还将预感到，为其提供动力的自我选择本身与某个"自我存在"（être en soi）的在场相关联，这个"自我存在"统摄（englobe）着我所是的"统摄者"（englobant）。我们将在本研究的批判部分进一步追问，一门哲学是否能够抵抗这样一个极端的张力：一方面，包括超验真理在内的所有真理都表达着个体自身的选择；另一方面，包括生存存在在内的所有存在都表达着超验的存在。[1]

---

[1]　尤其是这两个主题的碰撞：作为对自身之忧虑的哲学。I，270—271；作为对自我之欲望的哲学。这将是生存哲学与超验哲学之间的对抗。参见第四部分，第二章。

第六章 一个伦理学的雏形

从广义上讲，雅斯贝尔斯的整个哲学就是一个伦理学：他的每一个描述都同时既是对经由自我创造自我的召唤，又是对友谊以及日常勇气的召唤；与其说真理理论是一个认识论，毋宁说它是一个有关真实性的伦理学；总之，意识不是一场表演，而是一个行动。相反，如果我们期待从伦理学中获得某个有关义务的体系，那么在雅斯贝尔斯那里就没有任何伦理学；我们至多能在他的思想中看到某个伦理学的雏形，瞥见源自自由、交流以及历史性这些概念本身的行动所特有的方向。不过，我们无法使这些笼统态度凝结为具体义务；这些态度通往的是一些二律背反，而个体则应该在冒险与勇气中具体地解决这些悖论。确切、固定的道德准则与无条件行动之间的冲突属于自由的循环，客观社会形式与个体之间的张力属于交流的循环，而世界本身与可能生存之间的张力则属于历史性的循环；从一个等级到另一个等级，"客体性"施加的压力将不断增强：义务、社会、世界。在分析的最后，生存在此世间的悲剧境况将显露无遗。

一、道德准则与自由

　　自由作为一种内部行动是无条件的：互为条件的各类意识状态
[情感（sentiment）、本能、生存意愿（vouloir-vivre）] 只是该行动
的包裹物（enveloppe）[1]，从一个条件上升到另一个条件的精神行动
只能实现对该行动的精神投射。我们已经强调过无条件的确定性与
任何普遍概念之间的对立。我们还必须阐明无条件性的实践方面，
亦即无条件性与可能在实践中起决定作用的道德准则之间的关系。
康德并不认为在让自由得以呈现的道德律（loi morale）之外，存在
任何可将自由照亮的光；尽管康德并未根据义务的内容来决定义务，
但他至少根据某个普遍有效的纯理性准则，从形式上对义务进行了
决定。雅斯贝尔斯则完全不同：在他看来，最为崇高与稀有的经验，
亦即让生存在非—存在（非—知识，眩晕，焦虑）之可能性面前颤
抖、让生存获得存在（爱，信仰，想象力）的经验，超越了合法性
（légalité），或者用克尔凯郭尔的话说，超越了"伦理阶段"[2]。在客
观义务与个体之间同在客观真理与自由之间存在着相同的敌意。

---

　　[1]　II，256；一个依赖于科学进步的道德理念是没有意义的；然而，这却正是笛卡尔
的梦想，该想法违背了伦理学所具有的坚固的哲学特征意义。D. 64—67. 此外，也很难
为尼采所特有的道德批判找到回音。自由向无政府创造的转变，义务向自然之自生性
（spontanéité）的转变，宽恕向生命之无辜的转变，所有这些都将我们从净化时刻引向了一
个内部类型的伦理学。N.117—146；224—226，238—241，250—254.

　　[2]　参见名为"绝对意识"的章节。II，255. 正如我们所知，在有关"主体性"理论
的各个方面，雅斯贝尔斯都非常接近克尔凯郭尔。与克尔凯郭尔一样，雅斯贝尔斯将伦理
学同"外部"（extérieur）与"普遍"（général）等同起来，并将之与"内部"（intérieur）以
及"个体"（individu）相对立。亚伯拉罕超越了以律法为准则的思考；内部始终是秘密。
克尔凯郭尔指出："如果内部不高于外部，那么亚伯拉罕就是错的。"不过，尽管雅斯贝尔
斯也将伦理学悬置起来，并指出律法不是生存的限度，但我们并不能就此认为宗教阶段代
替了伦理阶段：让人摆脱可视成果尤其摆脱交流的超验只是幻觉。正因如此，雅斯贝尔
斯指出，生存哲学是"伦理的"，而非"神秘的"。雅斯贝尔斯想要拯救"普遍合法性之律
法"的意愿说明，他追寻的更多是作为生存之限度的义务，而不是对伦理学的悬置。这样
一个不同的态度已经表明了雅斯贝尔斯想要保留内部与外部之间张力的努力。克尔凯郭尔
在《恐惧与战栗》（Crainte et Tremblement）之后充满敌意地解决了这个张力。因此，我们
可以说在雅斯贝尔斯那里有对合法性的超越，但没有"对伦理的悬置"。

没有任何保障技术，也没有任何理性或社会保障可以对抗眩晕和焦虑，最坏的情况始终可能；一个可让我们摆脱这一彻底震动的有关义务的严密、确定体系，只会让我们错失本质之物：对源头的求助。[1]

同样地，爱也超越一切规则。[2] 人们只能以诗人的身份而不能以伦理学家的身份来谈论爱：人们可能会说，爱是光，是冲力，是生效的仁慈。人们可能会想到圣奥古斯丁所说的：爱，做你想做的事。爱是信仰的灵魂，而信仰则是爱的保障。然而，信仰也是行动之光：正是信仰让行动变得无条件。事实上，如果说不存在无内容的信仰，那么这个信仰的内容会在为其提供动力的"灵魂"身份面前将自身抹去。语言已经表明，我不相信某物，我信仰某物；相信某物意味着对某物产生不确定的知识；信仰某物则意味着献身于某个超出经验的现实性（国家、科学、荣誉），以及献身于这样一个理念，该理念只对承载这一理念的人而言才有价值。我的信仰总是指向一些具体的生存；最后，信仰则总是指向隐藏于生存中的绝对存在。相较信仰的所有深度等级而言，客观内容只是包裹物；一旦受限于某个固定的内容并从某个有限的客体处汲取养分，信仰就会堕落。对享乐、财富、力量的追求，还有希望与焦虑，它们都将把信仰吞噬：行动将受限于某个有限的目标，这个目标本身并不确定，将不断指向其他目标，并让其他目标构成其不断逃离的地平线。对行动而言，这个世上没有终极目标，所有已知的结束都将逐个变得有限与不确定，正如客体之于知识那样。信仰之所以将有条件行动的目标据为己有，那只是为了激发出该行动对存在无条件的爱；正是在这个意义上，我们说信仰是"元道德"（métamorale）的，无法以某个智识束缚为基础。[3] 关于有限目标从属于存在之确定性这一

---

[1] "可能成为毁灭之物，也可成为生存的道路；没有那可能的绝望的威胁，就没有自由。"II，267.

[2] "处于完满状态下的绝对意识"，II，276—284。

[3] II，281.「凡我以理性为基础所知之事，我并不相信」。参见"有条件与无条件行动"，II，276—284。

点，我们可在献祭经验中找到确切的征兆[1]：无条件行动的试金石就是经验层面的失败；唯有失败才能揭示出行动不以某个经验目标为限度的事实。将自身等同于某个短暂事业的生存会通过信仰超越这个事业本身，而不会在失败中沉沦；凡将经验存在视作绝对价值标准的人是无法将失败纳入自身的。唯有这样的信仰才能依旧赋予失败以意义，该信仰将其事业理解为一个符号，将其理解为一个存在的表象：当包括自我、我的人民、所有客观成果在内的所有一切被摧毁，信仰将退回至它与"神性的协约中，不再受到任何利益的干扰"[2]。因此，对行动的诸多决定、此世界的各类有限目标都只是存在之确定性的表象，该表象时刻面临着被摧毁的风险。

最后，作为绝对意识的第三个维度[3]，"想象力"则将绝对意识置于了合法性之外；它似乎在行动面前转过了身，这与信仰截然不同，后者只有在行动中才能被体会：正如我们将在后面不远处看到的，想象力是沉思的灵魂。正是想象力让我们摆脱利益的陷阱；尽管它有让人忘记行动表面的"凹凸不平"的风险，但它可拯救生存的可能性本身。绝对意识的三大神学功能（爱、信仰、想象力）决定了我们通常所说的生存的诗意区域，该区域与说教区域不同，后者决定的是每个确切行动之准则的形成。

不过，生存的确不仅召唤某个灵感，而且也要求嵌入具体的行动中：正是在这一点上，处在其理性形式以及普遍形式中的义务将重获意义；存在着某个有关普遍概念的实践功能，正如也存在着某个有关普遍概念的理论功能。正如我应该尽可能地通过概念思考生存，哪怕可能面临失败，哪怕从这个失败出发，可能产生对生存的实际在场的保障。同样地，具体的决定也应该经受规则和义务的关键考验。

---

[1] II, 281—282；295—296.

[2] II, 282.

[3] II, 282—284.

在"对生存的启明"部分，对义务的分析曾先后三次被提及；尽管每一次的上下文都各有不同，但义务的形象始终表现出了某个混合体的特征：首先 [1]，正是义务通过其专制（arbitraire，Willkür）实现了从生存意愿（vouloir-vivre）到具体个人决定的过渡。因此，义务就是超验自由在生存自由道路上的形式时刻：服从于一个律法，这已经意味着自由 [2]；律法让我摆脱身体的束缚并让我认同价值的必然性。律法处在这样一个纯化运作的路线上，以某个自由和某个境况为限度的具体决定正是这个路线的顶点，且这个自由和境况都是独一无二的。我们还可能说 [3]，律法是生存在从"可能的生存"变为"现实的生存"的道路上所遭遇的决定；律法是两种不同自由之间的媒介，一个是依旧自我保留的自由，另一个则是介入的自由。在这个意义上，必须指出，并不是说自由出现在某个律法对意志进行决定之处，而是说当意志首先是无条件的时候，律法可以连接意志。[4] 最后是第三次提及 [5]，义务作为客体性的三种形式中的一种出现，这些客体性形式企图让生存僵化，但却充当了纯粹主体性与真实生存的中介；同所有实践客体性一样，义务这种客体性形式也应该被吸收与接纳。如果义务保持为客观的，那么它就会像是水手眼中的北极星，免除创造的意识则将成为义务的牺牲品，正如它也将成为激情和习惯的牺牲品。更应该让"服从的外在性"让位于"存在的内在性"[6]。在这里，雅斯贝尔斯的思想接近于伯格森所提出的压力（pression）与召唤（appel）的对立。

通过一步步分析，我们看到，自由与律法本应在某个内在的统

[1] II，178—187.

[2] "没有律法，就没有自由"，II，179。

[3] II，330—333.

[4] II，330.

[5] II，354—363. 我们将在 PWa 中找到有关价值的性质及等级更加系统的论述。PWa：190—201.

[6] II，361."当我服从时，我作为主体而安宁，当我反抗时，我会变得焦虑，当我回应义务时，我将充满激情。"II，355. 然而，"在僵死的律法之上，生存站立起来，用它的可能性反抗所有严格的决定"。II，356.

一性中获得统一[1]，但却被某个跳跃所间隔，这里不仅有从"普遍"
到"历史"的跳跃，还有从"准则"到"具体决定"的跳跃。正如
个体是概念的界限，历史决定也是规则的界限；最后，所有选择中
都隐含着的对自我的选择将超越所有准则。因此，对义务的分析最
终落脚于某个张力，亦即应尽义务（obligation）与无条件性之间的
张力：雅斯贝尔斯曾说道，"唯有具有普遍合法性的律法才是普世
的，它要求在某个律法中不断理解该律法的无条件性"[2]；换句话说，
意识应该让欲望服从于义务，任何被超越的律法都召唤着另一个律
法，但律法本身只是这样一个创造进程中的一个时刻，在这个进程
中，律法通过自身对自身进行充满生命力的创造。实践层面的普遍
概念与理论层面的普遍概念都只是为了被超越而超越。[3]

　　我们将非常高兴地在雅斯贝尔斯的作品中看到这样一个经常被
提及的例子，该例子很好地说明了普遍律法与个人决定之间的这个
非稳定关系，这个例子就是：谎言。[4] 如所是的律法当然不能容忍
例外；任何以利益或爱为名对谎言进行的理论论证都是不可容忍的。
哲学家们对无论何种谎言都表现出绝对的拒绝，这是有道理的："作
为行动，谎言本身就是一个矛盾，会将道德删除。"[5] 唯一存在的问
题是，需要去了解是否可能存在"某个生存行动，该行动的真理并
不源自某个普遍的律法，因而无法被真实地表达，也就是无法作为
例证呈现"。如此提出的问题不再能接受某个武断的答案，而是将在
一切"案例"理论、一切决疑论（casuisitique）的界限处等待某个
脆弱雏形的出现；比如，人们将发现，靠近我的人有时是决心把我
看作狼的狼，有时是尝试向我敞开的朋友。前者置身于激烈的战场，
后者置身于爱的斗争中。然而，我深知，如果我不承载某个无可避

[1]　II，178—179.
[2]　II，331.
[3]　II，332—333.
[4]　II，356—359.
[5]　II，357.

免的"有罪"（culpabilité）注定卷入的斗争[1]，那么我将被迫在我的经验存在中受到损伤。因此，唯有某个绝对的规则才能严肃地宣称道：接受在生命中被吞噬的你不会说谎；那些成天嚷嚷着规则的绝对性，却无法在不卖弄的情况下承载该规则的所有要求的人是最不诚实的。不过，我们也不能将这样的人视作诚实，这个人仅仅出于对规则的遵守而不撒谎，会背叛自己的**亲人**，将自己的真实性视作高尚的保护壳，让其免于与决定的接触。真正的诚实只会伴随着深度事物的简单性与透彻性，从生存中喷涌而出；这样的诚实以它感到自身能够承载并负责的交流性质为限度，这个限度每一次都有所不同。该诚实有不对自己和朋友说谎的勇气；相反，面对敌人，诚实或许意味着对诡计的赞同，意味着在此世界流于表面的关系中对半真半假的话语以及沉默的运用。真正的诚实要求承认"谎言无处不在"的事实。诚实要求人们承认这样一个可能性：在某些境况下，即便谎言无法成为作为客观有效之律法的真理，但它至少可以是一个诚实的行动。[2]

不过，必须随即指出，这一对敌友的区分本身无法成为严密、静态的规则；一方面，在某些情况下，我无权用某个不合时宜的诚实来背叛我的团体，另一方面，即便面对背信弃义，我也无法将"是敌是友"这一对人的划分视作绝对；在所有人身上都住着一个可能的朋友。任何人都无法抛开具体境况先验地去判断不妥协、妥协或者战争行为在"此刻此地"是不是必须的，去判断它们是否具备这样的必然性，该必然性越过规则，最终从源头喷涌而出。

这一对诚实的分析本身本就具有某种令人不安的真实性，将帮助我们理解，为何在雅斯贝尔斯眼中，道德意识不是律法的抽象意义，而是个体的道德机智，是最为个人以及最为具体之决定的刺激物。我们可在本章开篇提及的那些本质经验附近找到有关这个道德

---

[1] 我们将发现在对抽象规则的超越中，斗争与过错，亦即界限经验所起到的重要作用。
[2] II, 359.

意识的分析：非—知识，眩晕，焦虑等。[1] 道德意识不是有关客观、确定目标的艺术，而是在最为彻底之震动的边界处所升起的"转弯处的声音"，亦即"在拐点处发出的声音"，意味着从焦虑到决定的转折。道德意识是在内部对话的沉默中对我的源头的召唤，也就是对远离自身之自我的召唤。[2] 当道德意识说"不"并控诉时，它更能被注意到，因为我不再与这个意识合二为一：苏格拉底口中的恶魔就会说"不"；就连其最为肯定的召唤都是通过某个否定引人注意的。当我与这个意识琴瑟和鸣时，它的声音只是沉默。这个意识要求什么？它要求我摆脱面对事件的被动性，并从可能的多样性中走出来，通过选择让自己变成"一"。这个意识给予我什么保障？除了能让我在某一刻确定变成我自己、让我感觉到我无法以其他方式存在之外，没有任何保障；这个"生存的必然性"[3] 与尼采所说的"永恒回归"类似：意识做好了让其真诚行为被某个无尽的重复认可的准备；或者，这个"生存的必然性"也与克尔凯郭尔所说的"瞬时"类似，这个"瞬时"将永恒与时间统一在了一起。

在分析的最后，我们可以进一步思考这样一个问题：某个伦理学是否依旧可能？即便义务拥有唤醒和苦行的能力，不得不承认，雅斯贝尔斯忧心更多的是消解义务的客体性，而不是指出义务自身的源头与结构——"将所有律法转化为你自己"，雅斯贝尔斯如是说道。然而，何为律法？我们在前面引用的那篇雅斯贝尔斯向康德致敬并讨论合法性准则的文章只是定义了某个有待超越的时刻；合理性难道不就是白昼的律法吗？这个律法会被例外对黑夜的激情所颠覆。然而，在另一处 [4]，雅斯贝尔斯讨论了某个独特的伦理

---

[1] II，268—275.

[2] "在我的意识中，我与我自身产生分歧"。II，268. "仿佛我的存在一分为二，我与我自己展开交流，我的经验存在被我的自我存在的源头所召唤"。II，268. 这个道德意识概念与海德格尔的相关概念非常接近。

[3] II，196. 生存的必然性与自然以及伦理的必然性相对立。在这个意义上所理解的"义务"（II，269）被称为"生存义务"，该义务与"客观"义务相对立（II，355）。

[4] II，362—363.

学，并将之视作一项有待完成的任务。这个伦理学以义务之名，为个体提供一些态度，这些态度并不像传统道德箴言那般抽象，而是从充满生命力的道德经验传统中汲取养分。因此，生存哲学似乎能够开创某个更加灵活、更加有生命力、更加有人情味的全新价值学（axiologie），这个价值学的客体性本身将同时与自由和历史相关联。

二、社会客体性与个体

在雅斯贝尔斯的哲学中，义务理论的地位比不上国家理论：在这一点上，雅斯贝尔斯忠实于黑格尔精神，对后者而言，哪怕处在其理想状态下的"义务"也没有国家崇高，唯有国家才能将现实与理性相统一。不过，国家本身不过是"社会客体性"的特权形式 [1]；在国家之下，社会——广义上的社会，亦即"人的世界"——形成利益组织，这些组织由对权力的欲望以及财产所支配；这是经济—社会层面。在国家之上，历史的宰制以文化的集体形式或者伟人典范的个体形式铺陈开。[2]

我们已经从交流、障碍以及机遇的角度出发对社会形式进行了思考；我们尤其已经看到，任何共同的生活中都蕴藏着暴力：这已经为基于社会的伦理学确保了某个界限，对此我们将不再赘述。不过，我们还需要揭示社会的客体性意味着什么以及有何危害。如果

---

[1] II，364—414. 至少在提问的立场方面，雅斯贝尔斯从未如此靠近过黑格尔的忧虑。雅斯贝尔斯成功抵抗了来自克尔凯郭尔的诱惑，从此将社会理解为大众，平民或任何人。不过，当他保留个体与社会的张力时，他也不忘从克尔凯郭尔处汲取养分，让异端（hérétique）的反抗被听见，并在苏格拉底的孤独面前停留。

[2]《哲学入门》并未对经济—社会层面与国家层面进行严格区分。不过，"论时代的精神境况"（die geistige Situation der Zeit）一文将这两个层面严格对立了起来，并转而将政治层面与人本身的层面进行了统一 [《总体意志》（der Wille im Ganzen）]：事实上，正是通过国家，人才得以参与文化：国家是教育者。G.S.Z. 72. 我们在前面已经介绍了社会的三个层面，详见 PWa 147—160. 这些时而严肃时而悲观的文字深受尼采的影响，同尼采有关欧洲之危机与衰落的预言相关：虚无主义首先是一个事实，是上帝之死变质的果实。N.41，214—218，233—241，370—372.

生存不用尽全力投入这些客观的社会形象中，那么它将变得不真实；不过，前面所说的存在于生存与义务之间的张力在此处将拥有某个独特的重要性：义务只是一个理想型，社会——尤其国家——才是一股力量。因此，从一开始，雅斯贝尔斯就已与黑格尔分道扬镳：在雅斯贝尔斯看来，由社会客体性与主体性构成的极性（polarité）是原初的。社会涉及精神与理念层面；在理念与生存之间有某个原初的张力。[1] 接下来，我们将从社会的三个层级出发，去揭示这个张力的不同理想形式。

（1）经济—社会层面是忧虑和斗争的层面[2]：生产与消费，占有与支配，这些都是社会行动中最常见的主题；然而，这个源于斗争且在斗争中得以维持的行动（为了财产、权力、荣誉而战）[3] 却是由某个确定、总体的福利理想型所激发的。事实上，社会就是强加给力量的秩序以及秩序的目的，而在忧虑层面上，社会则是福利，亦即健康、对痛苦的消除、更加长寿且尽可能幸福的生命以及对所有需求的满足。作为一个经验存在，我一定会产生这个愿望，因为我不会渴求虚无。[4] 然而，作为生存，我知道这个理想型既无法被具体思考，也无法被渴求；我预感到并不是一切劳动中的苦痛都可被消除，不同劳动者的欲望与天赋在他们中间并不相兼容，这些欲望与天赋也并不服从于某个普遍的生产计划，上千种不可驯服且部分不可预测的力量对抗着这个所谓的"计划"：出身、疾病、恶劣天气、天分、欲望、个体创造，等等。或许这样也好：谁知道当幸福来临，当出乎意料之事、冒险、荒谬远离我们的生活时，人类将堕入何种无聊与荒漠？或许对生存而言，获得幸福的代价是失去其崇

---

[1]　II，351，353，363.

[2]　II，363—371.

[3]　以下参考自：第二部分，第三章，第一节，"这就是为何，在阐释生存在经验秩序中的界限境况时，财产与不可避免的过错相关联"。II，365.

[4]　"她应该想要每一个此在"，II，366。G.S.Z. 将机器的统治与大众的统治紧密地结合在了一起："机器与大众是一体的"，35。

高。[1] 因此，我不应该被社会幸福主义（eudémonisme）或者任何种类的幸福主义所欺骗；一方面，秩序与福利是一切社会行动的箴言，是我得以在此世界中实现自我的"中介"，因为没有任何生存可以离开工业与贸易；另一方面，在自我与自我以及自我与超验之间的个体悲剧中，终极目标高于福利。如果机器、计划、大众的支配让人们忘记了人类的文化及精神任务，那么现代人将面临危险；集体生活的最后意义既无法被知晓，也无法被意愿，它应该保持不确定并由个体自行决定。[2]

（2）国家由于对利益游戏的关注以及对实现全民幸福之愿望的忧心而成为某个更高的现实 [3]；它是一个意志；该意志关心的是未来几代人将实现的人类类型。因此，国家层面的目的超越了经济—社会层面的目的。忧虑层面上的利益的混乱以及自然和谐的失败已经预告了国家的专制功能；一个没有斗争的社会是不会形成国家的。国家是对斗争的界限境况及其唤醒能力的最高阐释。[4] 对普遍幸福的渴望向我遮蔽了生存的悲剧面貌；我与国家的关联则向我提醒着这个悲剧，因为一方面，国家会引发这个悲剧（战争至少作为某个持久的可能性被写入国家的结构与功能之中），另一方面，尤其因为国家促使我在这个悲剧中发现我自身的伟大。正是国家指引着我所属的复杂历史的方向，决定着国家强力（puissance）在一个社会中朝着哪个方向被运用，在这个社会中，不是所有欲望都相兼容，职

---

[1] II, 368."当作为内在幸福的限度变成终极目标时，它是令人堕落的：人将失去其超验"。II, 231—232.

[2] II, 369—371.

[3] II, 371—382. G.S.Z. 坚持以下两者对立起来：一方面是源自技术的对福利的忧虑，另一方面是人的政治使命，该使命可让人对抗这个堕落。在这个意义上，用对事物的管理来代替对人的治理的做法将意味着某个无法估量的堕落。国家位于自我忧虑之经验存在与独特生存之间。国家位于大写理念的层面。G.S.Z., 72. 在社会与政治之间有一个断裂，有一个跳跃。79."政治意识"赋予我一个具体、历史的命运；它让我找到位置；技术则将我拔除，让我异化。80. 必须将生存从机器和大众中拯救出来。161—190.

[4] II, 374."国家是社会的集中暴力，可让某个以整体为目标的行动获得可能性"。II, 351. 此处并非对暴力的称颂。国家应该被理解为界限境况，这个境况并非如此被意愿的，它与人类的命运相连。被如此意愿的斗争将失去其唤醒能力。这样的斗争依旧被包裹在将其消除的努力之中。II, 375. G.S.Z. 73—74；80—82.

能与财产的分配总是不确定的。在某个幸福、欢欣鼓舞的人类总体不在场之处，国家是决定集体命运的战斗意志。国家甚至是让某物可被渴求的唯一层面：从某人出发，我们既无法要求获得对"真"的识别，也无法要求获得通往内在自由的通道。国家要求我加入它的任务，要求我加入大写的理念。我们还是第一次遇到在实践层面上对这个大写理念的使用，我们已经知道这个大写理念作为经验认知与生存跳跃之间中介的理论功能；此处涉及的则是作为忧虑层面与无条件性层面之间中介的实践功能。一个大写理念始终高于一个计划或者一个技术；对大写理念的声明是一种生动的阐释。在以下两者之间横亘着某个深渊：一方面是作为简单劳动分工形式的确定的社会功能，另一方面是对这样一个召唤的声明，该召唤触及整个人类，无法被削减为某个确定的身份；"声明"意味着医生、法官等理念。人的最高义务源自类似的理念，这些理念高于对利益的计算；正是这些理念赋予技术以及计划经济论以意义与实质，并为其引入"不可估算之物"以及某种无限。[1] 因此，不应该低估城邦对人的意义；加入国家，就是获得我作为人的崇高。[2]

　　然而，我不会让我的命运被国家的命运裹挟；构建某个有关国家与权利的严密哲学[3] 困难重重，这一事实就是最好的说明：国家的客体性与福利和义务的客体性一样，都应该遭到质疑。生存想要获得这个权力，亦即要求并强迫生存超越的权力。一方面，通过加入城邦的诸多理念，生存发现了该权力的合法性；另一方面，通过将个体的救赎与国家的救赎对立起来，生存揭示了该权力的界限。事实上，城邦所代表的具体理念应该被个体的个人化使命所改变，这个使命在这些理念中具有无条件性；此外，正如我们所见，共同体中的各种关联本就介于技术合作与真诚交流之间，这些关联要

---

[1]　II，380.

[2]　II，376.

[3]　Ursprung von Staats-und Rechtsphilosophie. II，376—382.

求成为这个交流的一个跳板，一次机遇，一次机会。不过，国家体系会在"斗争"这个具体的点上遭遇失败：构成国家存在理性的东西同时也是国家的弱点。这是因为，斗争的人可能被摧毁并遭遇失败。在失败面前——这个失败会让我所等同于的制度化为乌有——我发现权利无法被国家事实上的存在所定义，甚至也无法从国家固有的约束实践处获得合法性。只有在技术层面才能说成功是一个证据，失败是一个谎言。然而，对于一个制度的价值或者国家相关的具体理念，我除了以生存的无条件性本身为标准对其进行衡量外，还能以什么标准进行衡量？正是生存将这些理念变成其自身的理念，并在所有标准之外，让自己与自身的超验相结合。[1] 因此，国家为生存提供了一个客观的支撑，同时也要求生存为其提供一个意义与价值。

（3）国家并不能被归结为这样一个权力，该权力通过强力（force）决定某个具体且无与伦比的人类团体的现在与未来；国家被一个任务所贯穿与超越，对于该任务，国家只部分地负责 [2]：这个任务就是教育。然而，教育指的正是通过历史以及人类传统对个体的造就；没有这份滋养，生存将没有强度与厚度。历史，或者正如雅斯贝尔斯所说的"历史的实体"（la substance de l'histoire）是生存能够进入的最高"客体性"；正是这个历史实体从我孩提时代开始将我塑造，在小学和大学阶段将我包裹，通过文学、艺术、宗教等与我言说。[3] 教育与历史又可被归于"文化"一词。文化是教育的终点（terme），是历史的内容；文化超越了政治意识，正如政治意识超越

---

[1] Ⅱ, 381."在此世界中无条件地拥有价值之物，其源头应该在这个世界之外。这就是为何，只有在与超验的关系中，构建内在于国家与社会之'要求权利'的真正努力才会成为可能。"Ⅱ, 381—382. 我们会发现，在源自国家的实证法之外，某个"客观"的自然法理念并未被涉及；事实上，自然法将属于客观"道德"价值层面，我们已经在上一章节对这个客观道德价值进行了批判。当某个新的价值学在生存哲学的精神中成为可能时，法的基础将有望被重新提出。

[2] Ⅱ, 382—392；Ⅱ, 392—414；G.S.Z, 92—98.

[3] 我们将在形而上层面看到这个神话和宗教的功能：传递存在之语言的是人类的语言；以下参考自第三部分，第四章，第五节。

了对福利的忧虑。

这个历史的在场又分为两个不同的方向：一方面，历史是通过过去的档案降临在我身上的人类总体性；另一方面，历史又由孤立的形象构成，这些形象伟岸地矗立于普罗大众之上。

历史哲学 [1] 想要将人类总体性变成一个客观、充分的体系，该体系超越了国家概念本身以及具体的国家，掌握着人的确切意义；只需要从总体意义出发派生出每个时刻的意义，那么这个意义就可以既真实又理性。于是，人们可能会说，行之有效的好行动应该是朝着历史方向前进的行动。以下这样一个有关历史的表述是不可接受的：没人知道历史将去往何方；我不思考总体，而是在总体之中思考。历史是我的现时亦即我的决定的地平线；然而，正是通过决定，我创造历史，从此，在我的决定之前，历史将无法成为一个总体。不过，另一方面，我无法简单地将对历史意义的这个忧虑与尊重从我的行动中驱逐。事实上，我无法在这样一个理念中坚持到底，这个理念就是：自由造就了历史；不是一切都能在此世界中成为可能。一个脱离历史的意志可能成为没有历史的存在意志。[2] 这一对自由的描述与历史决定论一样虚假；它让自由重又落入专制与无政府生存意愿（vouloir-vivre）的漩涡之中。于是，生存生活在某个无尽的张力之中：我无法从对总体的描述中得出我的行动准则，有时候，我甚至需要与所有被认为合法且唯一可能的道路决裂；然而，为了做出某个重大决定，我必须将这个决定与某个可能的总体性、某个全新的人性、某个亦可赋予决定某个历史意义的崭新历史时代关联起来。[3] 这样的预测可以给予个体以勇气，让他得以战胜利己主义，甚至战胜某个已经过时的爱国主义形式：正因如此，希腊人波利比乌斯看到了罗马帝国的历史意义，正如犹太人保罗看到了基

---

[1]　II, 400—403；II, 138—139. 从此刻开始，雅斯贝尔斯将对历史的阐释视作超验的密码进行勾勒。

[2]　Der Wille zur Geschichtlosigkeit.

[3]　II, 95—100. "geselliger Umgang".

督教的历史意义。无论是将自由献给某个不可抗拒的历史律法的神话，还是将自由混同于经验个体的无政府反抗，两者拥有同等的危害。不过，当对某个历史总体理念的服从只是一个有待摆脱的累赘，当对此世界进程的反抗只是表达着本能与激情的无序，那么就不会再具有指导作用的规则。没有任何人能免于辨别力和勇气。

不过，我们所说的历史意义是否具有宗教色彩，这件事情并非无关紧要：当历史与超验关联起来时，历史的意义将发生改变。内在的历史，亦即作为封闭体系的历史，只会记住成功之事。然而，在某种意义上，在此世界中遭遇失败之物隐藏于超验之中；因此，我可以听见"失败伟大"（grandeur avortée）的召唤，听见几个世纪以来逆历史进程而上的反抗呼喊。这一召唤与呼喊让历史的客体性得以迸发：历史被它未认可的可能性所指控。一旦我为历史注入不同的可能性，我便可以毫无畏惧地让自己沉浸于历史中。然而，得以汇集可能性并让历史扩张的，正是在历史之中寻求自身基底的生存。于是，被可能性无限扩张的历史以及被历史意义无限填充的生存不会相互摧毁，而是会在具体决定中相互联结。

此外，历史不仅通过其"建筑结构"吸引我们，而且还通过其最独特的形象吸引我们。英雄们的历史伟大 [1] 是客体性的最高形式，是与交流本身最靠近的形式。这些典范超越了深受忧虑及惯例之苦的普通人性。这些至高典范作为无法被削减为某个有关过去之简单知识的历史，除非其独特性被理解，否则它们无法为我所驱使：我应该超越预言家、智者、天才、英雄、探险者、发明家、组织者的类型。于是，伟人在我之外呈现着我自身的可能性，表现着某个我的生存被隐藏的时刻。[2] 诚然，是历史造就了英雄，并将伟大本身变成一个客观现实。然而，只有生存才能通过历史的渠道，让与英

---

[1]　II，403—414.

[2]　II，405. PWa 147—160. 在伟人的背后是魔鬼，是上帝，是在生者世界本身内部构成"灵魂—神话世界之意象"的神灵们。

雄的相遇趋向于变成一个真实的对话；正是生存赋予这个相遇以人性的、新颖的、隐秘的色彩。事实上，必须让伟人保持"人性，太人性"：通过将伟人神化，历史允诺给这些伟人的崇拜始终面临着让自由的意义、交流的意义以及超验的意义幻灭的风险：自由不会在任何过去的或现在的伟大面前屈服，交流拒绝任何人与人之间的距离，超验要求所有伟大都被贬低。还得让每个英雄对我而言都是一个独一无二、绝无仅有的存在，而不是历史标本集中的一个样本；最后，生存只应该追寻隐秘的伟大：因为真正的伟大并不在于短暂的成功，而是蕴藏于信仰、爱与想象力之中。

于是，生存总是让其所接纳的客体性在自我身上发生改变。对福利的追寻、国家意志、历史进程、英雄的伟大，所有这些在去除了它们的生存意义后将只是一些僵死的客体性，而位于客体性边缘的生存也将变得贫瘠且摇摇欲坠。最终，正是生存本身将变成人的行动的绝对度量标准。

这就是为何，在不同场合被提及的那些案例没有任何约束性价值；它们只是标识出了这样或那样可能的方向。它们相互间的对照只会让它们的矛盾凸显；事实上，每一个案例都只意味着对某个会被行动转变为选择的张力的部分解决。单从这些案例出发，人们可能会指责雅斯贝尔斯的社会学主义（sociologisme）或者无政府主义倾向。

首先是礼节和世俗[1]：有人认为这两者中蕴藏着能够打破一切惯例的真正交流，这样的想法有些操之过急；或许可以说它们是少数人的特权，排斥平民，且阉割所有爱恨情仇。不过，同时也应该颂扬"世界"以及世俗：正是礼节让我得以保持距离，让我得以抵御寻常而又早熟的情感宣泄；正是礼节创造了让交流喷涌而出的机会，让交流在使其最高时刻分离的间隙中保持连续性。

---

[1]　II, 95—100. "geselliger Umgang".

然后是政治家：我们可为其勾勒出一个严肃的肖像。[1] 政治当然是最远离对话、最容易引发斗争的讨论场域；事实上，政治的关键在于经验的成功以及某个力量的胜利。因此，在这个层面上，真实性既不可能，也非必须：谎言似乎无可避免，无法避免的还有与谎言一同出现的各种形式的斗争与过错的界限—经验（诡辩、技巧、诡计、谄媚、虚假的感人）。政治家始终面临在政治中丧失自身灵魂的风险，或者极有可能为这样一个鸿沟所苦，这个鸿沟间隔在其意图的伟大与其手段的虚假之间：因此，政治家将感到心虚。然而，是谁让政治家感到难受？事实上，所有人都将在其生命中的任何时刻被以这样或那样的方式卷入这类关系中。不过，尤其不能忘记，政治生命会赋予人某种独特的伟大 [2]；政治是一场斗争，这场斗争决定了公民生活的形式本身，决定了附加在公共自由之上的属性和界限：对内在的自由而言，这些公共自由是一次机会。[3] 我的整个一生都取决于这个意志和这个力量；因此，我应该加入这场争夺国家领导权的斗争，明白这场斗争可能产生的失望与机遇，并在其中体验我的力量以及这些力量的界限。这就是为何，雅斯贝尔斯指出，应该让自身承载过错 [4]，并保有某个真正的政治家使命的可能性，这将是政治家与其服务对象进行某个真正交流的间接途径。[5]

礼节与政治：双重的面孔，赞成与反对的可能性。还存在其他打破模糊性、指示出生存与社会之间冲突的态度。[6] 这些态度警示我们，"否"应该始终被保留在"是"之中。在某种意义上，任何"爱"都已经处在与社会的张力中，因为爱位于制度的界限处；诚

---

[1]　II，102—105（已出现在 Diskussion 中，II，100—102）.

[2]　II，376.

[3]　II，166—167.

[4]　II，104.

[5]　因此，政治是"生存在经验世界中的可能表象最极端的张力；从此，连续政治行动将带有虚假性这个不可避免之过错的烙印，并与超验存在相关联"。Ibid.

[6]　II，382—392.

然，慈善为变得有效而被组织起来，这是一件好事；然而，一个完全制度化的帮助——哪怕这个帮助是互相的——始终面临着被官僚主义以及机械的行为主义所吞噬的风险，随时可能失去与"爱"的源头联系。[1] 因此，即便是在一个健康保障以及互助共济必将获胜的社会之中，"爱"也将保留某种抗议元素。

抗议是面对舆论时的真实思考[2]；舆论则是让非真实个体躲在后面的匿名。生存通过其断裂的权力让自身保持可能。

于是，哲学家被逐步引导着在不具名的情况下于审判者面前提及各类苏格拉底的形象，以及在西塞罗面前提及安提戈涅的形象：广义上，他们都是伟大的异端；当生存返回洞穴，在事业、政治或礼节中寻找其崇高时，生存应该一同带走的正是这些人的意象。在某个方面，异端、反叛以及背叛的历史就是真理以及为真理服务的英雄主义的历史；如今，各类惯用的制度也正是源自那些在他们的时代被社会所摒弃的个体。决定异端是表现出创造者的形象，还是表现出改革者、爱国者或者叛徒的形象的，通常都是偶然。此外，昨日的异端可能变成明日的狂热分子。[3] 异端是在一切制度的界限处，生存的见证者。

因此，生存哲学提倡献身于"社会"与"国家"的"客观理念"；不过，在这里，任何综合都只是暂时的，张力才是规则之所在。当生存与社会产生冲突时，生存哲学将给予生存以优先权。这就是为何，生存哲学对这样的人情有独钟，这些人为无条件真理服务的严肃与勇气让他们成为异端。这些人将我们重新引向生存哲学的宏大主题：自由面临着危险；失败是这个自由的独特显现。生存的命运是"生成"而非"静止"；或许生存在此世界中并不可能，这

---

[1] "当一个不幸的个体被纳入某个群体时，人们可能在讨厌这个不幸个体的同时为其提供帮助"。II, 385.

[2] II, 366—369. "Im Schleier zu leben ist so viel wie nicht sein". II, 388.

[3] 雅斯贝尔斯以经常被国家列为怀疑对象的大学为例。如果大学通过对文凭的滥用、某种科学实用主义或者某种对技术提高来压制原创性，压制任何创造，那么大学就会变成迫害者：问题在于了解每一个时代，狂热崇拜都站在哪一边。II, 391.

将是生存最为恐怖的秘密。[1]

三、拒绝与同意

最后是实践张力，该张力源自生存与其世俗境况之间的关联，可对前面提及的所有冲突进行总结：自由与义务的冲突以及个体与社会的冲突。我们在前面所说的"历史性"是对以下两个运作的综合：一个是"断裂"的运作，另一个是"介入"的运作。"断裂"和"介入"这两个词就像是同一首奏鸣曲乐章中的两个主题，贯穿雅斯贝尔斯作品始终。从此，伦理学将同时受到两个相反要求的牵引：一个是对某个"拒绝"道德的要求，另一个则是对某个"忠诚"道德的要求。[2] 承担义务之人与良知公民宣布了后者，异端则宣示了前者。

（一）走向一个"同意"的道德

当一个哲学与具体之物相关，且想要唤醒人对其根源以及对其各类关联的意识时，这样的哲学自然是一个有关忠诚的哲学。[3] 忠诚首先是这样一个生存的姿态，这个生存摒弃某个非—介入自由的虚妄闲暇，有意让自身与某项任务或某个爱的局促性相关联。鉴于任何关联都排斥其他存在，因此忠诚总是具体的：忠诚面向我的父母，正是通过他们，我得以获得人性；忠诚面向我的童年和我的青少年，它们是我的根[4]；忠诚面向我的国家的景观，这些景观就像是

---

[1] Daseinsunmöglichkeit. II, 348—349.

[2] 我们已经在讨论克尔凯郭尔时论及这个双重运作的源头：克尔凯郭尔首先对世界言说了"是"，或者尝试对世界言说"是"，但后来却越来越深入那个既无面孔又无名称的"秘密"的深渊。

[3] 雅斯贝尔斯与马尔塞尔（Marcel）的精神亲缘性在这一点上得到了最大的彰显。我们知道，马塞尔有论及忠诚非常著名的篇章［《存在与有》(être et avoir)、《从拒绝到祝圣》(Du Refus à l'invocation)］。雅斯贝尔斯可能对该主题核心特征的感受不如马塞尔那么强烈。II, 135—142.

[4] 无情嘲笑自己童年幻象的人是会受到惩罚的，因为无法忠于自己的人是永远无法忠于任何他人的。II, 137.

我灵魂的背景；忠诚面向充满活力的传统，正是这些传统让我与历史休戚相关；忠诚面向伟大的人类典范和超验的符号；最后，忠诚还面向我的朋友，这些朋友并非无面孔的人性，而是独一无二的存在。[1] 总之，忠诚局促而又具体。此外，它还是喷涌式的，亦即创造性的：它是"对源头的简单忠诚"。外部的习惯与正确性只是对忠诚的戏谑模仿：如果与自我保持连贯性的意志战胜了爱，那么我完全可能在尊重既定话语的同时，并不忠实于此。[2] 如果在心灵的间隙，意识应该退回至义务处，那么连贯性不过是忠诚的影子：我并不忠实于被客观理解之物，而是忠实于这样的存在，这个存在的显现可以以无限的、不可估量的方式发生改变。[3] 最后，还需指出的是，忠诚以"日常"为基石 [4]；人们趋向于将忠诚变成一个崇高的主题，并将之局限于这样一些生存的高光时刻，在这些时刻，我们的介入充满欢乐与庄严，同时也充满永恒；然而，实现伟大意图的却是"日常"，是"非崇高"(non noble)。为在源头附近的巅峰处停留片刻，得要在平原上度过多少个日夜啊！忠诚的力量在于将日常的苦难变成伟大 [5]；通过忠诚，"日常"保留着过往相遇的回音，并在沉思中酝酿新的变形。相应地，"日常"则是真正的忠诚的考验与情节。[6] 重新恢复"日常"的源头地位以及罕见的道德保障地位是好的；以揭露"日常的平庸"以及"有人"为借口，生存哲学可能面

---

[1] "只爱人性的人根本不懂得爱，爱这个具体之人的人才知道如何爱"，Ibid。正是因为这个深刻的原因，雅斯贝尔斯对一切计划、一切乌托邦式的幻想充满了执拗的警惕。G.S.Z. passim；I，16；II，136. 不过，始终是某个总体性灵魂的理念中介与友谊的独特性一样，对生存而言都是必不可少的。

[2] 参见马塞尔有关一惯性与忠诚性之间的对立。

[3] "忠诚的核心在于对绝对意识的决定，通过这个决定，某个底基被确立：在经验层面上与自我的同一化。"雅斯贝尔斯似乎与马塞尔对立：对后者而言，忠诚与在自我身上对存在的抓住，亦即上帝永恒的在场相关。然而，在雅斯贝尔斯看来，如果说忠诚是对自我的忠诚，那么就不能忘记，我喷涌式的源头包含了与超验的某个关系。因此，真正的忠诚具有某个形而上的维度："经验存在与自我存在的完全等同只有在'一'在场且'一'的超验可以在经验存在的历史深渊处显现时才可能实现。"II，138.

[4] "Alltag"．II，139—141.

[5] II，140.

[6] II，326—327.

临错过"谦逊道德"的风险，这个道德是对最具英雄主义之人的担保。日常的忠诚会将我们引至另一个道德附近，这个道德更加自然地与物以及事件相协调，而不再与生存相协调：这里所说的道德就是"顺从"[1]，亦即人们所期待的、可凭此对雅斯贝尔斯发难的道德。不过，得以启明顺从的是忠诚：事实上，雅斯贝尔斯命名"顺从"只是为了将之与斯多葛主义的"心平气和"对立起来；"坚持并隐忍"，这则箴言有时的确有效，不过它只表达了某种被动的顺从，尚且不是一个行动。积极的顺从位于某个有效努力的边界处，会变成某个内部的行动，以重拾隐藏在永恒存在中的那一去不复返的过去以及那不可能的未来。这些谜一般的界线被我们在交流的失败中以及在死亡面前所了解到的一切有关生存的东西所照亮：生存在这些界线处形成自身的冲力与规模，时刻准备着在世界中做点什么，姿态放松且无拘无束。

因此，人之所以被召唤着在同失败的接触中去寻找自身真正的伟大，这并不是出于对不幸以及受苦的偏爱，而是出于在不可避免之物面前的屈服；"同意"首先要求为避免受苦、过错与斗争，我们已经做了所有能做的一切。[2] 接着，"同意"会用一个非技术层面的内部行动对不可能的外部行动进行扩展，生存位于这个内部行动之中，并在其中具体地自我实现。雅斯贝尔斯经常将该行动命名为"对命运的爱"：这就是尼采所说的"对命运的爱"，它不再希冀另一个世界或者另一个身体，它走出可能性的云团，深入决定之中，并将外部的偶然变成内部的命运。"对命运的爱"将言说"是"坚持到底，因而是自由最为极端的一点。[3]

---

[1] "顺从"，II，141。克尔凯郭尔大概在"恐惧与战栗"时期曾谈及过"顺从"；不过，他的放弃将这个"顺从"置于真正的"重新肯定"之下；亚伯拉罕没有放弃以撒——"历史的顺从将日常改变，因为通过这个顺从，我们在不可能面前抓住可能"，II，141。"只承受的顺从作为缺失被认知"，II，327。

[2] II，253.

[3] 人们可能联想到里尔克以及响彻在"原初痛苦之山"（montagnes de la Douleur Originelle）深处的"Xe Elégie de Duino"精彩绝伦的朝圣。也可参见"Sonnets à Orphée"，I，8。（转下页）

（二）走向一个"拒绝"的道德

不过，如果"同意"的"是"不断被"否"的可能性所消耗，不断被"否定意志"的可能性[1]所消耗——这个"否定意志"会让人回想起人的超经验使命——那么这个"同意"的"是"将使生存陷入困境。因此，对忠诚以及对"对命运的爱"的颂扬不应该让我们对这样一个异常严重的警告无动于衷，自杀者和神秘主义者会让陷入困境的意识听到这个警告。

对自杀的研究是雅斯贝尔斯作品中最为深刻的部分之一，该研究被归入"违抗经验秩序的行动"[2]部分，因而背离了生存的世俗使命。该部分的标题本身已经是一个既定的判决，整个分析以理解和说服自杀者的徒劳努力开始，不过该分析总会让我们感到自己被这个"否定的英雄"（héros du négatif）（指自杀者。——译者注）所质疑甚至指控。

我们明白，自杀——或者让我们从道德和精神病学的角度出发，用一个更为中性的词：对自我的谋杀——最基本的条件是：只有人才拥有的有关死亡与自由的认知。此处的"自由"具体指的是，我们所拥有的删除自由本身的经验条件的自由。不过，为何这样的人会结束自己的生命？统计学只会给出自杀的平均值以及频率；精神病学并不会对所有自杀进行解释，不会言明这些自杀如何在疾病的土壤中生长，也不会言明它们是否就是源自疾病的土壤，正如发

（接上页）唯有庆祝的空间才能迎接

哀歌，那哭泣的源头仙女，

并关照我们的急促，

因为它应在这同一块带有拱廊和祭台的岩石旁

被照亮。

[1]　"对命运的爱"将"否"视作被克服的时刻，视作无法让某个和谐安宁在其身上出现的持续反对而在自身上对其进行承载。通常情况下，我们将这个"否"与我们经验状态下的特殊境况以及我们的整个命运相对立；这个"否"是自杀的可能性，然后是争执与对抗的可能性"。II, 219；II, 265, 321. 忠诚本身可要求断裂的出现。II, 137.

[2]　"自杀"：II, 300—314。

烧源自感染，或者正如自由会对疾病产生反应。隐秘的动作无法被因果论的解释所捕捉。那么，自杀可以在某个友好的交流中被理解吗？并不能，最为真实的自杀就像一个超越任何理性的无条件黑暗行动，它们会永远保守自身的秘密；[1] 我们立于门前，尝试用不同的钥匙开门，最终正是这些尝试的失败将向我们揭示出自杀的无条件性。绝望会将自杀视作对某个绝对权力的至高肯定来酝酿吗？这个绝对权力通过"否"来自我保存。不过，自由的这一上升（sursum）也可能重新通往生命，因为在某个刹那，生命重又变成了某个自由行动的舞台。或许会有人出于无聊而自杀，从而在这个至高的放弃中找到某个可能的完成？然而，有关这个无聊，我们又知道什么？这个无聊难道不正是触及了某种黑夜的激情，某个不可交流的超验吗？[2] 难道不正是在生命的迷醉以及欢愉的时光中，年轻的人可能在既创造又摧毁的春天结束自己的生命？无聊、绝望以及浪漫主义的激情可能不过是某个原初的信仰的包裹物，这个原初的信仰无法拥有任何论据，无法获得任何庇佑，也无法承受任何的分割[3]；总之，它们可能不过是某个"无条件的否定"的包裹物。当自杀完成并将我们的朋友彻底隔离在外，我们将明白，在这份勇气和至高的怀疑面前，我们将不再能够评判：谁知道无条件的否定是否依旧隐藏着某个积极的存在，隐藏着某个爱以及某个上帝呢？我难道不应为被打断的交流而负责吗？

于是，在变得无可辩驳之后，自杀者开始对我们讲话：你们为何要活着？他质疑我们对生命动物性的眷恋。他邀请我们为我们的生命寻找一个生存的意义，让我们将生命变成我们的自由的象征和身体，变成一道超验的光。某种非生命（non-vital）的生存理性才是一种不要自杀的理性。如果世界是一个总体，那么自杀将是唯一的出口；然而，

---

[1] "对自我之谋杀无条件的源头位于'独一无二之物'无法交流的秘密处"，II，304。
[2] "必须在自杀中理解或者至少识别出某个运作，从而在虚无作为无条件性源头的超验完满中积极地走向虚无"，II，305。
[3] II，310—311。

生命并不是一个总体，因此，我可以像歌德一样说道："无论生命是怎样的，它都是好的。"这就是为何"否"始终在"是"之中被保留。

这是否意味着我对生命的选择是自杀者对死亡的选择的反驳？并不是，因为对生命的选择并不是一个总体的行动，而是生命内部的一个同意；我并不会像抹去自己的生命那样，赋予自己以生命。一个如此充满自律性与挑战的行动始终无法实现，且无论如何都是令人惊恐的。

在这里，我们只能指示出神秘主义者 [1] 与自杀者之间的勇敢靠近，其中，自杀者只能在形而上框架下获得其全部意义；为与上帝取得即刻、直接的联系，神秘主义者也失去世界、行动和交流。神秘主义者以比自杀者更加可怖、同等迫切的方式，唤醒我们对世界之不稳定性的感知。[2] 与自杀者一样，神秘主义者也是无法模仿的。我完全可以说，神秘主义者失去世界但尚未找到另一个世界，因而被悬置在空无中。神秘主义者依旧是否定决定的英雄，会从高处照亮异端和革命者的勇气；世界中的一切例外都以违抗世界的例外为极点，都以这个例外对普罗米修斯式的挑战为极点，都以这个例外对黑夜的激情为极点。[3]

还有一些比这个激情和这个挑战更加审慎的情感，通过这些情感，介入世界的生存将拯救自身的可能性，并抵御其忠诚所带来的危害本身。雅斯贝尔斯将这些情感命名为"游戏""反讽"和"谨慎"（pudeur）。[4] 事实上，有一个有关现实本身的反讽；存在于此处

---

[1] II, 314—320.

[2] "在人类的任何时期似乎都曾寻找并找到过宇宙主义，这个事实是一个不间断的纪念品，当这个纪念品想要在其幸福中抵达自身的正义时，它向可能的生存在世界中的经验存在求助。"II, 319；II, 321, 328—329.

[3] II, 299—300.

[4] 这三种情感属于"绝对意识"的一部分。II, 261—291. 这个绝对意识包含三个伟大时刻：在"对生存的启明"诞生时被研究的"否定时刻"（非—知识、颤抖、焦虑）、"胜利时刻"（爱、信仰和想象力），以及最后将前两个时刻连接起来的"批判时刻"：仿佛让"对生存的启明"结束是值得的。这些情感对克尔凯郭尔而言并不陌生，后者将反讽美学的贫瘠欢愉与那个从无限处投向生命界限的目光对立起来，由此形成真正的反讽。谨慎是意识到自身"秘密"的生存灵魂的品质。

的并非"存在",而是让这个有关现实的反讽得以显露的生存。在这个反讽面前,最为伟大的事物都将失去其魅力,任何既定之物也无法获得恩泽。任何唯心主义和理性主义都不具有这份幽默,因为两者都未能打破客体的自命不凡。不过,真正的反讽会警惕来自观众、怀疑论者或者好争论之人的致命笑声;这个反讽会为一切物的失去感到痛苦,也会对隐藏在表象之中的存在情有独钟。[1] 这就是为何,前面所说的游戏也并非娱乐,而是对不同的可能性的估计,是大规模的尝试。[2] 最后,反讽和游戏的严肃性将在谨慎处寻得保护衣;从世界的角度出发 [3],"生存谨慎"(pudeur existentielle)会感受到自身的微弱,不过这不是因为低等,而是因为罕见。因此,"生存谨慎"首先会出现在表达中,然后才会出现在行动中。它只会以间接的方式呈现,通常情况下,它更倾向于向朋友沉默,会提醒哲学家言说不可言说之物以及言说秘密的危险;它深受所有不恰当表达以及所有蔑视之苦。面对行动,"生存谨慎"阻止生存在时间面前浪费其介入的权力,阻止生存挥霍其忠诚的财富。"生存谨慎"是微微发抖的,正如反讽总是与笑声同在。反讽赋予"生存谨慎"以恩泽;"生存谨慎"则赋予游戏和反讽以分寸。因此,这三种情感是忠实于大地的生存那隐秘的审慎与至高的后退。

于是,雅斯贝尔斯的实践哲学在"是"与"否"的至高张力

---

[1] "反讽":II,284—286。

[2] "游戏":II,286—287。"作为游戏的哲学才是真的:因为正是在游戏中,我学会看见可能。"

[3] "谨慎":II,287—291。我们不仅可以联想到克尔凯郭尔所说的"秘密"和"隐姓埋名",而且也可以联想到马拉美,以及埃罗底亚德(Hérodiade)的谨慎:

"是的,我是为了我自己才开花,我也是为了我自己才逃离!……
我喜欢圣洁的惊恐,
我想要活在恐惧之中,那由我的头发丝所产生的恐惧
晚上,退回到我的床上
纹丝不动的爬行动物
在无用的躯体之上
感受你那苍白光亮冷峻的闪烁。"
"哦!古老的弥撒圣经那金色的扣环!哦!纸莎草纸卷上那不容侵犯的难解文字",诗人曾向其未婚妻如此写道。

中得以完成；该张力反映了世界的本质模糊性，我们在前面将这个模糊性称作最后的界限境况：对生存而言，世界既是虚无，又是表象。因此，生存既具有可能性，又具有现实性，既具有"无条件性"，又具有"历史性"。生存的这一"搏动"（pulsation）阻止我们将雅斯贝尔斯的伦理学局限于某个道德的或政治的无政府主义，局限于某个法规主义（légalisme），或者局限于某个封闭的社会学主义（sociologisme）；一切带有"主义"字眼的体系都将在某个行动方针的终点被相继发现，并在某个新的意识转变中变得僵化，这个新的意识转变会让意识的地平线发生翻转，并让意识趋向于相反的极点。最终，雅斯贝尔斯的这个伦理学是同时包含了显在的焦虑与隐藏的安宁的伦理学；在"僵化之物中没有安宁"[1]，但在哲学的源头以及终点处，有一个"'一'的安宁"[2]。

---

[1]　II, 142—144；348—349.
[2]　I, 48.

第三部分

超验与形而上学

第一章^[1]　形而上学的任务

　　雅斯贝尔斯的整个哲学都以生存为中心，亦即以自由为中心；不过，该哲学同时亦整个地以"超验"^[2]为导向。这样的陈述以更加确切的方式指出了雅斯贝尔斯思想的特征，并以相较所有围绕生存或者围绕存在方式的讨论更为彻底的方式，将该思想与海德格尔的思想相区分。^[3]乍一看，海德格尔的哲学似乎更加关注存在，而雅斯贝尔斯的哲学则似乎只是对众多主观态度的一个描述。然而，事实上，"存在"哲学（philosophie existentiale），或者至少实际状态下的《存在与时间》中的"存在"哲学，依旧是一个只拥有一个思想中心的哲学，是一个有关自由的哲学，亦即一个有关"向死之自由"的哲学；而"生存哲学"（philosophie existentielle）则是一个拥有两

<hr>

　　[1]　本章作为引言，并不与雅斯贝尔斯的"形而上学"章节相对应。雅斯贝尔斯的那个章节包含太多目前难解的问题；这些问题将主要出现在本书的第四章。我们在此处涉及的文章主要参考自雅斯贝尔斯的《哲学入门》前两个部分。

　　[2]　"超验"一词代替了古典哲学中的"上帝"一词，我们将看到，后者更多属于神话语言范畴；"灵魂"一词亦是如此。II，1；II，52；III，152."超验"一词专指自我存在；该词的适用范围小于"超越"一词，后者涉及整个哲学领域，表达该领域超越客体的运动本身。"超验"是这个运动的终点。

　　[3]　有关与海德格尔的对比，参见本书第四部分第二章第三节。

个思想中心的哲学：自由与超验。形而上学[1]意味着启明超越运动的终点的努力，而"对生存的启明"则意味着抓住超越运动的喷涌点的尝试。

然而，值得注意的是，这个哲学既不提供任何证据——一切证据都停留在知识层面，亦即停留在经验客体层面——也不提供任何的衍生（dérivation），更不提供任何对这样一种性质的揭示，该性质让超验的确定性从自由的确定性或者对世界之客观认知的确定性中突然涌现。这不是一个向前迈进的哲学。在《哲学入门》的前几页，超验就已经作为哲学所追寻之物被命名并在场。[2]当哲学清点存在形式时，它从一开始就识别出了存在的三重形式：世界/此在——自由/自在——超验/自我存在。[3]哲学一下子就提出了一个拥有三个平面的建筑。在雅斯贝尔斯的作品中，我们无法找到能够证实最后一记跳跃的东西。哲学只能在我们身上唤醒对这一跳跃的沉睡需求：在每个人身上，最为原初的是这样一个生存，该生存在不同的客体中寻找方向，它为自由与交流而生，可在超验面前自我识别。[4]

由此将提出"某个形而上学是否依旧可能"的问题：

（1）我们将看到，该问题可进一步细分为三个更加具体的问题，这些问题分别涉及自我存在与此在（être-là）的关系，自我存在与自在（être-soi）的关系，以及自我存在与其在后两者中之显现的关系。

---

[1] "哲学运动以'生存为中心'。一切拥有某个绝对意义之物都将在生存处相交并相切"，I，27。在这个意义上，形而上学本身就是"对生存的启明"。I. 32. "不过，产生自可能的生存内部的哲学并不以生存为最终目标；这个哲学的冲力将把该哲学带向比生存更远的地方，趋向于让生存消失在超验中。生存哲学在本质上是形而上的。其信仰的终点是让它得以喷涌而出的源头"。I，27. 相同的内容：I，33，III，1—6。

[2] I，1；III，1。

[3] I，4—6；I，27—28. III，8。

[4] "在某个境况中，面对某些客体，我始终是意识，通过追寻，我将转向自我存在"，I，5；"生存是根据自我以及超验行事之物"，I，15。因此，雅斯贝尔斯完全忠实于克尔凯郭尔的观点：生存立于"上帝面前"。最为"主观"的思想与大写的"他者"相遇。在强调克尔凯郭尔的这些主题从"例外"转向"哲学"后所承受的深刻改变之前，我们有必要对两者之间的这一总体和谐进行回顾；"超验"一词对"上帝"一词的替代就已经是一个提醒了。同时，雅斯贝尔斯也与尼采相分离：没有超验的自由将面临不真实（inauthenticité）的威胁。N，133，138—139. 有关尼采的无神论，参见 ce-dessus 第一章第二节。

这三个问题共同构成了雅斯贝尔斯的形而上学三部曲。

1）有关超验，我可以知道些什么？

2）超验与自由存在者（existant）之间的关系是什么？

3）超验如何自我呈现或显现？

有待进一步提出的正是以上三个问题。在《哲学入门》中，这些问题是被掩盖的，而我们应该做的则是让这些问题从前面对《哲学入门》的分析中显现出来。与此同时，这些问题也将为我们呈现出形而上学的提纲。

（2）不过，这三个问题中的每一个背后都隐藏着这样一个更加本质的问题：信仰是什么？事实上，正是信仰本身提出了这些问题，并尽自身可能予以回答。

一、此在、自在与自我存在

（一）有关超验，我可以知道些什么？

唯有超验才能提供存在的确定性；超验是一个在场。[1] 当一个确定性和在场不再是有关知识和客体的确定性和在场后，我们如何能够抵达这个确定性和在场？

乍一看，超验似乎只能被否定地指称为"人们所不知道之物"。同样地，哲学对世界的探索没有别的结局，只能通过所有客观世界体系的失败而走向非—知识（non-savoir）[2]；雅斯贝尔斯反复重申，如果世界是一个封闭的总体，那么超验就会被删除。[3] 然而，打破客体规律以及停止普遍意识的统治，这两个相同的努力除了可证实某个界限的存在之外，是否还能说明其他东西？谁向我们保证了绝

---

[1]　德语相关表达："存在的确定性"（Seinsgewissheit），"存在的保障"（Seinsvergewisserung），"存在的保证"（Seinssicherung），"存在的意识"（Seinsgewusstheit），"在场"（Gegenwart）。

[2]　参见第一部分，"'总体'与'一'的失败"，I，103—104；115—116；138—139。

[3]　I，81.

对他者以及界限是一个存在，亦即是一个自我存在？[1]

在这里，必须看到的是，只有在这样一个冲动[2]中，失败才是丰富且具启示意义的：该冲动在"一"、总体以及"不确定"的暗礁之上，既为知识提供动力又将知识拍碎。失败是逼近界限并对界限进行违抗[3]的意志，是主动的搁浅。专注于自身的知识可以对处在世界之中的客体进行无限提问，却永远无法对世界本身进行提问，无法体会到超越世界的需求，也无法遇到超越世界的机会，更不能获得超越世界的力量。[4]唯有超越的冲动才会在知识的黑夜中以抵达自我存在为目标。整个形而上学都假设知识的灵魂超越知识，认为其已经意味着对"存在"的追寻；认为不同科学之间拥有统一性的理念亦以其自身的方式表达着这个向着"存在"前进的冲动，该理念不过是会让一切追求停止的"一"在科学领域的方法论投射，是这个"一"在科学领域的影子。正是在这个意义上，也只有在这个意义上，我们可以说，科学为形而上学铺平道路[5]；不过，首先应该有一个在所有知识的努力与失败中在场的"对存在的爱"[6]，亦即有一个超验的隐秘意义，从而让知识本身得以对超验做出一个肯定的见证，让其得以言说：存在，"一"。

因此，哲学之所以是一个积极的失败，那只是因为它整个的是一股趋向于超验的冲力（élan）。这股冲力——这与跨越存在各类裂

---

[1] "只有打破世界的封闭循环，对世界的哲学探索才能让我得以通过返回自身，立于超验面前并变得自由"，III，31。

[2] I，129，131—136。

[3] I，146. 这一向非—知识前进的冲动在克尔凯郭尔那里被称作"对无限的无限意愿"（vouloir infiniment l'infini）。

[4] I，81。

[5] "当在每一个特殊的物中，存在变成被追求的目标，当我不是出于对'多'的热烈偏好，而是出于让我得以领悟'一'的存在确定性而想要知道一切，各类科学才真正意义上是相互联结的。在科学的统一性中探索世界，此类探索的意义在于为形而上学开辟道路。唯有形而上学才能在一个超越知识的存在中，赋予作为知识的知识一个固定点。"I，131. 在这里，我们看到了一个康德意义上的理念作为中介的绝佳例子。类似的表达，还可参考：I，81，110—115，138—139。

[6] I，132—134；尤其参考作为经验主义道德的"对存在的爱"。I，139—140；I，236—237.

缝、保证从客体存在跳跃到"自在"、从"自在"跳跃到"自我存在"的冲力是一样的——是原初的非生成（ingénérable）的信仰：有一个超验**为了**（pour）该信仰而在，有一个形而上学**通过**（par）该信仰而在。

哲学家会满足于对信仰冲动的参考吗？并不会：在任何知识都不再可能之处，在所有体系都坍塌的地方，哲学家还会努力发出一些陈述，并构建某个系统 [1]，在这个系统中，知识之失败的积极特征或者肯定特征将得以被表达。哲学家将努力通过超越思想本身来继续思考 [2]，并让思想遭受一个最大限度的扭曲，从而让某个最后的可理解的微光从这个辩证法中迸发出来。这将成为后面名为"形式超越"（das formale Transzendieren）章节的目标，因为超越的努力应该符合思想本身的形式结构。

（二）超验与自由存在者之间的关系是什么？

推动知识自我超越并变成非—知识，这样的冲动已经是自由的行动以及生存的任务：我们同时知道，超验只对生存显现；形而上学也只与可能的生存相关。没有对自我的最初唤醒，没有对自我而言保持为自身秘密的某个自由的品质，生存将没有超验，它自身也将沉睡不醒。如果人们进一步考虑到，生存只有在为界限境况所折磨时，才能抵达"绝对意识"，那么我们也可以说，超验只有在界限—境况中才能显现：通过宣称对一切可靠现实性的摧毁，界限境况将邀请我产生这样一个特殊的关注，该关注会让我转向存在的安宁。[3]

---

[1] "论体系与系统"。I, 37.

[2] 存在着一个"形而上学的思考"，正如存在着一个"面向世界的思考"，以及一个"启蒙的思考"。这一始终想要通过某个严密的辩证法来维持对绝对之激情的考量依旧属于克尔凯郭尔的阵线："我从未拥有过即刻性（immédiateté），我从反思开始，自始至终都只有反思。对我而言，一切都是辩证的。"不过，雅斯贝尔斯将在克尔凯郭尔之外重新找到一条更加哲学的辩证法道路。相反，尼采则缺乏一个"严密的辩证法"以及一个"哲学的逻辑"。N.8, 348, 354, 370.

[3] II, 253—254；II, 299—300；III, 68. 于是，"界限得以完成其真实的使命：它是内在的，并且已经指向超验。"II, 204.

不过，如果超验只向生存显示自身，那么为何不说超验就是生存本身？[1] 对于将超验与生存分开的这个距离，雅斯贝尔斯的哲学并未对其进行证明；该哲学更多是用一个非常具体的方法，对这个距离进行了揭示，在这个方法中，超验时而作为生存缺少之物被揭示，时而作为将生存填满之物被发现。超验要么被体验为一种"悲伤"，要么被体验为一种"圣母往见瞻礼"（visitation），任何话语、任何论证都无法代替这个反差强烈的体验。生存和超验是雅斯贝尔斯哲学中的一个天然组合。在这里，读者被置于某个激进的选择面前：从此，他只能要么以他对存在的感知为引导，要么以他对自由的感知为引导。

我们已经知道当生存知道它自己不是超验时所产生的不安：时间性、选择以及可能性变成缺点。存在的安宁正是意味着现实中可能之物的熄灭。[2] 至于交流，它通过斗争见证着生存的失败。

至于这个失败，它是超验相对生存的某个实际在场的相反面：最负责任的自由被"给予"给它自身，无需任何努力，简单而安宁；这将不再是一场战斗，而是一个出现，一个诞生。这样一个存在的完满将我从空洞反思的痛苦中拯救出来，我们已经知道空洞反思的可怕力量，它会让生存的源头枯竭；世界和超验的联合入侵让我得以摆脱清晰性的眩晕。[3] 同样地，作为交流之灵魂的爱也更多是被给予的，而不是被意愿的；如果交流失败，我就可以说，我的孤独不再是最终的："我在超验本身之中结交了一个朋友。"[4]

因此，在生存中有超出生存的部分；超验既是生存的界限又是

---

[1] 在《生存哲学：三次讲座》的第 16—17 页中，世界向着生存以及向着超验的跳跃只是同一个跳跃；在《哲学入门》中，有类似"用它们的超验认识自我"的表达。II，232.

[2] "绝对地承载生存将意味着对生存的囚禁，因为生存将作为服从于时间的经验现实接受审判。"I，26；II，2；II，198—200；II，249."只要我思考，可能性就会重新出现。因此，一方面，思想不断在时间性表象中为我们重新创造可能的领域；我们的自由和希望正在于此。另一方面，思想在无可能性之现实（le réel sans possibilité）的永恒面前将自身悬置；在此处，我们将不再需要自由：我们已获得安宁。"Ex. Ph. 62.

[3] 我位于存在的中心，不过从这个中心出发，不会延伸出任何有关存在的极端形式，I，22，47."生存的本质，亦即某个超越，只存在于生存身上且只属于生存。"II，145."我自身的深度以我立于其面前的超验为限度。"II，48—49.

[4] II，60.

其剩余（surplus），既是生存的缺点又是其过度（excès）。[1]

必须承认的是，继对知识的超越之后所提出的这个对生存的超越会产生不少问题：没有超验的生存依旧是真实的吗？雅斯贝尔斯只是在其作品的第二部中以隐晦的方式对该问题进行了回应；在此处，信仰依旧是这个超越辩证法的灵魂。同时被质疑的还有某个真正意义上的无神论的可能性；在这个方面，有关尼采的著作是最珍贵的资料。

然而，如果我们承认这个超越的准则，哲学家将面临一些更为具体的问题：对于生存与超验之间的这一关系，是否有可能提出几个特殊的形式？

这些形式是否会产生相同的向着超验的敞开？又或者，这些形式是否不过意味着许多相互不同的意见，以及许多有关"自我存在"的无法削减的预感？雅斯贝尔斯在论及生存与超验之间关系的章节（die existenzielle Bezüge）回答的正是这个问题；我们将看到，该章节引出了一系列态度，这些态度之间不具有连贯性，它们更多是根据二律背反的规律进行排列的；其中，超验的隐藏特征当然会被强调，甚至会被加强。

不过，在这个主要问题背后，隐藏着另一个问题，雅斯贝尔斯从未系统地考察过该问题；这个问题就是：自由通过超验向自身"给予"自身的经验与自由的勇气以及责任经验是否相兼容？我们在前面提及的文章揭示了该哲学的两大中心之间的某种矛盾关系；理解用一种二元性的方式领悟着在某个独特的经验中被"给予"之物："在我于意愿层面真正地作为自我而在之处，我同时也在我的自由中

---

[1] "如果我只是存在，那么我自身什么都不是。作为自我而在，就是"合二为一"（un en deux）地"在"；就是以自我为基础的同时，献身于世界与超验。我独自一人时什么都不是；迷失于世界与超验之中，我作为我本身被吞没。我作为我本身是自律的，但这对自我而言并不足够……"正如没有世界，就没有我的此在，同样地，没有超验，我将无法成为我自己。" II，48—49. 有关形而上学的这个主题更多是克尔凯郭尔式的：曾经认为"超验是无可能性之现实性"的理念标志着某个哲学转向。雅斯贝尔斯也在《生存哲学：三次讲座》中提到了谢林的观点（"真正的现实性是无法作为可能性被思考的存在"，59—62）。

被'给予'给我自身"[1]。有可能进一步靠近这个悖论吗？这是非常有趣的问题，该悖论在《哲学入门》第二卷中充分地显现了出来。将这个悖论分割为各种不同的态度，是否正是这样的做法导致对中心问题的删除？又或者，是否存在着某个能够解释雅斯贝尔斯在这一点上的审慎态度的更为深层的原因？这难道不正是某个双中心哲学——生存与超验——所面临的核心困难吗？

只需在形而上学层面稍作停留，我们便可肯定，这个形而上学重点关注的并非这样一个自由的内部悲剧，该"自由"与其他先于雅斯贝尔斯的哲学家所称作的"恩泽"（grâce）或者"命运"（prédestination）作斗争；雅斯贝尔斯的主要努力在于，去发现一个有关世界的纯形而上学维度。范畴的抽象辩证法不过是一个空洞的边界范围，该边界范围总是等待着被一些充满生机的个人关系所填满，正是这些关系将让生存与超验统一在一起；这些关系的目的不过是让我们感知到位于世界之中的某个话语或者沉默[2]；生存自身不过是让人们倾听的场所，从这个场所出发，人们将得以破译这个被雅斯贝尔斯称作超验之密码的模糊语言。[3] 由此将产生第二个问题：自由生存与超验之间的关系是什么？这第二个问题又将在第三个问题面前被抹去：超验如何在内在性中显现？这样一来，自由内部那完全路德式的或者帕斯卡尔式的甚至完全克尔凯郭尔式的"宿命"问题，将被另一个不那么神学且更加哲学的问题所掩盖，这个问题

---

[1] II, 199. 参见引文后半部分："我是我所生成之物，但这以某个他者为中介，不过又同时以我的自由存在为形式。由此产生了二律背反：我在自我之中所是之物，我无法仅通过自我而是；由于我在自我的内部如所是，因此，我是有罪的（有责任的）；由于我不仅仅通过自我而如所是，因此，我是我通过参与想要生成之物；这一二律背反也可用于表达在自由意识与必然性意识的超验中所进行的统一化进程。通过在自由内部自我领悟，我在这个经验中领悟我的超验，其中，我就是这个超验在我的自由本身中正在消逝的表象"（ibid.）。同样地："我对自我负责，因为我自我意愿；于是，作为'自在'，我有成为原初存在的保障；不过，我只被给予给我自身，因为为了自我意愿，我还需要一个补充"。II，45. 该悖论是支配整个克尔凯郭尔思想的"荒谬悖论"。最为"主观"的思想是"大写他者"的在场。没有悖论的宗教性只能停留在美学层面。

[2] 有关对形而上学三个部分的衔接，参见III，35. 形而上学是一个空洞的界限范围，是一个追寻，是一个在场：只有在此处，形而上学才是完美的。

[3] "作为破译密码场所的生存"，III，150 sq.

与作为超验之表象或者密码的那个世界的绝对现实性相关。《哲学入门》以上这套整体运作指示出了雅斯贝尔斯相较克尔凯郭尔真正意义上的原创性。[1]

（三）超验如何在内在性中显现？

世界是某个他者的手稿，无法通过普遍的阅读靠近，唯有生存才能将之破译。[2]

这个密码理论是形而上学极其重要的部分；正是该理论让人们得以对形而上学做出最明确的定义：形而上学是对密码的探索。[3]让我们简短地说明《哲学入门》前两卷的分析如何引向这一结论，以及摆在我们面前的困难有哪些。

对雅斯贝尔斯而言，最为本质的哲学问题在于，不仅要去发现生存的内在品质，而且还要去发现与生存完美契合、将生存填满并使其产生饱和的现实性。

尽管在某一刻，经验存在的诉讼似乎会让我们在世界面前转身，但认为"自我存在"是世界之界限这一理念本身将阻止我们在另一个世界或者在第二个世界[4]中去寻找超验，将阻止我们将形而上学视作在那个完美国度的旅程（正如有关柏拉图的某个流于字面的阐释可能指示的那样）。彼世不在别处，而在此处。[5]说世界是超验的密码，其实就是说，作为此世界之界限的"绝对他者"同时就是此世界的绝对。"超越"就是遗失作为经验现实性的世界，从而将世界

---

[1]　形而上学的整体运作在《生存哲学：三次讲座》一书中更加明显。该作品发表于1938年：对"统摄物"（englobant）的发现是我们研究的"空间"本身（第一次讲座）；各个层面的真理（生命、理解、精神、生存）是"道路"（chemin），而"绝对现实性"则是"作为目标与源头的存在，在那里，我们的整个思想和生命都将获得安宁"，13；同样的表述，55。

[2]　"对某个他者的书写"，I，33。

[3]　"在密码中的指引"。

[4]　"后世或者某个重叠的世界"。

[5]　"彼世"这个法语词不足以准确地表达出以下这两种德语说法的对立：一个是«Ueber die Welt hinaus»这个强调超越运作本身的说法，另一个是«jenseits der Welt»这个指称位于此世界背后的另一个现实性。

重新肯定为思想的绝对客体。[1] 这好过重新回到洞穴。

于是，超验得以在内在性中显现，并将内在性作为其表象拯救：这便是世界的透明。[2]

从此，形而上学的关键任务将变成：让使生存沉浸其中的这个世界产生变容（transfiguration），让这个世界通过超验产生变容。当世界变成对超验的反映，它就不再是"客体的荒漠"[3]，不再是不同关系的开放系列，也不再是没有基底的世界[4]，亦即不再是那个"迟钝而又毫无光芒"，将自身交付给经验认知、技术和忧虑的世界。这个前不久还只是"世界"本身的世界，这个同样的世界[5] 现在却将从超验处获得其荣耀、统一性以及"无限亲切的在场"[6]。形而上学是沉思，是面对世界的态度等级中最高的一级，这些态度分别是：对实用主义的忧虑，对必然性的尊重，对理念的加入以及最后，对存在的安宁的沉思。世界既将我填满，又超出我的限度：它不再会为了与我的心灵对话而成为陌异者（étranger），而是将获得其至高无上的广度[7]；世界的现实性完满让其加入超验那没有可能性的现实性中。[8] 从此，我不仅知道我无法创造哪怕最微小的现实性，而且还知道，这个现实性是过剩的"赠予"，正是在这个赠予中，将我"给予"给我自身的超验将得以被映射。

从严格的哲学角度出发，这些篇章充斥着多少谜题啊！在后面，我们将把这些篇章与宗教诗篇或克洛岱尔的诗歌进行对比。不过，雅斯贝尔斯坚信，他以"密码"之名，揭示出了思想的最后客体，这个客体既适合对其进行感知的生存，也适合在这个客体中自

---

[1] *Absolute Gegenständlichkeit*. I，33.

[2] I，35.

[3] I，52.

[4] "没有理性的世界"，I，81。

[5] "两组有关世界的术语：作为世俗世界以及作为密码的世界"，I，81—84。

[6] "在现时被给予的无限中"，I，88。

[7] "两极重又相遇：在他者—存在面前的背井离乡——在统一化进程中的琴瑟和鸣"。II，342.

[8] Ex. Ph. 59—70.

我"给予"的超验："适合形而上学的思想客体就是密码"[1]。

　　一方面，生存为何会有客体？[2] 在不考虑暗喻的情况下，倾听、阅读、感知、感觉、密谋、敞开、统一究竟指的是什么？雅斯贝尔斯还说道，生存应该将上帝散落在世界中的所有痕迹归为己有。然而，如果超验的语言每次都以某个独特的个体为限度，或者正如雅斯贝尔斯所说，如果超验的语言每次都只是"历史的"[3]，那么，以某个神性物理学（physique de la divinité）的方式所构思的本体论的坍塌，难道不会导致一切形而上学以及一切有关超验之话语的坍塌吗？某个生存的形而上学如何成为可能？

　　另一方面，世界如何能够意指（signifier）与象征超验？或许，在这里，我们将遇到最大的困难：有时候，为了表达这个对我们世界的提高（surélévation），雅斯贝尔斯可能会说，本身呆滞、沉寂的事实开始说话。[4] 这些事实并不是简单的"某物"，而是将获得"自在"的尊严。在这里，我们再次看到了"存在的爱是一切对事实的尊重的隐藏动力"[5] 这个理念，并让该理念回归到其真正位置。从上帝的视角出发，世界让我产生这样一种欢欣鼓舞的感觉："这就是如此"，就是这样，无可辩驳且完美。不过，最幸福的表达莫过于以下这个拥有最可敬的高贵称号的表达：世界是存在的"表象"[6]。

　　对"表象"与"存在"这两个古典概念的求助不应该让我们忘记，最终，只有信仰才能理解世界的这一"变容"；对信仰而言，天地歌唱着上帝的荣光。这并不是一种真正的关系，亦即不是内在于

---

[1] "形而上学的客体性被称作密码"，III，129。

[2] "唯有生存才能向物的透明敞开。"I，52.

[3] "通过这个客体性的语言，生存可以将它无法知道之物变得在场。这并不是由理性存在构成的共同体中所有生存所共有的语言，而是每次都将是历史的语言。这个语言与其中一个人相关，但拒绝另一个人的加入。这个语言在普遍中变得贫瘠，在创造和原初的归化（appropriation）中，才会变得关键。III，6；类似的表述：II，120—124，123，133—134。"生存不再与这样一个总体性相遇，这个总体性将所有个体纳入麾下，将个体性视作它的一员，并致力于实现一个有关世界的可能的经验统一性。相反，生存只会与'一'的超验相遇，后者本身只能历史性地显现。"II，133.

[4] I，139.

[5] I，115.

[6] I，19—20.

263

客体本身的某种关系。如果我们愿意的话，这更应该属于某个信仰的、非理解的范畴。[1]

我们已先后三次被引导着去承认信仰在形而上学的诞生过程中所占据的优先地位：我们完全可以让我们的理性服务于某个范畴的辩证法，服务于某个生存态度理论，以及服务于某个密码理论；剩下的就是要让形而上学的这三个维度从某个中心点出发辐射出来：这个中心点就是信仰。因为信仰，知识才想要被超越，生存才自知与某个高于它之物相连，世界才言说着这个"以事实为声音的神秘语言"[2]。

那么，什么是信仰？

二、哲学信仰

什么是信仰？

人们可以轻易地以否定的方式描绘出信仰的特征，指出信仰不是知识，因而排斥一切普遍意图体系，尤其排斥一切本体论[3]。要是

---

[1] 我们在前面已经说过，"绝对现实性"的问题并不是克尔凯郭尔思考的对象；生存思想家只生活在"主体性"内部，其中，"主体性"指的是其与上帝在一起时的孤独："在上帝面前，你只需要与你自己同在……只有在上帝面前……只有在上帝面前你才能与你自己同在！"从《恐惧与战栗》开始，对克尔凯郭尔而言，"上帝为个体而在"这个表述就已经意味着重新肯定的不可能性；然而，密码则是在世界的总体性中，对我身体的进一步重新肯定。不过，雅斯贝尔斯却将其作品中的这个中心主题（密码）归于克尔凯郭尔所说的"冲动"。或许该主题的源头是"受难基督"的沉思，后者是真正意义上的上帝正在消逝的密码；在这个意义上，密码理论可能是某个耶稣化身、耶稣受难以及耶稣复活教义世俗化的极点。如果不谈及逻各斯的基督理论，我们可以说，密码理论是对这样一个对生存的克尔凯郭尔式的沉思的回击，这个沉思与非常哲学与古典的现实性问题相关：没有克尔凯郭尔，就不可能提出这样一个现实性问题，这个现实性如同超验一样绝对，且只对生存而言是最"主观"的。相反，尼采则直接引导雅斯贝尔斯提出了绝对现实性的问题：强力意志、永恒回归以及"对命运的爱"宣称了一个重拾并完成之世界的到来。N.101—102，279—280，320，395—397。

[2] I，129—140。

[3] I，271—280。在标题为"哲学与体系"的段落中，雅斯贝尔斯以体系与自由的对立开始他的论证；我们将稍后提及后续的论证，亦即雅斯贝尔斯想要以"思辨密码"或者"理性神话"的形式恢复某个古典本体论的论证。参见 ci-dessous，第三章。

能够将超验变成某个概念建筑的基石，那么人们将得以在超验层面重构在科学层面已遭遇失败的总体性；本体论甚至只能成为该总体性的某个移位（transposition）或者延伸。宏大的古典体系的危害在于，它在我们身上保留了这样一个幻觉，让我们以为超验可进入某个对所有人而言有效且与科学一样有约束力的知识：这样的体系认为，自由应该在本体论的主张下重获自身，但这样一个本体论却会让自由失去重要的生存内在品质，没有这个品质，超验将只能是幻觉。传统本体论缺乏界限意识和失败意识；它让客体性显现，而不会将客体性悬置：因为"在我抓住存在之处，存在已经是一个相对某个我所不能抓住之存在而言的相对存在"[1]。此外，传统本体论还未能明白，唯有生存才能做出"整个存在都被集中并统一在超验之中"的这个猜想。在体系与自由之间，存在着不兼容性，体系的完成将通过客体的胜利让自由消亡，将在各类决定中将自我存在埋葬。这不免让人联想到康德的宣言："我批判了知识，建立了信仰。"然而，我们稍后将看到，这一对知识的批判并不以"拒绝接收"（non-recevoir）为最终目的；信仰也并非一种情感的狂热，它应该整合并吸收众多伟大的形而上学的经验。雅斯贝尔斯太过尊重西方哲学传统的统一性，以至于他只能以另一种方式将其拯救：在他的时代，密码理论就是这样一种方式；至少"拒绝"的时刻不再被质疑，正是这个时刻让信仰即便在对某个超验的"思辨"密码的构思中，依旧继续保持非—科学（non-science）的特征。

如果我们认为信仰是最为个体的自由对超验的某种加入或者附着（adhérence），那么，我们将能够给出一个有关信仰的不那么否定的特征；对自由与超验的这一结合蕴藏着某个预先的默契以及某个核心的联系，是一种原初的保障，先于任何话语、理由和证据。如果这个原初的关系驳回并打乱理解律（la loi de l'entendement），并

---

[1]　III, 163.

让信仰与思想从一开始就相互对立 [1]，那么信仰将与思想的这样一个要求并不陌生，这个要求可被称作理性，或者可被称作对"一""总体"以及安宁的追寻。[2] 一般意义上，信仰指称专属于生存的真理等级（degré），正如"有用性"构成经验的"我"、有限必然性、普遍意识、说服（persuasion）以及精神的特征。[3]

因此，如果说信仰是生存的思想模式，那么它将不可避免地与正在不断自我征服的自由一样不稳定且未完成。信仰的本质在于受到威胁，亦即始终处在与"不信"的张力之中。[4] 怀疑的永久可能性被写入生存的条件之中，被写入客体性的企图之中，被写入趋向于自我神化的自由的伟大之中，被写入在界限境况的催促下倾向于自我否定的自由的困境之中。一个没有直面怀疑、没有被"不信"撼动其基底的信仰还不是一个真正的信仰。唯物主义、享乐主义、怀疑主义并不是人们一劳永逸地提出并拒绝的学说；它们是思想和自由所包含的永久可能性。人们可以提出论据反驳这些学说，但论据本身不过是对信仰的表达，这个信仰沉睡于"不信"之中，在与之形影不离的相反面（contraire）中复苏。[5]

---

[1] "信仰"一词源自克尔凯郭尔：雅斯贝尔斯在《理性与生存》中宣称道，"克尔凯郭尔将'你信什么，你就是什么''信仰即存在'（oeuvre VIII, 91）的说法，与从巴门尼德一直延续到笛卡尔以及黑格尔的'思想即存在'的哲学表述对立起来。VE, 8. 同一篇文章将尼采的强力意志概念与克尔凯郭尔的信仰概念进行了对照，并指出两个概念都是'不直接指出所指称之物，而是指向某个无限阐释'的纯粹符号"（Ibid.）。不过，在雅斯贝尔斯那里，最终被保留下来的是克尔凯郭尔的"信仰"概念，同时被保留下来的还有伴随着该概念的确定性：信仰并不低于知识，并不能像黑格尔所认为的那样被超越。不过，正如我们即将看到的那样，在雅斯贝尔斯那里，"信仰"一词将不再具有相同的内容，克尔凯郭尔所说的信仰的宗教内容将被雅斯贝尔斯"超越"，雅斯贝尔斯完成该超越的方式让其与斯宾诺莎和黑格尔的哲学靠近。某个有关"哲学信仰"的概念让雅斯贝尔斯与笛卡尔坚决地对立起来：没有上帝的科学。D. 17—20；29—32；然而，在笛卡尔的独断论背后，必须承认这样一个原初的保障：生存与超验相连，任何真理都是悬而未决的，都以对上帝存在的形而上信仰为基础。A. T. 71. 由此产生了这个与"真"的统一性以及与普遍数学（mathesis universalis）相反的理念：上帝的存在拥有某个高于数学之确定性的确定性。A. T. VI, 36. D. 31.

[2] VE, 38.

[3] VE 64；"生存在信仰中体验真理"，Ex. Ph. 32。

[4] I, 246—254："信仰与不信"；"信仰与不信是'自在'的两极"，I, 247。

[5] "在'不信'中存在着的是信仰；在信仰中存在着的是'不信'……信仰的力量在于极性"。I, 253."不信"在信仰中的在场是一个典型的克尔凯郭尔主题：信仰不仅遭遇悖论，而且就是焦虑与安宁之间活生生的悖论本身；一个被魔鬼附身的宗教人为自身感到焦虑，他不知道自己是被魔鬼附身的宗教人还是魔鬼本身；答案就在对问题的焦虑本身之中。

信仰与怀疑的这一关联揭示了我们与超验之间联系的不稳定性，让我们得以从高处俯视雅斯贝尔斯分别对宗教与无神论的所有判断：事实上，这是让信仰深陷困境的两个最严重的威胁；前者（宗教）声称可赋予信仰某个来自经验或者宗教权威的客观保障，后者（无神论）则促使信仰以经验或者自由的傲慢为名自我否定。此外，雅斯贝尔斯在劝说我们绝不要将克尔凯郭尔与尼采分开的同时，敦促我们通过宗教来理解无神论以及通过无神论来理解宗教，并通过无神论以及宗教来理解哲学信仰。[1]尼采大喊："上帝已死"，并将自己封闭在某个无神论的宗教中，在那里，当他醉心于被钉在十字架上后又复活的上帝—人（Dieu-Homme）的悖论时，他与克尔凯郭尔一样无法靠近。这些生存的英雄无法被复制；哲学信仰的道路在"绝对不信教"与"专制的启示"这两大深渊之间前行。

（一）信仰与宗教

对宗教的拒绝由于其悲剧性而统治着整个雅斯贝尔斯的形而上学；这是一种悲怆的拒绝，毫不夸张地说，这个拒绝尽可能地远离了伏尔泰、社会学或者马克思主义的批判；在这个拒绝中，对某个不可跨越之距离的感知与对某个紧密亲近性的感知形成了鲜明的对比；同对本体论的批判一样，对宗教的批判应该被提升至对话的层级，在这个层级处，自由的信教徒将教会的"财富"据为己有（s'approprier）：因为最终，这些财富的历史连续性正是让信教徒自身的信仰得以形成的肥沃土壤。

在进行任何讨论之前，必须承认，没有任何可让人们悬于冲突之上的视点：哲学家只能在哲学内部对宗教做出判断；未来可能读

---

[1]　在这个方面，《理性与生存》中有关"克尔凯郭尔与尼采的历史意义"的第一场讲座，以及讨论"目前提供给哲学活动之可能性"的第五场讲座，都是非常珍贵的资料。正是在此处，雅斯贝尔斯获得了其双重的冲动，并最终与这两个相反的"例外"相分离。《诸世界观的心理学》已经包含了对神秘主义的批判（73—78，102—121，202—204），并将某个哲学神秘与神秘主义对立起来（387—407）。

到这几页文字的信教徒不应该忘记这个对绝对忠诚的承认。作为哲学家的雅斯贝尔斯知道自己讨论着一个他者，正是与这个他者一起，他进行着热烈的交流，同时并不将自身等同于他者。那么，从这个视角出发，他在宗教中看到了什么？[1]

审判的核心在于对权威的批判以及对自由的颂扬，亦即对某个隐匿神性之沉默的"互逆自由"（liberté réciproque）的颂扬；不过，我们还可在雅斯贝尔斯的作品中收集到一些反宗教神秘时刻的"预审"（avant-procès）元素：生存的自由特征以及超验的隐藏特征在其中首次被阐明与辩护。

神秘主义者企图与上帝之间建立起某种真实且直接的关系，建立起某个结合的生命，哪怕这将以人和世界的牺牲为代价。神秘主义在"违抗经验命令的无条件行动"[2]中被归为自杀，相对这个神秘主义而言，雅斯贝尔斯的哲学极其严格。无论神秘主义继续保持为世俗生活中的神圣"飞地"（enclave）——宗教信仰，祈祷，圣事——还是展开其所有要求——对世界的逃离，禁欲主义，以及对极乐的追寻——，它都是"对世界的否定"[3]，意味着"否定的决定"。然而，凡是想要与上帝会合的人都误会了上帝及其自身；因为上帝并不是一个人们可与之保持真实且直接关系的单独存在。上帝是隐匿的，唯有世界才能间接地将其揭示[4]，处在世界之外的无条件生存亦什么都不是：这个生存打破以生存为"疾病"的经验秩序[5]，最终不过重又返回其中[6]。这个生存揭示经验秩序的虚妄、相

---

[1]　在这里，我们汇集了雅斯贝尔斯分散在三部不同作品中的所有有关宗教的文章。I，294—317；II，272—275，314—328. 非常有趣的是，雅斯贝尔斯使用了克尔凯郭尔的一个理念来反驳克尔凯郭尔：哲学与宗教之间没有和解。但对克尔凯郭尔而言，哲学就是黑格尔，是完整的内在性；克尔凯郭尔不曾想到，人们会用一个哲学信仰来与信仰本身，亦即与基督的信仰相对抗。

[2]　II，314 sq.

[3]　"对世界的否定"，II，318—320。

[4]　II，121—123. "只有在世界之中，我才能与物和人有一个真实的关系；但上帝是隐匿的。" II，314.

[5]　II，296—298.

[6]　II，293—294.

对性以及虚无，并投身其中，仿佛经验秩序就是一切：该生存超越世界，但超越本身却发生在世界之中[1]。神秘主义还尤其违背了交流：在上帝身上看见某个"你"的人会终止与其兄弟的对话。[2]神秘意识的不幸在于，它无法在这个尘世生活中自我完成：对于神秘主义者自身而言，上帝是隐匿的；他周围的生活已经变成荒漠一片，他被悬置于虚空之中，他的否定决定变成了一个"自杀的相似物（analogon）"[3]。鉴于哲学会在"肯定的决定"（décision positive）中"重新肯定"世界，并在不让自由迷失于上帝之中的同时，让自由变得敏锐，因此，哲学信仰属于伦理学范畴[4]，而不属于神秘主义范畴。神秘主义在与某个真实上帝的直接关系中将自由遗失，而伦理学则在与隐匿神性的某个非直接关系中对自由进行肯定。

不过，宗教的核心并不是神秘主义经验，而是对权威的服从。宗教意味着一个"他律"，因为在宗教中，上帝说话，而哲学则意味着某个"自律"，因为在哲学中，上帝是一个隐匿的神性[5]；此处已经能够瞥见两大批判的汇合。如果我们从外部向内部看，宗教将首先呈现为一些特殊的行动，比如祈祷与宗教信仰，这些行动可赋予上帝之在场以可靠性与现实性，并保证让人进入另外一个同样可感

---

[1]　"在对世界的超越之中"，II，300。"这个张力是位于世界之中的无条件行动的真理。"II，295.

[2]　当与上帝之间的关系并不同时作为生存交流被实现，从而得以在这个交流中获得其所能够获得的唯一真理时，那么这样一个关系将不仅不可靠，而且意味着对生存的背叛。II，272. 很少有文章能够更好地强调雅斯贝尔斯与克尔凯郭尔之间的间隔。这不仅仅是因为克尔凯郭尔是一个神秘主义者；远不止于此。诚然，克尔凯郭尔也认为与上帝的交流是一种"间接的交流"，无法将生存与超验之间的距离删除；而且克尔凯郭尔的好几处论述（cf. Wahl o. c. 404—405，414）都带有某种神秘主义的口吻，但是，这个神秘主义与雅斯贝尔斯的神秘主义（Myskik für Verstand）一样，仍然是一个辩证信仰的神秘主义，而不是一个享乐和统一的神秘主义。不过，在这篇文章中，克尔凯郭尔却受到了指责，因为他将"宗教阶段"变成了对"伦理阶段"的摧毁，变成了交流以及重新肯定世界的不可能性。这就是为何，雅斯贝尔斯的作品不过是对克尔凯郭尔——那个呈现给此世界的"罹难者"——的苦难的一个减弱的回声："基督教的整个强劲体系都归结为殉难"，瓦尔（Wahl）如是说道。o. c. 365—366（ibid. 314，319；受苦高于重新肯定；365—374）。

[3]　II，208.

[4]　II，391. 然而，雅斯贝尔斯难道没有说过，生存想要自我遗失，想要失败吗？这难道不既是克尔凯郭尔在晚期所构思的"宗教阶段"的相似物，又是自杀的相似物？

[5]　II，322.

且亲近的世界。至于这些行动本身，它们又将指向某个独一无二的、圣迹显灵般的历史事实："启示"（révélation）。"启示"被宗教训诫所维持与保障，而神学则是有关这个宗教训诫的系统形式。再一次，宗教训诫与神学不过是某个稳定且有组织的共同体不同的生命时刻，这个共同体既想成为一个持存的精神王国［神秘的身体（un corpus mysticum）］，又想成为一个真正的社会。[1] 最后，所有这些元素发展出了一个典型的精神状态，这个精神状态以服从为基础，并四处蔓延：在思想中通过教条蔓延，在行动中通过教会的指挥蔓延，在城邦中通过神权政治的特有企图蔓延。于是，个体在某个更高的客体性中受到保护。

面对宗教，哲学家首先会感到不安与贫瘠：宗教信仰、启示、教会、权威等，所有这些他都没有；他非常清楚，权威并不一定是灵魂所承受的某个暴力。在这个保障范围内，超验开始说话。在侵袭整个意识、让意识靠近其根源的焦虑中，宗教提供了一个哲学所不能提供的固定可靠性，这甚至就是将两者区分的标准。[2] 哲学只会提供一个转瞬即逝且受到威胁的安宁，宗教信仰却可控制内部的任性以及心灵的断续（intermittence），启示和教会可保障上帝的话语。不过，除对宗教，尤其是对祈祷 [3]、启示 [4] 以及教会 [5] 的虽然次要但至关重要的批评以外，哲学家主要是将自由和信仰的勇气与这

---

[1] "由于抱有成为整个人类的普遍意图（这个人类只对自身而言为真），教会意味着专制的可视性，意味着独一无二的超验的确定性，对于任何信仰超验的人而言，这个超验都只对自身而言为真。"II，318. 布克哈特（Heinrich Burkhardt）在宗教中看到了人类的三大"客体性"中的一种。这三类客体性分别是：国家、宗教与文化，它们相互联结时会变得强大，相互分离时则容易变质。II，361—363.

[2] II，27—28.

[3] "反祈祷"，cf. II，120，122—124，208，273—274，314—318；III，126—127，152，200，204；祈祷依旧充满了魔法；它像对待一个真实、单独的存在一样对待上帝；它会打破人与人之间的交流；通过将责任归于上帝，它使责任感本身变得堕落。

[4] "反启示以及普遍意义上的神迹"，Ex. Ph. II，272—273；启示揭示了某个所谓的"彼世"在此世界中的闯入（与这个表面客观但其实依旧不过是经验存在中的某个"飞地"的神迹不同，密码是变得透明的经验存在本身）；启示也将通过对不信教者的驱逐来打破交流：上帝"仿佛被囚禁"（wie in der Enge verbannt）。

[5] "反教会"：教会用某种非常强大的社会学力量代替了个体与个体之间脆弱异常的交流；哲学应该没有社会地位；当哲学以不同流派组织起来时，它将变得狂热。

个更高客体性特有的权威对立了起来。哲学家不断地提问，他承担起"自由的重担"[1]以及自身安宁的脆弱性：哲学家越是痛苦地意识到他在宗教面前的贫乏，自由的王国就越是清晰地显现在他面前。[2]

哲学家知道，与隐匿的神性之间只能有某个间接的关系；这个神性通过其沉默向我言说，这个沉默仿佛在对我说：不要回到宗教，将自由坚持到底。[3]意识的声音就是神性的沉默。无论在哪里，神性都是隐匿的。通过意识，我感觉自身与超验相连，但依旧忠实于自我。神性在向我呈现自身的同时，并未让我失去自由以及责任。[4]这就是为何，哲学家属于不可驯服的异教徒之流，是真理的英雄（这些英雄不再是简单的反叛者，或者某个与集体启示相对立的个体启示的狂热崇拜者[5]）；哲学家收集这些英雄的教训："只有被征服的自由。"[6]

宗教权威与哲学自由之间的冲突有多重不同的形式：最著名的形式与科学相关[7]；哲学家是智者（savant）的律师，会助其对抗教会的侵犯，对抗教会有关神迹、世界以及人之源头的伪经验陈述；他是思想自由的使徒。哲学家的不妥协只与这样的拒绝与意志向匹配：拒绝的是将知识传送到没有知识容身之处的地方，意愿的是唤醒科学之人，让其意识到经验世界之外的另一种存在形式。当涉及对超验的感知本身时，权威与自由间的冲突将获得另一种更加内在的形式。哲学家将要面对的是神学家；神学是启示的理性形式，哲学家则是位于知识界限处的完全赤裸的信仰的使者，是面临威胁、毫无保障的信仰的使者，是个体的、没有教会的信仰的使者。哲学

---

[1]　Ⅱ，316—317.

[2]　Ⅰ，302.笛卡尔思想的其中一个弱点在于，未对专制信仰与哲学进行一个真正的区分。专制信仰未被质疑，哲学则在其具体实践与王国中受限。笛卡尔并没有某个有关权威的哲学；这就是为何，他的信仰并不真实，他的理性缺乏勇气。D.69—78.

[3]　Ⅰ，302；Ⅱ，389—393.

[4]　Ⅱ，272.

[5]　Cf.Ⅱ，274—275；这是对异教徒更为保守的评价。

[6]　Ⅰ，302.

[7]　Ⅰ，304—307.

家首先希望这个冲突能够被神学家以及他自己察觉到 [1]；然后希望双方都能够将混合、模糊的形式摒弃。诸如布鲁诺、斯宾诺莎、康德等真正的哲学家对神学家而言是可疑的，奥古斯丁、路德等"原初"的神学家应该比任何其他哲学神学家更加令人不安与震动人心。

然后，哲学家还希望不要忘记宗教也是一种信仰的事实；此处甚至正是冲突的悲剧性所在：哲学与宗教以各自的方式都是可领悟整个人类的某个信仰。[2] 这就是为何，宗教从来都不是令人鄙夷的，它依旧是哲学家在自身身上所保留的一个企图：这个宗教的人始终是哲学家可能成为的人。[3]

行文至此，我们可以猜测，对宗教的拒绝并不是最终的，而只是为让哲学家将宗教视作神话"归为己有"做好准备。宗教同古典本体论一样——尽管其完备性和理性属于较低的等级——都可成为在原初密码中前行时的某个指引，都可成为某个能够对讨论超验的存在语言本身进行阐释的人类语言。[4]

（二）信仰与无神论

雅斯贝尔斯以同样的力度与无神论相分离：毫无疑问，在雅斯

---

[1] I，312—314.

[2] I，315—317.

[3] "由于没有某个宗教安全作保障，任何成为哲学家的人都将穷其一生在内心深处与这个可能性作斗争". II，294. 最为纯粹的祈祷与密码中的沉思只有细微的区别（几乎不会引人注意，但却如头发丝一般锋利）。II，315."祈祷是一个可能的现实性，这个现实性的缺失赋予我的不是某个获胜的意识，而是某个痛苦的意识"——相较对神秘主义的批判，这一对权威的审判使雅斯贝尔斯更为彻底地远离了克尔凯郭尔：首先因为，在克尔凯郭尔看来，服从是信仰的本质特征之一："相信，你应该相信"；不信教就是不服从；信仰让"提问"闭上了嘴；正是在这一点上，信仰与哲学相对立（此外，相较对作为客观命令的上帝话语的思考，克尔凯郭尔思考更多的是作为主观服从的信仰：上帝的话语对我进行审判，而我却并不审判上帝的话语）。不过，克尔凯郭尔与雅斯贝尔斯之间的对立还有一个更加本质的原因：克尔凯郭尔并未将服从本身变成宗教阶段的主要准则，在他看来，出现历史启示之处，便有权威。对克尔凯郭尔而言，正是荒谬的人—上帝（Homme-Dieu）构成了信仰的核心；没有十字架事件，将不再有悖论，也不再有信仰。黑格尔的谬误和过错在于，他曾尝试对伟大的基督事件进行象征的和历史的阐释［"世界历史"（Weltgeschichllich）意义上的历史］。耶稣本身的悖论便足以拯救宗教阶段，并为信仰的悖论奠定基础，这里所说的信仰的悖论指的就是：让我对某个既已过去又将永恒的事件"同时代"。

[4] 参见第四章第二节。

贝尔斯眼中，没有超验的生存将被暴露在最为堕落与糟糕之物面前：这样的生存要么自我否定并在世界中迷失，要么激动亢奋并想要窃取某个创造的权力，最终，该生存不过将在这个权力中发现虚无，因为任何不源自存在的人就像源自虚无[1]，会消失于荒谬之中。[2] 在此处，生存哲学想要的则是某个超越它自身的真理；当生存哲学声称"只有生活在与超验的关系之中，人才能作为他自己而在"[3] 时，它知道自己依旧属于整个"基督与康德"[4] 的传统。

然而，鉴于只有与"不信"（non-foi）针锋相对时才会有信仰，生存哲学有义务让自身被"真正的"无神论所质疑。为信仰提供某个与之相称的否认（démenti）以及某个友好的考验，这正是尼采哲学无与伦比、出乎意料的功能。

尼采，"有关鄙夷的流派"，"极端的魔法"；尼采，"立于上帝之不在场面前的哲学"[5]。不过，在让自身被尼采质疑的同时，生存哲学感受到了揭露自身缺陷的力量。

生存哲学的真实性在于其腐蚀与否定的权力：在这个哲学眼中，无论是人、人有关自身的认知、人所创立的道德，还是始终服从于"视角"和"阐释"的真理，抑或是注定归于怨愤与衰落的人类历史，所有这一切都不会有恩泽；这一三重的失败[6] 将赋予被尼

---

　　[1] 没有超验，自我将"滑向虚无的深渊"。II, 49. 在《生存哲学：三次讲座》中，两难境地非常显著：想要既"从自身出发"（aus sich）又"通过自身"（durch sich）获得自我的人将立于"虚无之中"，面对虚无，我仅通过我自己而成为我所能成为之物；要么我想要自我创造与自我毁灭；要么我将自身领悟为对自我的给予，"在统摄物中，存在从所有源头的基底处，来到我身上……这两种态度都有可能。我在失去我自身存在的实体的同时，预感到了虚无。当我被给予给自我时，我将预感到统摄物的完满。"Ex. Ph. 24. 这里涉及某个哲学决定。Ex. Ph. 17, 22.

　　[2] "如果没有超验，人们可能问道，我为何会意愿；继续存在的将只剩下没有过错的专制。事实上，只有当超验'在'时，我才能意愿。"II, 198；尤其地，不同的界限境况将不过是某个绝望的工具；它们将意味着"对超验之清晰性最彻底的撼动"。II, 208.

　　[3] "这是一个人无法摆脱的必然性。"N.381.

　　[4] N.133—134.

　　[5] VE 5—27；101—105. 雅斯贝尔斯有关尼采的作品（Nietzsche. *Einführung in das Verständnis seines Philosophierens*, de Gruyter, 1936）是对尼采哲学最杰出也最珍贵的见证。

　　[6] 雅斯贝尔斯作品的前三章主要与这个摧毁的事业相关。这些章节出现在那部关于尼采生平、个性以及无与伦比之命运的令人钦佩的专著后面。

采视作无与伦比的现代事实的虚无主义以神圣性。不过，对否定力量的提及并不是毫无意义的。尼采哲学的不幸首先在于，从此，它不再能以言说"否"的相同力量来言说"是"。[1] 对人之失败进行回应的是"超人"(surhomme)；不过，超人本身也被某个摧毁性漩涡所裹挟：在依次成为"大地之主""法律缔造者""造物主"之后，"超人"在某个无法靠近的距离中消散。[2] 对自由的感知似乎已经完全变质，由于无法在自我存在中找到自由的界限和源头，自由的过度（démesure）本身将被某个自我摧毁的狂热以及这样一种激情所腐蚀，这个激情想要同一切在其所不是的存在中唤起某个根基的东西断绝联系。[3] 回应真理之失败的是以强力意志为媒介的"新阐释"。然而，强力意志是最后的真理、表象的存在、一切阐释的阐释[4] 以及一切幻觉的最后意义吗？由于没能让现象的相对性与这些现象作为密码的"透明"相关联，尼采被迫将他自己的学说吞噬，并将他自己删除；几乎才刚刚启动，一切超越的努力复又消失在内在性（immanence）之中。最终，用以补偿对历史的摧毁并赋予虚无主义某个至高胜利的"永恒回归"学说并未在我们当中唤起对存在的感知与爱。永恒的现时（présent）难道不正如克尔凯郭尔所理解那样，更应该意味着"永不回归"的时刻的神圣性？有关狄奥尼索斯的新神话在历史实体中究竟拥有怎样的根源？[5]

---

[1] 尼采所有作品中有关"是"与"否"的论证，参见 N.101—102，34—36，44；尤其地，"直面人的摧毁的'新大师'"，N.253—254；"强力意志"中的"是"与"否"，N.127；永恒回归至高无上的"是"，272。

[2] N.：146；242—254。

[3] "尼采的世界思想的自我摧毁"(Die Selbstzerstörung des nietzscheschen Weltdenkung)，N.291—292。

[4] N.160—175.

[5] N.307—332. 尤其地：309，311，319—321；有关克尔凯郭尔以及尼采所说的"永恒现时"，321，332，386—387，393—394；"神话缺少一切具有历史约束性的环境"，386。与这些批判相关的是对死亡的意义的批判，我们在前面已经提及过（第二部分第四章）。死亡在尼采那里失去了所有深度，因为对尼采而言，死亡只有在超验面前才会抵达其最深处；否则，死亡不过是最普通的自然事件。此外，"作为死亡的死亡并不在场。没有任何贯穿其本质的形而上记忆，没有不朽（取而代之的是：没有记忆的'永恒回归'）。与死亡相关的生存的经验存在，其整个神话基底仿佛消失在了这样一个生命哲学之中，该生命哲学不会超出造物者的冲力。这是因为，如所是的死亡被对生命的宽恕所毁灭并（转下页）

不过，尼采的这个否定哲学最严重的代价在于，它会在某个较低类型的独断主义中、在某种伪科学生物学中不断堕落。一个没有超验的哲学或许注定在以下两者之间摇摆不定：一方面是在虚无的边界处朝着某个真正的存在进行超越的努力（超人、强力意志、永恒回归），另一方面是借鉴自内在经验的一系列超验替代物；超人变成通过培训获得的一种新的生物物种，这个物种服从于某个有关人类终极目标的所谓认知。[1] 强力意志被削减为基本的生物力量；于是，我们看到某个经验现象被推向绝对，哲学被带回至某个前批判阶段。[2] 最后，永恒回归学说可能获得某个机械论的阐释，该阐释服从于某个前苏格拉底类型的宇宙论。就这样，这个极端的魔法变成了"对世俗（en deça）的激进意志"。[3]

尼采是否就此被定罪？并没有，在对尼采进行审判后，生存哲学依旧想要爱他。然而，有两种爱尼采的方式，其中一种就是在他身上寻找某种对他所否定之物的间接见证。尼采触动我们并将我们唤醒；即便他的哲学尤其体现出否定的特征，但它依旧可以让我们摆脱客体的眩晕以及一切超验独断主义。不，他的虚无主义并不普通，他的无神论并不对存在无动于衷。两者都产生了超越。[4] 否定主题和肯定意图的主题将共同勾勒出某个真正的冲力，并朝着被预感为界限和源头的存在前进。有谁会不承认超人学说[5] 中的生存勇

（接上页）变得无动于衷。"N.288—289. 最后，至高存在将通过自杀窃取某个过度的生命权利；当时机成熟时，进行欣赏的权利；以及在生存的总体可能性中采取行动的权利。N.288. "于是，人们得以进一步追问，为我们留下的是否不再是某个'超出道德之物'（plus que la morale），而是某个'不及道德之物'（moins que la morale），亦即由自然力量构成的简单经验存在。"于是，神化变成了恶魔化，"这一切仿佛，在尼采那里，自由在创造中已被删除——这个创造由于其模糊的不确定性而无法再为我们提供任何坚实的基底——仿佛创造自身亦在某个爆炸中被删除，在这个爆炸之后，留下的只有上帝的幽灵或虚无。"N.138—139.

[1]　N.147，247，249.

[2]　N.305—306，279，296—297.

[3]　"对世俗进行净化的意志"，N.382；cf. 311—312，379。

[4]　"在超越的虚无主义中，存在应该向自我呈现自身"，N.386；在 N.384—386 中还讨论了某个"对存在真诚的眷恋"。N.386.

[5]　在尼采那里，否定意味着"意志，是一切勇气的准则，该意志会真实地趋向于任何形式都无法进入的存在"。N.397. "否定再次为生存哲学扫平了道路。"N.250—254.

气，以及强力意志中的某个让生存真正意义上被触及的密码？[1] 这个密码是斗争的密码，尽管整个现实性都参与其中，但该密码或许并不能像尼采所认为的那样 [2]，可对存在的方方面面进行归纳。尼采犯了一个双重的错误：一方面，强力意志不过是众多密码中的一个，尼采却对它进行了夸大；另一方面，尼采还用被推向绝对的内在现实性的语言对强力意志进行了陈述。[3] 最后，尽管永恒回归学说并未引起强烈反响，但谁不会在这个学说中预感到时间与永恒的悖论，以及立于超验面前的生存的悖论？孤独者的至高经验在尼采所称作的"状态"（état）中得以显现，其中，被尼采称作"状态"的东西会奇怪地让人联想到生存在超验面前的态度，在这个态度中，自由让其与存在的统一经受考验。[4]

诚然，这些"状态"依旧停留在对生命的激情以及英雄主义的调性上，尚未替代焦虑、爱或者反讽。[5] 不过，让奥古斯丁震惊不已的悖论正好栖居于这些状态中。正如路德甚至康德所说 [6]："这一刻，你想再活一次，或者再活无数次吗？""活下去，从而使得你应该想要再活一次"。"删除我们生命中的永恒肖像" [7]。悖论在于，一方面想要永恒，但另一方面，回归不过是对"我"的重复，对"我"以及这个想让它回来的决定本身的重复。因此，在"对命运的爱"中，我献身于存在，并在存在中看到所有物均已完结，无论是短暂

---

[1] 不再需要认识某物："某物越是可被认识，它就越是远离存在"，尼采自己如是说道。N.263，312—313.

[2] 有关强力意志，尼采曾说道（13，229）："一切都将在它（强力意志）身上被识别，仿佛一切都与它相关。"N.279.

[3] N.381，380—386.

[4] 这是我们整个存在意识的基础、源头与界限，正是在这些基础、源头与界限中，我们有关经验存在所言说的"是"与"否"才得以显现。"297—298. 尼采在不同境况的源头内部领悟存在，299。

[5] N.305—307.

[6] "这一对必然性（Müssen）的意志以尼采所识别出的那个形象，表达出了获取以及创造之自由的意识；该意识以某个二律背反的陈述为形式，与所有的超越自由学说类似（无论是奥古斯丁，路德还是康德）。"N.318.

[7] N.315—316.

之物，还是不断受审的决定。[1] 如果尼采并未因此指定绝对存在，那么他为何会继克尔凯郭尔之后，将时间中这个伟大的年份称作"永恒"而不是"无止境"呢？[2] 因此，可以说，这个无神论的冲力被某个力量所左右，作为作者的尼采本身并未明确识别出这个力量，该力量将狄奥尼索斯的象征变成了某个奇怪的"一元论神话"[3]。

　　不过，还有另一种爱尼采的方式，这一方式可对前面所说的同感（sympathie）努力加以修正，该努力始终面临让自身变成某种"合并"（annexion）的威胁：这种爱尼采的方式指的就是爱如所是的尼采，爱那个同克尔凯郭尔一样无法模仿、非凡绝伦的尼采。只要我们评判或阐释尼采时，我们就是在"构建"尼采。[4] 尼采应以其自身标准被衡量，这个标准就是他在无神论中的可靠性和无条件性。尼采有他自己的真理，亦即他者的真理，这个真理与某些启示宗教（religion révélée）一样无法靠近。在尼采的命运中有某种不同寻常的东西，尼采自己深知这一点：那是某个恐怖孤独的命运，这个命运贯穿于他大学职业生涯的失败中，贯穿于他的痛苦与疯癫之中。尼采本身就是一个摧毁的形象，他向他的世纪宣告着毁灭。[5] 在这个神秘且事实上无法理解的形象面前，人们可以说：任务在于，通过将尼采"归化"来成为自己。[6] 这是一个无限且几乎无法完成的

---

[1] "因此，尼采的狂热更多是基督教所说的在上帝面前的意愿自由，而不是被动的表达；这个狂热将推动某个真正的、被抬高的行动，并克服一切可认知的必然性，因为它立于另一个必然性面前。尼采也将这个必然性称作神性：必要性之盾！一存在的至高星星一无法被任何欲望所企及一无法被任何愿望所抵达一没有瑕疵一存在永恒的'是'一我永远是你的'是'！一因为我爱你，哦，永恒！"8, 435 cit. N.325.

[2] N.321.

[3] Als Mythus eines Mon-atheismus. N.330.

[4] N.378—379.

[5] N. 就像"罹难者"（victime）一样，398—400；100。

[6] N.401—410："对尼采的归化"；尤其地："如何在例外面前行事？"，409—410。无神论问题之所以扰乱人心，那是因为该问题与教会一样，是存在于世界之中的一种力量；尼采"恶魔般的激情"变成了一种社会学力量；面对看管哲学的两股力量，哲学想要保持无力；它接受被任何一方质疑，但要求无神论不能成为遗失生存的庸俗无神论，而应该成为超越的无神论。N.388—392. 雅斯贝尔斯已经在《诸世界观的心理学》中宣称，绝对的虚无主义是不可能的：在界限境况中，人将在有限或无限中、在内在性或超验中，寻找庇护所（Gehäuse）以及某个"歇脚处"（Halt）。PWa 252—269；281—407.

任务。

我们或许指出了本体论批判、宗教批判以及无神论批判中的某种相似性。这三种态度首先作为某种独断主义而被摒弃：以绝对为基础的知识独断主义，启示权威独断主义以及不信教独断主义；所有这些足以将信仰定义为"面临威胁的相信（croyance）"。接着，这些不同的态度似乎被转换为了某个间接的超验语言，该语言将它的见证与所有自然密码的见证联系起来：尼采的无神论是密码，宗教是密码，本体论也是密码。该运作在引言部分只是被提纲挈领地提及，它进一步确定了我们之前的印象，亦即形而上学轴线会穿过密码学说的事实。我们已经猜到，密码学说将出乎意料地灵活与好客，哪怕这可能与生存的局促性愿望相违背；或许，必须承认，沉思的生存比决定和行动的生存更加广阔。不过，在这三重分析之后，生存哲学似乎将不可理解、令人担忧、绝对例外的整个精神状态星丛（constellation）排除在了自身之外，其中，信教徒与无神论者正是这类精神状态的两个典型形象；除这两个形象之外，我们或许还可以加上系统分类学（systématique）的形象。总之，密码学说无法包含一切：正因如此，生存哲学始终是一个面临威胁的信仰。

第二章　超验与范畴

一、思想与非—思想

当思想尝试领悟超验时，它所遭遇的一切困难的源头都源自这样的事实：没有无客体的思想；即使超验也应该让自己客体化。[1] 然而，密码的"全新客体性"保持为"非—客体"（non-objet）以及"非—思想"（non-pensée）[2]。在这里，我们来到了思想的某个扭曲努力的尽头，该努力开始于某个"超越"哲学，该哲学通过回溯至客体性的先验条件，揭示出了世界的表象特征，以及主体在孕育客体方面的无能 [3]。这一至高努力的关键在于对内在性原则的超越，正是该原则规定了意识本身；该原则意味着，在某种程度上，思想与其自身客体处在同一水平上；思想与思想客体是互逆的；内在性原则决定了依旧肯定着某物的

---

[1] "没有任何思想可以在没有客体的情况下进行"。"即便生存可以在经验存在中显现，'存在物'也只能以意识的形式而在；此后，超验本身应该为臣服于经验存在的生存采取一个客观存在的形式。"III, 6.

[2] "思想从'可形象化'走向'不—可形象化'"，I, 15, 22, 38, etc, 因而"从'可想象'超越至'不可思'。"III, 37.

[3] III, 41—42；I, 40—44；II, 256.

思想。[1] 然而，超验并不像某个客体一样，"立于"[2] 我的面前；在超验与任何客体之间，存在着某个落差，"超验"一词的前缀"超"（trans）或副词"超越"（au-delà）表达的就是这个落差。

这一对客体、思想以及内在性的超越如何成为可能？

第一个观点可让我们迈出关键的一步；意识有另一个同义词：范畴思想；我们可以用两种说法来陈述这个真理，一个表面看来更加现实主义，另一个似乎更加理想主义；根据第一种说法，我们可以说，范畴根据不同的存在模式对存在进行着分配；根据第二种说法，我们可以说，范畴是可思物的一般形式。[3] 超越就是对范畴的失败的揭示；这就是为何，这个思想的努力被认为是"形式的"（formel）["形式超越"（das formale Transzendieren）：这就是雅斯贝尔斯相关章节的标题]。

范畴思想的弱点是"多样性"；有很多范畴，但没有一个至高的范畴可成为"存在的内在范畴"。于是，将有某个超出范畴思想的东西，这个东西就是对统一性的意愿本身；尽管思想在对范畴的超越中会遭遇失败，不过这个让思想自我删除的失败同时也会让思想完成；这就是为何，存在着一种对失败的激情，这是至高的清晰性："存在着不可思之物，这一事实本身是可思的"[4]；在确定界限之后，思想总是想要跨越界限而不得，于是将超越与失败等同。这一点足以将雅斯贝尔斯的哲学与某个情感哲学相区分；情感并不享有任何特权，可以让自身强制要求某个"精神牺牲"（sacrificio dell'intelletto）的出现[5]；在非常明确的情况下，思想让自身变成非—思想，却拒绝让自身变成情感。失败不仅是理解对绝对的敬意，而且也是哲学家对理智主义的敬意。

---

[1] I，49.

[2] "物被置于对面，也就是说，客体在"（Die Sache gegenübersteht，d.h. Gegenstand ist），II，8.

[3] III，36—37.

[4] III，38.

[5] Ibid.

因此，正是通过对一切决定的否定，超验得以被确定：如果被提升至"绝对"的范畴遭到拒绝，那么否定将是直接的；只有在"对立面的重合"（coïncidentia oppositorum）（存在就是虚无）、套套逻辑（存在就是存在）、循环（存在"自在"，是自己的原因）以及类推运用（存在就是基底）形式下，否定才是间接且隐匿的，其中，在类推运用中，范畴将失去其效力，并跨过一个主体经验的不确定区域。我们可将以上几种不同的否定形式称作辩证形式，不过，它们并不构成某个独一无二的辩证法，无法通过某个从范畴到范畴的综合运动重构绝对，而只是一个处在分散状态下的多元辩证法。因此，雅斯贝尔斯站到了康德的一边，反对综合唯心主义，该唯心主义批评康德任由范畴平台（table des catégories）处在无序状态；存在着一些诸如科学体系的范畴；这些范畴的不可削减性证实了经验秩序的不可靠性。[1] 因此，正是通过相似范畴的循环，我们得以召唤思想的主要决定，并参考三个我们可对存在提出的"问题"类型 [2]：（1）逻辑问题：思想为何会有客体，或思想为何会有诸如此类的客体？（2）物质问题：为何会有某物，为何有这个现实而不是无？（3）生存问题：并未自我创造的"我"来自哪里？我们将对主宰这三个问题的范畴进行考虑：思想客体范畴（Kategorien des Gegenständlichen überhaupt）、现实性范畴（der Wirklichkeit）以及自由范畴（der Freiheit），然后让这些范畴依次经受"绝对"的考验；非—思想将成为这样一个逻辑主义（logicisme）的失败，该逻辑主义将超验混同为各类范畴的起源，将超验混同为将超验削减为世界的自然主义的起源，或者将超验混同为将超验吸纳进生存的人类学

---

[1]　然而，赋予综合唯心主义（idéalisme synthétique）以意义的点在于，作为唯心主义源头的"我"是这样一个生存意识，在这个意识中，每一个范畴都可在它们通往绝对的道路上找到某个回音和驿站。III, 40. 稍后，在密码哲学中，我们将看到另一个归于唯心主义体系的更具决定性的努力。参见第四章。无论如何，"超验形式"意味着巴门尼德问题的回归，亦即典型哲学问题的回归，不过这个回归将同时带有克尔凯郭尔精神的影子。

[2]　有一些有关存在的问题，但对于这些问题并没有答案：因为答案必定是被决定的；存在是在某个非—思想中的保障，是超越所有陈述的保障；在这个意义上，我们可以说哲学抵达的是"那一个"神性，而不是神性本身。III, 39.

主义的起源 [1]；于是，哲学不再回答问题，而只超越一切答案。

二、三大范畴循环

"思想客体范畴" [2] 尚未决定某个经验内容，而只是决定了整个思想的对象（vis-à-vis）；这些范畴通过某个不可能的"对立面的重合"得以实现变容：存在与虚无，统一与二元对立，形式与物质；可能性，现实性，现实——可能性，必然性；必然性，偶然；普遍与个体；意义与非——意义。

有关这个辩证法，我们不再赘述；在这里，我们只强调两个有关该辩证法的显著特征。首先，似乎并不是所有范畴组合都像基底／存在 [3]、可能性／现实性 [4]、现实性／必然性、必然性／偶然性 [5] 这些范畴组合那样，拥有某个纯逻辑特征；其他诸如形式／物质、统一／二元对立、存在／虚无的范畴组合则并非如此；后面这些范畴组合更多从最为丰富或最为罕见的人类经验处获得其本质意义；辩证法意味着对在生存层面获胜的对立（opposition）的超越。在逻辑范畴下，形式／物质 [6] 是亚里士多德和康德的组合，但对生存而言，形式既是光、秩序、美，也是公约、合法性以及学院派（académisme）；物质既是无序与混乱 [7]，也是天真、深沉、取之不竭与喷涌而出，是一切律法的"彼世"（au-delà）。因此，生存让我们明白，形式无法

---

[1] III, 66—67.

[2] III, 43—54.

[3] 基底的相反面就是存在本身，事实上，存在会驱逐与他者的关系，基底则会驱逐与同一的关系；它们的相同之处在于都是自成动因的（causa sui）。

[4] 超验也是这样的存在，这个存在自我预设为其自身的可能性，以及作为所有可能性的现实性。III, 49—51.

[5] "可能真实"（possible-réel）是只能如所是存在之物，亦即必然的存在；同时，它还不依赖于任何外界原因，这就是说，它是绝对的开始。III, 51—53.

[6] III, 48—49.

[7] "论作为可理解性较低界限的混乱"，I, 147, 166；文中内容参考自引言及第二章第一节。

在没有任何危险的情况下被提升：一个和谐、透明的世界只能是乏味且缺乏英雄主义的。生存的共鸣比逻辑意义更加重要；白昼与黑夜[1]的二律背反已经初显端倪，在其中，尝试将这两个概念置于同一平面的努力将被引至其最为极端的张力之中。

"一"/"二"[2]以及"一"/"他者"组合催生了某个自柏拉图以来一直延续到谢林的古典辩证法；没有任何东西只是自我，但简单的二元对立又将是绝对的摧毁；不过，对自我的经验为该辩证法赋予了某个具体的意义：变成自我就是统一；然而，意识与自我相对立，可靠性需以某个基底为参考，自由需要与另一个被给予的天性（nature）对话。总之，生存是这样一场斗争，该斗争在统一性之中向我解释"二元对立的痛苦"[3]。正如谢林所说，"一"总是通过二元对立自我揭示。因此，我们可以说，"一"和"二"在上帝身上重合："超验不仅仅只是存在，而是既是存在又是存在的他者：他者是黑暗，是基底，是物质，是虚无"[4]。稍后，雅斯贝尔斯在谈及"一"和"多"的密码时[5]，将提到诸神之争、摩尼教（善恶二元论）、双重宿命论的神话。不过，必须像德国神秘主义那样，承认这个斗争与安宁相重合的事实："所有冲动与斗争都不过是在上帝处的永恒安息"[6]。存在与虚无的重合[7]也可由生存在世界中的悲剧所阐释。事实上，虚无并不是绝对的"无"，并不意味着存在的缺席；这不仅仅是某个如存在思想般不可思的思想，而且还是一个不可能的思想，该思想会立即被有关其不可能性的确定性所驱逐，亦即被这样的确定性所驱逐：存在的可能性就是其现实性，存在是其自身的

---

[1] Ci-dessous，参见第三章第三节；这一对纯形式的审判回到了对作为"客体荒漠"之客观性的审判以及对作为"幸福哲学"之唯心主义的审判。III, 217. 人们可能想起尼采有关狄奥尼索斯意识与阿波罗意识的主题，或者甚至联想到古典时期的歌德。

[2] III, 46—48.

[3] "当我在斗争中一直超越至存在本身时，二元对立就是存在本身"。

[4] III, 48.

[5] Ci-dessous，参见第四章第二节。

[6] III, 48.

[7] III, 43—46.

基底。等同于存在的虚无，只是我所思之存在以及被决定之存在的虚无。我可能会说，虚无是"不确定的完满"，或者存在是"超—存在"（sur-être，Ueber-sein）。这两个有关虚无的概念指示出了我自我遗失的两种方式：我可能在丢失我的可靠性的同时绝对地丢失我自己；正是这一对坠落或者挑战的恐惧将某个意义的阴影归于绝对的虚无；然而，我也可能作为界限自我遗失，并在这个想要将我删除并让我在永恒安宁中自我完成的"对虚无的激情"[1]的催促下，在存在中重拾自我。因此，对生存而言，虚无就是在世界之中但不属于世界的存在。

最后，意义与非—意义[2]的统一只拥有某个生存含义：意义是在某个人的生命中以及在历史中可被构建与安排之物，与之相反的是摧毁、犯罪、无理性以及死亡。我应该说，超验既是意义又是非—意义，因为如果我将超验视作宇宙的总体意义，并通过这个意义去忽视或者解释这个宇宙的局部荒谬性，那么我就会将超验拉低至客体或者生存层面。倒不如陷入这个不可思的思想之中：超验是意义与非—意义的统一。

以上的简短分析可为我们提供另一个观点：随着矛盾拥有更多的生存含义，我们看到不断有术语涌现出来，这些术语拥有越来越否定的回响（résonance）：物质、二元对立、虚无以及非—意义究竟指的是什么？构成经验秩序与生存秩序的阴影区域的，正是这个世界的面貌以及人的面貌；同肯定术语之间展开一场公平斗争并要求与那些术语等同的，正是整个的无序、分散、混淆以及摧毁的力量。在这里，逻辑游戏至关重要；此处涉及的是对超验的构思：超验不仅仅存在于由秩序与和谐统治的地方，而且也存在于绝望所在之处；此外，甚至只有当我能够在否定性中读出某个绝对的符号时，超验

---

[1] Ⅲ，45."激情"一词几乎总是与"虚无""摧毁"和"失败"相关联：激情是对虚无的激情。

[2] Ⅲ，54.

才会在这个世界的实证性中以及在我自身的实证性中向我显现。生存所遭遇的作为"界限境况"以及"考验"的否定物（négatif）应该能被转化，并被拯救为超验的符号。这正是雅斯贝尔斯从德国神秘主义以及黑格尔唯心主义处所汲取的教训。在雅斯贝尔斯作品的中心，光亮（Lumière）与黑暗（Ténèbres）在上帝处的"同一性"（identité）被越来越勇敢地肯定：在对"白昼"（Jour）、上升以及统一化（unification）的信任态度的相反面，有挑战、黑夜的激情、坠落以及多样性；这些否定态度声称，在对上帝的启示方面，它们并不逊色于那些肯定态度。最后，密码理论还将在失败的至高密码中，让对世界以及人的所有否定与绝望抵达超验。当然，我们可以质疑，雅斯贝尔斯是否真正意义上实现了对阴影与光亮之神圣性的同等拯救。超验难道不更应该是被世界与生存所背叛的"一"，是我们从第一口呼吸开始就祈求的存在，是这个荒诞的世界以及我们被撕裂的生存所缺少的意义？这个困难将贯穿雅斯贝尔斯的作品始终。至于将否定整合到对自我存在的肯定，这样一个努力会让我们提防任何类似这样的意图：将超验变成类似某个理想物或者某个完美意愿的优雅解决。"除了对生存的意义问题给出虚假的理性主义答案之外，还可以有密码的光亮：存在是如此这样的，以至于这个经验世界是可能的。"[1]

在雅斯贝尔斯那里，"现实性范畴"[2] 指的是经验世界中的根本决定，包括空间、时间、物质、生命和灵魂，亦即经验世界中最抽象的、与生存最邻近的决定。

继这些具体的决定之后，存在与虚无之间的辩证法接踵而至：超验不仅仅是这样的实体，该实体承载着不同的物质模态（mode），承载着让有机体充满活力的生命，承载着栖息在我身上且作为普遍

---

[1]　这是雅斯贝尔斯在研究"总体客体性"（Gegenständlichkeit überhaupt）范畴时所说的最后一句总结性话语。

[2]　III，54—63.

意识铺陈开来的灵魂。[1] 与此同时，通过加入一些相反的术语，这个推论也将表现出否定的特征：没有不同模态的实体将变成"巨大的深渊"（der leere Abgrund）；生命与死亡的等同将同时让两者失去它们的持久性经验特征与摧毁性经验特征[2]；最后，自身"无基础"的意识与"缺乏清晰性"的无意识将在超验中与它们的完满和光亮靠近；因此，模态、死亡和无意识是超验所承载的那个"多样"、虚无以及黑暗的具体形象。

空间与时间 [3] 会产生一个独特的问题：乍一看，这些概念似乎没有相反面；然而，即便无法将这些概念本身统一，但至少将对这些概念的肯定与否定加以统一是可能的；因此，我们可以说，空间和时间应该同时被删除，同时被保存。

时间与空间之所以应该同时被删除，那是因为它们与经验秩序紧密相关，而且它们不过意味着对这样一些概念的囊括：物理时间，精神生活时间，历史时间，生存时间，数学空间，感觉空间等，这些概念尽管相互关联，但又各不相同。不过，对我们的理解而言，对空间与时间的删除意味着绝对的虚无：没有厚度的数学时刻，不确定的持续，永恒真理的无时间性，所有这些都拥有某种荒漠特征，会警示我们完满不在这个方向上。某些基本的生存经验告诉我们，时间可能被悬置与保存：那是沉思的时刻，是决定的时刻，是永恒性闯入的时刻；这不再是既无"之前"又无"之后"的时刻，而是会同时将过去与将来包裹的时刻；不再是让一切流逝并自我删除的无止境持续，而是让存在经历从危机到危机之考验的绵延（durée）；不再是对所有人而言的真理的无时间性，而是永恒所启明的**历史的占有（appropriation）**。甚至还存在着某个空间与非空间之间的不

---

[1] Ⅲ，61—63：论生命与灵魂，ci-dessous，第四章。论无意识，I，8：I，170；Ⅱ，257；让物质靠近物，I，147；ci-dessous，引言部分。

[2] "在超验中，死亡意味着存在的完成，因为生命与死亡将在那里获得统一性。"Ⅲ，63.

[3] pp.55—61.

可思的同一性：超验的无处不在（omniprésence）与其永恒的此刻类似。

以上分析深受克尔凯郭尔的启发，这样的分析依旧会催生某种不安。在这个形式形而上学的部分，该分析显得格格不入：由此提出的是超验的永恒性吗？这不更多是世界与生存的透明，亦即自在与其经验表象之间的关系吗？其中，自在的经验表象更多属于密码理论范畴。[1] 在此处，雅斯贝尔斯似乎提前预告了密码理论；不过，根据康德的传统，时间和空间更多被视作存在的不同形式，而不是存在本身，因此，在这里，我们还无法得出世界在沉思中的"透明"，而只能勾勒出这个沉思的逻辑轮廓。[2]

从最为抽象的范畴出发，我们被提升至最为具体的范畴；从最为具体的范畴出发，我们又来到了"自由的范畴"，亦即人的范畴。[3] 人们只能在广义上讨论自由范畴，并指出被清空历史内容之生存的基本决定。继逻辑主义和自然主义之后，接下来有待反驳的是人类中心主义。

这个全新的分析由于对对立面的统一而可在某个方面被视作对前面分析的延续。因此，我们可以说：（1）生存是典型的可能；不过，在超验中，可能、现实和必然构成了"一"。（2）生存意味着某个自由与某个自然之间的张力，该张力对两者而言都具有毁灭性[4]；超验则意味着两者之间不可思的同一性；（3）生存以理性为光；不过，这个造物主般的理性无法抓住萦绕它的黑暗以及在它之外的物质；逻各斯和混乱构成了"一"。（4）生存的原动力是理念，后者赋予一切任务以及生命本身以某个总体意义。在这里，将超验命名

---

[1]　世界被命名为"永恒的表象"。III, 59.

[2]　雅斯贝尔斯将对密码的破译与"形式形而上学"对立起来，后者依旧是一个逻辑"游戏"，而前者则会"被历史地完成"；通过对密码的破译，我们不再在形式层面进行超越，而是将获得对某个空间密码进行破译的可能性；这个破译要求被历史性地完成。III, 60.

[3]　III, 63—66.

[4]　III, 228—229.

为总体性精神（Esprit de la totalité）以及"范畴的生成逻辑"（Logos générateur des catégories）的意图非常明显；不过，不同的理念只是内在性的顶点，它们依旧是多元的。[1] 因此，在所有超越努力中起中介作用的理念会被超验本身所拒绝。（5）最后，生存与生存之间的斗争在超验不可思的统一性中被否定与承载。

以上简单的总结表明，运用于不同生存决定的"逻辑游戏"如果不与生存与超验之间更为紧密的关系相关，那么这样的"逻辑游戏"只会令人失望。对空间与时间范畴的考察已经警示我们，想要不提前宣告密码理论并将否定辩证法与"密码"这个更加形式与实证的关系分开，这将是非常困难的。因此，我们可以这样来阐释雅斯贝尔斯的这篇文章："作为真正存在的超验并不是作为生存的自由；这个超验更多是这个自由的基底。正是这个超验是让作为生存的自由以及作为理解和理念的自由成为可能。"[2] 这样的说法让我们联想到前面已经出现过的一句话："存在是如此这样的，以至于这个经验存在成为可能。"[3] 我们还可以读到这样一句话："超验是在经验存在中让理念的总体性（totalité）成为可能的存在，不过有关某个总体（tout）的理念始终无法拥有某个可视或可思的地位。"[4] 当人们将超验命名为世界与生存的基底或可能性时，这意味着什么？这些范畴难道没有被超越吗？在这里，我们面对的并非某个范畴，而是向我们指示出表象与存在之间的特殊关系的某个索引。形式框架（cadre）已然爆炸，否定辩证法为某个"加入的关系"（rapport de participation）扫清道路，对于这个关系，雅斯贝尔斯经常用以下说法进行表述，比如在超验中被"锚定"（ancrée, verankert）的生存，或者在其超验中自我确认的生存，等等。这个内在的关系无法在形式秩序中获得位置：它将在填满这个空洞框架的不同生存态度

---

[1] 论理念与总体性，参见 ci-dessous，引言第二章第一节。

[2][4]　III, 65.

[3]　III, 54.

中展开，尤其将在得以揭示超验在内在性中之"在场"的庞大密码体系中展开；于是，曾作为存在的决定准则而被否定的内在性，现在却将作为对存在的隐喻（métaphore）而被重新肯定；一步步地，这一生动的联系将可被运用于所有范畴；最终，雅斯贝尔斯可能会说，普遍意识以及每个单独的范畴都可将它们的不透明性（opacité）变成透明，并像生存本身那样，变成密码 [1]；因此，超越范畴的否定努力由于依旧只是形式上的，因而只能保留住那个"本质联系"（vinculum substantiale）的否定部分，正是这个"本质联系"将存在与存在联结在一起；为非—思想提供冲动与完满的，正是存在相对思想的这个亲密的"在场"；通过这个"在场"，存在在失败中被"间接地触及" [2]。因此，内在性的失败与超验在内在性中的"在场"总是相互补偿、相互交换。

---

[1]　III, 65—66; 184—186; 190—193.
[2]　III, 37.

第三章　面对超验的生存态度

正是在形式辩证法的空洞框架内，生存得以"触及"超验。[1]
只有当生存完整地生存时，亦即当生存将世界意识为界限境况、将
自我意识为源头时，生存面对超验采取的不同态度才是真实的[2]；一
个清醒、巧妙的理解并不足产生这个相遇。

我们同超验之间的关系与界限境况非常相似，正是这个相似性使
得我们同超验之间的这些关系表现出某个完全二律背反的特征；界限
境况的本质在于让人类境况中一切令人失望的晦暗性与否定性显露出
来；超验也站在酝酿反叛的一边，站在深渊、黑暗、分散的一边。于
是，雅斯贝尔斯命名了以下对立组合：挑战与放弃（Defi/Abandon,
Troiz/Hingabe）、白昼的律法与黑夜的激情、"多"的丰富与统一性；
这几对态度组合并非两者择其一的；也不存在可让这些态度获得某个
最终稳定性与严密性的综合。因此，我们应该看到否定与肯定之间的
张力越来越明确、越来越加剧，正是这个张力构成了雅斯贝尔斯形而

---

[1] "生存的忧虑；生存的参考"，I，58。
[2] "只有当浸润在界限境况中的生存在其自身的源头处朝着超验走去时，超验才会在
场"，III，68。

上学的主要理念。在前面，这个张力影响的是不同概念；现在，它影响的是心灵运动。此外，对态度的研究还与密码理论密切相关：该研究更多是让我们在世界之中去解读某个特殊的密码类型；或许超验的所有在场都是相对生存而言的在场，不过这个在场可以在经验存在以及自由中被解读；生存是让人们得以解读密码的场所[1]；因此，密码将能够反映出"我们的形而上目光的二律背反"，哲学将利用密码的竞争力，摆脱一切神话与启示，并意识到一切语言的"历史性"以及神圣名称的不可靠性，正如人们曾在中世纪所说的那样。[2]

正如我们在前面所说[3]，密码理论对所有其他分析都具有吸引力，其他所有分析都可视作该理论的前言。因此，我们不会找到任何有关自由与宿命（prédestination）这一古典问题的系统分析。不过，雅斯贝尔斯深刻地更新了这一问题；二律背反（antinomie）的每一方——除可唤醒生存对超验相反方面的意识之外，这些方面在原初密码中被收集起来——依旧可通往这样一个有关自由的核心悖论（paradoxe），这个自由一方面从它自身的源头处喷涌而出，另一方面又依旧保持为对自身的"给予"。生存态度的多样性将使得，让这个独一无二的悖论细化为一系列次级悖论变得可能。这些次级悖论正是我们将尝试从雅斯贝尔斯的作品中提取的对象。

一、挑战与放弃 [4]

首先，第一个二律背反造就了雅斯贝尔斯作品中最美妙的分析

---

[1]　"Existenz als Ort des Lesens der Chiffreschrift", III, 150.

[2]　在分析过程中，雅斯贝尔斯对不同密码以及由这些态度引发的不同神话进行了处理；我们倾向于尽可能让本章节隐去对密码的参考，这不仅是为了让分析简化，而且还因为如果我们将这些密码置于某个总体密码研究之后，尤其将其置于这些神话所引发的对某个对原初密码的列举（自然、历史等）之后，密码似乎会被更好的理解。参见 ci-dessous 第四章第二节。

[3]　参见 ci-dessous 第一章第一节。

[4]　III, 71—83.

之一。正是这个二律背反以最直接的方式释放出了生存的谜语。对于这个悲剧性的对比，只有始终对这样一个召唤充耳不闻的人才可能将之忽略：那是从受苦、死亡、过错、斗争处升起某个对反叛的召唤，这个反叛将对我并不曾意愿过的生命及其原则进行反对。由于我一出生就处在界限境况之中，我生来拥有进行挑战的否定自由；我对存在说"不"；从此，我是可以拒绝生命并自杀的人；尽管我克制住了这个极端的行动，但我依旧作为怀疑者、不满者和猜疑者在这个世界安营扎寨；我是这样一个人，没人能让我闭嘴，我不断提问，充满求知的欲望；从此，我提出的一切问题都将是某个我让其处在悬而未决状态下的否定答案的剩余（résidu）；一切好奇心（curiosité，Wissenwollen）都将带有挑战的标志；一切自由都将变成猜疑以及被保留的拒绝；任何自由都首先是普罗米修斯式的，都不可挽回地与挑战的过错相关："亚当仿佛变成了我们中间的一个。"诞生于"爱提问的好奇心"（curiosité questionneuse）的科学与形而上学是第一类挑战的标志。放弃本身也带有它所克服之挑战的符号。自由是一种挣脱（arrachement）[1]。

不过，放弃诞生于挑战；因为位于挑战深处的是放弃的可能性；事物现状（le cours des choses）对我而言变得难以忍受，那只是因为在以下两者之间产生了某个对比效应：一方面是我所忍受的恶，另一方面是我对正义的要求；超验就在那里，隐藏在我的要求以及我对绝对的激情的空洞中；同若布（Job）（圣经中曾抱怨上帝的人物。——译者注）一样，我通过求助于上帝来反对上帝，正是上帝让我对上帝的抱怨变得不可避免，这个抱怨本身则让痛苦的世界成为可能："真实性（véracité）不可避免的结果本身变成了与超验之

---

[1] "在让我产生知道与行动意愿的自由中心，对我而言在场且构成我本质之物，我同时将之体验为某个想要不断挣脱的独特意志"，III，72。在这个分析基础之上，雅斯贝尔斯进一步提出了另外两个观点（尽管这两个观点一经提出就被否定了），他说道："或许正在诞生的自由的原罪（première faute），同时也是神性暴力的原罪"，III，73。或许应该在这个反叛中预感到某种神性的东西：根据原则，反对上帝之物不就是上帝本身吗？III，73。

间的真实关系。"[1] 于是，通过与自身相分离，"自我"做好了迎接其他物的准备；这或许就是挑战的秘密：在自我拒绝的同时，它已自我放弃。封闭，敞开。正如一个无法挥出的紧握拳头，挑战无法坚持到底，因为当不再有任何东西或任何人可挑战时，挑战将变成无神论。不过，如摊开的拳头一样，挑战也不可过早地自我宽恕，因为没有勇气的自由是卑贱、奴性的服从，是对自我的恐惧以及对其自身之可能性的摧毁。因此，自由通过挑战发现了挑战的对立面，但并不能完全地、毫无矛盾地实现这个对立面。于是，正如马塞尔（G. Marcel）所说，对拒绝的邀请与对祝圣（invocation）的邀请指向同一个境况。我们处在某个包含背叛之可能性的世界之中：正义被嘲笑，受苦变得不应该，死亡变得荒谬；这就是为何挑战是被唤醒之人的本质；不过，唯有界限境况的不透明性才能邀请我在世界的一切缺陷（infirmité）之外发出某个绝对的请求；我们知道，这是一切超越努力的动力。的确，没有任何东西可强迫"挑战"催生"放弃"：如果"自在"一开始并没有与他所挑战之物相统一的欲望，也没有产生对被"给予"给自身之事实的晦涩意识，那么他将永远无法从挑战中走出来。在摆脱与存在的联系之后依旧与存在相关联，这依旧是自由的行动。

放弃是同意（consentement）的灵魂。它助我迎接幸福的降临，并同时让我明白这个幸福的脆弱与虚妄，助我迎接不幸的降临，并让我从中识别出某个恩典。

不过，由于直面了女怪美杜莎（Gorgone）那令人石化的面孔，并且跨过了挑战的所有层面，这个清醒的放弃不再拥有盲目的生存意愿的天真："放弃在挑战中保存了自身的涌现。"[2]

因此，挑战与放弃相互囊括。没有对两者的综合，其中一个的存在始终以另一个的存在为前提。

---

[1]　III，74.
[2]　III，79.

挑战与放弃的二律背反以一种独特的方式阐明了自由与宿命之间的悖论；放弃当然应该靠近这样一个冲动，该冲动推动自由在超验中自我遗失，并在界限处将自由以及决定的时间删除[1]。事实上，放弃是对统一的欲望："'自在'推动生存与它似乎立于其面前之物相统一"[2]。正是这个欲望让我感受到了我的不足与依赖，并时刻提醒自己，我不曾创造我自己。[3]总之，因为放弃，超验才得以靠近，才变成让我得以放心的安宁。

相反，挑战则让存在的最大裂口之一神圣化：这里指的是"自在"与自我存在（l'être en soi）之间的裂口。自我被分离。这就是为何，自由立于上帝面前，而不在上帝之中。只有通过这个距离，自我才能拥有负责与决定的能力，这个距离位于自我与绝对之间，由自我所发现与设立。不过，这个距离也是与超验之间的某个真正关系；放弃并非唯一的入口，还有挑战；挑战在揭示安宁的同时，将神性的沉默揭示为放弃。[4]在这个由界限境况组成的世界中，上帝闭上了嘴（或许，人们还可以在忠实于雅斯贝尔斯思想的情况下指出，此世界的不透明性与隐匿的神性的沉默是某个同一境况的相反面和场所）；如果上帝清晰地言说，挑战就不再可能，放弃也不再可能，剩下的将唯有盲目的服从。如果神性自我呈现，它将使问题枯竭，同问题一起枯竭的还有言说"不"的可能性以及言说"是"的勇气；不曾与上帝作斗争之人尚未寻找过上帝。因此，正如放弃与对自由的废除主题相连，挑战也会让人联想到雅斯贝尔斯一个耳熟能详的理念：人之所以是自由的，那是因为神性被隐匿："神性不想要一个盲目的放弃，而想要一个能够发起挑战并获得有关挑战之真

---

[1] II，199—200.

[2] III，75.

[3] "我并没有创造我自己，因而无法成为最后的现实性；对于这个理念，依赖于自身的自由始终不会忘记，该理念是位于挑战内部的不安，意味着对挑战的威胁。"III，75.

[4] III，79—80.

正放弃的自由。"[1]

通过在人类心中唤起一些熟悉的情感——普罗米修斯的挑战与虔诚之人的放弃——雅斯贝尔斯让宿命与自由的抽象悖论焕然一新。在神性与生存之间，有一个不断在放弃中消失但又不断在挑战中重现的张力。

二、坠落与上升[2]

乍一看，"坠落"（chute）与"上升"（ascension）似乎并不指向超验，而是指向生存自身的各个层面；事实上，生存总会有起有伏，总会有不同的间隙（intermittence）；它不是一个已经完成的总体性。我们知道个中缘由：一方面，生存的身体、生存过去的作品以及整个的事件和境况星丛都依附于生存，生存总是趋向于根据其依赖（dépendance）倾向而重新跌落至客体；另一方面，生存被返还给生存的自由，趋向于在其独立（indépendance）的神迹中自我放逐。

不过，这些"摇摆不定"（oscillation）拥有某些绝对的标线；任何上升或坠落都指向一个目的和一个方向，总之就是指向某个总体性，如果没有这个总体性，"生成"（devenir）本身将变得荒诞[3]；不过，这个总体性并不是被"给予的"，而是严格意义上"超越的"（transcendant）。通过那些无法叠加的征服，上升运动的方向逃离我；我不知道我生命的整体意义；任何暂时性的目的都无法让意愿枯竭；相反，绝对且不确定的终点则突出了生存的"历史性"，这个"历史

---

[1] III，79."挑战"主题同时源自克尔凯郭尔和尼采两位思想家：克尔凯郭尔的整个经验都被父亲诅咒上帝这个可怖的回忆所笼罩；若布（Job）首先挑战了上帝。至于尼采，他的命运在于通过否定挑战上帝；不过，在尼采那里，也是某个转化为放弃的挑战："永恒回归"以及"对命运的爱"就是对存在秘密的某个最终放弃的符号。N.101—102，303—306.

[2] III，83—102.

[3] "在审判中，我超越'生成'，从而将我提升至这样一个存在，从这个存在出发，审判将获得其方向"。III，89.

性"不是别的，而就是我生命之整体意义的无限逃逸；不过，这个隐匿的总体性同时也是我的生存在过错与死亡的废墟之外的"超验实体"（substance transcendante）。[1] 死亡向我提出这样一个问题：你生命的这一断裂就是你生命的整体意义吗？当不再有未来，当你的生命已然结束并被堆积在你身后，你现在变成了什么？超验包含着我的总体性，在超验中，我的死亡已被克服。[2] 不过，坠落亦将"绝对"揭示为整体的遗失，揭示为我的总体性在上帝身上的彻底远离："坠落是一个奔向虚无的晦涩意识"，是对"非—存在之荒漠"的揭示。此处涉及的正是"仅作为虚无而在之虚无的可能性"[3]。

我们已经发现生存与超验之间的这个悖论的新面孔，在某种意义上，这个悖论表现为几种不同的态度：正如我们在前面所说，通过挑战，生存挣脱超验，并作为勇气自我拯救；通过放弃，生存意识到自身被"给予"，趋向于在超验中自我迷失。我们还可以补充道：作为坠落与上升的绝对标线，超验在生存的所有摇摆中在场；超验指向某个"非给予"的总体性[4]；另外，对那个总体性不断逃离自身的生存的审判又让我不断求助于决定和存的勇气；我们重又找到了某个自由的节奏，这个自由一会儿在上帝身上自我删除，一会儿又通过对自我的肯定来对抗上帝。鉴于我的生命拥有某个"非给予"的永恒意义，因此，时间会在某个让我获得沉思安宁的永恒现时（présent）中被承载；不过，鉴于我的生命拥有某个"被给予"的短暂意义，我又会处在这样一个世界中，在那里，没有任何事情是完结的，始终需要决定。我生活在决定的短暂时刻与永恒现时的

---

[1] 生存"在超验中被锚定"，III，98。"在经验秩序中，我是想要成为总体的人；只有在超验中，我才能成为总体。"III，89。

[2] "在无法删除的界限之外，我朝着某个可能性的方向超越：这个可能性指的就是在我变成总体之处找到自由。当我的生命持续，在过错与毁灭之中，在某个被撕裂的总体性之中，我的死亡应该朝着陌异者（inconnu）的方向将裂口删除"。III，90. 不朽将是从这个二律背反出发所产生的其中的一个神秘密码；参见 ci-dessous，第四章第二节。同康德一样，雅斯贝尔斯将不朽与总体性联系在了一起。

[3] III，85.

[4] "我立于此，无依无靠，落入我丝毫不认识之人的手中"，III，90。

张力之中；我通过冲力自我征服，但我十分确信，这个决定本身不过是永恒存在的表象。[1] 不过，这一调和（réconciliation）本身并不是一个知识；对我而言，决定是通往永恒的道路；如果我只是简单地与超验相连，既无张力，也无悖论，那么就不会再有决定，也不会再有审判和时间。[2] 在让生存与超验既对立又统一的挑战与放弃的悖论之外，这个全新的分析进一步提出了这样一个悖论：生存虽处在自己的永恒胜利的阴影中，却依旧在时间的绵延（durée）中保持积极的战斗。

三、白昼的律法与黑夜的激情 [3]

白昼与黑夜，秩序与激情，这正是雅斯贝尔斯向我们提出的第三对组合；尤其对那些不太熟悉德国浪漫主义主题的法国智者而言，这或许是最难进行具体阐释的一对组合。在黑夜中，曾经在坠落与挑战中表现为否定之物，曾经在生存与超验之间的真正联结中依旧构成障碍或者反衬（repoussoir）之物，如今将获得某个肯定的意义，将获得某个真理。

白昼的律法在于，生存在世界之中自我呈现，并根据秩序和明晰性被构建。在这个律法下，令人不安的力量应该被驯化：来自童年的模糊情感以及大地与血液的声音只有在于孝道和民族情怀的清晰性中被转化后才能被接收；尤其地，"性"（sexualité）只有在象征最亲近的交流时才能获得平衡；责任的意义不断被对效率的忧虑加强，被失败警告，被成功确认；诸如婚姻、事业、城邦等的社会任务则为自由提出一些可让其体验自我、倾诉衷情的使命；对法律、

---

[1] III, 97.

[2] "如果我立于超验旁，运动将停止，终极完结就在那里，时间将不复存在"，III, 102。

[3] III, 102—116.

契约的遵守，对承诺的信守，所有这些都为我们的人类关系赋予了某种安全感和某个任何人都可以之为凭借的忠诚；最后，在这个律法下，死亡不过是一个被遭遇的界限，而不是一个被爱的界限；死亡被接受——因为人们别无他法——但不被欲望。这就是白昼的律法：在这个律法眼中，过错意味着逃离这个有关契约与忠诚的律法，并作为保留将自己置身于某个虚妄的自由之中。

然而，在白昼律法下的幸福意识内部，有一个充满献身力量的声音反抗着："那是这样一个超验，当人们进入白昼并对其忠诚时，人们不曾服从过这个超验。"[1]有某物对我们说道，摧毁之路也通向超验：这便是黑夜的激情。所以称之为激情，那是因为它没有任务，没有目标，没有自身的光亮，甚至也没有语言。之所以称之为激情，还尤其因为它向黑夜走去：激情是对黑夜的激情[2]。对于这个黑夜的激情而言，世界应该被遗弃，任何在时间之中的构建都不过是幻觉，"黑夜的激情是让自身在世界中趋向于自我毁灭、在宇宙论（acosmisme）的深度中趋向于自我完结的推动力本身"[3]。这个激情对其在虚无中的存在感到确信；黑夜有一个超验实体[4]。从此，它的要求将成为白昼的要求的严格反题；激情与一切黑暗力量相勾连。这个激情将退回到源头处，退回到母亲的乳房，退回到大地与种族中；那是因为，一切奠基之物都是晦暗的："正是在黑暗之中，我回到我自身。""情欲"（Eros）超出了性本身，超出了某个用以交流的语言：这是在一切交流的边缘处对某个无律法之统一性的激情，是

[1] III, 106.
[2] 在雅斯贝尔斯的作品中，"激情"一词通常都用作此意。该词源自浪漫主义，不过也曾被克尔凯郭尔使用，在后者那里，激情一方面是"主体性"的同义词，另一方面是"悖论"（paradoxe）的同义词：之所以是"主体性"的同义词，那是因为激情是打破智者的限度以及狡猾之人的妥协（他称之为"超越"）的无限意愿；之所以是"悖论"的同义词，那是因为激情所祈求的无限是让永恒与时间相连的荒诞。此外，激情还是尼采所说的"极端的魔法"。无论在克尔凯郭尔那里，还是在尼采那里，激情都意味着摧毁、黑暗和受苦；这个灾难色彩本身就属于激情主题。
[3] III, 103.
[4] III, 164.

一种沉沦的方式，这种方式将在超越清醒与"对语言的耐心构建"的同时，不回到某个初等癫狂。社会的有效性、规定该有效性的法律与道德准则、人与人之间的忠诚，所有这一切，人们都可以黑夜之名将之解开与否定：白昼语言中所说的背叛可成为黑夜的道路；这就是为何，歌德为他自己的创作牺牲了弗雷德里克（Frédérique）（弗雷德里克·布里翁，歌德青年时期的爱人。——译者注）。最后，这个激情的试金石是其与死亡的相似性；死亡是黑夜的激情的顶点；没有这个昏暗的激情，个体与社会或许不会在灾难中如此狂热地前行。[1] 这一激情的特殊形式是爱的死亡；因为，在黑夜看来，爱是不幸的爱，爱在俗世中的成功微不足道。从此，在死亡之前，生命是死亡的一个意象。这就是黑夜：对时间与世界的逃离；对交流的逃逸，以及对深渊的意志。意识一旦听到这个声音，过错将拥有某个模糊的含义。对白昼而言，过错意味着对承诺的逃离；在黑夜中，过错则意味着对黑暗力量的驱逐。白昼本身变成另一个世界的过错："最大的过错或许在于对另一种可能性的拒绝"，在于对"献身死亡"[2] 的拒绝；从此，白昼变成了坏良心，意识也整个地变成了有罪的意识：这个意识在白昼的律法下有罪，因为过错与其他可能被拒绝之物一起，位于这个意识的边界处；这个意识也在激情中有罪，不过这是一个附着于激情的内在的"有罪"："在激情中，过错原初地属于激情。"[3] 然而，必须承认的是，通过这个过错，我得以抵达最为深刻的真理："通过自我沉沦，我实现了最为深刻的真理，尽管我将这个真理体验为过错。"[4] 无论如何，超验与过错相关，克尔凯郭尔深知这一点。

正如我们通过对另外两个二律背反的分析所能预见的那样，在这两个既无法相互分离又无法相互融合的世界之间，不存在任何可

---

[1] 该分析以一种奇特的光亮阐明了雅斯贝尔斯有关自杀、虚无主义、神秘主义所说的一切，其中，在这里，神秘主义甚至作为禁欲主义被提及。

[2][3]　III, 111.

[4]　p.105.

能的调和；黑夜与白昼都只能在对方的不可言明之处显现。当某个属于白昼之物自我安排并固执地走向虚无时，它将被引向黑夜；正是在这个黑夜的光亮中，白昼自知为有界限的白昼。

这一奇怪的对黑夜的辩护意味着什么？在黑夜的激情中，二律背反的否定项似乎战胜了肯定项：虚无战胜了存在，非—意义战胜了意义。[1] 这难道不就是打破生存与理性的公约、让某个浪漫主义哲学重返曾多次被间隔在外的情感吗？总之，这不就是让神秘主义与自杀平反昭雪吗？

如果我们尝试将这个二律背反与前面的二律背反分项重叠对应，那么我们将误入歧途：如果我们愿意的话，坠落与挑战是黑暗的，但上升与放弃亦是如此；因为向上走（monter）意味着朝着失败前进，而自我放弃则意味着趋向于摧毁；在将放弃与生存的虚无化意愿进行对照时，我们已经预感到了存在在放弃中的这一否定性。黑夜的激情似乎与这样一个哲学的本质本身相关，亦即某个有关失败的哲学。这个失败哲学以客体性的失败开始，由此开启了一个真正意义上的理解的黑夜；同生存失败一起，这个哲学通过界限境况不断地自我展开；不过，只有当生存失败不作为生存的某个不幸显现，不意味着对生存构建自身经验形象的不懈努力的打破，而是作为对生存的感召突然出现时，这个哲学才将抵达其最高点。被忍受的失败变成积极的搁浅，变成在黑暗中的冲破；让一切真实之物都不再坚固且不再持存，这是生存最深沉的意志，这样一来，失败就将变成"实体的"[2]。

不过，将这个哲学与某个简单的浪漫主义区分开来的是：在这

---

[1] 参见前面"形式超验"框架下有关肯定项与否定项之间的同等崇高的讨论。

[2] "失败是这样一个经验的名称，任何预测都无法阻止该经验被完全实现，这就是说：完成之物同时也是消散之物。变得真实从而真正地失败，这是时间秩序中最后的可能性。一切物都在作为基底的黑夜中显现。"II，110. 不过，对存在的冲动本身曾经也是对黑夜的激情，亦即这样一种激情，"在这个激情中，存在的'非知道能力'（non pouvoir-savoir）被领悟为这样一个至福所需付出的代价：真诚的个性因与其超验相连而享有这个至福。"II，263.

个哲学中，存在着白昼与黑夜的二律背反；而浪漫主义只是黑夜。不过，我们所说的白昼并不只是普通的秩序或世俗的成功；如果白昼是不真实之物，那么就不会有真正的二律背反，白昼应该是光，是超验在密码中的在场：事实上，在场就是透明。正是在这个意义上，黑夜的激情拥有其不可避免的对立面，整个雅斯贝尔斯的哲学就是某个白昼与黑夜的二律背反：作为有关失败的哲学，它同时也是有关密码的哲学。因此，我们亦可将该二律背反阐释为上帝之在场与缺席的二律背反；一切物都是对上帝的反映，一切物又都意味着上帝的缺失。这就是为何，哲学既是激情，又是理性。既意味着客体与生存的失败，又意味着不遗失任何东西，让一切重新联结，将黑夜本身的激情启明并让其充满光亮的希望。[1]

从此，我们将看到这个二律背反为生存与超验这个核心悖论带来多么新颖的贡献。立于上帝面前，这意味着对我的完结以及我的毁灭的无限预感。一方面，我是密码，亦即上帝的意象；因此，我的整个人生可被喻为一个王国（Parabole du Royaume）：自由在白昼的律法中被再次确认。另一方面，"真正的生命缺席"，一切作为基底之物（Grund）同时也是深渊（Abgrund）[2]。于是，自由变成应该而且想要被超越之物：自由被黑夜的激情所耗尽。我始终生活在这一张力之中，因为我无法直接意愿失败，而只能通过我的忠诚努力去构建，去掌控我的身体，去实现交流与城邦。只有通过完结，我才能意愿毁灭，只有以作为"黑夜之实体"的完结为目标，我才能

---

[1]　理性被命名为"连接"（das Verbindende）；正是这样一个理性得以实现对"囊括模式的启明"。它想让黑夜的激情以及一切摧毁之物启明并在存在身上降临；它在断裂之中寻找某个真理，在混乱之中寻找某个秩序；"它对一切外来物、一切闯入物、一切衰退物保持着不懈且无限的耐心。"Ex. Ph. 49. 这不免让人联想到里尔克的相关说法：

　　　奥尔菲是两个王国之神
　　　他属于其中某个王国吗？不，他属于两个王国。
　　　王国培养了他广泛的天性。

　　　　　　　　　　　　　　　　　　　奥尔菲之诗，I，6。

[2]　雅斯贝尔斯相继使用了以下两个表达："黑夜的深渊"，III，111；以及"对我们而言，理性依旧是黑夜"，III，105。

意愿毁灭。

四、"多"的丰富与"一" [1]

我们将惊奇地看到，在众多生存态度中出现了这样一个有关"一"的主题，该主题在前面已经引发了某个具有逻辑特征的二律背反，在该二律背反中，"一"与"二"相对立。此处的全新分析是否将只是简单的重复？并不是：有关"一"的问题在形而上学的三个层面中都有其相应的位置，这三个层面分别指的是形式超越，密码解读以及生存态度；稍后我们将看到，经验认知在理念的驱动下所虚妄追寻的统一性，亦即作为简单的"方法要求"（exigence de méthode）而被悬置的"统一性"——康德亦称这个"方法要求"为调节准则（principe régulateur）——如何作为密码被拯救，以及超验如何在自然、历史、生存等的统一性中被映射（se refléter）。现在，雅斯贝尔斯想要证明的是，超越"一"范畴的作为思想或者更多作为非—思想的统一性，以及处在"一"的密码中的作为思想或者更多作为非—思想的统一性，只能在第三个统一性内部被抓住，这第三个统一性指的就是扎根于超验之中的生存的"一"：正是第三个统一性本身为逻辑的"一"和真实的"一"提供了真正的视角。

生存的"一" [2] 指的正是我们在前面所说的对自我而言无条件的、真实的、真正的生存，其统一性有三重含义。首先，它要求人自我限制，让人自我等同于一堆具体且有限的决定（以免消散于无形之物中），总之就是要求承载某个生命的局促性；这正是"历史性"其中的一个含义，该含义的对立面是"分散"。其次，它要求个体加入到那些被雅斯贝尔斯称作理念之物中，正是这些理念让思想与行动获得

---

[1]　III，116—127.
[2]　III，116—118.

平衡；这些理念要么栖息于社会之中，要么化身为一些优越的品格；没有这个加入的统一性，生存将支离破碎。最后，统一性还不断地被决定和选择重新征服；尚未决定的存在是一个被分隔（partagé）的存在，这个存在会被事件以及外来意志的不相关性所吞没。

生存正是通过以上三重统一性与超验相连；正如我只有在超验之中才是一个总体，我也只有在超验身上并被超验触及时才是"一"[1]。我生命的统一性并不是被"给予"的，无法被陈诉；我只能领悟该统一性客观且有限的外部包裹物[2]。生存的"一"与超越的"一"之间的这个关系可用两种不同的说法进行表述：我既可以说，作为生存的我将自身提升至这个生存本身的努力，是让我抵达超验的"一"的条件；也可以说，正是在对超验的"一"的确定性中，我获得了我自身的统一性的涌现。同样的可逆性（réversibilité）存在于以下两者之间：一个是我在上帝身上的总体性，另一个是我的世俗努力。

这第四个二律背反看似与第二个二律背反相同，但它却将以完全不同的方式展开。上帝是对每个人而言的"一"，亦即对每个"一"而言的"一"，不过此处所说的每一个"一"会将所有其他的"一"排除在自身之外。对于"一"在生存层面的这一失败，我们已经非常熟悉：这是生存与生存之间、信仰与信仰之间、我的真理与他者真理之间的斗争。在超验层面突然出现的正是在生存层面以及尤其地在某个真理理论[3]框架下所勾勒的这个二律背反。我的生存、我的信仰以及我的真理的"一"是一束绝对的光线。然而，他者也拥有某个我所无法抵达的真理。于是，作为"一"之准则的超验同时也是"多"的准则；上帝从来都不是所有人的上帝，而是轮流地成为我的上帝以及他者的上帝，其间没有任何综合的可能。一

---

　[1]　"相遇，触碰"，III，118。

　[2]　"一"是在经验限度内跳动的心，是任何人都无法明了的独一无二的光束。每个人都只会拥有他自己的"一"，这个"一"会在交流中变得清晰。如果按照暗喻的说法，所有光线都来自独一无二的神性，独一无二的上帝却无法成为所有人的客观超验；对于在"一"中尝试超越的生存而言，上帝不过意味着每次的尝试中"一"这颗心的搏动，III，118。

　[3]　参见 ci-dessus，第二部分第五章第二节。

方面，我坦承："通过生存的'一'，上帝每次都只是我的上帝，在所有人的共同体中，我并不拥有上帝"。然而，另一方面，我必须承认："上帝既是我的上帝，也是我敌人的上帝"。因此，超验既不是对真理问题的一个优雅解决，也不是以一种普遍的方式对交流问题的一个优雅解决。超验不是对不同观点的无限综合，不是让我们得以从中释放出存在者之多元性的某个普遍（universel）。我们熟知雅斯贝尔斯在这一点上的悲观主义，在此处，这个悲观主义得到了再次印证：即便存在着一些人类共同的信仰，但相较罕见、有限且意味着从"独一无二"（l'Unique）走向"独一无二"的真正交流，这些共同的信仰也只会涉及某个普通、平庸的普遍性。能将所有人联系起来的，唯有利益、技术、知识、乌托邦以及平淡无奇的宽容（tolérance）。这一对"多"的要求（Das viele will sein Recht）将变得如此迫切，以至于"多"将被引入上帝本身，正如多神论和三位一体教义让上帝从不同角度所预感的那样。上帝比"独一无二之人"（l'unique）的无限对它的假设要更丰富[1]："'多'的丰富。"

这个最后的二律背反如何得以阐释生存与超验这个核心悖论？通过在另一个将其完全覆盖的二律背反中自我映射，其中，另一个悖论指的就是"邻近上帝"与"遥远上帝"之间的二律背反："一"是生存的灵魂本身，是比自我还要自我的部分。我在交流中所发现的我的对手的真实性突然将我原以为拥有且包含的"那人"（Celui）推向一个无限的距离，正是从这个距离出发，"那人"得以拥抱那我始终无法进入的其他真理的无限（immensité）。这是另一种发现他是"绝对他者"（Tout-Autre）的方式——因为这是他者的上帝——这个他者在世界中缺席，在我身上缺席，且总是被隐藏。由此产生了我与超验之间关系的另一种模糊性：正是亲近性（proximité）为人类幼稚、天真的信心（confiance）奠定了基础，因为"凡保持其真

---

[1] 帕斯卡尔："有多少王国为我们所不知啊！"

实性的人都依然是孩童"[1]；正是亲近性将我提升至我的必死性之上，直到抵达我隐藏在上帝"一"之永恒性中的不朽。[2] 正是亲近性给予了我"真"的勇气，在怀疑中给予了我安宁："对我而言，只要'一'存在便已足够。"[3] 不过，超验的距离又会阻止我获得同祈祷（prière）之间太过真实与靠近的关系。[4] 上帝并不作为身存在于世，在世界中，上帝始终被隐匿；这样的事实似乎要求人在怀疑与危难之中焦虑不安[5]。再一次，既然我在上帝中是被隐藏的，因此，我被返还给我自己的责任。从此刻开始，作为对密码理论的预测，我们可以说："让超验以最直接、最关键的方式自我呈现的密码，正是我自己的行动。"[6] 该悖论与前面的悖论一样，都时刻从其两极中的一极处重生："在最为局促的亲近性中栖息着绝对的距离。"[7]

　　然而，我们是否可以说这个二律背反获得了某种平衡？必须承认的是，通过转向亲近性与神性距离的对比，分析的确再次落入了某个已知的二律背反中；相反，最初的二律背反，亦即被雅斯贝尔斯相关章节用作标题但并未系统分析的那个二律背反，却并不具对称性。超验与"一"一样真实地是"多"吗？我们看到，这一问题再次唤醒了我们曾在讨论存在与虚无、意义与非—意义、"一"与"多"的逻辑二律背反时所表达的疑虑。"多"更多作为"一"的某个纠正物（correctif）出现，此外，它自身也是充满矛盾的；整个章节以神性的"一"与生存之间的关系结束，而不是以"一"与"多"之间的张力结束。雅斯贝尔斯以一种更加激动人心的方式不断重申着这样的事实：亲近性和距离指的是隐匿的神性的"一"的亲近性和距离。[8] 似乎是因为"一"没有对立面，所以雅斯贝尔斯才滑向了"亲近性"与"距离"这个更加同质的二律背反；在某种意义上，

---

[1][3][4]　Ⅲ，126.

[2]　Ⅲ，126—127.

[5][6]　Ⅲ，127.

[7]　p.122.

[8]　Ⅲ，125—127.

距离在这样一个"一"的阴影中展开，整个哲学都在世界之中，在自由之中，在自由与自由之间，虚妄地追寻着这个"一"。

结　论

然而，对这四个二律背反进行总体概述是非常困难的；它们之间的链接是模糊的。[1]肯定项不一定叠加在肯定项之上，否定项也不一定叠加在否定项之上：黑夜不仅被包含在放弃与上升中，也被包含在坠落与挑战中；我们更应该说，每一个从整体上理解的二律背反都会产生一个新的肯定项和一个新的否定项。二律背反的两项都意味着间断（intermittence）的可能性，亦即意味着上升和坠落的可能性的，正是挑战—放弃组合；上升和坠落又相继是朝着黑夜的前进以及在光亮中的审判，等等。这样的链接虽然系统性并不强，但却确认了雅斯贝尔斯作品的几个普遍特征：

（1）他的辩证法尽可能地具体，尽可能地接近每个人都能在自身上识别出的灵魂运动。

（2）这是一个不坚决的辩证法，亦即没有最后综合的辩证法；生存哲学在黑格尔体系的对立面确认其使命。当否定项进一步要求与肯定项平起平坐时，这个辩证法会变得尤其迫切：如果"多"被包含在"一"之中，黑夜可能将白昼吞没。

（3）在众多生存态度的特例中，否定项的要求具有某个深刻的含义；挑战上帝是与上帝相遇的一种方式。对虚无的恐惧是一种真

---

[1] 唯有一次，雅斯贝尔斯曾以系统的方式对此进行呈现，III，69—70。"四种生存态度相互激发，使生存无法进入经验存在的安宁：无法在它们自身上获得统一性的**挑战与放弃**似乎在冲力中被分解；然而，只有在坠落中且与自身现实性面对面时，冲力才能被发现；由于本身不具有单义性，冲力又将分解为一个新的二元对立组合：白昼的理性与虚无的激情。不过，如果'真'以'一'的形式同时在白昼的理性与虚无的激情中在场，那么这个'一'将以'多'为条件以及相反可能性。"III，70。

正揭示存在的方式；黑夜就像是超验的绝对柔软 [1] （velours）；"多"将自己的过剩（surabondance）交给上帝，并将上帝从我的啬啬中解放出来。因此，可以说，所有态度都跨越了存在的裂口；如果挑战和"多"确认了自由与超验之间的缝隙，它们同时也将这个缝隙创立为生动的关系；于是，裂口变成了一种连接方式。

（4）正是这些二律背反为自由与宿命这个传统悖论赋予了某个具体的意义。每个二律背反都是这个悖论的某个原始方面。在挑战中，我征服我的自由并让其与自我存在相对立；在坠落与重新获得（reconquête）的世俗生存中，我将我的自由确认为努力以及与自我的斗争。在白昼的律法下，我通过缓慢的自我构建来学会耐心；在上帝的距离中——这个作为我敌人之上帝的上帝——我得以意识到决定的孤独。不过，要是在上帝那里，我没有隐藏的"绿色牧场"（verts pâturages），没有我总体性的永恒胜利，没有我在黑夜中的完结，没有内在上帝的温柔，那么我的自由也不会是一个孤独的、对抗着上帝的斗争。雅斯贝尔斯的形而上学是为了提醒我们，宿命问题无法在非矛盾的逻辑中被解决，它也无法在对立统一的黑格尔逻辑中被解决；这是一个悖论，是一个既无解又无法被废除（Aufhebung）的生动矛盾。[2]

---

[1]　这里指的是季洛杜（Jean Giraudoux）在戏剧《东道主》（*Amphitryon*）结束时所歌唱的那个"如天鹅绒般的黑夜"，p.38.

[2]　因此，克尔凯郭尔所说的"悖论"（paradoxe）被雅斯贝尔斯大肆点评与阐释：至高选择是"精选"（surchoix）的相反面。信仰的无条件基底本身位于上帝馈赠（don）的"条件"内部。克尔凯郭尔重新发现了帕斯卡尔、路德、奥古斯丁等，这些人以不同的程度预感到了悖论相较对立面的同一性或可理解综合的优越性。悖论的真正奠基者是保罗："带着恐惧与战栗，为你们的救赎而工作……因为在你身上，是上帝通过完成它爱的企图，既操控着意志，又操控着具体的实施。"Phil. II, 12—13. 一个人一旦发现了悖论，那么他将在任何地方都能找到悖论，甚至在尼采处也不例外："对命运的爱"这一表达本身就是一个悖论，因为言说"是"的人同时就是创造者；不过，尼采所允诺的是牢不可破的必然性："是的！我只想爱必然之物！对命运的爱就是我最后的爱！""必然性不会损害我；对命运的爱是我最内在的本质。"于是，尼采对存在之"是"言说"是"。"是的，存在的永恒！我永远是你的'是'！"因为我爱你，哦，永恒！雅斯贝尔斯可能写道，尼采在上帝面前不由自主地发现了基督的"不自由"（Unfreiheit）。N.324—325.

第四章　对密码的破译

最终，雅斯贝尔斯的哲学并不意味着对自由的内在悲剧的沉思，而是意味着对绝对现实性的地位的反思，构成这个绝对现实性的正是超验的不同符号或密码。

雅斯贝尔斯是一位哲学家，而不是一个预言家：其反思的关键在于构思出一个全新的客体性含义，该客体性的本质特征在于，只允许具体的生存进入，而拒绝共同的理解抵达。从克尔凯郭尔的"冲动"（pulsion）概念出发，雅斯贝尔斯保留了生存作为让人破译密码的独特"场所"的这个尖锐意义，不过，在雅斯贝尔斯那里，对问题的相关措辞更多来自哲学传统：哪些客体可向我揭示超验？[1]雅斯贝尔斯尝试用哲学来解决这个问题：形而上学要么谈论不同的客体本身，不过这些客体会作为客体而消散，要么谈论只与生存说话的客体，但这些客体却不讨论生存本身。这个奇怪的客体性应该

---

[1]　当生存在经验层面上向自身显现时，对生存而言，一切存在之物只能以意识的形式存在；同样地，对于与经验秩序相关的生存而言，作为超验之物也将采取客体存在（être-objectif）的形式。III，6."问题在于去了解，当现实性言说一个形而上客体性语言时，现实性在何种意义上'在'。"III，7.

成为生存与超验的相遇场所："正如在普遍意识中，经验是主体与客体的中介，那么在这个相遇场所，密码就将成为生存与超验的中介。"[1] 在前面，我们已经提及一个密码理论需要解决的诸多困难：

（1）如果密码的意义不可表达，如何让其变得可传递并让其拥有一个普遍的语言？正如雅斯贝尔斯自己所说，没有普遍性，存在意识所蕴藏的经验将在其绝对的黑暗性中，排斥一切存在与自我的交流。[2]

（2）一个连贯的话语如何得以言说表象与存在的关系，并拥护"内在超验"这头怪兽？[3]

乍一看，反思应该像客体变成密码一样，陷入不可言说之物中。然而，这样一个话语已经存在：哲学家认为该话语应该即兴生成，从而成为存在的那个即时语言的中介。只不过，这个话语更多是以脱离常规的形式出现的：一方面是不同的神话与宗教，另一方面是众多本体论体系。[4] 这些体系忽视了哲学家为它们揭示的真正目的：亦即传递原初密码的珍宝，并在将这个珍宝变成我们的珍宝的同时，将自身隐去。因此，如果从知识到沉思的过渡，以及从客体到密码的过渡没有衔接上第二个或者第三个这样的客体宇宙，亦即由作为完全处在话语层面上的人类创造的客体所组成的宇宙的话，那么这样的过渡将变得不可能。整个密码理论由某个循环的运动组成：从作为原初密码的存在语言出发，跨过作为神话以及纯哲学中介的人类语言，最后又回到超验在其原初密码中的即刻在场。正是这个第一语言的即刻性（immédiateté）赋予了人类语言某个超越倾向，同

---

[1]　III，137；类似的说法："形而上学的客体性叫作密码，因为它并不是超验本身，而只是超验的语言；作为语言，它无法被普遍意识所理解或倾听；语言的性质及其质询我们的方式始终是针对可能的生存而言的"，III，129。

[2]　III，20—21.

[3]　"内在超验是一种内在性，但是一种会立即消散的内在性；内在超验是超验，但在经验存在心中，这个超验作为密码变成了一个语言……超验和内在性一开始被构思为相互排斥：在被理解为内在超验的密码中，必须让内在性与超验之间生动且在场的辩证法相对我们而言已经完成，这样超验才不至沉沦。"III，137.

[4]　"在经验世界中，超验语言就像是另一个客体宇宙。"III，6.

时正是第二和第三语言的可理解性赋予了沉思某个它本不拥有的清晰性；最终，正是在这个循环的运动中，双重的困难迎刃而解：超验与内在性得以统一；生存与理性得以被综合，前者以无法表达的方式向超验敞开，后者则启明并言说。

这个综合开始于第二语言，亦即神话与宗教的语言[1]，不过，这个综合并不完整，因为该语言对哲学家而言依旧陌生；不过，通过将自我作为原初密码的中介进行拯救，宗教也将拯救不可言说的沉思。然而，直到第三语言，亦即被命名为"形而上思辨"或者"思辨语言"的古典体系以及本体论语言的出现，对密码的破译才变成一个形而上学的思想；正是哲学家自己在破译原初之物的同时，为哲学家写下了一个全新的手稿。于是，体系与本体论在用尽自身的一切力量启明最为转瞬即逝之思想——内在性的透明——的同时，通过让自身遗失在存在的即刻语言中，得以实现对自我的拯救。

我们将要考察的正是这些相继出现的中介。与此同时，我们也会时刻谨记，对原初密码的直接沉思几乎难以施行的事实。[2]

一、超验的即刻语言

对超验的即刻语言的考察只能朝两个方向前进：要么对这个语言的一般特征进行陈述，要么对不同的客体循环进行罗列，这些客体循环时刻准备着发生嬗变（transmutation）。第一类分析会迫使我

---

[1] "当我以某个绝对历史且具体的方式产生了有关超验的原初经验，我首先会说，我在第一语言中倾听超验；同时，在一些思想、形象、象征中被实现的形而上学客体性将形成第二原初语言。"III, 20; III, 129—130.

[2] 我们在前面已经说过，密码问题并不是克尔凯郭尔提出的；不过，这个问题却在克尔凯郭尔的思想中被处理：在"美学阶段"所虚妄追寻的"即刻"之外，对"第二个即刻"的追寻。值得注意的是，克尔凯郭尔这一有关"即刻"与"中介"的问题是用黑格尔的术语提出的。——雅斯贝尔斯的《诸世界观的心理学》则宣称了密码理论：在世界的机械意象之外，甚至在自然史（naturgeschichtliches）的意象之外，一个自然的神秘世界观（naturmythisches Weltbild）得以呈现。（139—141；166—167）曾经是魔法的世界，现在是暗喻和通感的世界。

们非常抽象地说出，是什么让这个语言变得难以言说；第二类分析则可能让我们迷失在"象征的丛林"里。无论如何，哲学家之所以谈论第一语言，那是因为他已经充足地拥有第二和第三语言。

（一）一般特征

我们首先会说，第一语言是即刻的：这是一个"形而上的经验"[1]；在某种意义上，这个经验源自被我们通常称作"经验"的东西（感性知觉、心理意识、有条理经验、推论思想、对另一个意识的直觉）；不过，只有在揭露寻常经验无可救药的无能（carence）时，形而上经验才会让寻常经验获得完满。此外，形而上经验也会让寻常经验延伸至一切理性确定性之外。[2] 从此，任何方法都无法抵达形而上经验；这个经验就像一个馈赠（don），一个恩赐（grâce）。[3]

因此，人们只能通过某个崎岖的辩证法来提出这一即刻性（immédiateté），在这个辩证法中，客体性的寻常特征将消失。对于这个超越努力的基本方法，我们已经非常熟悉[4]；该方法会将经验存在的可靠性（consistance）本身摧毁。为让存在在场，必须让存在不再"'在'那里"（être là），必须让存在远离我们。一个有关表象、象征、面貌（physionomie）、表达概念的反思将有助于我们更进一步审视这个困难。

我们知道，康德的科学批判可揭示出一切经验现实的表象特征；不过，对于普遍意识而言，"表象"一词保留有某个"还原"

---

[1] *Metaphysische Erfahrung*, III, 130—131.

[2] "存在在其中发生转变，从简单的经验现实转变为永恒，从此不再受到任何知识的束缚。" III, 130—131.

[3] 将密码作为实际在场进行破译，这是没有任何方法可言的；它是非—意愿，无法被任何计划所激发；它就像存在源头内部的一个馈赠。当这个破译以可能的生存的根据为源头时——这个生存确信超验在世界中的存在并尝试让自身被照亮——那么在它身上就绝不会有知识的进步，而只会有现实性在历史真理中的透明。III, 137—138.

[4] 我们将"形而上学"（Metaphysik）部分前几页的考察留到了现在，在我们看来，这个部分放在这里更加清晰，尤其因为这里已经对三个语言进行了分类。

(réducteur) 的含义：世界就是表象。康德的说法："物自体"是一个限制性概念，没有其他含义。我们也知道，现在，超验开始通过客体与生存说话，客体确实地变成了自我存在的表象："生存不再限于'一切皆为表象'这个依旧普遍的意识，客体将以一种独特的方式让自身转变为超验的语言。"[1] 这个辩证法的难点在于，在提出这个转变的同时，不停留在否定和还原的时刻，亦即不停留在构成了真正意义上的"对经验秩序的删除"的时刻，以及不停留在构成了客体性的消失的时刻 [2]；事实上，"表象"一词在这里获得其全部含义：显现之物⋯⋯的表象。诚然，在科学批判层面，"表象"一词更多以实证意义与人们相遇；然而，事实上，该词依旧保留有某个客观的用法：我们可以说，这样或那样的现象是原子的表现或表象；不过，隐藏之物——原子——可被客观地决定。"表象"一词仅用于表达原子与原子之间的两个现实性层面的关系，或者原子与原子之间的一个更加主观层面的关系以及另一个更加客观层面的关系。"表象"一词还有另一层含义，亦即作为"对生存之启明"的含义，浸润在自由之中的身体以及整个世界可被视作生存的表象，因为它们是生存的场所、舞台、工具和表达；显现之物——生存——已经不再能被客观地决定。"表象"还有第三层含义，这也是其最基本的含义，亦即作为总体性被抓住的世界以及生存本身，总之就是最广义上的内在性，它们是存在显现（apparaître）的方式。这个存在完全不再能被客观地决定，甚至也无法被反思所经历或者抓住：它不是另一个世界，不是某个自由的实质（hypostase），它只能在其表象中被给予：世界与自由。因此，该词包含了世界与超验之间的双重关系；一方面，在否定意义上，超验是"绝对他者"(Tout-Autre)：从此，世界不再是存在，而只是表象；另一方面，在肯定意义上，超

---

[1]　III, 15.
[2]　"作为超验之表象的客体性应该相对意识而言是易消散的，因为它不是牢固的存在；在语言形式下，客体性是对自由存在而言的超验存在。"III, 15.

验是世界的存在：世界是存在的表象。[1]

将密码与象征对照起来可引向一个可比较辩证法（dialectique comparable）[2]；密码可被称作象征，但条件是对密码与普通象征进行区分，其中，普通象征指向世界中的另一个客体，比如不同的符号、图像、人物画像、比喻、譬喻和暗喻。当象征自身不再有可抵达的原型（modèle）时，象征将变成密码，此时的象征之于人物画像，正如一个更加微妙与隐藏的客体之于一手客体（objet de première main）一样；客体将揭示出一个永远无法变成客体的非—客体。"此在"与"象征存在"（être-symbole）是同一个世界的两个不同维度，一个是相对普遍意识而言的，另一个是相对生存而言的。在象征中，客体作为客体消失，而超验则在象征中显现，不过人们无法将象征与其所意指的存在分离，也无法以某个对编码语言的解析方式或者以某个对梦的精神分析阐释方式，对密码进行清晰的阐释。

在将密码比作象征的同时，我们也可用同样的措辞将密码比作表达（expression）或者面貌（physionomie）[3]；雅斯贝尔斯经常用到这样一个表达：在物的面貌中破译超验。[4]事实上，不同于经过分析与无限的综合而产生的智识理解，密码具有某个总体性特征；不过，这个比喻同前一个比喻一样，会唤起相同的保留。首先，典型的表达式面容是人类面孔的面容，这些面容被交流意志所安排。在这个意义上，表达是生存与生存之间的一种对话方式，并不以密码为媒介阐明生存与超验之间的关系。即便人们求助于不会转向交流的下意识表达，这个表达也会由于顺从于某个经验探索而与密码相区分，这个经验探索被一些不确定的可疑技术所支配，声称可通过对不同迹象的交叉印证，来圈出某个停留在灵魂或精神层面的能

---

[1]　I，19—20；I. 81—84.

[2]　III，16—17.

[3]　III，141—150.

[4]　III，168—170. 在这里，不得不提到克洛岱尔在"诗学艺术"中所作的比喻：理解，就是概述（prendre ensemble）；不是一些规律，而是一些形式。

指中心：该中心可能是某个个体的特征，也可能是某个时代的风格。的确，表达会引至更远处：对经验特征的探索可为想要向这个探索敞开自身的自由揭示出自由本身。[1] 在这里，表达对"非—客观之物"（non-objectif）进行了宣称，这个非—客观之物或许就是自由，但尚且不是超验，会让我们离目标更近；然而，一切物、景观（paysage）以及历史时期似乎都表达着某个存在，宣称着某个完美的等级以及某个高贵，只不过这个完美的等级以及高贵并不意味着某个自由的、可交流的语言；它们的表达是静默的，超越一切对话：正是在这里，我们触及了密码。不过，从这个静默的表达出发，不再有可能的阐释，而只会有存在的即刻表达（Seinsausdrück）。在这里，一切符号学和注解（exégèse）都将停止：从此，将是直觉（intuition）的天下 [2]，所指将位于能指之中，"一"将与其同在。这就是说，存在相对表象的在场无法被还原为任何确定的关系，从此，为让这个在场变得清晰，已经不再能说些什么了。任何对密码的阐释在最后都只能以原初密码为参考，并让自身变成二级的或三级的密码。

除这些令人大失所望的解释之外，还可补充另一个关键的特征：密码的即刻性及其反驳特征（réplique），还有客体的消失，所有这一切都与雅斯贝尔斯所说的"密码的历史性"[3] 密切相关。一个正在消失的客体是唯一适合生存思考之物。作为客体的世界通过其可靠性呈现在普遍意识面前，作为密码的世界则通过其不可靠性呈现于生存面前。因此，密码不会遭遇自由对稳定且耀武扬威的客体性所产生的那无法遏制的反感；在密码中，客体的诱惑力并未被恢复。在这里，我们应该将"历史性"一词理解为在密码中对存在进行沉

---

[1] "当我诚诚地沉浸到他者之中，表达会产生一个跳跃，抵达可能性本身，并获得一个更加深刻的含义：我一直沉浸到了自由之中，这个自由作为与我面对面的经验存在的高贵与等级向我敞开，并一直深入到人类的本体论基底处，这个基底就像是他在时间之前让自己变成的已然过去的选择"。III, 143.

[2] "可阐释的象征与可视的象征"。

[3] "作为历史性本质的消失"，III, 18—19。

思的生存根据表象的持续变化不断更新其直觉的可能性；客体的消失将以这样一个时间形式呈现，在这个形式中，一个客体不断过渡到另一个客体：超验的表象是在时间中的一个在场。[1]超验的确定性是一个不断运动着的确定性，这个确定性不断被重新征服，总是服从于自由的运动。任何即刻性都是历史性：这是可能在对神话以及哲学体系的阐释中产生回响的一个重大发现；因为教条的固定性以及辩证法超越时间的严密性应该在某个语言的流动性（mobilité）中消解，而这个语言本身则适应于生存的流动性。

这就是密码相对生存的地位：密码的真理每次都是独一无二的，正如生存亦每次都是独一无二的。[2]我们可以说密码的真理是模糊的，但这个模糊性不同于精神分析象征或者者天文象征，后两者可被某个更好的技术以更确切的方式加以解释。密码真理的模糊性与某个即刻在场的模糊性一样，从未停止激起新的可能性，从而将某个生存的多样性以及同一个生存的某个时刻多样性"归化"（appropriation）：密码总是可以被以不同的方式破译。因此，密码从来不是人们已经抵达的某个终点。每个密码都指向自身的多重面孔，都指向自身之外的众多密码："密码的无限模糊性被揭示为它们在世俗世界中的本质。"[3]只有这个可不断更新其"归化之物"的可能性，才适合于这样一个自由以及这样一个超验，这个自由本身总是可能的，这个超验无法被任何反映所穷尽。以此为代价，我们只能说："消失之物作为实体继续存在。"[4]

这一令人大失所望的分析类似于难以表达之物，从此只为我们留下了一个对策：遍历密码世界，并在每个存在面前发起将客体转

---

[1]　"对我们而言，超验只有作为时间中的在场才具有现实性"，III，19。

[2]　"超验根据生存改变其表象，这一论断对超验的现实性与真理的影响如此微乎其微，以至于如果这个表象应该成为超验相对经验秩序中的生存的语言的话，那么改变本身则更应该成为超验的必要面貌……因此，让一切形而上学的客体性消失的必要性属于生存在时间之中的历史性。"III，148—150.

[3]　III，150.

[4]　*Das verschwundene bleibt als Substanz*，III，19.

换为密码的运动。

（二）密码世界

"没有什么不能变成密码。"[1] 密码世界向一切秩序敞开，并反叛一切秩序；这是它保持模糊的方式。第一个密码循环当然就是自然科学与人文科学所探索的经验世界 [2]；不过，通过向内部推进——这是雅斯贝尔斯作品中最美的运作之一——我们学会了深入普遍意识及其范畴来识别超验密码，最终让作为思想工具的普遍意识范畴变成了透明的现实性。最后，就连自由也从人们破译密码之地出发，变成了超验最有说服力的密码。

自然只有作为密码才能获得其全部意义：这是"孤独的漫步者"、诗人、智者、"自然哲学家"（按照德国唯心主义赋予该词的意思进行理解）的教训。此外，这个密码无限地"模糊"；自然既是这个景观、世界、不同声音、不同生命界以及宇宙的未分总体，又是这棵或那棵小草的微弱在场；既是伟大的外来者，是自身不可思的过去会对记忆发起挑战的绝对他者，又是顺从于认知与科技的友谊在场；既是生命又是死亡，既是狂热又是和谐，既是慰藉又是恐惧。那些自然哲学曾触及过这一深层含义；但它们的错误在于曾尝试将这个意义固定在某个更高的知识中，这个知识能以系统的方式将单个形象串联起来，但位于这些单个形象之间的普遍生命的统一性却已被打破；根据这类哲学，由于无法找到自我 [这是作为"折磨"（tourment）的自然]，且只能为其自身的解放酝酿条件（这是作为"愉悦狂热"的自然），精神（l'Esprit）在自然中萌芽，并在辩证法中变得合法。这作为知识是假的，但作为密码却是真的。某个有

---

[1] III，168.

[2] 由此产生了这样的表达："论此在的密码"（die Chiffren des Daseins）；cf. III，130。所有这些论述都源自浪漫主义和唯心主义传统中所涉及的自然哲学和历史哲学；不过，这两个哲学都在克尔凯郭尔的启发下被重新思考。曾如此热爱自然的尼采则在他的作品中为我们提出了一个"自然神话"（naturmythic），在这个神话中，一切物都变成了美。N.327—328，382，388.

关自然的形而上话语无法让知识有任何的增加；将知识与密码毫不留情地分开不仅能拯救知识的纯粹性，也将拯救密码的纯粹性。

这个让我们求助于另一些密码的密码缺少什么？本质上，这个密码缺少的就是对生存的参照。"对人类而言，对自然的爱是一个生存危险"[1]。在技术的诱惑下，我趋向于迷失在有用性之中，在沉思的诱惑下，我趋向于迷失在遗忘与毁灭之中。浪漫主义倾向于将我们牵引至那个对我们的苦难保持沉默的同伴面前，在这个倾向中，有对人类世界以及交流的某个隐秘逃离：同伴的沉默就是同伴的缺席（défaut）[2]。我一刻也无法沉浸其中。

这个思想运动可能稍显出乎意料：人们可能期待着一个对古代以及自然的沉默不那么犹豫不决的颂扬，毕竟古代和自然的沉默似乎很好地象征了超验遥远且隐匿的存在；然而，这个有关正在消失之密码的哲学不会在最为可靠的密码处停留；在一阵轻快的步伐中，这个哲学被引向了人的密码。

历史 [3]（histoire）与自然相对立，已经意味着人本身。从此，密码不仅仅由科学释放，而且也可由生存秩序激发，因此，生存秩序将既是对密码的见证，又是密码本身。在历史学家的历史之后，甚至在被生存视作与消逝之人的某个扩展交流的历史之后，现在到来的是密码的历史："这一切仿佛，超验自我宣称，一个古老的上帝摘去面纱并消失，一个新的上帝应运而生。"[4]这一会唤起某种神性暗喻的神秘句子道出了以下这个对立的实质：一方面是那个正在消失的密码，另一方面是自然那残存的密码；历史不是流动事件的静止总体性，而是这些事件的过渡本身。[5]在此处，超验得以在某个

---

[1]　Ⅲ，181.有关尼采的"自然神话"，N：326—328."强力意志"本身就是一个密码，是斗争的密码。尼采的错误在于将其上升为绝对。N：279—280。

[2]　"我们让一切以语言为限度；因为，作为可能的生存，我们只源自交流。自然语言的缺失意味着交流缺失的王国"，Ⅲ，182。

[3]　Ⅲ，182—184.

[4]　Ⅲ，182.

[5]　或许这就是为何，不同的历史哲学并未在此处而是在后面被提及。Ⅲ，213—214，Ⅲ，97—101.而不同的自然哲学已经在此处被提及。

衰落的伟大中呈现自身；只有伟人的骄傲才能在胜利中破译上帝的手势：有关世界的历史只是对世界的判断（Die Weltgeschichte ist nicht das Welgericht）。相反，我们深知依附于自然密码的危害；自然不足够"易腐坏"（périssable），由此构成了其作为密码的"无力"（impuissance）。相反，正是历史在经验层面上的"无力"造就了其作为密码的伟大。

因此，"历史性"并不仅仅是我们感知密码、驱逐密码客体性的方式：它被上升为了密码的崇高；它属于这样一个思想道路，在这个道路的尽头，失败本身将变成密码。历史已经是失败本身[1]。

普遍意识[2] 意味着无人称的人；内在性的标线将变成超验的密码。如何？当理解不再将自身视作自身的阵地（position），而是在自身的光亮中识别出一束属于超验的光——当"真"变得令人惊讶、令人迷惑、令人赞美——这时，我们可以真正地说道：经验存在是如此这样的，它包含秩序，且就是这个秩序本身；这本身就是超验的密码。[3] 雅斯贝尔斯进一步指出，每一个范畴组合都能变成密码，不过并未就此进一步展开说明。

该分析虽然简短，但却对"理解理论"的总体领会至关重要。我们不断看到，雅斯贝尔斯在批判与颂扬之间找到了平衡。有一股冲力会推动普遍意识走向绝对，在这样一个冲力的作用下，普遍意识将既是至高的陷阱，又是对存在的最初靠近。它是挑战的果实，也是对隐匿神性的至高服从，仿佛知道的意愿（vouloir savoir）既是禁果，又是对人充满神性的召唤。因此，普遍意识拥有遮蔽和反

---

[1] "历史的密码是真实的失败，它应该介于开始与结束之间，因为唯有虚无之物才能持存"。III, 183. 相较波舒哀（Bossuet）的历史观，雅斯贝尔斯更加靠近那些以色列预言家的伟大直觉（Esaïe, 40—45）。或许雅斯贝尔斯受到了尼采当代历史观的影响，尼采将历史视作衰落（N: 214—216），是对黑格尔历史观的修正。

[2] III, 184—186.

[3] III, 185. 理解从一开始就被视作内在性的堡垒，对这一堡垒的翻转让雅斯贝尔斯与奥古斯丁或马勒伯朗士（Malebranche）式的启示理论非常接近："真"的光辉是某个上帝之思的符号。

映超验的双重可能性。在这里，形式辩证法找到了与之抗衡的力量（contrepoids）；同意识以及意识的最初决定一样，形式辩证法也应该既被否定又被保留，因为超验虽然超越内在性，但依旧处在内在性之中。或许应该让这个分析靠近这样一个理念，根据该理念，意识与客体的关系应该保持为一个无法解释的基本事实（Grundfaktum）：在此处，这个关系将变成让意识与超验相连的符号；意识之所以能在客体中自我超越，那是因为它被超验所超越，这就解释了为何"超验"一词被用来指称主体在意向性（intentionnalité）中的超越——必须承认，这样的做法是非常不恰当的。

不过，最后的密码是**生存**本身[1]；在神话语言中，人以上帝的意象出现[2]。这个密码首先是统一性的密码，这意味着，人身上的任何统一性都不是经验地"给予"的，而是在上帝身上被破译出来的。这个统一性本身呈现出了自我内心深处的不同等级；首先是无法被任何科学掌握的投射到人身上的不同视角的统一性：自然、意识、历史、生存；然后是人与其身体以及社会秩序的统一性；最后是当自由感到自己被自身"给予"时，自由与其自身的更为隐秘的统一性。这就是说，密码问题再次将我们置于自由与超验这个核心悖论面前；正如密码既是意象（image）又是对比，自由也依旧既是负责任的勇气又是在受之有愧的恩典面前的羞愧。密码让这两个确定性获得统一；当这两个确定性被推向极致时，它们会将密码删除，要么让自由本身自我删除，要么让自由在超验中自我显现。只有当在"被给予"的经验中依旧存在着某个"转向……"（se tourner vers）的运作时，密码才能被保留。再次看到这个核心悖论被阐明，这并非无关紧要的事情；密码理论并没有带来新的元素，而只是提供了一个侧面的论证或印证。相反，这一悖论反过来阐明了这一对密码的

---

[1]　III，186—192.
[2]　"当人通过自身将超验作为密码凝视，他将离超验最近；人们可能用神话语言解释道：人按照上帝的意象（image）被创造"。III，187.

分析的核心困难：自由如何能成为一个密码以及让人们得以破译密码的场所？自由与超验的悖论可对这个问题进行回答，因为破译者与手稿保持距离，与之相对立；在变成被破译的密码之后，破译者自身将变成诸如自然、历史的众多反映中的一个；在变成密码之后，生存则将失去作为绝对标线的特权，并变成众多造物（créatures）中的一员。[1]

二、第二语言：神话与宗教

"在存在语言之后，到来的是人的语言"[2]：神话与宗教。正是这个语言将承担起传播密码之即刻在场的任务。从这个名称出发，应该解读出比通常意义上的"宗教"更加宽广的含义，我们在前面已经对这个通常意义上的"宗教"进行了批判，现代哲学在其道路上遇到的也正是这个意义上的"宗教"。在最广泛的意义上，神话指的是以神圣（divin）为讲述对象的非凡绝伦的故事[3]，不过，在其最基本的形式中，亦即在希腊神话形式中，神话依旧与诸如大海、风等元素的生命以及人的生命混同在一起。直到第二等级，亦即伟大的启示宗教等级，神话才开始讲述某个"彼世"（au-delà）在"此世"（en deçà）中的闯入；最后，在宗教之上，还有一个更高的神话形式，该形式更多触及艺术而不是宗教。我们将看到，这个更高的神话形式趋向于让存在的原初语言变得难以分辨。

---

[1] 这一困难将在某个更加技术的层面表现出来：人们曾说密码是"绝对客体"，且以某个经验现实性为基底。然而，自由不是一个经验客体，似乎也无法变成一个绝对的现实性，因为它是与主体本身相关的一个行动。雅斯贝尔斯轻率地处理了这个困难："尽管自由不是一个思想客体，但它却可作为存在相对自身的在场，变成超验的密码，对这个在场而言，只有超验在"，III，190—191。我们难道不能说，在变成众多密码中的一个并被清点到密码世界之后，自由已经向已有秩序看齐，并变成了某个准现实性（quasi réalité），亦即某个我们所称作的"造物"（créatures）吗？

[2] III，132.

[3] III，26. 论神话的三个等级，III，132—134。

（一）一般特征

当我们将神话的一般特征与原初密码的一般特征——即刻性、正在消失的客体性、历史性——进行对比，我们会发现，这个新语言的本质似乎在于先提出一些新特征，然后再让这些特征消失在即刻语言中。通过将神话"归化"（s'approprier），我得以启明原初密码，并让神话消失在密码中。这个双重的运作是哲学家对宗教可能进行的最后审判的关键：哲学家将宗教视作教义（dogme）加以谴责，将其视作神话加以拯救。[1]

（1）第一语言之所以被视作即刻的，那是因为它在即刻中向我言说着一个无法表达的语言；第二语言则从过去的底部向我言说这样一个语言，这个语言作为某个共同体内部所保存的表达方式（formules）而被收集起来。没有传统，就不会有充满繁殖力的时刻；一个蔑视过去的意识是一个无根的意识，将既没有视角，也没有基底。这就是为何，哲学家的信仰建立在宗教人的信仰基础之上；如果不再有宗教，那么就将不再有传统，也就是不再有通过人类语言对密码的传递。此外，由于没有无权威的传统[2]，因此，我应该承认，哲学的自律性（autonomie）首先应该受到权威的教导，否则它只能是"空洞且无实质的"[3]。传统就像是自由的童年[4]，由于任何人

---

[1] 最后这段有关宗教的话语并未让雅斯贝尔斯与克尔凯郭尔靠近，事实上，对第一个判决的审判就已经让雅斯贝尔斯远离克尔凯郭尔；甚至可以说，将教义归并到神话中并将神话归到密码中的做法加剧了雅斯贝尔斯与克尔凯郭尔的对立。雅斯贝尔斯更多继承了斯宾诺莎和黑格尔的衣钵，后两者主张在象征地阐释宗教的同时，将宗教拯救；不过，克尔凯郭尔指出，黑格尔不过通过将历史削减为神话，而酝酿了费尔巴哈的无神论，克尔凯郭尔说道："救赎中的历史应该被保留，应该与另一个历史事实拥有同等而不是更多的含义；否则，不同领域将被混淆"。Cit. Wahl o. c. 310. 雅斯贝尔斯则更加确定地回到了"哲学家之神"，这不仅是通过将启示阐释为神话，而且还通过将神话置于比思辨更低的地方并将第二语言置于第三语言的下方。在这个新的生存哲学风格中，出现的是一个"政治神学论"（tractatus theologico-politicus）精神；克尔凯郭尔则只在其中看到了对宗教意识的某个至高爱好，某个宗教意识巧妙的唐吉诃德式举止。

[2] "我知道，宗教客体性作为世界之中的现实性，是对人而言唯一可与超验取得联系的确定传统。"I, 312.

[3] I, 307—308, 310.

[4] 在笛卡尔之后，雅斯贝尔斯再次将童年与传统联系起来，不过这次是为了为它们正名；正是在童年期的底部，生存得以倾听人类的过去。II, 395；III, 20.

都无法完全摆脱童年，因此，也没有任何人可以说他不再需要权威；于是，当完全的自律既不必要也不可能时，哲学家自身也服从于某个外部的权威（magistère），并时刻提防仅仅因为某个观点是固有的而盲目地不信任这个观点。在哲学家还未清晰地找到自我之处，他希望服从 [1]；他从不草率地驳斥任何关系，因为他想要忠实，不想忘记；作为异端的他整个地就是一个新教徒（protestant），他不想让他自己的后代失去由他开创的传统。任何敢于拒绝宗教并拒绝宗教信仰、宗教启示、宗教教会以及宗教权威的人，都不应该忘记这个哀婉动人的招供（aveu）[2]。哲学只有一个极其脆弱的历史，自由的王国是一个独一无二的王国，在其中，任何人都不再传递任何东西；与客观共同体（communauté objective）不同，那些自由者们不会滚雪球般地不断积累，自由对自由的间接召唤始终以传统为基底。[3]

不过，对我而言，这个传统只有被归化才会充满生机：正是在这条对传统的归化道路上，神话在消失于原初密码中之前，行使了它对原初密码的中介作用。

（2）在原初密码强迫我们采取某个困难辩证法之处——在这个辩证法中，表象、象征、面貌等词的客观意义消失——神话提出了某个表达和概念框架，该框架可为密码提供某个"普遍"（universel）以作中介。这里所说的"普遍"[4] 指的是什么？它是可被人们称作"人类宗教基底"之物吗？还是人们有可能要求宗教社会学从全体神话处所提取的某类宗教恒量或者母形式 [5]（forme-mère）？然而，人

---

[1] "当自我尚未在其自身的基底中清晰出现时，他的'自在'甚至会推动他屈服于权威"，I，310—311。

[2] "我所出身的教会，我无法与之分离，因为没有它，我不会抵达我的自由……不过，想要将我驱逐的属于神学家们的教会并不是一个真理的教会，而只是一个迷途的、空洞的、凝固的现实性。"

[3] "自由的传统只会以间接的方式传承，那是已拥有这一勇气的个体对后来的、将听见他们声音的人所发出的召唤。"III，28。

[4] III，20."这个方法不与原始经验相关，而与其通过第二语言所起到的中介功能相关。"I，138。

[5] 德语：*Reliösen Urformen*。

们无法通过比较语法去深入一门语言，也无法通过一些中间方式（moyen）去深入人本身；必须放弃将每个宗教形式视作某个普遍准则的个例。这个"普遍"不是一个"客观的普遍"[1]。如果我们现在认为，要想靠近一个神话，必须参照某个团体的信仰且该神话与这个信仰相关，那么我们就必须上升至普遍性的第二等级，亦即"相对普遍"（l'universel relatif）[2]。当我们从外部出发去解释一个神话时，我们无法理解这个神话；当我们将神话的所有元素拆解后，我们也无法将这个神话删除；在摘掉假面具后，这个神话依旧通过承载该神话的信仰而保留着某个意义。[3] 雅斯贝尔斯提醒我们时刻提防比较史（histoire comparée）类似这样的企图：它要么想要在不放弃观众姿态的情况下理解一切，要么想要当神话在其字面意义上被揭示为过时时，将一切视作纯粹的迷信。不过，鉴于哲学家对神话的归化超越了团体的信仰，因此，神话所揭示的"普遍"趋向于与个体的信仰本身相混同：于是，"相对普遍"被提升为"独一无二的普遍"（l'universel unique）[4]。在某一刻，神话向不可言喻之物投射出一束可理解的微光，随即自身也变得不可言喻：正是在这个意义上，形而上学是一个混合体（mixte）[5]，处在以下两者之间：一个是纯科学的调查，另一个是超验在神话熄灭处的实际在场。正是在这个不稳定的"两者之间"（entre-deux），话语与纯在场的会合以及普遍与即刻的会合得以发生。或许在真正普遍的宗教社会学与不可言说的信仰之间，这样的会合仅保持为一个可能性；不过，这个可能性却是我们唯一的希望，因为"普遍"本身是空洞的，绝对的在场是转瞬即逝的。

---

　[1] 德语：*Objectivallgemeines*。

　[2] 德语：*Relativallgemeines*，III，21—22。

　[3] "神话的意义只向这些人揭示，这些人依旧相信真理，且可在神话中找到真理的独特形式以及真理正在消失的特征。"III，172.

　[4] 德语：*"Das Einzigallgemeine"*。

　[5] "对被传递之物的归化使得以特定的生存方式靠近超验成为可能，这样的归化处在哲学形而上学的这个中间统治之下，在那里，真理相对我而言在场，但尚未成为其在场的现实性。"III，14.

（3）传统的历史性也不同于原始密码的历史性，但趋向于与后者相混同。传统的历史性首先意味着，人类语言已经被打散为好几个不同的语言 [1]；传统是多样的；没有独一无二的宗教。[2] 不过，通过将一个神话"归为己有"，我依旧能激起这个神话的历史性 [3]；我本身只能从中提取出某个暂时且部分的意义，但至少对我而言，这个意义却是纯粹的真理，是我的一切，是我的福祉 [4]。从此，归化的独特性将只与这样一个力量相抗衡：保持为某个斗争的交流 [5]；在这一方面，没有什么比莱辛（Lessing）的"三环寓言"[6]（l'apologue des trois anneaux）更加虚假的了：折中主义是一个陷阱。为自身的归化真理而斗争，这是人的最高斗争。这个斗争至少具有向我们揭示出这样一个事实的功效："独一无二的普遍"不会将超验封闭在我的信仰中；从此，我知道，这个普遍只会让我在某一个点触及不断逃离我且不断逃离任何语言的存在。我知道我不是总体，我也知道我不是存在。[7] 只有在我面前将超验揭示为不可靠近之物，历史性才能让我靠近超验。此处便是对最外在于我之物的尊敬与爱的最后基底。于是，我们被邀请着去超越我们对宗教的审判，不仅将宗教的财富据为己有，而且甚至在那些被我们拒绝的准则中，识别出某

---

[1]　III，7.

[2]　"位于超越关系中的共同体与斗争"，III，24—25。

[3]　"从对神话的科学认知到对神话的生存归化的过渡，这与历史科学与历史性之间的对立相吻合。II，397—403. 相同观点，参见III，20。

[4]　"形而上学内容的历史性意味着，生存在对超验的揭示中被悬置，超验本身变成生存的超验，并获得生存所遭遇的那个形式。从此，超验将取决于生存所听到的那个语言，这并不是因为这个语言是众多形式中的一个，因而是一个真理，而是因为生存听到的这个语言对生存而言是纯粹的真理；生存的'自在'将同这个真理一道，或站立，或倒下"，III，24。

[5]　第二语言的真理不是武断的，而是交流的，在这里，"武断"与"交流"的对立按照《理性与生存》中的解释进行理解。

[6]　这是莱辛为回答"何为真正的宗教"问题而写作的寓言故事。在故事中，三个争夺王位的兄弟分别象征了拥有相同宗教源头的基督教、犹太教与伊斯兰教。

[7]　"普遍（l'universel）作为超验不可靠近的独一无二之物，意味着这样一个超验的现实性，这个超验是形而上学的真理，人们只能在历史的表象中抵达该真理，而这个独一无二的普遍本身则无法成为一个客体。某个用本体论的术语构思且对所有人有效的超验存在的普遍性是不可能的。"III，24.

个可能的真理 [1]："这是一个真理，哪怕不是我的真理"；如果权威只是谎言，那么宗教如何可能成为对哲学家的驱动以及对科学家的警告？[2] 我必须相信，神秘主义是一个无条件的行动，禁欲者在其恐怖的孤独中质询（interpeller）着我。[3] 这就是为何，在拒绝宗教的同时，我对他（禁欲者）说道："是的，即便对我而言，从此也只能希冀它（宗教）在世界中的持存。"[4]

这就是第二语言的历史性：一个同时包含了拒绝与迎接的脉搏（pulsation）；无论如何，并不存在无危机 [5]、无内在撕裂的归化。这一切不会让交流变得容易，因为不是所有意识都有相同等级的勇气和自由，不是所有意识都立于相同的密码面前且只间歇性地（par intermittence）倾听。[6]

历史性意味着为超验的安宁而战的斗争。[7]

在这一对神话的更高形式的分析中，我们什么都没有说，该神话形式不再意味着某个"现实"的神话碎片，也不再意味着超验在"现实"中的闯入，而是意味着超验所照亮的现实性本身。梵高画作中的景观与物就是这样的：既在场又神秘。在梵高的画作面前，我识别出了自己偶尔会在世界面前所体会到的那种思乡之情（nostalgie）；我憧憬着这样一个东西，这个东西不"在此处"（est là），但却被隐藏于"在此处"的世界之中；这不是因为我"对现实的感知"遭受了某个神经官能症的侵袭而有所降低；并不是，我并

---

[1]　论这一有关宗教之审判的翻转：I，294—318.

[2]　"如果权威不是在宗教中喷涌而出，如果宗教的喷涌而出不相对哲学家而言不可靠近，那么权威将只是幻象"，I，309. 祈祷本身让沉思得变得可行，II，316，318.

[3]　II，320.

[4]　I，312.

[5]　III，25—27.

[6]　III，28—30.

[7]　需要注意的是，雅斯贝尔斯似乎并不赞同尼采的"神话"（Mythique）：尼采所理解的神话不同于谢林和黑格尔。N：325—326. 狄奥尼索斯的神话似乎是一个例外：这是英雄悲剧反基督的神话，是"一神论"的神话，是没有宗教信仰的神话；不过，这同时也是不会将人联系起来、不会激起任何反响的神话；它保留为尼采的秘密。N：329—332；尼采失去了传统的力量。N：392—393.

不缺乏现实性，我只是祈求着超验。[1]

这篇文章意义重大，它提出了这样的观点：通过不断地自我超越，神话语言趋向于与原初语言相混同；乍一看，我们甚至不再能看到有什么可将这个神话的更高形式与存在的最初透明区分开来。然而，神话作为人类的语言持存（subsister），它不再是一个叙事或一个话语，而是一个艺术作品；对梵高的追忆警示我们，艺术或者至少某类艺术形式位于将神话带往原初密码的道路上。这是唯一与存在语言本身产生完美共鸣的人类语言；神话（fabuleux）的这一最后变形（transformation）亦是密码最高形式的中介。这一印象在雅斯贝尔斯讨论作为密码中介之艺术的几页论述中得到了很好的论证[2]：艺术既有唤醒生存的力量，又有形而上学的深度，其直觉类型而非思辨类型的中介对哲学而言是一种珍贵的援助。事实上，与神秘主义一样，艺术让生存摆脱经验世界的严酷（dureté）；诚然，它只会通过想象力且只是为了想象力而解放，并不通往真正的、介入的生存，但通过改变我，它让我得以自由地拥有生存的可能性；艺术的无动机性（gratuité），"它的无拘无束本身就意味着一种由可能性形成的约束"[3]。艺术通过非现实（irréel）将我解放，并将我引至比简单愉悦更远的地方；通过这个方式，艺术让我准备好通过让自身出现在现实的另一维度面前来破译密码。不过，艺术还通过其形而上意图，以更加直接的方式触及密码，因为正是艺术触发了密码；在这一点上，艺术与神秘主义相对立，因为它依旧是对神秘主义所摒弃的那个存在的可感反映。然而，艺术如何得以触及不同密码？艺术无需模仿现实来将现实转变为密码；相反，模仿停留在经验层面；真正的艺术时刻，是艺术家将深埋在物中的总体性以及形式从物中释放出来的时刻，也就是将既普遍又独一无二，总之就是不可模仿的无限理念从物中释放出

[1] III，132—134.
[2] III，192—199；I，292—294；I，330—340.
[3] III，193.

326

来的时刻。被包含在不同类型以及不同类型形式中的图示（schéma）以一种抽象、不恰当却与对世界的探索相匹配的方式，表达着作为"理念实体"不断在世界中被表达之物。艺术则让那些在不同的理念中获得形象的力量在场。[1] 天才的任务就是找到对这些力量的无与伦比的表达；唯有在类似的表达中，超验才说话；唯有在类似的表达中，才栖息着可让生存在其历史性中领悟超验的密码。

然而，只有当艺术彻底放弃让它的不同主题服务于神话语言，放弃表征阿波罗或受难的耶稣，放弃赋予对宗教的神话叙事以可靠性，它才能让这个神迹（miracle）产生；当艺术家放弃用形象去塑造一些神性碎片时，他将有机会成为内在超验的见证者（témoin），对于这样一个见证者而言，神性（divin）不再蕴藏于某些神秘的形象中，而是蕴藏于现实的嬗变（transmutation）本身之中。必须承认，诸如埃斯库罗斯、米开朗基罗、莎士比亚、伦勃朗等的伟大艺术家尚且处在两种艺术观的中间地带；直到梵高的出现——这已经是第二次提及——人们才得以找到这样一个透明的、剥离了所有神话的世界，才得以在艺术作品中听到一个"相对我们的**时代**而言必然更加贫瘠但更加真实"的超验 [2]。

正是因为这样一个至高的功能，艺术得以被称作"哲学的工具（Organon）"（谢林）或者"思想凝视超验的眼睛"[3]。于是，哲学与艺术并肩作战，与艺术达成某种默契，无惧竞争，因为在艺术家将自身交付于直觉之处，哲学家依旧尝试思考与言说。

（二）几个源自面对超验之不同态度的神话密码

必须放弃给出一个有关神话密码之全貌的想法；不过，神话与

---

[1]　III，195.这个有关艺术的概念似乎与克洛岱尔在《诗学艺术》（l'Art Poétique）和《五大颂歌》（Cinq Orands Odes）中所发展的艺术观非常接近。我们在前面已经提及过："再见，哦，终于变成总体的世界。"

[2]　III，197.接着，雅斯贝尔斯从现实性领域出发，对不同的艺术进行了考察，正是这些艺术将现实性领域变成了密码：时间、空间与身体。

[3]　III，192.

人类面对超验时所表现出的那些重要态度之间关系密切，这一关联将让我们得以根据这些态度将神话密码按不同的循环（cycle）进行分组。任何面对超验的态度都趋向于获得某个被讲述的历史形式或者某个神话形式；这就是为何，神话尽管作为知识是虚假的，但作为在挑战与黑夜中所揭示的超验语言却始终是真的。不过，不同态度之间的二律背反还应该将神话的武断意图摧毁。

挑战与放弃的神话是讲述恶之源头的神话。这些神话出于自身的冒失（indiscrétion）而对为一切解释意志提供动力的"挑战"进行了反映，出于为上帝辩护的忧虑而对"放弃"进行了表达。[1] 这一在"转世论""琐罗亚斯德教二元论"（dualisme iranien）、摩尼教（manichéisme）以及诺斯替教（gnosticisme）中清晰可见的矛盾，却在宿命论中大获全胜，宿命论以上帝难以理解的意图为理由，并不断提出论据；更为严重的是，宿命论将生存的决定本身悬置，然而，在让自由与超验不断对立与统一的这个悖论的意义消失后，却唯有这个生存的决定才能靠近超验。因此，严格意义上的"恶"是无法解释的："放弃"（abandon）可让否定物（négatif）进入密码之列，并让世界的不透明性（opacité）变得透明；不过，这始终只能作为一个秘密存在。挑战始终可能：正如马塞尔（G. Marcel）所说，世界始终是对背叛的邀请；不以任何知识为基础的信心正是生命的勇气。

坠落与上升的神话讲述的则是有关灵魂的故事；灵魂是变成"神话客体"之生存的总体性；值得注意的是，"不朽"主题并未出现在生存哲学框架内，而是出现在某个超验理论的阴影处。这是一个将对不朽的信仰与对上帝的信仰关联起来的强劲思想；事实上，只有在上帝身上，我才是一个总体性。然而，通过不断锻造某个经验存在的意象——这个经验存在死后依旧在某个无限的"绵

---

[1] 神话构成了一切神正论（théodicée）的框架，这个神正论被理解为面对"恶"这个问题时，对上帝的辩护。

延"（durée）中持存——想象让人类生存这个正在消失的密码得以延伸。不过，不仅要放弃论证某个类似的不朽，而且也要放弃在字面意义上的另一个神话世界中再现某个几乎经验的幸存。诚然，这个神话本身也有它自己的真理，或许还是最珍贵的真理之一，因为这个真理是必死之人的希望本身。但是，这个真理无法在神话之外以清晰的方式被言说；我可以严格地说，永恒的在场在时间之中[1]，但当永恒的经验基底不断躲避时，我又能说些什么呢？我可以严格地猜出位于时间中的永恒指的是什么；但若人们想要避开有关幸存的想象，那么，没有时间的永恒指的又是什么呢？人们不禁追问，一个诸如雅斯贝尔斯哲学的哲学，一个在对超验的不同反映中寻找超验的哲学，是否能以某个任意的形式支撑起有关不朽的思想。是的，这样一个哲学可以做到，但前提是该思想保持为一个非—思想；令人惊讶的是，雅斯贝尔斯最为明确的表达都是否定式的："若生存不是无，那么它就不能只是经验的。"[2]"我无法肯定生存会在死亡中消散，亦即在它的最后一刻消散，因为那个时候，它将不再是经验的。"[3]"当一切随着死亡结束，你要承载这个界限，并在你的爱中明白，一切物的'不再在'（ne-plus-être）将在超验的绝对基底中被克服。"[4]于是，幸存的意象始终是对某个不可能之思的象征："诚然，在有关不朽的形而上学概念中，依靠某个思想客体而持存之物，总是被表征为位于时间中的某个经验存在形式；然而，在对不朽的意识中，这个密码则会被这样一个确定性所吞噬，亦即对'在场'之现实性的确定。"[5]让我们承认，雅斯贝尔斯的立场可被称作某种不可知论（agnosticisme）；无论如何，这个立场与海德格尔口中所说的某个虚无主义不可同日而语；它更多是一个不可言说的希冀，作

---

[1]　"存在并不在死亡的另一面的时间中，而是作为永恒位于经验秩序的深度中。"III，93.

[2]　III，93.

[3]　Ibid.

[4]　III，94.

[5]　III，93—94.

品的最后几页对这个希冀进行了阐明：死亡不过意味着经验层面的失败。然而，在彻底的失败中，存在依旧闪耀，不过由于无法产生可让人抓住的轮廓，失败保持为一个沉默的密码，一个没有话语的密码，在这个密码中回响着那些更加响亮的密码。[1] 不朽是沉默密码的类型；这就是为何，雅斯贝尔斯写道："最后，沉默将那个我所拥有的对不朽的意识的真理埋藏于自身的朴实无华（austérité）之中。"[2]

此外，坠落与上升还会激起一些有关**普遍历史的神话**，这些神话之于人类，正如人类的不朽之于灵魂；这依旧是一些有关人类总体性的神话。我们可在其中识别出生存的基本二律背反：与生存一样，历史也可被视作存在的永恒现时，这个现时"总是已经抵达目标"，且允许产生某个安宁的沉思[3]；与生存一样，即便被上升至神性层面，历史也依旧在危机、灾难与决定中前行。神话已被亵渎，黑格尔的历史哲学想要以知识自居的意图亦是如此；留下的唯有历史的二律背反，该二律背反是对以下两者之间的二律背反的回应：一个是我们永恒的安宁，另一个是我们在"绵延"中的斗争。

我们将发现，被视作原初密码的历史是正在消失的事件；神话讲述着该事件的总体伟大。这就是为何，这个神话应该与有关不朽的神话对照起来；前者既支持又反对后者。没有任何地方能比这里

---

[1] 这些正是在原初密码中被召唤的生存密码：亦即在我的死亡之下，有关我的统一性密码。

[2] III，94. 关于尼采的作品进一步强调了面对尼采的虚无主义，雅斯贝尔斯立场的肯定一面：由于缺乏超验，死亡失去其深度；它被降级为某个完全自然的现象。N：275—279. 在其亵渎圣物的勇气中，人装出一副主人的样子，声称自己可以在适当的时刻给与自身死亡，雅斯贝尔斯说道，在尼采那里，"死者不再作为死者在场。不再有某个形而上学的回忆可将其本质浸润；不再有不朽，而只有作为回忆的'永恒回归'……与死者紧密相关的生存'此在'的整个神秘基底仿佛在这个生命哲学中被丢弃，这个生命哲学在超越作为造物者的人的冲力之外，无法抵达任何终点，因为如所是的死亡仿佛已经在对生命的绝对化过程中被删除并变得无足轻重"。N：289. 唯有某个对深渊以及灾难的奇特爱好才可能超越这个生命，阿利亚娜（Ariane）、拉比兰特（Labyrinthe）、泰泽（Thésée）以及狄奥尼索斯似乎正是有关这个深渊以及这个灾难的晦涩神话。

[3] "当现时是让整个历史得以被承载的永恒现时时，'现时'一词将获得其全部意义"，III，101."这一破译历史的方式属于历史哲学，该哲学在时间中将时间删除。"III，99.

更能让生存密码施加于其他密码的吸引力显现出来。

白昼与黑夜位于讲述神性生活之神话的源头[1]；意味着"上帝之怒"（colère de Dieu）的多神论（polythéisme）、二元论以及一神论神学将黑夜引入神性本身之中；正是"上帝之怒"将惩罚父亲对孩子的不公行为，并将人民与世界碾碎。不过，这个太过雄辩的神学应该陷入沉默，因为暴君的愤怒并不比法学家的正义更适合上帝；神性的黑暗存在是不可言说的："留下的唯有词的力量：上帝之怒"[2]。在这个奇怪的表达中，雅斯贝尔斯再次将沉默关闭起来；黑夜依旧是不可言明之物，是超出寻常之物。任何人都无法说明上帝如何能既成为光亮的透明，又成为黑暗的透明。

有关**"一"与"多"的神话**[3]将以另一种方式将多元性引入神性生活本身；这正是多神论以及三位一体论所蕴含的深刻含义。通过一些本身荒诞无比但极具唤醒能力的表达[4]，二律背反得以抵达其顶点，并来到话语的界限处。"多"之所以因此而深入超验本身之中，那是因为世界的神性亦是对上帝的"反映"：宇宙的充沛，历史的富足，人的复杂性。然而，正如我们曾在有关不同态度的部分所追问那样，"多"与"一"以及"上帝之怒"拥有相同的崇高吗？"一"的特权是可争论的吗？不过，这一对黑夜以及"多"的要求拥有某个深刻的含义：一切为反对"一"、"明晰性"与"和谐"而见证之物，同时也是为了超验而见证，这个对否定物（négatif）的见证（恶、生成、灾难、多元性）永远不可能被对肯定物的见证所消灭。一切说"不"之物都可说"是"；否则，超验将依旧是造物主，只能将黑暗王国隔离在自身之外。不过，与某个平淡无奇的神意主义（providentialisme）不同，如果说神意主义认为可以用辩证技巧消

[1]　III, 114—116.
[2]　III, 116.
[3]　III, 123—125.
[4]　"这是一些灵巧的思想，若我们超越这些思想，那么它们就是真的，但若我们将它们固定在一些信仰内容中时，它们就是虚假的。"III, 125.

灭一切对比（contraste）的话，那么雅斯贝尔斯则以二律背反之名，坦承他没有看到任何逻辑道路或某个简单可思的道路，可让恶作为善的某个方面、让时间作为对永恒的某个提升、让黑暗作为光亮的某个时刻、让"多"作为"一"的某个爆炸而派生出来。这就是为何，对世界的见证始终是双重与二律背反的，总是让失败与在场、沉默与话语相连。

三、第三语言："思辨"

宏大体系与本体论是超验的最后符号：通过阅读原始手稿并破译神话语言，哲学家得以写出一个新的手稿。

因此，对本体论体系进行审判，这并不是雅斯贝尔斯的最后结论；他的过人之处在于，在吸收了那些位于任何传统边界处之人的带有预言性质的信息后，他不丢弃任何人类传统，始终努力将他所谴责之物拯救。因此，通过赋予一切有关上帝之本质、上帝之存在以及上帝之效应的论据以某个象征意义，他将尝试把古典哲学纳入他的密码理论；作为交换，古典本体论应该能够成为"超验在密码中的即刻在场"的中介，并变成一种"思辨语言"[1]。于是，雅斯贝尔斯逃离了某个情感哲学；在他看来，必须转道至这个思辨语言，即便可能最后一次遭遇"理解"的无能，即便可能无法认识到世界与超验的这个没有同一性的统一性。必须动用思想的一切武器来让"绝对表象"这一悖论变得尖锐。

（一）本体论与沉思

然而，如何得以重新讨论对本体论的谴责[2]？通过重新找到对

---

[1]　III，134—136.
[2]　"密码的破译与本体论"，III，157—164；参见生存启示的层面，II，429—434。

那些宏大体系的原始直觉，该直觉会让那些体系本身变得不同于我们当今所理解的体系。当今所理解的宏大体系意味着经验知识向一些经验知识无法抵达的存在形式的扩张，比如自由和超验；事实上，从亚里士多德到黑格尔，体系一直被一个不可分的（indivise）思想隐秘地推动着，这个思想位于三大存在形式（亦即此在、自在与自我存在）的裂口（déchirure）下方。以一个相同的运作，这三个存在形式将知识与对世界的超越、对自由的召唤以及对密码的构思[1]同时囊括。对我们而言，这个存在的不可分状态（indivision）已经不再可能；如今，我们不再能够一次性地构成这样一个总体思想，该思想既是知识，又是对自由的召唤，还是对密码的破译；我们处在裂口之后，我们已经遗失天真。[2]

在知道我们所知之物后，不可分状态（indivision）转而会让知识、自由与密码败坏。

从此，我们需要在体系中重拾密码；在伟大哲学中，思想不只是思想，它已经不再是对某物的思考，而是将被存在拥抱。思想与存在的这一不可言说的统一正是雅斯贝尔斯所称作的作为密码之思想的透明，我们将看到，正是这个统一让本体论的论据变得丰富。对总体性的怀念是实证主义和唯心主义的灵魂，是内在性（immanence）的顶点，这样的怀念却作为对存在的见证被提及。[3]普洛丁（Plotin）与黑格尔的宏伟构建为我们启发了密码世界的某个最后方面；这个世界是一个总体性，不过并不是知识的总体性，因为自然、历史与自由没有叠加的可能性；但生存是一类总体性，这个总体性赋予其他所有总体性以意义，并将这些总体性集结为一个见证的总体性。事实上，生存就是人类的总体性：它拥有"某个独

---

[1] "它们闻所未闻的力量在于，一次性将一切囊括，在将人变成知识、意愿、观看的同时，触及整个人本身；所有这几种形式都超越了经验秩序，并通过拯救自由而得以抵达自我存在"，III，157。于是，我们得以阐释康德的自由哲学以及物自体哲学，III，157—158，以及黑格尔的宏大存在辩证循环，III，158—160。

[2] "我们的力量在于分离，因为我们已经遗失天真"，III，169。

[3] III，214—219.

一无二的表格（tableau）的一致性"；永恒现时则是历史性的总体性。不过，正是生存的统一性得以启明自然与历史的统一性，正是生存的完成让自然与历史的完成得以实现；永恒现时是整个自然与历史哲学的关键。[1] 于是，最初的诺言得以兑现：没有任何东西不能成为密码；密码不仅是这或是那，是自然、历史与自由，而且还是一切见证者的总体性，这些见证者在拥有特权的见证者，亦即思考着的生存的召唤下，不断上升。体系不过是当我回想起所有密码时，我所是之总体性的思辨表达。在这个意义上，雅斯贝尔斯的哲学与黑格尔的哲学一样，是一个有关总体性的哲学：不过，这是一个始终被隐匿的象征的总体性，这个总体性总是正在消失。[2]

这一为理解体系而付出的努力将赋予哲学史以意义与使命[3]："本体论的界限在于只能一次性为真"[4]；但我们至少可以承载这个遗失的真理。如果的确是哲学的现时喷涌拯救了过去，那么作为交换，正是过去滋养了现时。任何人都未曾开启哲学；诸如笛卡尔或克尔凯郭尔那些最具革命精神的思想家也来自某个传统；相反，一个不接受这些思想家教诲的思想将完全无法喘气。每个人都可从希腊人、笛卡尔、康德、黑格尔处受益，即便这个人遭受了诸如克尔凯郭尔和尼采这些伟大的哲学孤独者的震惊。每个人都孑然一身，但同时与传统同在。于是，哲学史回顾了交流的所有悖论；如果说科学通过积累匿名的结果来获取进步，且在科学中，每一个新发现都必须拥有其超越时间的真理，并失去其诞生日期的话，那么哲学则与科学不同，它会在某个激进的意义上历史地发展：对于某个过去的体系，人们既无法重复，也无法修复，更无法完善；人们只能任由自

---

[1] III，118—119；III，94—102；III，213—214.

[2] "在被理解为体系的唯心主义看来，一切变成知识之物在此刻都是一个可能的密码，甚至是一个作为总体性的密码"，III，218。

[3] 前言，VII—IX，III，31—33。"形而上学始终意味着在其自身现时的内部'被归化的形而上学'的历史，同时也意味着在哲学历史的内部被揭示的现时。"III，32."我们的哲学任务扎根于过去几个世纪以来的自由思想的传统之中。"

[4] III，160.

身在这个体系的召唤下，唤醒对自身的意识。这就是为何，无论是体系还是生存，人们都无法将之叠加。然而，由于每个人依靠所有人而活，因此，无论如何存在着某个独一无二的西方哲学，以及某个"永恒哲学"[1]（philosophia perennis），该哲学并不意味着某个流派的繁荣，当它承载思想的一切过去，从而在斗争与爱中创在它自身的现时时，它在每个人身上都是总体的。

不过，体系之所以指向密码，历史之所以指向现时，那是因为思辨的目标变成了对原初密码的沉思。"中介"（médiat）为"即刻"（immédiat）而在；正如同梵高一道，神话与至高的现实性相融合，思辨也应该成为对存在（Être）在密码中的纯粹在场的再次肯定，正是思辨让超验变得"可感""可听"；思辨是一个"接触"，一次"相遇"，一个"震惊"；思辨会揭示至高的现实性。[2]

这就是为何，雅斯贝尔斯不断重申这样一个观念：形而上学不过创造了一些可能性，这些可能性应该被转变为生动的经验。[3]雅斯贝尔斯将这个生动的经验称作"游戏"，一个严肃的游戏，以指出"可能之物"与生动经验之间的间隔，并提醒"可能之物"作为实证认知的无效性。[4]有时候，雅斯贝尔斯也让这个生动经验向信仰靠近[5]，或者将之命名为某个"沉思"（contemplation）[6]。对于这个拥有某个不可否认的宗教共鸣的词（沉思亦是宗教中所说的"静修"。——译者注），雅斯贝尔斯提醒道，它是对信教并祈祷的哲学家（黑格尔称之为"伺神服务"[7]）而言真正意义上的相似物（analogon），"理解"甚至在其中揣测出了某个全新的"神秘主义"[8]。不过，沉思与神性的连接依旧是间接的。此外，沉思概念还

---

[1] Ex. Ph. 1.
[2] "可感触且可听见的一记击打、一次触摸以及一个推动"（passim.）。
[3] III，10—11.
[4] III，33—34；III，135.
[5] III，135—136.
[6] III，152—155.
[7] II，327；III，135.
[8] III，155—157；III，135.

可被想象概念所阐明[1]，后者指称超越原始客体并进行"观看"的能力——亦即在世界的面孔（visage）中，将存在作为一个面貌（physionomie）去观看的能力。在法语中，"想象"一词的这层含义并不为人所熟知[2]，将之类比为柏格森所说的从"概念"到激活直觉之"意象"的过渡，这样可能更好理解。

因此，似乎沿着"思辨、游戏、沉思、直觉"这个同一化链条，思辨在某种程度上发生了弯曲，并融入了存在的透明中。[3] 不过，这个对即刻的回归不应让我们受骗；思辨在不将自身删除的情况下变成直觉是不可能的，它始终在通往直觉的道路上，并保持为一个介于"可能性"与"真实在场"的混合体：它是下一团火焰的最初火光（尼采），是宣告自身之衰落的"夜猫子"(la chouette du soir)。或许这就是雅斯贝尔斯论及"回忆"(Réminiscence) 与"等待"[4]（Attente）的那些强有力而又晦涩的篇章想表达的意思：我们追寻存在的在场，就像在追寻一个逝去的时光，这个逝去的时光总是即将变成一个重拾的时光，或者就像在追寻一个临近的时光，这个时光总是即将在我们身上降临。或许，雅斯贝尔斯曾尝试让柏拉图意义上的"回忆"与第一代基督徒的"希望"相互阐释，第一代基督徒始终等待着即将到来的"耶稣再临人间"。必须明白，要想让超验在瞬时（instant）的强度中自我揭示，首先需要超验曾在回忆与等待中闪耀，需要在场、等待和回忆领会到相同的存在。以下几个观点或许可在这方面为我们提供帮助：我们已经知道，记忆（mémoire）不只是对被废除之物的某个表征；被"归化"的过去是

[1] Ⅲ，152—155."它不是一个祈祷，而是……可能的生存的眼睛"，Ⅲ，152."我通过概念在对世界的探索中认识了一些物，但我只能通过想象在世界中对存在进行破译……或许哲学的想象也使用概念；但对想象而言，这些概念并不是某个经验类型的构建的原材料。鉴于想象涉及的并不是作为概念本身的概念，因此这些概念本身也将变成密码。"Ⅲ，152.

[2] 相反，英国诗歌让我们习惯于想象的这个形而上学含义。

[3] "我在密码中停留。我不认识它们，但在它们身上，我让自己变得深刻。密码的真理停留在具体的直觉中，这个直觉以每次都历史的方式将这些密码填满。"Ⅲ，153.

[4] Ⅲ，206—214.

现时充满生命力的源头；没有无传统的生存，没有无虔诚的勇气，没有无忠诚的自由。不过，这个生存的记忆不过是某个形而上记忆的包裹物：我忆及的是永恒；对于我所看到之物，我一直都知道，我所选择之物是我对"自我"之选择的符号，对"自我"的选择先于时间，且与物的激进源头同时代。最新的爱也是最古老的；于是，柏拉图意义上的"回忆"被拯救，不过并非字面意义上的：因为这个"回忆"并不是在一个真实的过去，对一个真实的理念世界所产生的真实直觉所留下的真实痕迹。并没有另一个在曾经被沉思的世界：在某个古老的"曾经"（Autrefois）中被揭示的正是此世界的透明。[1]

未来拥有相同的回响：在智者的预测以及道德代理人（agent moral）的计划之外，时间终结的密码自我宣称着，在时间终结处，存在将被完成，精神王国将被创立，一切遗失之物将被修复。诚然，这个密码依旧作为密码而在，对认知与行动而言，未来依旧没有边界，但"在一切的'在场'中，正是'即将到来之物'将获得存在"[2]。

这个密码只是表面上与前面的密码相对立：过去似乎更多唤起的是完结之物（révolu），未来则是"开放的可能"，不过，在决定与沉思的永恒现时中，过去与将来将互换它们的语言。我所等待之物从我过去的深处降临于我，遗失的国度就是等待的国度；两者都是自我"给予"之自由的内在国度，哲学家永远无法构建某个有关世界与人类的超越感知（supra-sensible）的历史。

相应地，"回忆"与"希望"则将直觉视作位于某个追寻的终点。这一点已经足以将雅斯贝尔斯哲学与某个简单的直觉主义区分开。

---

[1] 我们可联想到普鲁斯特作品结尾处某几页非常神秘的篇章，尤其是《重现的时光》；我们也可联想到克洛岱尔《五大颂歌》中的缪斯女神。

[2] III，211. 参见里尔克所说的"到来的上帝"。

此外，不能忘记，这个位于界限处的直觉（intuition-limite）对思想而言并不是一个休憩；它始终保持为一个充满生命力的悖论，保持为一个"现时的辩证法"，在这个辩证法中，超验与世界之间"无同一性的统一性"将得以完成。[1] 思辨尝试言说这样一个关系，该关系在某个对立或混淆中被理解所消解，同时也尝试言说这样一个在场，该在场同时也是一个缺席，最后也尝试言说这样一个亲近性（proximité），该亲近性同时意味着某个距离。密码不会允许出现某个平庸的泛神论。

接下来，我们将对思辨密码进行罗列，并在让从思辨到直觉这个渐进运动得以产生的同时，阐释失败与在场的对比游戏。

（二）对思辨密码的破译 [2]

相较对神秘主义密码的罗列，在对思辨密码的罗列中，哲学家不再显得那么贫瘠：这些密码由哲学家为哲学家而书写。那是一些从科学转到形而上学且想让自身变得必然与普遍的答案 [3]；对此，我们将尤其指出以下两点：

（1）**超验存在吗**？[4] 这是与上帝的存在证据相关的古典问题 [不过，"存在"一词在雅斯贝尔斯那里获得了新的含义（本书译作"生存"。——译者注），而"上帝"一词则保留了某个神秘的回响]。然而，即便存在问题是一个真正的问题，"超验存在"这一答案却无法被视作对问题的解决；这样的答案更多是对某个比任何证据都更加原始之确定性的思辨表达。

在这个方面，本体论论据作为最饱受争议的证据，是对存在之

---

[1] "这就是为何，信仰——在第三语言中克服理解，这个理解一会儿赋予把世界与超验分开的差异以某个绝对的固定性，一会儿又对这个差异进行否定——努力实现对辩证法的客观化，该辩证法一开始就在有待解码的手稿中在场，且只有在这样一个思想形式中才能让思辨靠近，该思想形式会在自身的运作中将自身悬置"，III，139；有关"无同一性的统一性"主题，III，139。

[2] III，200—219.

[3] "论问题与答案"，III，134—136。

[4] III，200—204.

确定性最为紧密的思辨逼近（approximation）。正是本体论论据赋予了经常被提及的诸如"存在意识""存在保障"[1] 等表达以确切含义。那么，本体论论据都说了些什么呢？它指出，有关完美存在的理念包含着这类论据的存在。如果我们认为，在存在对思想的照亮中，思考者与存在的统一性先于任何陈述，那么这就并不是一个诡辩；在经验层面，从被思物到现实的过渡总是被悬置，直至经验对其予以确认。不过，超验在存在者（existant）的思想中的在场，总是已经是这个思想的"存在内心"[2]。本体论证据所嵌入的正是这个确定性，这个本体论证据的母形式（forme-mère）是："作为'存在'而在生存内心中在场之物也应该是真实的，否则，这个保障本身将不复存在。"[3] 本体论论据似乎总是将存在与思想统一；它只会用一些在话语层面没有交集的词汇，来实现对思想与存在之原初统一性的重组：这正是"内心"（Innesein）以及"内心思想"（Denken des Inneseins）等词汇所表达的内容：思考者（pensant）的存在"内心"。当生存是真实的，而不再是可能的，那么超验也将是真实的，而不再是一个逻辑游戏；超验真实地与思想相结合。

从这个在某种意义上核心的证据出发，一切其他证据将得以扩散开来：首先是从"完美"理念和"无限"理念出发所产生的两大

---

[1] "存在意识；存在保障"。

[2] "内在存在；对内在存在的思考"。

[3] III, 201. 雅斯贝尔斯勾勒出了另外三个陈述："思考着的存在就是这个'内心'本身，它是这样一个存在，该存在根据某个生存的同一性而等同于其所'思'，并会通过这个方式宣称被他所思之物的现实性。又或者，如果这个生存存在的思想不与其内容的现实性相连，亦即不与超验的现实性相连，它自身也不会作为思考着的存在而在。然而，这个思想'在'，因此超验也'在'。又或者，生存的存在只与对超验的思考同在。这个统一性首先意味着存在与'思'在思考者中的生存统一性，然后才意味着思想与超验的统一性密码"。这接近于笛卡尔的思想："我只能将上帝构思为生存者，仅从这一点出发便可得出，生存无法与上帝分离，因此上帝真正存在。这并不意味着我的思想可以为所欲为，而是相反地意味着，正是蕴含于物身上的必然性，亦即上帝之存在的必然性，让我得以拥有这个思想。"3e Méditation. 马塞尔谈论过曾构思上帝存在证据的古典哲学家，他问道："难道不可以假定他们（那些哲学家）在他们的论证中引入了某个本质的东西？只不过，这个本质的东西无法被完全表达，我们需要花费巨大的努力来对其进行进一步阐明，而且我们是否拥有这个能力也尚不明朗；……有关证据的理念离不开对某个预先肯定的参考，对于这个预先的肯定，我们随后将被牵引着对其进行质疑，或者为其加上引号；然而，需要撤去的正是这个引号。""从拒绝到祝圣"，p.231。

笛卡尔证据，这两个证据不过是核心证据的一个变种；接着是宇宙物理神学与道德证据，这些证据似乎距离核心证据更远，但却从核心证据处获得力量与明晰性："对存在的意识"不再于对该意识的激进表达中被领悟，而是在经验存在隐晦的形象（figure）中被领悟，一会儿意味着经验存在的不稳固性，一会儿又意味着经验存在的秩序；此外，作为起点的似乎是一个不同于我的现实性，不过，任何现实性都只有被生存承载才会提出有关存在的问题，都只有通过我对存在的意识才能带来对存在的确定性，正是在这个意识中，对存在的思考与存在本身的统一得以完成。

因此，雅斯贝尔斯对康德进行了论证，后者让一切证据都汇集于本体论证据；不过，康德并没有看到，本体论证据并非作为证据而是作为某个不可言说之统一符号而成为最强大的证据。对康德主义的超越在此处得以完成。

此外，生存密码的聚集（rassemblement）力量也在此处得以完成；正如一切其他密码在生存密码中被唤醒，一切其他证据也都在本体论证据中建立起联系。我们已经知道，生存的确是所有密码的发言人；以本体论论据形式出现的"思辨"进一步指出，正是通过思想，生存得以与超验相连。相较"存在"（Existenz，exister）一词，人们更倾向于"思考"（Denken，penser）一词，这不无道理[1]；第三语言具有这样一种独特的唤醒能力，它始终让人记起，思考着的生存才是对存在的保障；该语言使这样一个意识最终得以上升至密码，该意识似乎曾被谴责只创建了一些内在的陈述。[2]这意味着内在性原则的转变。这个刚刚被勾勒为原始密码的理解的"透明"，这个我们曾冒险将之比作奥古斯丁和马勒伯朗士所说的"启示"的理解的"透明"，其实就是本体论论据所强调的存在相对意识的那个

---

[1] 在本体论论据中，"作为'我思'之自我，我变成我自己眼中的密码"，III，203。
[2] "它的正确性（rectitude）就像是某个超越真理的密码，它的有效性之谜则就像是对超验存在的某个'反映'。"III，185.

内在性（intériorité）。不过，不要忘记，如此自我超越的思想是被超验所触及的某个独特生存的思想。此外，证据的力量并不在于论据本身，而是在于对"被隐藏"这一事实的意识，只会将这个意识照亮。因此，证据的力量只能解除词中的怀疑，而无法解除那个会影响"思考着的生存"（existence pensante）与超验之间关系的怀疑：这是因为，证据在话语层面不断重复与确认的，正是这个充满生命力的关系。证据应该依靠于某个内部的行动，这里指的不是某个反驳的行动，而是某个修复的行动，正是该行动将赋予我的不稳定性以及我的各类联系（attaches）以意义 [1]。

（2）**世界为何存在**? [2] 在证明了上帝的存在之后，哲学家想要在绝对存在中安家，并由此出发，带着其分散与黑暗，再次下到世界之中，从而通过思想让世界的起源（genèse）重现：对分散论（émanatisme）而言，这个起源既没有开始也没有结束（存在必定会自我揭示，从而实现自身的现实性，并重回多元论），对创造论（créationnisme）而言，这个起源则非但不必须，而且不理性（创造论将世界历史封闭在某个最初的开始与某个最终的结束之间，最初的开始可能是一场大灾难，最终的结束则会使存在被修复）[3]。

所有这些理论都犯了一个共同的错误：它们都将无世界的超验视作思想一开始得以站立的点，然后再折返回世界；它们忘了，对我们而言，之所以有超验，那只是因为世界是超验的密码：超验只存在于密码之中，亦即只存在于内在性之中。对于一个嵌入世界的存在而言，他只能从一个境况转到另一个境况，而无法越过符号直抵存在，并从存在处获得符号本身。同样的想象力或疾病会让我幻

---

[1]　参见马塞尔论上帝存在的证据："从拒绝到祝圣"，pp.226—236。

[2]　III，204—206.

[3]　因此，雅斯贝尔斯并未继续使用"创造"这个带有神秘主义色彩的词汇（人按照上帝的意象被创造；III，187；雅斯贝尔斯至多以否定的口吻说道：我并不创造我自己；我从未创造一丁点现实性。——《诸世界观的心理学》已经提及世界体系与神学之间的冲突，并补充了另一个冲突，亦即逻辑与永恒的起源与世界的历史起源之间的冲突。PWa. 160—188.

想另一个身体以及另一个世界，并在我身上激起某个绝对存在的幻影，这个绝对存在在密码之前已被认知，从这个绝对存在出发，我将得以让密码本身喷涌而出。

有关世界源头的不同理论至少可让我重复这个世界的密码特征，并说道："密码存在"。不过，这不再是一个答案。雅斯贝尔斯的作品本身就已经证实了（尽管这可能并非他的本意）思想对从存在到密码的运作进行勾勒的必要性，从而在密码中重新肯定存在的在场。他说道："存在是如此这样的，以至于这个经验存在变得可能"。雅斯贝尔斯还说道，超验通过密码自我呈现、自我揭示并开始言说。人们可能会说，在某种程度上后于密码出现且会从密码走向超验的密码"破译者"，将不可避免地对先于密码且写下密码的密码"作者"的手势进行勾勒；手稿理念本身似乎要求有这个对写作行动的参考；诚然，只有懂得破译已完成的手稿的人，才能召唤确定手稿含义的作者；或许必须得说，正是通过具体地破译手稿，我得以发现手稿的作者，但只有通过思辨地想到写作之人的手势，我才能在密码中识别出某个"他者"的手稿。我们可按照这个方式去阐释创造的思辨密码与存在的原初密码之间的关系。

四、失败的密码 [1]

在超验的三重语言后，还可以说些什么？还有让这个语言产生回响的沉默。[2] 这个沉默就是失败。由于不想让如此艰难才获得的密码变成一个科学或者一个神秘哲学（gnose），雅斯贝尔斯的作品最终以这个沉默结束。否定密码之物本身就是密码。掩盖在场之物

---

[1]　III，219—237.

[2]　"作为一切密码之回响空间的终极密码"，III，234；"因为失败是这样一个基底，该基底的张力囊括了一切密码存在。"Ibid.

本身就是在场；让透明变得晦暗之物本身就是透明的。

（一）失败帝国

失败是什么？失败既是人们所发现的某个事实，又是人们所理解的某个必然性，还是会让一切阐释迷失方向的某个荒诞性（absurdité）。失败会在存在的各个等级（degré）处被遭遇[1]：在经验范畴下，没有什么可以继续存在，无论是矿物质还是太阳，无论是简单的人还是大帝国：曾经伟大之物已被摧毁；在逻辑范畴下，失败意味着知识和体系的失败，不过这两个初级的失败已经意味着生存的失败：唯有生存才会失败，动物甚至"理解"都可能遭遇不成功（insuccès），但失败却开始于忍受失败、拒绝或者接受失败的"我"。因此，失败是界限境况，是从人类状况中渗出的对绝望的召唤。失败更为深刻地位于自由的中心：它是让自由沉睡的可能性，是自由的真理那正在消失的不公正（partialité），是各种形式的过错，是白昼，也是对黑夜的激情；最后，失败还是这样一种可能性：我尽管充满真诚且不受束缚（disponibilité），但依旧错过超验。[2]

然而[3]，我可以在某种程度上理解失败并祈求失败：自由想要客体消散（想要让客体被称作"生存意愿"或"逻辑一致性"）。自由的衰落拥有某种内在必然性：根据自由与身体以及自然的合约，自由对世界的介入应该以其自身的摧毁为代价，摧毁自由的则是这样一个黑色的力量，该力量会在某一刻被自由驯服，但最终会将自由吞噬。总之，自由应该作为自然或者自由而遭遇失败。失败位于典型的生存密码的中心，这个生存密码指的就是：自由与自然的统一。[4]过错的双重性提醒我们注意失败的这一双重必然性：过

---

[1] Ⅲ，219—222.
[2] "尽管诚实与开放性似乎已经抵达顶点，但我依旧可能作为自我而失败。"Ⅲ，221.
[3] "对失败之必然性的注解"，Ⅲ，227—231。
[4] "既然自由只能通过自然来反自然，那么它就应该作为自由或经验存在而失败。"Ⅲ，228.

错位于生存的未完成中，这个生存会在身体、世界以及客体中迷失；不过，过错还以某个更加微妙或者更加极端的方式，位于过度（démesure）之中，这个过度伴随着完成的意志本身。在无条件之物中有一个摧毁的原则，生存想要其整体的规模，它憎恨妥协；生存的不妥协与纯粹就是他的过错。[1] 这个至高的过错与人们想要在个体化准则以及个体生存意愿中发现的那个过错互为相反面：两个过错都是无辜的，不可避免的过错始于意识，始于定义了无条件性的清晰与纯粹的无限性。[2]

如果现在，我们将这个"过度"的过错与对黑夜之激情的过错进行对照[3]，我们可以推测出，失败不仅存在于"自在"之中，而且也存在于这样一个最后的激情之中，正是该激情将推动自由消失于超验之中；对失败的狂热或许就是自由在上帝面前的最后话语：对黑夜的激情让我们得以对此有所预感。[4]

然而，失败无法被完整地理解与"阐释"。或许至高的失败就是没有"注解"的失败[5]：人们可能已经联想到"不可弥补的遗失"，对记忆和传统而言，这个遗失表现为对过去档案的摧毁；这是一个没有对等物（contre-partie）的切除。更为普遍地，思想无法包含拥有某个荒谬目的的理念。这样一个否定让我们惊慌失措，它只是摧毁而永远不是源头与唤醒：它只是会让生存之跳跃完全停顿的没有结果的受苦，是会打破一切交流的精神疾病。不过，这个

---

[1] "无条件性的过错同时也是生存的条件，该过错以自身的摧毁为代价，摧毁它的则是想要持存的经验秩序……其无条件性在于对不可能之物的渴求"。III, 229. 这正是季洛杜的戏剧作品《艾莱克特》（Electre）想表达的含义。

[2] "因此，不可避免的过错只能被这样一个无条件性所体验，在这个无条件性的内部，不仅意愿本身被驯服，而且界限的限度也被僭越"。III, 230.

[3] 回忆一下"对黑夜的激情"的定义："它是让生存走向其自身遗失的推动力"，III, 103. "自我沦陷，这是最深刻的真理，尽管生存将之体验为一个过错"，III, 110.

[4] 我们甚至可以在诸如克洛岱尔的诗人那里发现这样一个激情所引发的阵痛："哦，我的上帝，我的存在在您的存在之后叹息。——请您让我摆脱自我！让存在摆脱条件！我是自由的，请让我摆脱自由！——我知道许多'不存在'的方式，但却只有一种存在的方式，那就是在您身上存在，就是您本身！……我的心朝着您的方向呻吟，请您让我摆脱自我吧！因为您在。"《五大颂歌》（Cinq Orands Odes），52—54.

[5] "在注解中不再能被迎接之物"，III，231—232.

摧毁还会以更为深刻的方式扰乱我们：那是一种贫瘠，是一种自由的无力，这种无力不同于充满诺言的沉默，也不同于当自由在世界中找不到位置时可暂时栖身的那种"充满实体"的无力，人们无法在不战栗的情况下提及这个无力。存在着这样一个的对自由的放弃（démission），该放弃会在自由的萌芽阶段将自由扼杀，并将自由变成毫无意义的"无"：这是过错、厄运还是诅咒？或许应该将这个对自由的放弃与雅斯贝尔斯在第二卷提及的坏意志之谜进行对照[1]：那是一个无比清晰的对虚无的意志，意味着对那个在他者以及自我面前转身之虚无的激情；或许这个意志完全不同于被默认为绝对的自由的失败，因为它依旧拥有某种无条件性，在某些方面类似于对黑夜的激情。不过，该无条件性充满讽刺的特征不会将它自身变成任意一个"无—意义"（non-sens）；那是一个转而反对存在的无条件性，是对真正生存的本质失败的一个不可理解的戏谑模仿。

通过雅斯贝尔斯的作品，人们似乎可以勾勒出一个从失败走向荒诞的运动，该运动从某个想要自我实现的白昼意志出发，途经"过度"的不妥协，最终深入到对黑夜的激情中并相继迷失在自杀、坏意志以及绝对贫瘠的渐进黑暗之中。

（二）失败的存在

有可能在荒诞中破译存在吗？这个问题与其他一切有关存在的问题一样，不会有某个客观的答案。正如我们所说，只有对生存而言才有失败：这意味着，失败不仅是对我们的思想而言的一个谜，而且也是对我们的自由而言的一个选择，只有我们才能回答"失败是否不过是消失，因为失败之物会走向其自身的遗失；或者在失败本身之中，是否会有一个存在被揭示；失败是否既可以是失败，也可以是朝向永恒的运动"[2]。

---

[1] III, 171 sq.
[2] III, 222.

为让我们可在对此世界的绝望中破译存在的密码，有一个明确的条件，即在从可能生存通往真实生存的道路上遭遇失败；失败要想成为真实的失败，它必须是在此世界中的失败 [1]，必须是这样一个生存的失败，该生存严肃对待其历史性，亦即严肃对待世界、社会与友谊，正是在其中，自由获得其武器："只有在让这个'实现'（réalisation）产生振动的最终失败中，存在之所是才能被揭示" [2]。生存敢于失败，但不意愿失败；真正的"对命运的爱"并不意味着沉溺于对其自身之虚无的意识 [3]；也不意味着摧毁的意志和欢愉。虚无主义以及对冒险那不顾一切的爱好并不意味着"生存失败的飞跃，而仅仅只是意味着某个宇宙激情的悲怆（pathos）"。

不过，在世界中被完全承载的失败如何变成在虚无与存在之间的一个选择？事实上，此处涉及的正是不再能被证明之物，正是在此处，超验与密码的意义本身得以起作用。从此，人们只能求助于作为生存之灵魂的永恒意志 [4]。这个永恒意志完全不同于作为我们经验存在之动力的持存意志（volonté de durée）；只有当持存意志对时间中的一切物以及时间外的一切思想的不可靠性感到彻底失望时，当此世界的魅力被打破时，永恒意志才能抵达其所有的纯粹性；一切衰落都揭示着一个存在，"不再拒绝失败的永恒意志似乎在失败中

---

[1] III，225—226. 失败的变容是克尔凯郭尔在《恐惧与战栗》时期所追寻的那个"重新肯定"的极端形式。正是从失败出发，并以失败为基底，我得以说道：就是如此。密码理论也可以以相反的方向被重写：从失败到有关历史与自然的原始密码，这样一来，世界将整个地成为神迹。不过，失败的变容是我们可对尼采作品做出的最高理解。尼采的虚无主义就是被接受、被意愿与被寻找的失败，不过同时也意味着对终极之"是"充满激情的追寻。尼采的整个作品都可被破译为一个无限的否定（对人、真理以及存在的否定）以及一个充满激情的肯定（对超人、强力意志以及永恒回归的激情）。N.101—103. 尼采的哲学就像是一个对虚无的激情，这个虚无在真实存在某个无畏的意志中被克服，而这个真实存在本身无法获得任何形式。N.396—397. 狄奥尼索斯就是失败的这一变容。N.305—306；论"是"与"否"，N.306—332。

[2] III，226.

[3] "过早出现因而不会失败的宿命论是虚假的"，III，233. 我们看到，失败在何种意义上是一个主动的行动，正如马塞尔在"雅斯贝尔斯的基本境况与界限境况"一文中所揭示那样。

[4] III，222. "失败与永存"。

达成其目标"[1]。"失败的矛盾依然作为表象而在。"[2] 在这里，非—知识——理解的黑夜——是总体的：作为失败的世界以及作为失败的自由只向我讲述着隐匿的神性[3]，我们已经知道，这个神性最后要求获得某个无需辩解的信任[4]，它不仅通过我敌人的成功进行言说，而且还通过我自己的成功对我加以谴责。[5] 上帝之所以被隐匿，那是因为我处在界限境况中，而界限境况则是一切失败的起源或缩影。

然而，谁能说这些美好的格言是否依旧适合那些让一切评论都张皇失措的失败的极端形式？[6] 在这里，虚无似乎成为关键："问题在于去弄清楚，在黑暗的底部，某个存在是否能够闪耀。"[7] 然而，正是在这个最后的考验中，我们必须征服超验，因为正是这个考验将赋予其他考验以意义。信仰超验，就是相信最高的失败依旧是密码。不过，这一次，密码不再是一个语言，不再可能在某个神话叙事或者某个哲学话语中对该密码进行评论。**最后的密码是沉默。**

此后，每当一个话语打破沉默并开始解释或简单地见证存在时，这个话语其实什么也不说。在荒诞的摧毁、失败的自由与总体的遗忘面前发出的词不过是"对沉默的空洞陈述"[8]。在荒诞的摧毁面前，你说道：当一切不再"在"，无法靠近的存在与世界的所有短暂形象一样，以赤裸的方式持存；你只说道："这个"在（cela est，Es ist）。你还说道：在被摧毁的自由之外，位于时间之前的未被触碰的存在在沉默中产生回响；那是未曾存在之物。还有：只有人类作品的物质包裹物才会遗失；沉默知道生存的存在不可摧毁，它知道只有永

---

[1] III，223.

[2] "失败的矛盾依旧是一个现象"，III，223。我们还可联想到这样一个表达："消失之物作为实体留存下来"，III，19。于是，正如自由与其世界的统一性密码被没有世界的自由密码，亦即不朽的密码所补偿，普遍意识的密码作为一致性密码也将因矛盾密码而获得平衡。

[3] III，79.

[4] III，79—80.

[5] II，82—83；III，125—127.

[6] "坚不可摧的密码"，III，233—234。

[7] III，233.

[8] III，234.

远无法在超验中栖息之物才会在超验中遗失。你说了什么？什么都没说。你说了什么？存在。这就是沉默的密码：一个对存在的赤裸肯定。

必须让所有密码都经受这个震撼人心的考验：所有密码都应该在某个摧毁的视角下被破译；所有还在说话的密码都必须在沉默中产生回响。从此，形而上学从"可思"过渡到"不可思"的愿望已经达成：哲学与宗教消失在原初语言中，而原初语言则陷入沉默之中。不过，这个沉默是完全的，至高的安宁诞生于无药可救的绝望的边缘："从焦虑向安宁的跳跃是人可作出的最为巨大的跳跃。他之所以会成功，那是因为他的基底位于'自在'的存在之外；他的信仰以难以决定的方式将其与超验的存在联系起来"[1]。鉴于这个沉默是安宁，因此，现实性终于被掌握；付出如此巨大代价夺回的安宁将向万物投射出一个妥协的眼神，在失败的事业面前投以某种仁慈的耐心，并产生某个积极且执拗的信仰，这个信仰不再惧怕幻象以及幻象的破灭。物的透明变得完全，因为一切面纱均已被撕毁。世界如此美妙。于是，在场与界限，透明与失败，它们明确地相互补偿；只有当世界作为世界的缺席不断深化并变得浓稠时，世界的在场才是超验的在场："由失败揭示的我们可靠近之一切存在的非—存在正是超验的存在。"[2]

生存找到了它的箴言：经历失败 [3]，并在失败中体验存在。

这就是雅斯贝尔斯作品的结尾：雅斯贝尔斯之所以听到天空、历史与自由吟唱着永恒的荣光，那只是因为，对他而言，正如对若布（Job）而言一样，永恒在风暴中言说。于是，雅斯贝尔斯的哲学，这个总是处在与某个有关绝望与荒诞之哲学相混同的边缘的哲学，最终却让自身变回为了一个有关实体与安宁的哲学。

---

[1] III，235.
[2] III，234.
[3] III，237.

第四部分

批判反思：一个生存哲学的可能性

我们作为历史学家的任务已经完成，而且我们是尽可能在雅斯贝尔斯的精神本身之中来完成这项任务的；我们通过一个论题来倾听或尝试理解另一个论题，并通过雅斯贝尔斯的哲学决定（décision philosophique）的核心意图来理解他的所有论题。如果的确正是从某个隐含的哲学内部出发，一切问题得以被提出，那么我们正是通过这个同感（sympathie）的努力，得以获得提问的权利，并通过提问来更好地理解并将我们置于对话之中。我们并未对雅斯贝尔斯作品所提出的论题进行依次拷问，而是选择了一个与我们所提出的核心问题更加吻合的逻辑顺序，这个核心的问题就是：一个生存哲学在什么条件下是可能的？

（1）一个先决的或有关方法的问题呼之欲出：乍一看，雅斯贝尔斯似乎曾明确表示，想要构建一个有关"作为例外之雅斯贝尔斯"的哲学，最终，该哲学应该被分解在了某个具有私密特征且通常难以辨认的个人日记中。然而，事实上，他所发展的学说更多是一个与人本身相关的理论，大大地超出了作为个例的雅斯贝尔斯。因此，生存哲学难道没有对处在自由与死亡之中的人的某种相似性（similitude）进行预设吗？难道不正是因为独特性与相似性在每个人身上相互交缠，孤独与交流、对生存进行哲思的可能性与不可能性才会变得错综复杂吗？

（2）生存对自我的选择是"对生存的启明"所说的真理的灵魂吗？又或者，自由是形而上密码理论所提出的对存在全神贯注的见证吗？生存如何得以选择真理并见证存在？事实上，这一问题可归结为另一个问题：生存哲学可能成为一个拥有双中心——生存与超验——的哲学吗？

（3）因此，雅斯贝尔斯哲学最终建立在某个悖论（paradoxe）基础之上。悖论仅仅意味着思想的失败，还是意味着存在的裂口本身？一个有关"绝对裂口"的哲学是否可能？或者为让一个悖论哲学成为可能，该哲学难道不应该预感到某个比悖论本身更加深刻的调和吗？

第一章　方法问题：例外与相似

一、"存在"方法与"生存"方法

通常情况下，人们倾向于将海德格尔的方法与雅斯贝尔斯的方法对立起来。为此，人们甚至还发起了一个辩论，这个辩论难免会让人联想到基督教中尼西亚教派（homoousios）与阿里乌斯教派[1]（homoiousios）之间的古老争论；该辩论可由以下两个不尽规范的表达所表达：一个是"存在"哲学（philosophie existentiale），另一个则是"生存"哲学（philosophie existentielle）。只有海德格尔曾尝试构建一个有关存在的一般学说，该学说以一个有关人类及其主要本体论结构的学说为序幕，其中，人类的主要本体论结构指向各类存在状态（existentiaux）[处在世界中的存在（此在）、焦虑、无依无靠（déréliction）、共在（l'être en commun），等等]。[2] 雅斯贝尔斯则仅

---

[1]　尼西亚教派，又称作 homoousios，认为上帝与耶稣同本质，又被称作"同本体论"（consubstantialité）；阿里乌斯教派，又称作 homoiousios，否定上帝与耶稣的同质性，强调耶稣与上帝之间的相似特征。——译者注

[2]　"对生存的分析旨在为本质的本体论问题以及普遍存在的意义问题进行准备。"，《存在与时间》。

限于对具体的、生存的可能性进行描绘，这些可能性呈现在这个或那个个体面前，拒斥某个有关生存或存在的一般理论。[1] 我们将在稍后揭示，拥有某个有关"自我存在"(l'être en soi) 的学说的是雅斯贝尔斯而不是海德格尔，前者发展了他的密码哲学，后者直到如今都还未从他的准备工作中走出来；对雅斯贝尔斯而言，人的认知从来不具有某个准备的特征：人走向自由与走向超验是相同的运动；绝不可能让上帝的问题服务于人的问题。因此，相关立场最终可能发生翻转；现在还不是讨论这个深刻问题的时候。**不过，**我们应该始终将这个问题铭记于心，因为无论如何，让海德格尔与雅斯贝尔斯产生对立的并不是方法本身，而是他们思考人与世界以及人与上帝之间关系的激进方式。从方法层面看，两者似乎遭遇了同一种悖论，但方向完全相反：海德格尔因为想要普遍地讨论人类而宣称了人在独特的死亡面前的独特性；雅斯贝尔斯则通过对人在世界之中以及在超验面前的这个同样的独特性的宣称，而在无意间用一般术语对这个独特性进行了陈述。对海德格尔哲学的内部困难进行简短概述，这将把我们再次引向雅斯贝尔斯：诸多批评家批判海德格尔用同一个词来指称"此在"(Dasein)（用海德格尔的话说，就是普遍的人类存在）与一个如此这般的特殊的人类存在；当海德格尔说"此在"拥有统一性特征时，他普遍地说道，每个人都拥有这个属于单个存在的绝对无法言说的特性。如果说"此在"每次都是"我的"此在，那么应该如何陈述它呢？[2] 有两个例子可助我们理解：每个

---

[1]　海德格尔自己曾宣称："我应该重申，我的哲学倾向……不应该被归为'生存哲学'(Existenzphilosophie)。我所关注的并非人的生存，而是总体的、如所是的存在的生存"。"在《存在与时间》中被提出的问题（亦即有关总体的、如所是的存在的问题）在此前从未被探讨过，无论是克尔凯郭尔，还是尼采，都未曾对其有过探讨，而雅斯贝尔斯则刚好从旁边擦身而过"。Bull. Soc. Fr. de Ph. oct-déc. 1937，p.193.

[2]　S. Z. 42—53. Cf. de Waelhen, *La philosophie de Martin Heidegger*, p.8. Note 1, p.138, p.173, p.308, pp.310—311."如果'此在'的确在自我身上承载着统一性的特征，那么严格意义上，就应该禁止将'此在'视作某一个此在（某个如所是的存在）。无论如何，从作为具体的、被决定的生存的'此在'到作为普遍人类生存的存在，两者之间的隐含过渡是不被允许的。然而，我们将有机会揭示，这个运作在何种程度上对海德格尔的整体学说而言至关重要"，p.8, n.1.

人都独自死亡，某人的死亡对他自己而言是独一无二的；然而，通过讨论死亡，并未"死亡"的哲学家可普遍地对作为事件的"死亡"（mourir）表达意见。于是，人们批判海德格尔将死亡的个体事件与死亡本身，亦即人类存在结构所包含的那个死亡相混同[1]；另一个例子："有决心的生存"可在死亡的光亮中选择并决定；不过，哲学家并不会指明对每个人而言，决心（résolution）指的是什么，因为它意味着每个人无法比拟的决定；哲学家只会指明每个人自行下定决心的普遍方式。[2] 让我们记住"存在的方式"（manière d'être）这一表达：通过"在"（Sein）一词，有关存在的分析永远只能触及一个存在者"在"的方式：作为工具而在，作为物而"在"，作为人而"在"。不过，整个这个哲学难道不正是建立在某个持久的模糊性基础之上的吗？这里指的是介于具体且无法表达的个体与个体性特征之间的模糊性，其中，个体性特征既适应于这个个体存在，也适应于其作为人的结构。[3] 我们应该同某个海德格尔的批判者一样，认为如果将"此在"的这两个含义解绑（dissociation），整个大厦都将瞬间倾覆吗？当然应该！不过，人们之所以让海德格尔不要去践行这个解绑，这并不是出于某个恩典，而是因为任何人都无法成功做到这一点。"我"必将有两重含义；我是人类且独一无二；"我"意味着：如所是的"我"以及一个人类的可能性；没有任何哲学家不会讨论超出自我的部分，没有任何哲学家在讨论人的时候不会根据产生自他自身独特性的偏见进行讨论。任何只想保持独特的人都无

---

[1] "海德格尔并未区分作为生存事件的'死亡'与作为一切存在之终极原则的死亡"，o. c. 138. "此外，这也意味着作为人类生存理念的'此在'与作为对'我存在'这一具体事实之表达的'此在'之间的更为本质的模糊性"。（Ibid.）

[2] "作为哲学范畴，作为普遍、绝对且具体有效的存在，坚决的生存应该被保留为这样一个形式，该形式就其内容而言处在完全未决定的状态"。这个普遍的方式将意味着"具体的普遍"。o. c. 173.

[3] "我"（moi）与"自我性"（ipséité）绝不是近义词。前者以某个具体且完全个体的数据为参考，后者则指称某个抽象且普遍的特征。"自我性"不是个体，而是个体性的性质。然而，海德格尔在提出有关个体性性质这个论题的同时，宣称由于一切个体在本质上都是无法表达的，因此这个有关性质的理念没有意义。"o. c. 310.

法完成这样的讨论；任何只想保持普遍的人也无法完成这样的讨论。这就是为何，每个人单独地死去，但却将死亡阐释为人类的命运；每个人自我选择为独一无二，并由此变成人本身。于是，海德格尔得以在其批判者的对立面获得辩护；但正是这个辩护本身将揭示出雅斯贝尔斯构建了某个哲学的事实。这个辩护甚至让我们得以将"存在"方法与"生存"方法对照起来；当人们说，与其说海德格尔揭示了人，不如说他进行了自我忏悔，这样的说法不无道理。[1]如果说每个人既是人，又是无法表达的个体，那么哲学行动就既应该比这个个体更多地介入，又应该背叛这个只是海德格尔的个体。因此，尽管看起来只是自我忏悔，雅斯贝尔斯却相较"我们之所是"或者"我们之所能是"更好地言说了"人"本身，这一点并不令人惊奇。如果说海德格尔的普遍意图被他的个人预设所背叛，那么雅斯贝尔斯只书写一个有关独一无二或例外之哲学的意图则被他对人或相似（semblable）的隐约感知所超越。

在我们看来，雅斯贝尔斯的方法似乎受到了两个不同的要求的影响：第一个要求得到了系统的论证，它强调个体以及独一无二之人的独特性；不过，如果第一个要求没有第二个要求的补偿，那么它将导致哲学本身的摧毁；第二个隐含的要求趋向于某个有关人的普遍学说，正是这个要求拯救了第一个要求的哲学特征。第一个要求既被某个界限境况的学说所阐释，也被某个对自身的选择以及交流学说所阐释；我独自一人在此处，成为我自己并召唤我之外的他者。严格意义上，这个要求意味着对普遍的摧毁；生存的存在每一次都是每个存在者的存在。没有生存这个种属（genre）；没有普遍的生存；从此，对于超越任何普遍种类与任何令人信服之话语的

---

[1]　于是，韦尔亨斯（M. de Waelhens）批评海德格尔并未达到其存在意图的高度，且将其存在意图与这样一些预设混同在了一起，这些预设与海德格尔的个人经验以及让他得以从狄尔泰、克尔凯郭尔、尼采等人处汲取养分的源头相关。我们可称这些预设为海德格尔的生存主题，不过前提是，承认一个学说的生存方面是最私密、最不本体论的方面；于是，海德格尔哲学将在这样的经验中抵达顶点，亦即面对上帝的缺席对界限以及困境（détresse）的极其主观的经验。

生存而言，它将只能被每个人在正在消逝的、不恰当的、模糊的表达中无意发现。这正是一切"启明"生存之尝试所激发的"符码"（signa）。这些"符码"与海德格尔在分析中所提出的"存在状态"（existentiaux）完全不同；它们并不是与如所是之存在以及普遍存在相关的稳固结构，而只是一些简单的索引。这些索引的一切价值都源自个体赋予它们的内心保障，且这个内心保障本身是盲目的。于是，"源头"（Ursprung）在某个熄灭的客体性中被启明。不过，如果我们沿着这条道路走到底，那么雅斯贝尔斯的哲学将是什么呢？将是一个忏悔，一个秘密，一个间接的交流，在这个交流中，通过某个共同的语言，我们将被召唤着去与某个独一无二的经验以及某个独一无二的冒险不期而遇。然而，我们在他的作品中找到了什么？没有任何对自身内心的泄露，没有任何对仅对他而言无条件的财富的哪怕隐秘的揭示。雅斯贝尔斯并未讲述自己，而是说道：人处在境况中，人被返还给他的自由，只有在交流时，人才"在"。他并没有讲述他的独特性，而是对属于人类境况的独特性进行了启明。正因如此，他是哲学家，而不是小说家，他的作品被称作"哲学"而不被称作"个人日记"。从此，一个有关生存的哲学话语即便是模糊的、悖论的、即将消失的，它也应该隐含地以某个人类境况的相似性为参考，正是后者让这个话语在原则上成为可能。一个类似这样的哲学，亦即与作为例外的具体生存相关的明确哲学，将做出这样的假设："例外存在"（être-exception）是与我"相似"的人的一个特征。生存哲学的使命或许并不在于摧毁人的相似性，而是相反地，在于将相似性的界限推至人的"智识装备"（équipement intellectuel）之外——古典哲学曾将相似性削减为这样的智识装备——并在个体与大地以及血液的晦暗条约中，在决定的喷涌而出中，在爱的亲密性中，重拾这个相似性。于是，相似性将变成在黑暗的基底处、在晦暗的自我诞生中，准备好被启明之光所照亮之物。我们将在雅斯贝尔斯的哲学中厘清这个在"例外之光"中对相似的召唤，正是该召唤让雅斯贝尔斯的方法与海德格尔的方法相互靠近，尽管它最终依旧会让以下问题悬置：相似是否能成为一个真正的普遍？相似是否并非注定在不变成某个本质的情况下，与其他众多本质保持联系，并错综复杂地与最难以接近的独特性牵扯不清？

二、相似哲学

阅读雅斯贝尔斯会产生这样一个难以克服的印象：一方面，他的作品无法模仿，会邀请我追随我自己而不是追随他；另一方面，他的作品又是典范的，因为任何名副其实的"人"都应在其中识别出自己。这两方面在他身上并不会比在我身上得到更好的澄清。他以为是共同的东西对我而言经常是例外，对话的目的或许就是不断地勾勒出这个区分。在雅斯贝尔斯实际加入的与尼采以及笛卡尔的这个对话中——我们将在稍后提及——他引入了一个普遍性意图，该意图超越了他的个体学说，我们首先在其语言中找到了对该意图的见证。

生存哲学所使用的词汇具有启示意义：雅斯贝尔斯在谈论生存时，不自觉地采用了古人谈论智者（Sage）时所用的语气。诸如"生存的存在"（das Sein der Existenz）、"生存的存在者存在"（das existierende Sein der Existenz）以及"生存的本质"（das Wesen der Existenz）等表达，它们即便没有违背某个共同的结构，至少也不可避免地违背了某个典范境况，在这个境况下，每个人都能且应该相互识别。"生存是根据自我及其超验行事之物"[1]。那个承载一切分析的"我"（Je），即便它不是普遍的"我"，不是"'我就是我'这个空洞的形式"[2]，亦即不是每个人都拥有的"我思"的抽象同一性，它

---

[1]　II，145."哲学家是作为可能生存的人"。II，411.
[2]　II，27.

也不会按照雅斯贝尔斯所提出的限度被削减；这个"我"会唤起某个共同的境况，尽管这个境况不可交换，但它是一个独一无二的相似境况，意味着自由的唯一性（unicité），这个"唯一性"超越了理解的可交流性；这个"我"（ich）就是"同一"（Selbst），是会对作为人的"我们"产生共同召唤的"自在"（soi）。事实上，"我们"一词与"人"[1]（homme）一词经常被用作生存之"我"的同义词。就连雅斯贝尔斯自己也曾表达过这样一个有关"相似"的理念：哲学家是罕见经验的清晰性代表，他注定为所有诞生于真实生存的人去经历这些罕见的经验。[2]

让我们在语言之外继续前行：雅斯贝尔斯哲学的一般演变进程毋庸置疑地透露出了某个重点的转移。《诸世界观的心理学》（*Psychologie des Weltanschauungen*）还只是对"个案"从外部出发的极其分散的描述；这些个案只在外部通过某个黑格尔式的严格辩证法相互关联[3]。

自 1932 年开始，生存哲学作为人类境况的一个确定学说出现：该哲学定义了一个中轴线，并在这个中轴线的两边，定义了一些偏离和堕落。对界限境况的研究是对人类共同境况的一次真正发现。雅斯贝尔斯谈论境况中的存在，并认为这样的存在会降临在所有人身上。当他指出偶然、受难、过错、斗争、死亡等词汇所产生的意义改变时，他依旧描绘着某个完全人类的路线，那是一条充满崇高、慷慨与人类希望的特殊道路。对于这个在考验中对人的揭示，很少

---

[1]　"因此，经验存在本身并不是生存，位于经验存在中的人才是可能的生存。人是可能的生存，这个生存作为普遍意识在世界之中前行，并通过世界，与超验产生联系"。I, 52. 相同的观点：II, 42；"作为自身的人……"，II, 44. 某个区别于社会性"我们"的"我们"。II, 30—31. "我们之所是的统摄物（englobant）"。VE 30.

[2]　哲学意味着一种交流的急促（précipité）。I, 270—271. 在这个浓缩物中，许多人相互识别，独一无二之人为这个匿名的寄存所（dépôt）带来某个广度，某个力量与某个清晰性；因此，伟大的哲学家是他们时代的代表与发言人。"自在"不会将这个"共同体"悬置，而是会将其完成；哲学家为自己说出了许多人之所思。尽管如此，他的每一个听众都会转而为自己而思，哲学家赋予这些话语某个完成，这个完成不属于普遍类型，但却是真理的本质。I, 270—271.

[3]　有关"诸世界观的心理学"，参见 ci-dessus, Introd. Gén. Chap. I. 最后的陈述部分。

有论述比该揭示更加隐秘。受难的是人，超越的也是人。只有当生存哲学将真实性与无条件性定义为人的相似性时，这个哲学才可能。如果诗人和哲学家最为罕见的经验不具有某个典范价值，"真实"（l'authentique）如何区别于"武断"（l'arbitraire）？诗人是深度的代表，哲学家则是清晰性的代表；如果没有这个委派（délégation）——该委派或许不同于"我思"的抽象同一性——那么就不会有可经受某个哲学分析的"我是"。这个"委派"应该不断被对自我的选择亦即在我身上对"人"的选择所创造与再创造。在整部作品中，都充斥着这个无法抗拒的保障：不是某个独断的真理或者现成的道德，而是一个人类存在（Menschsein）。尽管这个"人类存在"并不是本义上的结构——因为如果并不是每个人都重新找到它并重新创造它的话，它就会消散——但它至少是一条特殊的道路，该道路让人们得以用相同的力量，通过游戏、纯粹的智识性（intellectualité）以及宇宙神秘主义来揭示逃逸（évasion），并在欢愉（plaisir）、合法性、模仿、集权国家以及各类独断论（实证主义、唯心主义、本体论）中揭露"停滞不前的困境"（enlisement）。超越行动就是这个特殊的道路本身；该行动定义了对自我之非理性选择的合理性，构成了例外内部的相似性。雅斯贝尔斯大概从两种不同的含义出发来理解"例外"本身：一方面，我们每个人都是例外，只不过是被理性渗透的例外；但另一方面，更为狭义的"例外"指的应该是离心的（excentrique）例外，意味着对清晰性的反叛以及对相似性的摧毁：这样的例外是克尔凯郭尔，是尼采，是自杀者，也是对黑夜产生激情的英雄。"不是例外的我们在这个例外面前进行哲学思考"，我们依旧坚持从最排斥理性的例外处习得某个与人相关的东西；生存哲学的使命在于向"唯一西方哲学"，亦即那个只能被视作"对理性之赞歌"的哲学，引入那些曾用最重之拳攻击过这个哲学的人们：克尔凯郭尔和尼采。因此，雅斯贝尔斯将相似性的界限一直扩展到了例外的黑暗深处。[1]

交流理论可证实这一阐释——我们在前面已经强调了该理论相较克尔凯郭尔与尼采的原创性——：一个生存如何向着另一个生存敞开，并在他者那里激起某个回响？一个语言或一个哪怕不恰当的中介如何成为可能？如果某个人类的相似性未在历史中被识别，那么这个传递并承载过去的历史如何得以向前发展？相似性是一切中介的先验条件。这个相似性理论是一个新知识吗？并不是；从理解亦即客体性角度出发，一切都应该是可争论的。然而，不属于理解科学的东西却可能成为理性信仰。"相似"是信仰的客体，因为如果自由无法在考验中获得上升（sursum），任何通过受难所抵达的净化都不会是真的；不过，这个信仰之所以是理性的，那是因为，当抽象结构的同一性终止，相似性应运而生。信仰甚至是双重理性的：它不仅发现某个相似性，而且它自身就是所有人身上的"相似"。理性在超越理解之后，或许不过是具体之人的相似性，这个相似性会在某个总是个人且隐秘的信仰行动中被确定与重拾。最终，正是对这个最为主观的信仰的参照将海德格尔的"存在状态"（existentiaux）与雅斯贝尔斯的生存理论区分开来。每个人身上的"例外"都只存在于受难与自我选择的具体行动中。

雅斯贝尔斯献给尼采的那本书又有了新的进展，即便不能说该书转向了某个独断主义，至少可以说它转向了对"超越行动"的坚定且决不让步的构思；仿佛任何没有超验辩证法意识的人都会被哲学拒之门外。生存哲学越来越清晰地感到自身与"基督和康德传统"以及西方哲学的"唯一流派"相关。尼采个案为生存哲学提出了一个艰难的问题：让生存哲学得以完结的从生存到超验的过渡（passage）是否依旧预设了个体间的相似性，亦即同样的"人

---

[1] Ex. Ph. 1. VE 113.

类存在"？雅斯贝尔斯似乎对这一点深信不疑。当他写道"没有超验，我不是我自己；我自己的深度以我立于其面前的超验为限度"[1]时，他讨论的并不是他自己。"只有处在超验之中并属于超验，亦即成为某个'超越'（au-delà），才会有所谓的生存的本质"[2]。"只有在与超验的关系中生存，人才是他自己：人无法逃离这个必然性"[3]。于是，正是与超验之"一"（l'Un）的共同关系奠定了每个人身上的人的属性；上帝身上栖息着我们的相似性："当人通过自我将超验当作密码进行凝视时，人离超验最近；用神秘主义的话说，人按照上帝的意象被创造。"[4] 或许超验只对生存显现：这就是说，以超验为基底的人并不意味着所有人身上都有的相同的抽象理解，而是意味着所有人身上独一无二的自由，只不过这个自由是相似的。超验让其感受到超验存在的那个"我"是典范的。献给尼采的作品进一步强调了这个普遍主义的意志："生存哲学内部的自由，无论它是基督式的自由，还是康德式的自由，都与超验相关"[5]。"如果人不与超验同在，那么他将永远无法成为他自己"[6]。"在超越的虚无主义中，存在应该会向尼采自我呈现"[7]。于是，尼采既被批判，又被归并。诚然，生存哲学由此对自身以及其他哲学做出的评判具有模糊性；这一评判反映出了该学说的不确定性：一方面是对其自身历史性的感知（此外，这也符合它自身的真理理论），另一方面是对该学说会释放出人类境况最为普遍之特征的信念，正是该信念隐秘地为生存哲学提供着动力。于是，我们在雅斯贝尔斯那里看到了这个双重的肯定：我的真理让无法模仿有时甚至不可理解的他人的真理位于自我之外；超越是一切哲学的灵魂，如果我们可以说的话，是哲学的大

---

[1] II, 48—49.
[2] II, 14.
[3] N.381.
[4] III, 187.
[5] N.133.
[6] N.381；尼采摧毁了自由的含义。N.138—139.
[7] N.386.

气层（atmosphère）[1]。由此产生了雅斯贝尔斯对尼采无神论的双重评判。最终，无论是被批判的尼采还是被归并的尼采，二者都被返还给了尼采的孤独与真理。于是，一方面，哲学被定义为超越的哲学，甚至被定义为超验哲学，另一方面，在这条"基督—康德哲学"的庄严道路之外，另一个"面对上帝之缺席的哲学"依旧可能。不过，我们可以认为，生存哲学与西方哲学任务中的某个信仰行动相关[2]。我们会发现，雅斯贝尔斯似乎甚至从这个表面的不确定性中获得了他自己的真实性：事实上，他在同一个运作中对人的共同境况以及哲学家的共同境况进行了反思，并在"共同建筑"的内部实现了他自己的风格。每一个哲学都是这样做的；但雅斯贝尔斯是在知道这一点的同时如此做的：由此产生了雅斯贝尔斯的这一谦逊与权威。

　　雅斯贝尔斯在 1935 年的讲座论文集，尤其是他在 1938 年的讲座论文集，使生存哲学转向了某个越来越严格的系统：最后几场关于"统摄物模式"（modes de l'englobant）的讲座甚至转向了某个真正意义上的经院哲学。这些讲座论文集将在回顾中把我们的目光引向 1932 年学说的某些方面；在《哲学入门》中对存在形式的清点["存在的普遍形式概念：客体存在（être-objet），自在（être-moi），自我存在（être-en-soi）"][3]，对存在及表象的反思[4]，等等，所有这些都趋向于一个"超越的系统"，亦即一个有关裂口与跳跃的系统（systématique）[5]。

　　对个体与一般、特殊与普遍、时间、必然性等范畴的颠覆，尤

---

[1] "然而，超越的不同模式将以哲学的方式作为真理显现：事实上，正是在这些模式下，存在意识得以根据其自身的维度，在时间经验存在中被抓住"，I. 277。生存哲学系统是哲学的基本原理。尽管它与单个的生存紧密相连，但"在不同的超越模式中，存在意识通过自我对自身的启明如此自然，以至于逃离其普遍有效性非常困难，甚至显得反自然……" I，278。

[2] "人们只能说，没有上帝，哲学将变得不可能；但事实上，没有超越，哲学亦将消失"，N.391.（这一表述相较我们在前面所引用的说法更为温和。）

[3] I，4—6："不同的存在模式与存在"，I.21—24。

[4] I，19—21.

[5] "境况中的时间经验存在体系"，I.275—280；"这个裂口本身就是某个系统的源头，尽管它在任何地方都阻止体系的生成"，I.276。

其还有各类"超验形式",这些都是在一个新的哲学逻辑形式下,对这个系统的践行。其中,各类超验形式趋向于在某个与巴门尼德相称的辩证法的牵引下,为"自在"或者作为"一"的存在设置界限。不过,这里所说的哲学逻辑,亦即雅斯贝尔斯后期作品所称作的"哲学反逻辑"(alogique philosophique),并不完全与"符码"学说相吻合。事实上,"启明生存"的"符码"更多是暗示,而不是固定,更多是召唤,而不是定义。这些符码似乎致力于某个自我摧毁的进程,在自由于其中被启明后,无法继续存在。相反,哲学逻辑的系统性特征使得,它似乎拥有某个固有的可靠性,拥有某个空洞结构的坚固性,这个空洞结构应被每个人的经验所激活与填充;尤其地,形而上学的形式辩证法作为某个空洞框架(cadre)被呈现,这个空洞框架会被生存与超验之间的个人关系所填充[1];甚至就连与"对生存的启明"相关的主要概念之间的连接,也可被视作某个有待被某个自由动作填充的框架。[2] 一旦某个方法或者某个系统得以出现,语言就不会再随着某个内部保证(assurance)的消失而消散,其中,这个"内部保证"总是在语言中寻求着对自身的间接表达;语言也不会再在得以承载语言的内部冲力中自我消耗;它将继续存在并等待,不断抵抗心灵的间歇,并像一个空壳一样停留,正是在这个空壳中,信仰有可能滑向它的至高时刻。不过,在最后几场讲座中,雅斯贝尔斯又认为应该让这个哲学逻辑与理性相关联。他说道:理性就像一个"源头"一样,但它自身又不是"源头",而是一个加入生存之黑暗基底的普遍,该"普遍"无法用它的光亮将黑暗完全吞噬。那么,理性不是浸润着例外的"相似"又是什么呢?正因为理性统一了"统摄物"(englobant)的不同等级并在交流中将个体联系

---

[1] "形而上学思想……通过某个超越的纯逻辑努力,将自身创立为一个空洞的空间,这个努力只能通过一些范畴运作;该思想将用同超验之间的生存关系的游戏来将这个空间填满……"I,57。

[2] "将生存作为思想启明,这个启明会创造这样一个空间,在该空间中,生存可言说它自己的决定",ibid.;参见类似的表达:"界限境况系统",II,209。

起来，一个生存哲学才会成为可能。[1] 这些讲座论文集以某个极致的力量肯定了"唯一西方哲学"的理性召唤；"唯一西方哲学"只是某个"对理性的赞歌"[2]。于是，想要为黑暗的中心地带带去光明的努力被推向极致。同时，对"没有哲学而只有哲学家"的感知在这样一个确信面前消失：有一个"永恒哲学"(philosophia perennis)，该哲学的任务是将非理性纳入理性之中。从此，雅斯贝尔斯的哲学不再像克尔凯郭尔的哲学或者尼采的哲学那样是一个"间接的交流"(Indirekte Mitteilung)，而是意味着对存在与表象、主体与客体、自在与决定之间的永恒辩证法的某种更新。他所书写的哲学有意地成为了一个"交流的哲学"，一个以"所有统摄物模式的中介为基底"(V. E. 95)的哲学。不过，当雅斯贝尔斯意识到，通过模糊且间接的符号对生存的启明，同界限与跳跃、循环与悖论的系统并不吻合时[3]，雅斯贝尔斯自己也承认了其哲学内部的这个隐秘的不调和：一方面是属于理性范畴的对明晰性的要求，另一方面是源自最为独特之生存的唤醒力量。在哲学逻辑与对生存的启明之间的这个张力中，我们将进一步发现这样一个张力，亦即每个人都能阐释的"相似"与只能唤起另一个独特例外之例外之间的张力。雅斯贝尔斯既不想失去柏拉图、普洛丁（Plotin）、布鲁诺、谢林以及黑格尔的理性辩证法，又不想失去克尔凯郭尔和尼采的震惊与唤醒力量。于是，雅斯贝尔斯的哲学既呈现为一个哲学家的谦卑启示，又呈现为那个已从天真走向成熟的哲学的骄傲意识。

　　从此，真正的问题在于去了解，在这个普遍性与独特性的混合体中，雅斯贝尔斯所提出的对"例外"与"相似"的划分本身是否

---

　　[1]　VE. 63."生存的土壤在其深处承载着理性……由于生存刚刚在超验的边缘搁浅，因此，它将从理性处获得光亮……在生存的交流中，理性是浸润在一切关系中之物……生存的交流通过理性得以实现……人只有作为理性才是他自己，只有作为可能的生存才是理性"。

　　[2]　ExPh. 53.

　　[3]　理性的透明存在与生存的唤醒能力之间的区别在于："哲学逻辑属于理性，而对生存的启明则属于生存"，VE. 46. 相同的内容，参见 Ex. Ph. 99. 该文曾在第二部分第五章第一节被引用。

是一个由"相似"发起的行动以及是否可被"相似"所辨认。

我们可以推测，从方法角度出发，正是从生存到超验的过渡会引发最大的困难。事实上，人们可能反驳道，这个过渡如今已经不再有某个普遍的人类意义，它虽然呈现为雅斯贝尔斯哲学中最为关键的运作，但它同时也明确揭示出了雅斯贝尔斯所有作品的传记或私密特征。这样一个反驳将让我们对生存哲学特有方法的考察迈出关键的一步。这个哲学所预设的相似性并不是一个普遍意识意义上的"普遍"（l'universel）；这是一个只会在某种苦行道路上才会显现的相似性。人可能只是相对自身而言被隐匿，他应该可以被发现。或许我们身处在这样一个时代，在这个时代，人不仅应该被发现，而且还应该被重新发现。根据马塞尔的说法，形而上学是对人的一种"重建"（réfection）；如今，或许人已被打散为各种不相兼容的形象（figure），我们或许已经不再是同时代人。人或许已经变得相对自身难以辨认，那些作为生存之深度代表或理性之明晰性代表的人或许不仅不再能被大众及其引导者（conducteur）所承认，而且他们之间也将无法相互承认。这无可避免。不过，生存哲学与其他任何哲学都不同，它并不需要与某个普遍的同意相遇后才能讨论人；艺术甚至科学都不要求有这样一个相遇。该哲学的普遍性可能始终隐匿且不为人知，但重要的是，这个有关某个哲学的人类理解力以相较该哲学的独特性同等甚至更高的程度被意愿，并让其独特性本身获得其真实性与权威；如果没有对普遍性的希冀，一个个人的忏悔只能是无用且冒失的。不过，不可避免的是，同时承载着这个普遍性与人性的自由始终只能意味着某个不透明的、充满分歧的准则，并错综复杂地与明晰性和相似性交缠在一起；对我们而言，雅斯贝尔斯与所有哲学家一样，既是无法模仿的例外，又是我们的"相似"。或许，他的超验更应该是无法模仿的，而不是可交流的：每个与哲学家交流的人都将决定自我，并转而相对将"我们"统一起来的人而言变得不可模仿；于是，这个人同时决定了该哲学家身上属于例外与"相似"的部分。[1] 无论如何，相信我们，正是这个"属于每个人且为了每个人的言说的希望"始终伴随着这个"独一无二"的哲学；正是该希望不断地补偿着有关"独一无二"的学说最为极端的后果可能带来的令哲学倒塌的东西。不过，这个希望是属于一个已经遗失天真的哲学家的希望，这个哲学家深知，任何哲学都不是普遍、永恒、透彻的哲学，所有哲学都被每个人独一无二的选择、得以承载该选择的历史以及对这个选择产生质疑的对话所标记。

这就是为何，看似不确定之物其实也意味着雅斯贝尔斯的真实性：如果没有人（homme），个人（personne）什么都不是的话，那么就不会有人只通过个人（personne）走向人（homme）。雅斯贝尔斯已遗失天真，但他依旧保有希望。这正是雅斯贝尔斯的方法所拥有的可贵的模糊性。对于一部作品不可避免的独特性与其普遍理解力（portée）之间的这个隐秘的分离，雅斯贝尔斯用另一种表达进行了解释，他说道："构建生存哲学，这还不是生存（exister），而是思想（penser）"。我还不是我作为哲学家所知之物[2]；相关概念可能已在我身上发生转变，接下来，需要通过第二记跳跃来将这些概念实际地转化为实体与肉体。不过，不再有与此相关的哲学，因为生命本身就是对这样一个操作的实施；在此处，实际的生存代替哲学，哲学则依旧停留在可能性阶段。从此，既可以说哲学是人性的，因为哲学思考最为普遍的可能性，而且至少对哲学家而言，只有生存的现实性以及作为最具体之选择的实际的"死亡"（mourir）才是无法表达的——诗人、剧作家、小说家以及个人日记的作者则拥有通过记忆与想象创造唤醒最为独特之生存的权利。不过，也可以说哲学是个人的，因为每个人都只能启明由他自己开启的或打算

---

[1] 有关雅斯贝尔斯所说的超验问题，我们在后面将再次从学说角度出发进行探讨，此处更多是在方法层面上的探讨。

[2] II，206，8，9。类似的表达："当我们进行哲学思考时，我们转向生存；但我们并不'在'；我们只是在思考我们的存在"，II，9。

开启的那些可能性，而且诗人、剧作家、小说家已为人们发现了这些可能性；哲学总是介于最为宽广与共同的生存可能性以及最为个人的生存现实性之间。[1] 哲学让"人性的宽广"[2]（die Weite der Menschlichkeit）与可能（possible）相关，让其对个人甚至肉体的关注与现实（réel）相关："可能"酝酿"现实"，"现实"则让"可能"结晶并让其与反思平齐。我们在这几页尝试阐释的有关模糊（l'équivoque）的秘密蕴藏于哲学家这样一个运作中：一方面，哲学家启明可能——等同于人类——但另一方面，在其自身的现实性道路上，他又是例外的代名词。这就是为何，雅斯贝尔斯的哲学既不能完全从某个抽象且一开始就普遍的分析中得出，也不能从某个具体且无可挽回地个人的忏悔中得出，而是应该将这两种可能性牵引至初始状态，牵引至它们未分的张力之中。该哲学的唤醒能力既源自它所激发的对理性的信念，又源自它作为独一无二的存在向其他独一无二的存在所发出的召唤。

三、由生存方法敞开的不同视角

因此，生存方法无法被模仿，它可能属于拒绝在深度与清晰、原初与理性之间做出选择的某个大的精神族（famille d'esprits）；它指出了一切尝试对这样一个双重的吸引力保持敏感的哲学的特征：一个是来自生命经验的吸引力，另一个则是来自哲学辩证法的吸引

---

[1] 雅斯贝尔斯意识到了思想与存在以及可能性与现实性之间的这个模糊处境："通过思想对界限境况的启明作为一种可启明的反思，尚且还不是对生存的实现；这样的反思只是做好了跳跃的准备，但尚未处在跳跃中，因为我所知之物为我所能成为之物做好准备，我只能通过进入可能的生存才能知；不过我还不是我作为哲学家所知之物"，II，206。哲学酝酿从"可能"向"现实"的最后一记跳跃；只有在这个可能性的层面上才会有清晰性；继对生存的启明之后，到来的是生存的"哲学生命"。只有在那里，我才是唯一且不可剥夺的。

[2] II，207.这篇文章描绘了从"知识幅度"到"人类幅度"再到"真实生存"的几次跳跃；相同内容：I，46—47；I，278—280。

力，这个辩证法源自巴门尼德与黑格尔。一旦生存方法背离这两极（pôle）中的任意一个，那么它就将不再是生存的或是哲学的。这是因为，任何一极都不是一个可供休憩的点；一旦生存方法抵达这两个边界中的一个，那么它就会将自我删除。生存方法的下限（limite inférieure）在于对生命的描述，这个描述要尽可能靠近那些滋养诗歌、戏剧与小说的伟大情感，尽可能靠近那些让存在变得特殊与怪诞的罕见经验——亦即靠近那些让日常生活绚丽多彩的细微差别。生存哲学的伟大功绩在于为哲学引入了情感的揭示能力，海德格尔指出，相比清晰思想的解释能力，情感的揭示能力能更好地迎接有关友谊、死亡、历史、身体、过错、挑战、信心、自杀的宏大主题，总之就是有关具体之人的宏大主题。不过，由于生存哲学并不完全具体，无法刻画出差异化的人物，无法创造一个优美的语言，而且它还充斥着诸如焦虑的太过悲怆的经验，因此，这样一个哲学始终面临着在文学——或许是在最为平庸的文学——中自我遗失的风险。这正是时髦与平庸的陷阱。

正是这个危险将生存哲学抛向它的另一极：辩证法。生存哲学的任务在于从逻辑处——正如从经验和文学处——汲取尽可能多的东西，并尽可能地趋向于体系结构。不过，如果生存哲学变成体系，它将再次自我遗失；生存哲学中有某物抵抗着这个假定，亦即它作为具体哲学的使命。几年前，马塞尔曾担忧某个个人哲学（philosophie de la personne）的命运，这个哲学的目标本身似乎会将这个哲学排斥在结构循环或本质循环之外："为言说'我'的思想的基底，我一方面认为'个人'不'在'、无法成为一个本质，另一方面又认为，在远离或躲避本质之处所构建的形而上学可能会像扑克牌城堡一样消失。我只能简单地指出这一点，因为事实上，对我而言，其中蕴含着某种愤慨（scandale），甚至是某种绝望。"[1]

---

[1]　"从拒绝到祝圣"，p.152。

所有我们在前面的分析都想要将人们的目光吸引至有关"相似"或人的概念，在我们看来，这个概念似乎是一个生存哲学的先验条件。我们认为，正是通过对这一概念的反思，存在主义（existentialisme）可将自身拯救为哲学，为自身对清晰性的忧虑辩护，构建一个系统，并向诸如黑格尔的最为辩证的哲学家伸出友谊之手。然而，有一个距离将生存哲学与所有这些体系间隔开来，尽管这个距离非常地细微。生存哲学排斥将生存视作一个可完全客体化且可让任何约束性知识进入的某个本质；它只是指出，生存就像一个本质，可能被启明并允许某个理性的信仰（croyance rationnelle）进入。"人"这一非同寻常的身份应该得到阐释；在卡里阿斯（Callias）那里，人被归结为对人之本质的永恒追问。理智主义哲学家完全忽视这个"人"，因为该哲学只考虑在每个人身上都一样的那个抽象的"我思"；有一个关乎具体之人的共同条件的问题，这个共同条件就像是一个独一无二的自然的"共同物"（koïnon ti）。只有关乎具体的自由以及处在境况中的个体的哲学才能将"人"放置到正确的位置，不过，还得让"人"做出决定；雅斯贝尔斯哲学想要做的，更多是驳斥对生存的概念化，而不是论证启明生存的可能性。这里出现了一个真正的问题，因为这个相似性超越了一切抽象的同一性。如果说理智主义哲学缺乏这个困难且矛盾的概念，那么中世纪类型的本体论则离这个概念更远：这些哲学的原则依旧遵循某个宇宙论原则，在这样的原则下，人类个体的问题被视作一个形式—本质学说，总之就是一个伪物理学说（pseudo-physique）中的个例；生存哲学则忠实于康德的冲动论（l'impulsion kantienne），邀请我们意识到从经验客体到人类主体以及从物到个人的跳跃。人类个体的问题非常特别；它不是某个有关个体性或个体化的更为宽广的问题中的一个个例；不过，对那些古老体系进行拷问并非毫无益处，在那些体系中，种属与个体、本质与生存之间的关系曾被严肃地思考，这样的思考后来就不再有了。整个经院哲学都曾被这样的企图所统治：让自由与灵魂问题归于某个普遍化的宇宙论，后者似乎能够为某个有关人的学说提供基础框架；当经院哲学家尝试将人与个体的问题并入以物质为媒介的形式个体化一般图示（schéma）时，他们遇到了许多困难，这些困难或许极具启发意义。事实上，对于海德格尔所说的"存在状态"问题以及雅斯贝尔斯所说的"生存符码"问题而言，它们不过是在一个人们不再相信能够修复实体哲学的时代，对那些"人"层面上的"普遍元素"（universaux）之争的一个反弹；在托马斯主义（thomisme）的框架下去思考一个有关"个人"的哲学可能面临的困难，这并不是毫无用处的（在有关天使的学说中，这些困难被清晰地察觉，因为以物质为媒介的个体化进程已不再有意义，不过当涉及为个体的不朽进行辩护时，这些困难只是被模糊地预感到）。事实上，克尔凯郭尔与雅斯贝尔斯有关"独一无二"的学说所催生的困难与吉多姆（G. d'Occam）在抛弃以物质为中介的形式个体化原则时所遇到的困难尤其相似；有一个问题始终存在：普遍（universel）并不是一个纯粹的名称（flatus vocis），相较一个笨蛋，苏格拉底的确与柏拉图更相关。如果不同的存在相互做出约定时，更多是通过他们自己，而不是通过某个潜在形式（forme en puissance）的共同体，且不以某个任意两者之间的相似性为依据，那么人如何成为可能？这个问题应该在不预见到某个归因（attribution）的一般逻辑或某个个体化的本体论的前提下，在人的层面提出：事实上，个体的独特性取决于自由，亦即取决于一个从自我出发且与自我相关的总体行动，这个独特性非常特别，只能通过某个更多属于道德范畴而不属于物理范畴的特殊方法进入。有关"普遍"的问题是一个原初的问题，它适用于具体的自由，且会让一个有关自由的哲学成为可能。柏拉图或许已在《斐多篇》中为我们留下珍贵的指示，他说道：灵魂不是理念，而只是类似于这样一些理念，这些理念"在'自我'之中且通过'自我'获得形式"（78 de）；"灵魂是这样一个东西，它与始终以相同方式行事之物拥有最多的相似性与亲缘性"(79 c);"神圣、不朽、可理解之物,拥有唯一形式之物,不可分离且始终以相同方式拥有与自身之同一性之物,所有这些正是灵魂与之最为相似之物"(80 a)。诚然,这样的说法在后续的对话中被超越;但以何种方式被超越的呢?当苏格拉底上升至"让灵魂不朽"(100 b)的原因层面,并提出思想一致(communion)论点以及对种属的排斥(exclusion des genres)论点时——灵魂属于生命,生命排斥死亡——似乎"灵魂与生命问题变成了一个独特的物理问题"[1];然而,进一步考察,我们会发现,灵魂似乎是一个特殊的本质,对生命的参与也是一种独特的参与。正如盖鲁(M. M. Guéroult)所揭示[2],此处涉及的是一个独特的摧毁和不腐烂性(incorruptibilité);这个摧毁不再意味着对部分的分解,而是意味着对强度的降低:"降低指的是对灵魂的磨损,强度指的则是灵魂的生存。"[3] 从此,灵魂不仅不再能成为感性的生存,而且也不再能成为理念:灵魂这个生存(existence)是一个活动以及一个意识,有待证明的正是这样一个生存的不可摧毁性[4];盖鲁(M. M. Guéroult)几乎正是使用了雅斯贝尔斯的语言总结道:"灵魂的生存及其无限存在的能力正是灵魂的本质。"[5] 因此,柏拉图应该既可以肯定灵魂与不同本质的亲缘性,又可以肯定灵魂对某个原初本质异乎寻常的参与。本着同样的精神,我们也可说,生存就"像"一个本质;正如雅斯贝尔斯所说,构成我们之所是的有关不同"统摄物"等级的学说是一个总和(somme)的"相似物"(analogon)。既然自由是一个行动,那么它就不能是一个结构;不过,哲学所预设的相似性意味着,自由就"像"一个本质。因此,有关人的问题无法被完全纳入某个纯思辨分析中,因为以自由为中介的个体化

---

[1] Robin in Phédon éd. Budé. Notice p.LXI.
[2] In Revue de Métaphysique et Morale, 1937.
[3] Ibid., p.487.
[4] Ibid., p.488.
[5] Ibid., p.489.

进程拒绝让人成为以物质为中介的个体化形式。人是一个"个体的多"（pluriel distributif），正如德语所说，人是"我们自己之所是的存在"（das Seiende，das wir selbst je sind）（海德格尔）。这个"我们"只有作为"每个人"才可能。从来都只有属于个体的"典范性"（exemplarité）。自由的相似性亦意味着独特性（sui generis）。此外，哲学家所讨论的这个相似性似乎需要自由不断地完成与再完成；在这个意义上，生存与生存之间的交流是有关"人"的问题的关键。如果没有一个共同行动的支撑，那么这个"准本质"（quasi-essence），亦即人作为实体的共同条件，就会被摧毁；因此，"共同之物"（koïnon ti）指的就是人本身；事实上，当交流变得不可能、流于表面、充满误解或只揭示存在的不调和（disparité），当历史只揭示陈旧与被废除之物而不揭示人的连续性，在任何这些情况下，人的实体都会被摧毁；因此，这个"集体物"（Koivov Tl）是可被废除的；这个结构也不是牢不可破的，因为根据马塞尔的说法："形式始终安然无恙"。最后这一点向我们揭示，在人与个体的关系问题背后隐藏着另一个问题，该问题将让我们从对方法的考虑转向对学说的考虑；生存哲学之所以始终与宏大体系之间有一个正在消失但难以逾越的距离，那是因为生存只是一个"类本质"。生存之所以只是一个"类本质"，这不仅因为人类存在的相似性是一个自由的相似性，而且还因为这个相似性是一个为了自由而在的相似性。提问之人（questionnant）附着于哲学问题本身的事实将催生一个这样的境况，该境况与以自由为中介的个体化问题同样异乎寻常。超越既是一个方法，也是一个决定，既是一个辩证法也是一个苦行（ascèse），既是一个描述，也是一个内部的重建；因此，人与个体的关系不仅仅意味着人与人们尝试理解的那个个体之间的关系，而且还意味着人与提问的个体之间的关系。在此处，"看"（voir）与"做"（faire）难以区分，我自我理解，正如我自我创造。如果哲学家不仅通过哲学体系表达其生存，而且还通过哲学体系决定其生存，那么哲学如何能不成为一个这样的循环，在这个循环中，哲学家接受并确认其路线？这样一个困难会让通过自由且与自由相关的某个哲学的可能性遭到质疑，即便让推动哲学建构的自由变成典范，类似的希冀或企图也无法部分消除这个困难。困难不再关乎方法，而是关乎学说：有待了解的是，生存是否是真理的创造者，或者生存是否是存在的见证者（témoin）。哲学家为所有人言说并成为明晰性代表的希望本身意味着这样一个预设：不同自由的趋同（convergence）由存在对这些自由的某个控制（prise）所保障，由物与超验存在的生存营养般的供给所保障。此处，我们来到了这样一点，在这一点上，由生存哲学敞开的方法视角完全服从于生存哲学的激进含义，亦即完全服从于生存哲学将自由与世界及超验存在连接起来的方式。或许，除对自由的某个"存在贡献"（apport d'être）外，让一个生存通过其自身的深刻经验以及其获得哲学明晰性的努力来让自身变成典范（exemplaire），这样的希冀只能是奢望与幻觉。

第二章　学说问题：真理与存在

　　在雅斯贝尔斯的整部作品中，始终涉及的正是有关自由的意义问题：我们刚刚探寻了自由的合理性；方法问题将我们引向了本体论问题。[1] 何为自由的存在？该问题又可分解为两个不同的问题。一个是先决性问题：何为真理与存在的关系？一个是实质性问题：何为生存存在与超验存在的关系？我们将首先探讨先决性问题；事实上，雅斯贝尔斯哲学仿佛再次被两个互不调和的要求所激发，且其中一个要求似乎不断地威胁着另一个要求的本体论意义。一方面，真理似乎是我根本所是之物，以存在为限度。另一方面，只有通过一次相遇，一次接触，一个在场，一个完满（plénitude），我才能有"对存在的意识"[2]，其中，"完满"是自由从外在于一切自由的他者那里所接受的馈赠。如果我们沿着第一条路径继续前进，那么自由似乎是由真理与存在共同构成的，于是，雅斯贝尔斯哲学将陷入某个新的"观点主义"（perspectivisme）中，或者至少被囚禁于某个循

---

[1]　在随后的讨论中，我们将从广义上来理解"本体论"一词，将之视作一个形容词，该词与"存在"一词拥有相同的外延。雅斯贝尔斯从未在这个意义上使用过该词，而只是在狭义上贬义地使用该词，将该词理解为有关存在的伪科学。

[2]　"存在意识"（*Seinsbewusstsein*），"存在的确定性"（*Seinsgewissheit*）。

环[1]中，并被指责为不过是"幻觉"[2]。沿着第二条路径，自由则似乎不再被它的选择能力所定义，而是被它对存在的关注能力或者对存在的见证能力所定义；在边界处——这个边界似乎会随着对本体论论据的阐释而得以抵达——被存在照耀的"我"本身就是密码和存在的透明。定义自由的可能性似乎即将在这个极度真实的、使一切可能性消失的存在中被吞噬。

一方面是对自我的选择，另一方面是本体论论据，这两极似乎重新决定了一个体现雅斯贝尔斯哲学价值的真正悖论；雅斯贝尔斯的哲学即便不能为我们提供一个可接受的解决办法，它至少可让我们对一个本体论所需满足的相反要求产生更为强烈的意识，这样一个本体论同时也是一个有关主体亦即自由的哲学。

一、我所是之真理

有关真理的学说分散在雅斯贝尔斯的作品中，在前面，我们已用几页纸[3]对这些学说进行了归纳。这些学说被两个几乎纠缠不休的担忧所主宰：一方面，客体性的胜利将意味着自由的终结；另一方面，生存真理在对自我的选择中被选择。第一个公设会表达并激起这样一个冷酷无情的意志：在自由喷涌之处，将一切可理解的稳定性摧毁。这样一个意志充斥在雅斯贝尔斯的作品中。在边界处，这一摧毁性激情——在雅斯贝尔斯心中，该激情指的就是"对黑夜的激情"——使一切结构如此岌岌可危，以至于它将再次摧毁作为哲学的生存哲学，并让生存哲学自身的陈述产生爆炸。不过，正如

---

[1] 在这里，我们影射了海德格尔学说中的某个相似的困难。(de Waelhens o. c. 176—180.) 与海德格尔的关键对比只能在本章结尾出现，在前面，我们似乎并不能从简单的方法问题层面进行这个对比。

[2] 在这里，我们想到的是赫施夫人 (Mlle Hersch) 在其作品《哲学的幻觉》中对生存哲学的阐释。

[3] 第二部分，第五章。

我们所知道的，与此同时，这个陈述又将不断获得有关生存哲学的一个更加连贯与系统的形式。最终，正是这个公设将导致生存哲学的诸多弱点。

　　一方面，从此，一切对"真"（vrai）的内在标准的追寻都将变得可疑：关乎理解的真理（vérité de l'entendement）由该真理对主体的权力所微弱定义——通过束缚而不是真理结构——，在超越该真理的地方，无论在利益还是在崇高方面，"加入的身份"（qualité d'adhésion）都胜过肯定的内容；尚且还不能确定这一对真理标准问题的草率处理是否相较那些伟大的哲学努力是一种退步，那些伟大哲学更多致力于对必然性、分析关系、先验综合、辩证关系等进行定义与批判，总之就是致力于对一个标准学（critériologie）的构建。不过，我们或许可以思考这样一个问题：生存哲学的精神是否并不在于构建某个新逻辑，从而统摄经院哲学、康德哲学以及黑格尔哲学，并在客体性领域范围内，赋予陈述——克尔凯郭尔曾预感到这类陈述的丰富性——的矛盾结构以合法权利？那些伟大哲学的努力或许意味着人们对肯定内容及其标准的特别关注，会对将自由与客体性对立起来的公设提出质疑。

　　另一方面，在伦理层面，字面意义上的对客体性的废除可能导致对价值问题的某个令人担忧的冷漠。在雅斯贝尔斯对某个意志心理学的概述 [1] 中，选择的动机就已被简要讨论；决定所能援引的理性似乎更多会让意识的自发性干涸，而不会为决定提供一个支撑点。这一对如所是之合法性问题的漠视将改变对价值本质的某个系统反思 [2]；雅斯贝尔斯想要做的，更多是指出义务的客观性如何应该被归化到或被纳入意图的主观性之中，而不是阐释这一客观性的固有特征。马克斯·舍勒（Max Scheler）以及哈特曼（Hartmann）想要构建某个价值学（axiologie）的类似企图似乎属于这样一个灵感，该灵

[1]　第二部分第二章第一节。
[2]　第二部分第六章第一节。

感完全不同于生存哲学的灵感，甚至与后者不相兼容；不过，生存哲学或许既可以通往一个新的本体论，也可以通往一个悖论类型的价值学。

不过，第一个公设将为第二个公设敞开场域（champ）：生存真理是我作为对自我之选择而在的真理，或者是我作为"我之所是"所选择的真理；生存真理是我的真理。真理与这样一个"从自我出发且与自我相关"的行动难以区分，即便该行动的短暂特征及其与他人真理之间的关系会揭露出肯定内容的"未完成"属性，但该行动依旧会为一切肯定内容烙上绝对的印记。最终，这一学说会让我们的耳朵听到一个或胜利或绝望的声音，是胜利还是绝望，这取决于我们是感知到了该学说传达给我们的勇气教训，还是感知到了该学说所坦承的困境（détresse）。

我们首先可能会骄傲地说道，我的真理在我的行动中被悬置。这是一个有关"真"（vrai）的造物主般的学说，是有关生存的普罗米修斯式的学说：我是"绝对"和"无条件性"的保管者（dépositaire）。于是，独一无二与其自身形成循环，不断生长（croissant）与生成（devenant），并将那些死气沉沉的学说和学科像空洞的遗骸般遗留在身后，那些学说和学科的唯一功劳在于，曾在某一刻为"独一无二"的"裸露"穿上衣服，曾将"独一无二"从创造引向创造，从成熟引向成熟。浮士德式的"努力"（Streben）不可避免地被保留于此处所说的这个复杂而又细腻的学说中。这类努力总是趋向于打破让其与该学说其他元素相关联的公约，并牵引整个雅斯贝尔斯哲学走向某个无标准、无控制的无政府主义。在边界处，的确可以说，自身被视作绝对例外的个体是意义的给予者，是存在的限度；这个个体所发现之物，正是他所构成之物。生存将充满自豪地承载其存在及其真理的循环特征——存在自我形成，真理则由其存在形成——因为这个循环将更多是这样一个个体的螺旋上升运动，该个体通过以其自身作品为依靠，可能有机会实现对自我的超越。[1] 此外，生存也将充满自豪地承载其真理的"幻象"特征 [2]：一切陈述与价值都将成为生存真理的面貌、表象以及密码。这一主题将意味着对一切作为生存学说之界限的超验学说的摧毁；不过，不是早已说过，自由是一个行动，而不是一个对自我的创造，也不是任何现实性吗？雅斯贝尔斯不断地重复道，我不曾创造我自己，我不曾根据现实性的经验存在创造哪怕最为细微的现实性；从此，有关超验的学说应该让我与我自身的信仰所构成的这个循环显现出来：没有某个存在的贡献，我将不会有任何存在，没有某个绝对他者（Autre）的在场，我也不会有任何真理，表面上只是自由的密码之物应该成为自我存在（l'être en soi）的表象以及超验的密码。

人们总是趋向于对"我所是之真理"这个表述进行第二重阐释，如果我们跟随这个阐释，那么以上所说的真理学说的"终极翻转"（retournement final）将更加清晰地显现出来。这是一个容易接

---

[1] 在对这个学说进行总体考察之前，我们还不能说雅斯贝尔斯在何种程度上与海德格尔有关真理的理论相接近：正是"此在"，亦即人类现实性，喷发出"此在"的可能性，而且这些可能性的确在所有"此在"身上都是一样的；理解（Verstehen）意味着对意义的创造性阐释。因此，真理在某个绝对原初的意义上被人发现，一个超越人的真理，亦即一个永恒的真理是一个"幻想的假定"。在这个意义上，任何哲学都是一个循环：因为哲学所展开的阐释本身正是让哲学得以产生的一个生存模式，该模式至今未被言明。

[2] 赫施夫人（Mlle Hersch）发展了这个有关哲学"双重性"（duplicité）的理念，她说道："哲学的真正含义在于主体的一个决定，哲学的隐含含义在于对某个客体的认知。为让这个'双重性'不至堕落，必须让哲学家切实地依附于一个客体，并忘记他正在做出的决定：决定之所以被做出，那是因为哲学家在追逐一个客体，因为他不仅不逃避问题，而且还努力依靠自身回答问题"。无论哲学找到必然性（évidence）还是放弃对必然性的寻找，它都将失去活力；因此，是否可以这样说：如果哲学家忽视这个"双重性"，它将是盲目的，如果它声称认识了这个"双重性"，它又将是虚伪的？这一困难的解决办法在于，决定只在对某个客体性的构成中被经历："主体是一个总体的主动性（activité），与该积极性对立的另外一极是客体的被动性。在对主体而言世界不再是客体之处，他自己本身也将不再是主体，或者他自己本身也将不再存在"。因此，客体性的"幻觉"被主动地承载着，因为思考客体与对自我的决定是一回事。"解决问题与结束'两者择一'的困境是同一个行动的一体两面"。最后，赫施夫人所讨论的核心主题在于，主体—客体关系的对立，亦即决定与客体性之间的对立。"哲学尽可能地让主体与客体之间的关系变得松弛，并让主体与客体之间的张力推向某个意识的极点"。与信教者不同，哲学家"被孤立并被削减为他自身"；哲学家无论孤身一人出发，从而在决定自身的同时决定他的宇宙，还是带着信仰出发，从而决定他在上帝面前之所是，他都始终是从某个空无出发，都是在没有上帝的情况下出发。（o.c. passim）我们将看到，最终，雅斯贝尔斯尽可能地让我们远离了这个有关自由的原初孤独：自由总是与存在一起出发；存在意识包裹着自由，让自由沐浴其中。最后，这就是为何，没有哲学幻觉。

受的阐释，也可以说是一个"自然而然"（volontiers）的"次要"阐释：当一切结构消散，当在客体性的废墟中只剩下"作为自我而在"的这个不可言说的保障，如何可能不产生眩晕？仿佛自我的诞生是最微不足道、最虚妄的事件：当一切标准与价值消失在客体性的灾难中，我至高地肯定着自我。至高的对话是不再有什么可讲的对话，在这个对话中，除了一个纯粹的在场以及一个过分微妙的沉寂外，不再有什么是可交流的："每一次，一切哲学那无法被客观化的真理限度都将以这个限度本身为中介，变成被启明与启动的交流。于是，本质的问题在于：为让最为深刻的交流在思想中成为可能，思想应该变成怎样？当一切声称具有合法性与价值之物在我面前坍塌，这样一些人得以继续存在，我可与他们交谈，或者我可与他们一起尽可能地保持交流；唯有与他们一起，对我而言'真正存在之物'才能继续存在。"[1] 我们曾在前面发问，我们是否依旧能够就生存说些什么，生存是否是某个本质之物；然而，如果生存不陈述本质之物，它自身还能说出些什么呢？当被认为让自由以及对自由的意识得以诞生的客体被摧毁之后，自由以及对自由的意识还能持存吗？一个于某个本质哲学的废墟之上诞生的个人哲学是否会在自我确立（se poser）的同时自我毁灭？对于这些问题，雅斯贝尔斯回答道：存在的确定性会召唤新的客体性，并将这些客体性再次吞噬；生存激起并摧毁客体，从而在客体衰落的光亮中将自身照亮，这一运动永不停歇。不过，这样一个哲学如何能避免尼采曾遭遇的困难？[2] 无论如何，尼采的"观点主义"是这个哲学的两极中的一极；尼采说，真理是有生命之人的表达与果实，真理是错误。雅斯贝尔斯认为可通过让尼采的这个真理理论逃离任何生物学、心理学

---

[1] II, 117. 参见第二部分，第五章，第二节。

[2] N.160—175；186—194；256—261，263，274，291—292；需不过要注意的是，德语中的"Austegung"一词（意为"阐释""注解"）借用自文献学的方法；但是，阐释的艺术却将战胜文本的要求，从此，文本不过是一个构建的借口。值得注意的是，雅斯贝尔斯保留了"解读"和"破译"的说法，是在某种绝对意义上使用这两个词的；需要透明地识别的，是文本的作者。

以及社会学的阐释，从而拯救该理论；这是因为，如果真理是有生命之人的表达，那么表达真理对生命的这一依赖的哲学陈述，以及代替旧形而上学的新"阐释"（Auslegung），它们的真理又将是什么呢？相反，雅斯贝尔斯认为，如果尼采通过这个会自我摧毁的循环陈述去召唤超越任何循环的存在意识，那么他就会被拯救：对"崇高的生命"而言（或者用雅斯贝尔斯的话说，对生存而言），对存在及真理的同时提升不再是众多"观点"中的一个，而是一个经验地无法解释的绝对；是"自在"的真实性。人们可能并不相信，通过超越幻象并上升至对真理的无条件选择，一切顾虑已被解除，其中，那被超越的幻象被经验地规定且可在诸多人文科学中被定位，对真理的无条件选择则不会被任何否定所动摇，也不以任何客观证据为基础。

雅斯贝尔斯则声称，任何新的顾虑只可能源自某个幻象：当我们以为可飞跃至不同生存的多元性之上，并将我们的真理与他人的真理进行对比时，我们的确会对无条件的真理提出怀疑；然而，我们无法走出自我，从而在其他生存、自由与真理之中，去考察我们自身的生存、自由与真理。雅斯贝尔斯的说法完全令人信服吗？这个比较被排除在了真理之外吗？人们可能提出质疑；哲学或许是这样一个对多元性的边界视角（vue frontière），正如生命的幻象在被陈述的同时会被超越与掩盖，对自我的选择也会在"我无法走出自我从而将自我与他人进行对比"的肯定本身中不可避免地被超越。通过陈述"我无法变成一个他者"，哲学将赋予我对我的身份的恐怖意识；我将进入某个极端的怀疑以及某个终极的问题之中。为何我如此而在，为何我如此自我选择？雅斯贝尔斯哲学让我们学会了在边界处不断增加这些通道，不过这些通道并非对界限的某种僭越（transgression）：自由相较物世界的确定性就是这样一个位于界限处的通道。自由在其自身身份面前的不安难道不是另一个类似的通道吗？飞跃生存最微妙的方式，或许就是在自我的边界处说道，我无法自我比较，多元性不过是一个有关自由存在之斗争的横向视角，而不是一个自上而下的视角。交流让我确定了存在不可比较的特征，它也是对自我的这一怀疑的独特工具：我知道我对他者而言是一个他者；从此，当我在反思中与自我交流时，我也将成为相对我自身的一个他者。于是，自我的晦暗基底变成一个深渊：基底、深渊。任何被这个问题所侵袭的人都将感到某种震动，感到自身被某个焦虑所悬置，这个焦虑或许比在物世界中催生出自由生存时所感到的焦虑更加可怖，表面上更加难以克服：这是一场有关垂死而不是有关诞生的危机。不过，只有"我的自由"才是荒诞的，"我的自由"这一表达本身就是荒诞且令人失望的。

我们坚信，应该朝着这个方向一直走下去，将自我选择学说中所包含的这个绝望的可能性推向极致，从而理解可能弥补这一可能性的众多元素所需付出的代价。如果自由不是眼睛与目光，如果生存不是对他者的迎接，那么这个绝望的可能性注定成为一个眩晕，这一眩晕会相继将这个可能性推向普罗米修斯式的骄傲顶点，以及最为绝望之虚无主义的底端。不过，雅斯贝尔斯深知这一点：我"源自于我"（aus mir）而不是"通过我"（durch mich）而"在"，存在意识同时既是我自身的行动，也是存在的一个馈赠；如果说为驳斥尼采的观点主义，除生存的无条件性之外，雅斯贝尔斯还援引了表象揭示其所不是之存在的能力，这一切并非偶然；对"崇高生命"而言，表象是存在的表象。肯定的身份离不开表象的本体论意义，表象呈现于生存面前，生存则在这个表象中自我酝酿。[1]绝对存在的闯入将循环打破：幻象变成超验的密码。

---

[1] N.172. 雅斯贝尔斯将康德的存在意识与怀疑的相对主义对立起来，其中，康德的存在意识会在一切经验现实性中揭示并超越表象。只有在这样一个最初的视角下，回归表象、忠实于大地的充满激情的意志才具有其真正含义；从此，在这个巨大的发现之后，亦即在发现"一切皆为表象"之后，这将不再是一个自我欺骗的无用努力，而是自由许下的誓言：自由将努力抓住任何微小的有关绝对的符号。

二、存在作为他者的意义

因此，真理学说在以"生存的选择"为中心后，又在存在的影响下偏离了中心。现在，我们将朝着后面这个方向前进。存在即他者，整个哲学都产生于一个不安（inquiétude），且都被这样一个冲力（élan）所裹挟，该冲力从一开始就让自由摆脱其自身。[1] 曾经似乎落在生存上面的绝对焦点（accent）发生了偏移。这就是为何，生存**追寻** [2]（chercher）。至于生存所追寻之物，雅斯贝尔斯在其最后一部作品中将之称作"现实性"（réalité）[3]。事实上，"现实性"这一概念在《哲学入门》中已被极力肯定，但在其最后一部作品中，该概念被置于了首要的位置。"现实性"是通过某个"超出思想之物"（plus que pensée，Mehr als Denken）的在场所实现的完成与安宁。[4] 雅斯贝斯这一有关现实存在（être réel）的理念源自谢林，该现实存在会让一切可能性熄灭；思考，其实就是对一切"可能之物"进行敲打；对思想而言，"存在物"（ce qui est）不过是被实现的可能性之一，在其他场景下，它也可能不存在。某物之所以堕落并变得无用，那只是因为我用思想束缚了它；"现实"（réel）让一切问题熄灭；在现实的疆域内，思想将像一个浪花一样死去；"现实"是相对一切思想而言的"剩余部分"（surcroît，hinzukommendes）；或者更应该说，"现实"是这样一个思想，该思想应该会突然发现自己相较自身变得次

---

[1] "在所有变迁之中，有这样一个本质的境况：我始终与作为他者的存在同在"，I，61。
[2] "追寻"（Suchen）、"牵引"（Antrieb）、"追问"（Fragen）的重要地位。I，1；III，1，etc.
[3] Ex. Ph. I，12，55."哲学思考意味着通过思想趋向于这样一个点，在这一点上，思想将变成对现实性的经验本身"。Ibid. 12. 对统摄物的追寻构成了第一次讲座的目标，这样的追寻只意味着空间，只是让我得以与存在相遇的背景；构成第二次讲座主题的"真理"则意味着这个追寻的途径；不过，现实性是"作为目标的存在，是让我们的所有思想和生命获得安宁的源头"。Ibid. 12."应该有某物在真理的光亮下生长：哲学的终极问题就是有关现实性本身的问题"。Ex. Ph. 55.
[4] Ex. Ph. 12.

要。[1] 此外，"现实性"还存在于这样一个时刻，亦即被遗失的统一性在经验意识中被呈现的时刻。[2] 超越范畴的一切努力所祈求的正是这样一个"现实性"。

乍一看，"存在即他者"——世界的他者以及超验的他者——这个理念似乎非常接近于胡塞尔所说的意向性概念。在某一刻，雅斯贝尔斯似乎的确使用了胡塞尔的语言，他说道："意向性意味着这样一个基本的事实，根据这个事实，意识的本质在于被引向某些客体。"[3] 不过，在雅斯贝尔斯的作品中的其他部分，胡塞尔则不再产生任何影响。为什么呢？这是因为，意向性的含义非常有限：它指称作为理解的意识转向被决定之客体的事实；然而，被决定的客体会让意识产生某种自在（aisance）与掌控感（maîtrise），由此导致，人们也可将这样一个东西称作"内在性"（immanence），这个东西一开始作为对客体的原初超越显现，但事实上，它不过是不同决定相较意识而言的"超主体性"（transsubjectivité）。一旦思想在存在身上留下印记，那么思想就将存在削减为了自我；有东西遗失了，而且应该被重拾。在理解层面，意向性并不意味着对存在的领悟，而是意味着对存在的遗失；这就是为何，雅斯贝尔斯立即将其称作"意识准则"或者"内在性准则"[4]。有待重拾的存在是位于让存在堕落的决定之外的"非表征物"（ungegenständllich）[5]。知道（savoir）意味着"有办法控制……"以及"掌控……"[6]。有一个属于人类的荣光在自我身上汇聚并理解存在。从此，一个批判哲学如果仅被定义

---

[1] Ex. Ph. 62，其中引用了谢林的三篇文章。

[2] "对于超越一切内在统一性的人而言，统一性就是现实性本身。在超验中，真正的统一性就像是世界中一切不断变化的统一性的支点"。Ex. Ph. 66.

[3] I，8.

[4] "一切都是意识"，I. 49。"被思考就是变成客体"，II，338。我们之所是的"统摄物"是"让一切他者在我们身上呈现之物"。VE. 30. "一切对我而言是存在之物都经由意识而存在的"。VE. 32. "对我们而言，一切客体都以思考的意识为条件"。Ex. Ph. 16.

[5] "在我对存在的意识中，存在着断裂的某物"。I，73。"哦！科学！人们夺回了一切！"（兰波）；参见"知识、过错与挑战的关系"部分。

[6] 参见"部分重叠"（Uebergreifen）的说法，该说法被运用于有关被决定物的思想中。

为对决定的先验肯定性的追寻，那么它将是一个贫乏的哲学；完整的哲学应该意味着某个恢复（récupération）的努力，或者正如马塞尔所说——在这里，我们会不时将马塞尔与雅斯贝尔斯相结合——意味着某个重建（réfection）的努力。内在性准则是一个有待打破的魔法（charme），一个有待松解的挛缩（contracture）：必须让这样一个封闭的世界或者更应该说这样一个封闭的意识发生爆炸，该世界或意识让自身封闭在由它们所支配的决定中。[1]哲学或许开始于某个哥白尼式的革命，这个革命揭示了主体的崇高，让主体远离世界并让一切决定服从于主体；接着发生了第二次哥白尼式革命，该革命使哲学再次偏离中心。雅斯贝尔斯的整个哲学不过是对精神意识（conscience intellectuelle）的痉挛的再次征服。这个朝着绝对的前进是一个双重的运动，既有向无限的逃离，也有即刻的在场，在这个运动中，失败与完成不断相互补偿，直至抵达存在的至高密码，亦即失败本身；在这个让意识与自身对抗的前进中，世界学说与超验学说在意识的边界处混为一体，"对世界的定位"（Weltorientierung）以"形而上学"为基础，完整的事实则以"自在"的密码为基础。

这个第二次哥白尼革命不仅让雅斯贝尔斯远离了胡塞尔，而且也让他远离了康德。诚然，那个"本质之物向着无限的逃逸"[2]或许源自康德；作为一切经验认知之界限的世界概念也是康德式的。同海德格尔一样，雅斯贝尔斯也接受了康德的这个训诫。然而，不同于康德的点在于，在雅斯贝尔斯那里，那个"后退"以

---

[1]　参见"凿穿"(Durchbrechen)、"密封性"(der Enge)、"世界主义"(Weltgeschlossenheit)等表达。I, 31. Ex. Ph. 24. 存在是"未关闭之物"(ungeschlossen)。"统摄物并非地平线，而是永远无法作为地平线而变得可视之物，正是从这个统摄物出发，得以产生新的地平线"。Ex. Ph. 13—14. 这些说法与马塞尔对有关"作为无法描绘之物"(incaractérisable)的存在的宣称非常接近；马塞尔将描绘的努力与对"占有"(Avoir)的忧心结合起来：描绘意味着想要占有无法占有之物，并在无法占有之物所在之处，放置一个小的抽象人头像作为约束（《存在与占有》(Être et Avoir, 213, 216, 219, 221)。

[2]　参考自赫施夫人（Mlle Hersch）的表达。

及那个对现实性的"擦除"[1]（effacement）会构成某种不安，这个不安会以否定的方式对自我存在进行见证，意味着一个在场。无论如何，物不过是表象，它们是"……的表象"。最终，正是从批判哲学到沉思哲学的转变构成了雅斯贝尔斯自身的特性。在知的失败中，存在与我相遇，并与我说话[2]；我只能"让自我敞开""倾听""破译""感知"，并服从于让超验自我呈现的文本。最后，我终于找到了有关世界的纯形而上学维度，"绝对的客观性"；这个维度不再是一本书，而是一个将我填满（erfüllt，combler）的馈赠。我们在前面讨论已久的那个密码理论就像是让自我选择理论在生存真理中获得平衡的砝码；此处涉及的正是为自由提供动力的存在的贡献。

这个理论的影响力非同凡响：在有关世界的绝对现实性问题方面，人们历来对有关宿命与自由的问题更感兴趣，但雅斯贝尔斯的理论却让该兴趣发生了偏移；世界的绝对现实性是在"我"之外所勾勒的宿命。由此出发，雅斯贝尔斯得以作为哲学家而非神学家面世；也正是由此出发，雅斯贝尔斯得以对某个完全古典的问题进行更新：康德已经宣称"某个绝对的认知不可能"，最终只找到了道德意识这条通往超验的道路。然而，在雅斯贝尔斯那里，理性信仰则变成了一个宽广的沉思理论，在这个理论中，物、人、范畴、价值等被传讯到庭；这个对一切符号的宽广而又强大的提审权（évocation）超越了有关物自体、可理解特征、本体因果论以及实践理性公设的脆弱学说，要知道，在康德那里，正是实践理性的公设保证了从内在意识向超验的过渡；不过，雅斯贝尔斯拒绝为密码赋予知识的特征，在这一点上，他始终忠实于康德的训诫。雅斯贝尔

---

[1] "现实性的后撤"，Ex. Ph. 55—58。对次要品质的削减以及在理论中对事实的消除不过是这个"后撤"（dérobade）的不同方面。不过，尽管这一概念源自康德，但"一切此在的表象"并未被康德称作"失败"。相较经验认知由于受限于物自体的绝对存在地位而感到的不安，康德对由现象准则所统治的科学宇宙的稳定性更加敏感。

[2] Cf. Berkeley. 宇宙是上帝对精神说话时所使用的语言。

斯并未迎合某个新柏拉图主义；在他那里，没有理念世界；在让上帝隐姓埋名的多样性表象之外，任何属于上帝的东西都无法被认知；因此，密码理论在超越康德的批判时刻的同时也保留了这个时刻。[1]

通过让康德的思想跨过一条康德曾以为不可跨越的界限，雅斯贝尔斯为所有同时代的尝试带来了它们曾经缺失的某个形而上学强度，由此得以重拾"具体"的意义。所有哲学都曾在不同程度上表达过这一对个体的、无法表达之物的怀念（nostalgie）；每个人都能预感到的这个"具体"会将抽象吞噬；现实会让"可能"平息；客体不过是以因果系列的某个多元性为依据的可能位置，不过是一堆可能性，类似的客体会在这样一个在场中得以完成，该在场相对一切具有迎接与欣赏能力的意识而言都是绝对具体的。雅斯贝尔斯的教导在于，对于这个"具体"的含义，如果它不是对这样一个超验的预感，该超验始终在其在场中保持隐匿，那么它只能是一个陷阱，只能退化为一个盲目的情感。客体只有作为对上帝的"反映"时才能变得具体，不过，这些"反映"将阻止我们以任何形式占有世界，因为生存永远无法束缚超验，由此显现的存在也无法被情感直觉想要变成的那个非法认知所圈定；该存在只能通过符号被"给予"。这一有关"界限"的含义与有关"在场"的含义获得了和谐与平衡，使雅斯贝尔斯得以远离任何泛神论和任何"情感宣泄"（effusion sentimentale）［康德曾称之为"狂热"（Schwärmerei）］。

雅斯贝尔斯还对源自浪漫主义的现代诗歌的企图进行了呼应。兰波说道："真正的生命不在场"；马拉美说道："我说：一朵花！我的声音不会将任何轮廓打发——在对这一点的遗忘之外，理念本身悦耳地升起，还有一切花束美妙的缺席"。不过，马拉美的失败或许

---

[1] 布拉德利（Bradley）的作品中，有对表象相似的理解。"现实性在它们的表象中显现，这些表象是对现实性的揭示；然而，这些表象也可以什么都不是。"布拉德利也在一切肤浅的泛神论之外，在极端的距离以及亲近性中，追寻着超验。在勒塞纳（M. Le Senne）那里，价值与一切认知的价值、生命行动的价值以及爱的价值保持着类似的关系：价值类似于"透明"，是其他价值所指向的绝对目标。

源自这样的事实：在屈从于对虚无的痴迷的同时，去追寻某个多重理念的不可视世界，这样的做法是虚妄的。"然而，在我与这个古老、恶毒的'羽毛'（plumage）的可怖斗争中，在我与这个被幸福地撞倒的上帝之间的恐怖斗争中，我曾经是多么地强大啊！由于斗争发生在上帝瘦骨嶙峋的鸟翼上，这个鸟翼通过某种我所无法预料的强劲垂危，将我带至黑暗之中，于是，我成为了胜利者。"事实上，错误或许在于，在坚信绝对他者（Tout-Autre）是"无"（Rien）的同时，想要在世界之外去寻找另一个世界。

这就是为何，密码学说转而与克洛岱尔的诗歌完美契合：阿尼玛（Anima）破译着密码；她对给予每个物以绝对现实性的创造性话语非常敏感；诗人是通过诗意的咒语祈求着、理解着并重复着源头的人。在《诗学艺术》（*Art Poétique*）中，人们会发现某个自然象征概念，这个概念与雅斯贝尔斯的概念非常接近。克洛岱尔的所有诗歌都是对上帝的这个在场—缺席的充满激情的召唤[1]；诗人通过对其非—存在（non-être）的忍受，歌颂着对世界的类比。诗人就是生存，亦即就是超越阿尼缪斯（Animus，指女人的男性意象）的阿尼玛（Anima，指男人的女性意象）[2]。于是，诗人得以让不持久之物变得永恒，并用人类的语言（verbe humain）重复着上帝的语言（Verbe divin）[3]。

最后，根据马塞尔的说法，无论如何，在我们看来，密码学说

---

[1] "我们知道，事实上，世界是一个文本，它不仅以它自身的缺席，而且也以某个他者亦即其造物者的永恒在场为赌注与我们打赌……我们知道，我们谜一般地看待一切事物，就像在某个镜子中观看一样……我们知道，世界是一本无论在里面还是在外面都已被写就的书……我们知道，可视物是为了引向对不可视物的认知"，《立场与建议："伊吉图尔的灾难"》（Positions et propositions：Catastrophe d'Igitur）。"作为一切生存的上帝也只能在让物排除自身生存方式的情况下，让物存在。一切都会消失（périr）。宇宙（univers）不过是'不如所是地"在"'的一种总体方式。整个自然都需要诞生（伴随着原初的否定，亦即作为不在之物的存在，作为所是之物的意象，作为没有任何开始的、正在结束的、且已然结束的物而得以诞生）"。*Art Poétique*，145，148—149。

[2] Cf. *Apologue d'Animus et d'Anima*. "一旦日常和顺从的工人灵魂部分被征服和被占据，阿尼玛以轻快的步伐，自由穿梭于纯粹的事物之中……"

[3] "于是，伴随着这个声音，我将您变成永恒的词！我只能命名永恒！" *Cinq Grands Odes*，p.61.

都与"本体论神秘"（mystère ontologique）非常接近。[1] 同样的空无以及同样令人窒息的悲伤不仅将两者置于这样一个模式面前，该模式可被削减为一个相较理解而言的**问题**图示（schéma），而且也将两者置于这样一个人类生存面前，这个生存会消失于一堆功能与技术之中。[2] "本体论神秘"正是雅斯贝尔斯所说的"存在意识"（Seinsbewusstsein）以及"存在的确定性"（Seinsgewissheit）；这个神秘与进行肯定之主体的某个品质相关，既是信仰又是"不信"（non-foi），既是绝望的永久可能性，又是祝圣（invocation）[亦即雅斯贝尔斯所说的"召唤"（évocation，Beschwören），既是参与又是非表演（non spectacle）]。笛卡尔的"我思"（cogito）主体只守住了"有效之物的界限"，认识论主体关乎问题，灵魂则关乎神秘。在表演（spectacle）之上是冥想（recueillement）[3]。从此，哲学将成为一个"次要的反思"[4]，会重新考虑存在对"我"产生的某个最初捕获；没有这个本体论的含义，没有这个"作为一切思想甚至是推论性思想之基础的保证，就不会有任何上帝存在的证据"[5]。在马塞尔那里，证据与神秘之间有一种特殊的关系，这个关系与雅斯贝尔斯在思辨密码与存在的原初密码之间所设立的关系非常类似，只不过或许马塞尔并没有那么不信任结构与合理性（我们稍后会再次论及结构在生存哲学中的地位问题）。

我们将真理学说与存在学说的两个相互对立的趋势推向了极致：

---

[1] *Être et Savoir*，pp.244—255. "本体论神秘的位置与具体途径"，尤其参考自这样一个哲学定义，该定义将哲学视作对削减的拒斥，将之视作一种惊叹（émerveillement）；在赞赏与开放性（disponibilité）中，超越流派定义的现实主义源头得以被重新找到："对真理进行现实主义定义的可能性被蕴含于思想的性质本身之中。思想转向他者，是他者本能的欲望（appétence）；问题在于去了解，这个他者是否是'作为位置的存在"（Être-Position）。pp.37—40；有关对参与之拒绝的自律性，可参考 *Du Refus à l'Invocation*，pp.44—45；有关对体系的反对，可参考：ibid.，pp.22—31。

[2] 参考自"本体论神秘的位置与具体途径"一文，*Position et approche...*，p.261 sq.

[3] "冥想或许是灵魂中最不引人入胜的部分；它并不在于看，而是在于一种内部的重建"。参考自"本体论神秘的位置与具体途径"一文，*Position et approche...*，p.272。

[4] Ibid.

[5] *Du Refus à l'Invocation*，pp.226—236.

一方面，真理趋向于等同于我所是之存在，另一方面，我所是之存在又趋向于被我所不是之存在所吸引。现在，是时候在这个显见的矛盾中识别出产生于生存与超验之间的这个张力本身了；不过，在此之前，我们需要先深入自由内部，并让这个本质的对比继续。事实上，密码学说会反过来对自由学说产生某种震撼，从《哲学入门》的第二卷到第三卷，我们已经看到了雅斯贝尔斯的自由学说的发展。首先，曾经作为决定中心的生存，亦即那个似乎对绝对以及无限拥有特权的生存，如今变成了这样一个场域（lieu），在这个场域，他者的手稿可被破译；从此，生存被定义为关注、欢迎与欣赏的能力，总之就是见证的能力，而不再是针对自身的某个行动。生存倾听着一个话语，破译着一个文本；自由摆脱了它在造物主般的骄傲与虚无主义的绝望之间的摇摆不定；生存是指向存在的手指，就像在格吕内瓦尔德（Grünewald）的受难（Crucifixion）中巴蒂斯特（Baptiste）伸出的食指。生存不再做什么，它只看（voit）。[1]

接着，生存发现自己是自己所见证的这些密码中的一个[2]，发现自己是众多表象中的一个，这些表象从绝对处获得意义，绝对则在这些表象中隐匿并呈现自我。感知超验的人同时也是这样一个人，正是在这个人身上，感知超验的人得以破译某个新密码。自由的意义只会被深刻地改变：如果说我的自由是"上帝的意象"，那么我就既是这个意象的见证者，又是这个意象的作者。按照谢林的说法，我在我身上完成的是某个联合创造（co-création）[3]，我的存在会在其参与中找到其深度；此处或许既是通过自我对生存之发现的绝对基底，也是作为"发现"之生存哲学的绝对基底。事实上，一方面，

---

[1] 比较以下两段文本："生存是相较自我行事之物"，"生存没有从虚无中创造或提取出任何东西，而是在作为创造而显现之物中，抓住了某个可作为客体之物，通过这个客体物，它变得与自身亲近。在这个形而上学的客体性中，生存感知着它的超验。生存并没有创造超验，而是在这个客体性中拥有对绝对的确定性"，II，341—342。

[2] "尽管自由本身并不是一个思想客体，但它却是超验的密码，因为自由是存在相对自身的在场，只有相对这个存在，超验才在"。III，190—191.

[3] Ex. Ph. 24.

我们不断遭遇到这样一个困难：我是我所选择之物，但我会选择我之所是，或者我从我之所是出发进行选择 [1]；形成自我（me faire），其实就是发现作为"我之永恒所是"的自我。任何不想陷入虚无的自由学说最终都会来到这里，只有以永恒为基底，才会有通过自由的开始；正是这一点构成了真实性（authenticité）的绝对限度，只有在这一点的基础之上，"真实性"才能被视作一个对自我的记忆，一个自我的"在场"以及一个对自我的"希冀"（Espérance）[2]。不过，这也可能意味着这样一种启明自由的可能性，该可能性以将现实性作为密码进行概念化的进程为基础：因为人们能够言说的只有存在；只有不朽灵魂对理念的回忆才能避免让某个自由理论沦为虚无话语；在这个意义上，"对生存的启明"的基底位于形而上学之中。

最终，伴随着对本体论论据的阐释，最后一步已经跨出 [3]："存在意识"在此处获得其最大深度，从此变成思考之人与绝对存在之间的统一性，变成对理解本身的启示与点燃，曾几何时，这个理解似乎在内在性中"看"，就像松鼠在笼子中看一样。在此处，我们逼近一个界限：正如生存真理理论曾趋向于某个不可能之选择的荒诞性，并通过对存在的删除，趋向于虚无主义，如今，思考之人所固有的存在也将趋向于泛神论的深渊，在这个深渊处，自由在存在的众多反映中自我删除。我们在前面已经说过类似"第二次哥白尼革命"的话语：存在将自我肯定，并在它的肯定中统摄生存本身。马塞尔也曾指出，我只能从这个肯定本身出发来承载这个肯定："存在

---

[1] 第二部分，第二章，第三节。

[2] 第三部分，第五章，第三节。

[3] Ibid.："作为思考之人的'我'在本体论论据的运动中变成了密码"，III，203。在这个分析中，我们曾冒险将启示理论与奥古斯丁的柏拉图主义倾向进行了对比；意向性的基本事实在这里获得某个形而上学的崇高：一切人类真理都变成了对存在真理的反映。"其有效性就像一个超验真理的密码；有效性之谜就像对超验存在的一个反映。"III，185. 将有关本体论论据密码的陈述——作为"存在"在生存的确定性中被预感之物也应该是现实的，否则这个确定性本身将不再成立——与马塞尔有关存在之绝对位置的反思进行对比，我们会发现，或许"存在'在'"（l'être est）这样的说法本身就是一个矛盾。要么对存在的经验是不可能的，要么这个经验对我们而言是分离的"。Être et Avoir，p.37.

'在'",本体论神秘与我相关,因而将我置于"某个我所是之肯定内部,这个肯定超出了我所能讲出之物的范围"[1];必须能够说,存在是一个拥有某个主体现实性的肯定。被肯定的存在包裹着肯定着的主体。占据主语位置的"谁"一会儿是吞噬人的(dévorant),一会儿又是被吞噬的(dévoré)。

我们终于来到了困难的核心深处:雅斯贝尔斯的哲学被这样一个发现所支配,这个发现就是,生存与超验会相继成为统摄物。肯定着的主体与被肯定的存在之间的重要联系时而意味着自由相较对自由真理的陈述的胜利,时而意味着这个同样的自由以及有关这个自由的真理被同时包含于存在的表象之中。第一个要求意味着对古典本体论甚至一切拥有结构与形式之本体论的摧毁:密码本身与生存一样,是"历史的"[2]。第二个要求则在一切决定之外,恢复了绝对存在,并将自由本身包含在了"绝对"之中。于是,哲学时而是"对生存的启明",时而是"在众多密码中对方向的指引(orientation)":前者针对的是认为一切生存真理包括超验真理都是我的"显现"(apparaître)的人,后者针对的则是认为一切现实性——包括我的自由——都是超验的表象(apparence)的人。因此,表象位于某个选择学说与某个存在学说的交叉路口处,具有双重的功能:要么是对自由的表达,要么是超验的密码。最终,意味着知识之坍塌的"失败"将既沐浴在自由的荣光之中,又沐浴在上帝的荣光之中,其中,自由无法同时既存在又知道,上帝则无法同时既存在又被决定。

因此,哲学反思的这个非凡绝伦的膨胀(distension)绝对不意味着某个不确定性,而是会被承认而且会被审慎采取。[3] 正是这个膨胀赋予了雅斯贝尔斯思想以真实性。接下来,有待我们思考的问

---

[1] 参考自"本体论神秘的位置与具体途径"一文,*Position et approche...*,p.266。
[2] "作为历史性的本质而消失"。III,18—19.
[3] 参见以下两个表达:"作为自我忧虑的哲学",I,270,"作为对存在之追寻的哲学",I,4—6。

题是：一个这样的哲学，亦即从自由的角度出发，会作为客观本体论被摧毁，从超验的角度出发，会在存在无法言说的意识中自我超越的哲学，是否可能？

在回答这个问题之前，我们将把雅斯贝尔斯与海德格尔对立起来，从而让问题变得更加尖锐。

三、一个"双中心"的哲学：面对海德格尔的雅斯贝尔斯

只有极其小心且倍加审慎，我们才可能勾勒出这个对抗的轮廓。我们是在尝试实现这个令人绝望甚至稍显荒诞的意图的过程中，才清晰地产生类似的意图的。有一个深渊将两个哲学的核心直觉分离，以至于很难将它们进行逐项对比。因此，我们给出的这些反思更多会像一些简单的注解，通过这些注解，我们将劝诫自己通过同感进入这两个哲学中的一个，从而通过这个哲学本身而不是另一个哲学来更好地理解该哲学。我们甚至不排除这样一种可能性，即我们可能完全忽略了《存在与时间》原本的含义，并通过将其与雅斯贝尔斯的哲学对立起来，为其找到了新的含义。

正如我们曾多次所说，这两个哲学更多是在核心灵感层面上，而不是在方法层面上相互对立。雅斯贝尔斯的哲学依赖于一系列张力，亦即一系列跳跃与悖论，这些张力、跳跃或悖论既让自由与世界、超验与自由获得统一，也让它们相互对立。第一个对立同人与世界的关系相关，该对立酝酿并反映出第二个对立——正如我们将在本部分结尾处所呈现那样——该对立同自由与上帝的关系相关。所有这些并未出现在海德格尔那里。在海德格尔看来：

（1）对人的自由而言，超越并不意味着摆脱世界的动作，而是相反地意味着在有限性困境中为世界奠基的动作。

（2）对人类现实性而言，超越并不意味着来到人所不是之超验面前：人类现实性是基底的基底（le fondement des fondements）。自由在世界中喷发出存在，超验就是这个自由本身。

有关第一点：乍一看，雅斯贝尔斯与海德格尔似乎拥有某个有关"此世界中之存在"的非常相近的概念。然而，事实上，在这一点上，两者的对立已经非常明显。他们的共同之处在于，他们都对以下这一点充满确信：人不像物一样存在。"人类现实性的本质存在于他的生存之中"[1]，也就是说，人类现实性与某个不断被质疑且不断被交付给其自由的存在模式相关。不过，从这个亲缘关系出发——正是这一亲缘关系奠定了一切存在主义的脆弱统一性——隔阂将不断加深。

根据海德格尔，人类现实性在本质上与世界相关；位于世界之中的存在不会增加人类现实性，而是构成了人类现实性本身。通过忧虑（souci）（完全按照海德格尔赋予该词的意义理解）而不是通过认知，人类现实性在揭示世界的现实性的同时，得以自我超越。从一开始，认为"生存可超越其在世界中之存在"的理念本身就已经变得毫无意义，因为对此在（Dasein）而言，超越本就意味着对世界存在的构成（此处的"存在"一词指的并不是"存在"的原始事实，而是指意义、可理解性以及真理）。对海德格尔而言，超越并不意味着对被视作原初事实之世界的超越，而是意味着朝被视作问题的世界的方向进行超越。海德格尔所说的超验指的正是雅斯贝尔斯所说的内在性或者"这边的意志"（Volonté en deçà）。在雅斯贝尔斯看来，海德格尔从一开始就被囚禁在了松鼠的笼子里。超越不再是一个跨越的方法，而是对监狱的计划本身；或者，换句话说，人类现实性对其自身可能性的保护——通过对可赋予世界以存在的思想和行动网络进行决定——不会在生存的世俗条件与生存的超世俗可

---

[1] *Sein und Zeit*, p.42, 117, 133, 298, 314, 318.

能性之间创造任何落差。在海德格尔的思想中，跳跃[1]、界限以及悖论理念是完全陌生的。

　　富有戏剧性的一点在于，在海德格尔看来，雅斯贝尔斯的哲学应该表现为一个脆弱的哲学，因为在海德格尔眼中，"超越"一词会被立即理解为"跨越"（affranchissement）；对海德格尔而言，世界存在的奠基（fondation）问题可能会在那样一个哲学中被完全隐去。海德格尔可能会说，雅斯贝尔斯之所以如此简单地超越了世界存在，那是因为他并没有从一开始就让世界存在扎根于人类现实性的可能性之中，相反，他还在世界存在结构的边缘处，对生存的可能性进行了错误的定义；尤其地，海德格尔还可能批判雅斯贝尔斯将世界理论削减为了客体性理论，亦即削减为了有关知识的理论，批判他未能发现知识的根源本身是忧虑。事实上，在雅斯贝尔斯那里，并没有任何让客体性在生存存在中生根（enraciner）的企图，这个客体性很快就被超越了。从海德格尔的观点出发，人们可能会认为"忧虑"是一个比知识更加丰富的结构，更能让世界和人类现实性显现为同一结构的两面，这个结构正是位于世界之中的存在。

　　然而，雅斯贝尔斯相较海德格尔的这一劣势不过是表象，因为他的世界理论并不能被削减为知识的客体性理论，总之就是不能被削减为理解理论；相反，这个世界理论尤其不是这样的；可以确定的是，如果对客体性的超越未获得其原始冲动，那么这个超越是不可能的，或者将是无力的。对超越的驱动是一个更加极端的经验，而不仅仅是一个可理解的经验：这个经验意味着，世界是相对这样一个人类生存的考验，这个人类生存从一开始就拥有无限地战胜这个考验的能力。在成为客体之前，世界首先是界限境况。这正是生存哲学的核心。世界是人能以战胜者姿态靠近的考验，因为人比这

――――――――――
　　[1]　在海德格尔的哲学中，"跳跃"理念呈现为超越原始存在者的"跳跃"：世界的草稿（brouillon, Entwurf）也是超越原始生存者的"喷发"（lancer, Ueberwurf）。不过，这个自由的上升（sursum）并不构成通往极限的通道，不会催生悖论。

个考验更加伟大。生存哲学首先意味着人对其悲剧境况的承认，以及一个充满希望的行动。"世界为被战胜而'在'，我在世界之中超出世界"，这样一个直觉无法被对位于世界中之存在的某个更加深入的阐释所改变，尤其当这个阐释是在某个忧虑理论框架下进行时。

不过，海德格尔的核心直觉则完全不同：尽管人类现实性的独特行为在于构成了世界存在，但这个行为最终并非某个战胜者的行为；恰恰相反，对海德格尔而言，雅斯贝尔斯所践行的跳跃与悖论艺术不过是不真实的生存所设立的众多巧妙骗局中的一个，这个不真实的生存自我欺骗，向自我隐匿那无可救药的限度，正是这个限度不断地啃噬着生存为世界存在奠基的能力本身。我们被抛入由众多生存者组成的混沌之中并在其中迷失，海德格尔对这样一个人类境况富有情感的揭示（Befindlichkeit）将立即拥有某个完全不同的语调，这个语调让该揭示与界限境况理论相对立：如果我们愿意的话，无依无靠是一种考验，不过是一个既无援助又无召唤的考验，这就是说，没有可求助的存在，也没有可祈求的存在，更没有其世俗境况只是正在消失之表象的存在。这是因为，存在正是我在我的限度内授予一切存在者以及我自身之物；不过，这个存在并不是相较"无依无靠"的一个补偿或回报。总之，并没有"无依无靠"与生存之间的悖论；被抛入众多存在者中的这个原始存在者就是意义的赋予者；同时，存在的赋予者依旧也是这个源自虚无且走向虚无的被抛入众多存在者中的原始存在者；人类现实性喷发出人的可能性的能力，并不意味着克服其境况或将其境况悬置的能力。

在这个方面，死亡学说是一块真正的试金石。海德格尔并不认为人类现实性的众多可能性包含某个对经验境况的超越原则，而是认为死亡是这些可能性的最高形式；因此，让人类现实性得以完成的死亡既是生存的最高可能性，也是对生存的"无依无靠"的最高认可；死亡在使一切"可能"变得完整的同时将其悬置。人被抛入世界之中，以在世界中死去，除了在世界中死去，没有任何真正的解决："无依无靠"与自由在死亡处交汇，"无依无靠"是为了在死亡中被消耗，自由则是为了承载死亡的一切清晰性与勇气。自由是**为了**死亡的自由。因此，以焦虑的次要调性（也被称作"Grundbefindlichkeit"）所表达的情感性（affectivité）的潜在绝望，一切对故土的远离以及一切厌恶，所有这一切都堆积在了整个悲剧所要求与催生的最后一幕中。

相反，在雅斯贝尔斯那里，死亡既不是特权，也不拥有它在海德格尔那里所拥有的意义。死亡只是众多独特界限境况中的一个，并不会系统地与其他三个界限境况产生联系，这三个界限境况分别是：受苦、斗争与过错。这已经是一个警示。尤其地，雅斯贝尔斯并未疾呼死亡是人的典型可能性，因为相较经验现实性而言，人的可能性是不可通约的。其中，经验现实性只是人的"显现"，而人的可能性则构成了人的存在。存在与"显现"之间的这个落差会使分析的方向完全改变；死亡将与生存的经验地位相关。诚然，我们无法在不考虑"显现"的情况下去谈论存在，也无法在不考虑世界的情况下去谈论生存；不过，我们的沉默并不意味着完全的绝望，因为我们也不能说存在随着其"显现"而消失。我们将看到，一个不同的超越含义如何得以引出一个不同的死亡含义：对雅斯贝尔斯而言，超越意味着对世界秩序本身的超越，因此，死亡不是生存的最高可能性。对海德格尔而言，超越则意味着对世界秩序本身的奠基；因此，死亡是构成人类现实性的一个结构，是人类现实性的最高可能性。在为雅斯贝尔斯提供动力的对跨越的忧虑中，海德格尔只看到了一个应该被规避的伦理学以及一个存在分析（analyse existentiale）的缺陷。在将死亡视作人的至高可能性的所谓中性分析中，雅斯贝尔斯则只看到了某个暗含的绝望决定，因为正如雅斯贝尔斯所说："死亡会随着我而改变含义"。原则上，海德格尔的绝望勇气应该会以雅斯贝尔斯通过其超越努力返回自身的相同力量，让其远离不朽的古典主题。诚然，如果我们从某个客观、实用的本体论观点出发，雅斯贝尔斯可能显得与海德格尔一样，都是不可知论者，但雅斯贝尔斯的不可知论是某个充满希望的行动的保护壳，该行动会在沉默中沦陷，海德格尔的不可知论则甚至不会与这样一个不朽相遇，这个不朽作为一个滋养真正生存的神话，依旧可能获得某个正在消失的哲学的注解。雅斯贝尔斯让自身立于这个超越神话平面本身之上，而海德格尔则让存在分析立于某个限度平面之上，正是在这个限度处，人既对一切物施加其可理解性权威，又在他自身的死亡面前操练其苦涩的明晰性。不幸的是，争论不会有结论，因为对海德格尔而言，雅斯贝尔斯似乎总是缺乏明晰性，甚至缺乏真实性，而对雅斯贝尔斯而言，海德格尔则似乎总是缺乏信仰与希望。

有关第二点：谁不明白在海德格尔和雅斯贝尔斯那里，世界的意义被某个不同的超验意义所左右？正如曾有人所说，海德格尔哲学彻头彻尾地是一个"有关上帝之缺席的话语"[1]。人类现实性就是超验；对雅斯贝尔斯而言，人类现实性立于超验面前；这第二记跳跃和第二个悖论正是海德格尔所缺少的；此外，自由与世界中之存在的等同同时意味着超验、自由以及世界中之存在的等同。这是否意味着，从海德格尔的角度出发，为与雅斯贝尔斯的形而上学相称，除了等待《存在与时间》第一卷某个后续的出现外，别无他法？并不是的。在海德格尔现有作品中已经有可与雅斯贝尔斯形而上学相较量的东西。为将奠基、创立与定位存在的一切能力完全归于人类现实性，海德格尔做出了不懈努力，不过在《存在与时间》的第一部分中，亦即被海德格尔自己称作"对人类现实性的根本准备性分析"的那个部分中，这个努力尚未得到满足。事实上，人类现实性

---

[1] 必须保留今后进一步展开未完成之作品的可能性；海德格尔曾以为可在不讨论上帝问题的情况下，完成对人的分析；他甚至声称，"通过对超验的阐释，人们可获得某个有关人类现实性的充足概念，由此出发，人们从此可提出这样的问题：从本体论角度出发，人类现实性与上帝之间的关系为何。" *Vom Wesen des Grundes*，trad. Corbin, Gallimard, p.91, n.l.

依旧会表现出撕裂性特征：一方面是在自我之前、于世界的轮廓中喷发出其可能性的能力，另一方面是对其已抛入世界中之存在的揭示。在这个部分，忧虑或许已经是这样一个统摄物 [1]，该统摄物在某个独特的定义中包含了人类现实性的方方面面。不过，忧虑的不同元素［计划，无依无靠，在操心（préoccupation）的世界旁的在场］的深度统一性尚未被论证。这个统一性出现在了《存在与时间》第二部分有关时间性（temporalité）的章节中。该理论扮演了雅斯贝尔斯哲学中的超验学说的角色。这样一个对照可能稍显奇怪；不过，如果我们认为，时间性的功能之一在于带来这样一个统一性，从这个统一性出发，忧虑的不同元素沿着不同方向展开，那么这个对照就没那么奇怪了。时间性是对其三大"出神"（extase）时刻的统一，其中每一个"出神"时刻都对应一个忧虑时刻："将来"对应对可能性的喷发；"过去"对应"无依无靠"；"现在"对应人在其操心客体旁的在场。在雅斯贝尔斯看到处在世界之中的生存那并不坚决的悖论并求助于不同于生存的另一个超验之处，海德格尔则看到了所有的忧虑时刻在时间性中亦即在人类生存中的综合：这一综合似乎免除了一切对更高统一性的求助。时间在其"出神"时刻的统一性中被时间化。从忧虑的内部出发，在让时间化得以诞生的那一点上去领悟时间化，仅这个大胆的尝试本身便足以让海德格尔获得伟大哲学家的称号。在雅斯贝尔斯那里，该尝试以及从该尝试出发延伸出来的忧虑理论似乎都令人遗憾地缺席了。不过，雅斯贝尔斯之所以没有类似的尝试，那是因为可能出现该尝试的地方已被整个的绝对"一"的理论所占据，这个"一"相继被范畴辩证法所指示，被"挑战""放弃"等所密谋，被密码所反映。在雅斯贝尔斯对时间密码的那些暗示中，我们可看到某个"一"的明确迹象 [2]：正是在永恒中，

---

[1]　一个"已被抛入某个让他自我遗失之世界中"的预先存在［"Sich-vorweg-schon-sein-in（der Welt）als Sein-bet（innerweltlich begegnendem Seienden）"，*Sein und Zeit*，p.192］。

[2]　I，16；II，141；III，102，218.

时间得以象征，回忆、等待与在场得以统一；即将过去之白昼那虚妄的"现时"、预感与浪漫遐想那含糊其辞的"将来"以及无用悔恨那已逝的时光，所有这一切不过是这样一个生动永恒的三重衰退，该永恒既是即将到来之物，也是曾经一直所是之物，还是现在所是之物。不过，这三个维度的统一并非一个人类行为，而是绝对他者在人类生存时间中的意象。

因此，在这里，我们来到了对立最尖锐的一点：海德格尔的超验指的是这样一个人类现实性，这个现实性在时间性不同"出神"时刻的统一性中，亦即在忧虑独一无二的结构中，自我肯定；处在世界之中的作为忧虑结构的存在会实现超验。这或许是海德格尔最难的理念："世界随着人类现实性的时间化而'在'"[1]；不过该理念是一切存在分析的终点。人类现实性之所以通过喷发出一个世界以及通过处在一个世界之中来实现自我超越，那是因为时间构成了原初的外在性；时间不是纯粹的现时，它有一个"彼世"(au-delà) 以及一个"地平线"；从此，"此在"(Dasein) 意味着一个他不再能掌控的"那里"(Da)。不过，鉴于时间的所有"出神"时刻都扎根于时间性的统一性本身之中，因此，"无依无靠"本身被呈现给得以承载"无依无靠"的自由；在某个让"无依无靠"变得可接受的光亮中，对过去的重复得以将这个"无依无靠"恢复。于是，时间性三大"出神"时刻的统一性包含了某个人类境况的所有元素，对于这些元素，雅斯贝尔斯执意在某个敞开的悖论中使它们分离，并让它们相互对立。

正是对这个时间性理论的阐释让海德格尔名为"从本质到基底"(De l'Essence a Fondement，Vom Wesen des Grundes) 的篇章得以被理解。这篇文章最能体现其与雅斯贝尔斯的较量，因为超验概念在其中占据首要位置；在这篇文章中，以下观点被以史无前例的力量

---

[1] *Sein und Zeit*, p.365.

肯定：超越是自由的使命本身，这一使命是存在在世界中的基底。在雅斯贝尔斯看到两个跳跃，亦即从世界到自由以及从自由到超验的跳跃之处，海德格尔提出了两个"同一"（identité）：自由就是超验，超验就是世界中的存在。正是从这个双重的"同一"出发，"基底"（Grund）与"奠基的行动"（gründen）得以相互包含。这篇文章做出了非常强大的努力，从而将人类生存最为本质的被动性，亦即德语中所说的"精神状态"（Befindlichkeit），并入奠基的活动中。事实上，"奠基"（fonder）一词有三重含义，其中，第一重含义指的就是提供一个基底（fondement，stiften）；这意味着自由超越迟钝的混乱（chaos obtus）并喷发出一个世界；"让一个世界在某个初露（ébauche）中延伸，正是这个初露让世界得以在生存之外喷涌而出，事实上，这就是自由"[1]。

不过，"奠基"的第二重含义要求人们考虑到这个"精神状态"（Befindlichkeit）本身，指的是"自我奠基"，让自身获得基础、获得地基；正是通过自我奠基，人才得以感知自我并处在存在者之中，从此被存在者的调性所包围："喷发之物被这个超越的存在者的统治所支配，从此与该存在者的调性保持一致；只有当人类现实性在存在者之中自我奠基时，它才能奠基并创立世界。同时对应两种奠基方式的超验既作为某个飞跃（essor）行事，又作为某个剥夺（privation）行事"[2]。从此，基底源自某个有限的自由；它自身也将遭受虚无的侵袭：深渊在奠基的超验中诞生，这正是与我们自身一起实现自由的原初运作。因此，基底的"虚无"只能被实际的生存所"克服"；但人们永远无法摆脱它[3]。至于"奠基"的第三重含义，亦即"说明理由"（motiver）的含义，我们暂且不谈，因为在此处，它并非我们的兴趣所在。正是这一重含义让以"为什么"开头

---

[1] *Vom Wesen des Grundes*, trad. Corbin, p.97.

[2] Ibid. p.99, 101.

[3] Ibid. p.110.

的问题成为可能，并同时在另外两重含义中找到一个预备性的答案，从此，这个答案将成为"一个建立在真理基础之上的答案"。在这三重形式下，自由变成了"为了奠基而生的自由"；它"被定义为这样一个统一性，该统一性构成了那个超越分散的底部"[1]；因此，自由就是"基底的基底"，是"理性的理性"。现在，如果我们没有忘记，不同奠基方式的深度统一性发生在忧虑的时间性之中，换句话说，如果我们没有忘记，超验会突然发生（advenir）并自我历史化（s'historialiser），那么《存在与时间》的第二部分就将在那些可比肩斯宾诺莎的力度与简洁度的页码中被强有力地证实。我们将不再能有力地将"无依无靠"与强力（puissance）、限度（finitude）与存在、虚无的深渊（Abgrund）与超验的基底联结起来。

相反，"从本质到基底"（Vom Wesen des Grundes）中的相关表述则将让我们得以理解雅斯贝尔斯哲学中最为困难、第一眼看上去最不一致的运作，亦即我们在本章所停留于的这个运作：我们已经说过，我所是之生存与我所不是之超验不断地相互囊括；在这个意义上，对雅斯贝尔斯而言，生存也是真理的基底。不过，从"对生存的启明"到形而上学的过渡正好呈现出了生存与绝对他者之间这个关系的翻转。

自由不是**为了**奠基的自由，因为即便当自由位于自身内部时，它也不**通过自身**而在（par soi, durch）；因此，最为极端的悲剧在于对另一个超验的祈求，在于挑战与放弃，在于对黑夜的激情以及对秩序的意志。只有将雅斯贝尔斯哲学中自由与超验的悖论排除在外，才能让这个哲学与海德格尔的哲学变得相似；然而，这个悖论却是雅斯贝尔斯哲学的存在理由。事实上，我们可以认为，这个悖论在整个哲学之初便已存在；在世界与自由这个第一悖论中被反映的正是这个悖论。雅斯贝尔斯向我们肯定道，人们无法推迟对有关上帝

---

[1]　*Vom Wesen des Grundes*, trad. Corbin, pp.105—106.

的问题的探讨，以预先地完成对人类现实性的某个"足够的"分析。密码哲学作为雅斯贝尔斯形而上学的终点，赋予了得以开创该哲学的客体性理论以真正含义。正是自由内部"有关"（aus）与"通过"（durch）这两个介词的对立将决定世界的最后含义。世界的真理是"有关我的"（aus mir），但世界的存在不是"通过我的"；思想在存在的边缘失败，存在用它的完满（plénitude）将思想填满；生存想要被奠基，从而成为奠基者。

因此，海德格尔的哲学是单中心的，而雅斯贝尔斯的哲学则是双中心的。不能说雅斯贝尔斯的哲学有三个中心：世界、自由与超验；因为如果说世界和超验就像是自由的"这边"（en deçà）与"那边"（au-delà），那么这个"这边"和"那边"本身将会通过某个密码合约被连接在一起。世界在生存那令人惊叹的目光下变容（transfiguration），这是苦行的代价，通过苦行，这个世界得以被超越；这一翻转在海德格尔那里并没有任何相似物。甚至可以说，通过沉思对密码的破译正是海德格尔所命名的那个自由的相反面，那个自由为了奠基而在，海德格尔最终将该自由类比为世界中的存在。密码的在场是一个馈赠，是一个相遇，是对某个迎接以及某个谦逊的回应。那将是一个赞美的世界。在忧虑世界之外，是无忧无虑的世界；在被喷发的世界之外，是与之相遇的世界；在人类可能性的世界之外，是符号和神迹的世界。这就是为何，失败学说本身并没有任何绝望的色彩；在雅斯贝尔斯的哲学中，失败的沉默是海德格尔哲学中原始的生存者"对基底之掩盖"（Grundverborgenheit）的相反面。原始的生存者会让人感到厌恶；这个封闭的混沌，即便它可以被艺术作品所承认或展现［按照有关荷尔德林的讲座，尤其是名为《从源头到艺术作品》（*Vom Ursprung des Kunstwerkes*）的讲座的相关说法］，它也无法作为某个绝对的凭借（recours）被援引。相反，似乎认可一切思想之坍塌的雅斯贝尔斯哲学最后则依旧是一个话语，或者已经是一个充满希望的沉默："在失败中体验存在"。

四、一个悖论本体论的可能性

雅斯贝尔斯的哲学是一个双中心的哲学；不过，鉴于其悖论特征，该哲学还可能作为哲学而"在"吗？雅斯贝尔斯的读者可能产生两个印象，其中一个印象是：似乎在雅斯贝尔斯之后，任何本体论都不再可能；哲学会因为太过认识自身而消亡；我们已经遗失天真。不过，雅斯贝尔斯已经通过他自身的摧毁性激情为形而上学赢得了新的机会。

（1）我们坚信，在自由与客体性之间所设立的对立应该遭到质疑，而且这个对立已经被雅斯贝尔斯本身所超越；存在着某个适合于本体论的客体性。有可能在既不受骗又不虚伪的情况下重新书写一些新的思辨密码，条件是要重新思考客体性与自由之间的关系。事实上，无论"主体的加入"被赋予怎样的重要性，始终有一个问题存在：形而上学陈述的内部标准是什么？雅斯贝尔斯不断增加的对某个全新哲学逻辑的关注正好说明了这一点：通往某个"反逻辑"（alogique）的努力将不可避免地趋向于让某个至高的客体性，亦即某个被执拗地撕碎的客体性，出现在对知识和客体性的批判之中，这个批判既是实证意义上的，又是黑格尔意义上的；不同的存在形式（客体存在、主体存在、自我存在）拥有它们各自的必然性，它们自身会要求出现一个原初的辩证法，循环、二律背反以及悖论是该辩证法的核心。这个存在辩证法包含一些无法被削减为同一逻辑或黑格尔逻辑的悖论结构，总之就是包含一些无法调和但又无法废除的对立。这些结构并非个体为某个非凡绝伦的确信所选择的不恰当的表达，而是超越了个体：个体只能识别并见证这些结构；甚至正是通过对这些结构的见证，个体让自身得以成为任何其他个体的相似（semblable）。于是，这个具有自身必然性的有关某个至高客体性的问题得以让有关"相似"的问题得以延续；我们曾说过，没有哲学，就没有对个体作为所有人之代表的确信；我们还说过，如果这个个体并未实现对这些结构的见证，那么就没有哲学，这些结构并非由见证它们的自由所创造。这是否意味着不再有经验知识与哲学信仰之间的对立？我们并不这样认为；生存哲学的重要贡献并不在于将经验知识与哲学信仰粗暴地对立起来，并否认理解的自由以及信仰的客体性；在科学中隐藏着比表面看来更多的自由，在哲学中也隐藏着比表面看来更多的客体性。

雅斯贝尔斯哲学的过人之处在于：一方面，它阐明了让处在伦理范畴或本体论范畴下的陈述与处在科学范畴下的陈述相互区分的身份（qualité）差异，另一方面，它还阐明了将如所是的不同陈述间隔开来的结构差异。在第一个方面，雅斯贝尔斯并未忽略这样的事实：某个初步的超越与经验客体性的构成相关，而且某个伦理已经被根据客体和律法进行思考的意志所包裹，正如阿兰（Alain）在其作品中所不断揭示那样。不过，雅斯贝尔斯的教训在于，形而上学要求出现不同于科学的另一种自由，该自由只要求对激情进行驱魔（exorcisme）、对理解进行删减（émondage）；这个自由要求对源头和根源的某个回归，要求获得某个不断被修复的有关存在的意义。因此，存在着不同的关注（attention）身份，我们也可以讨论从一个身份到另一个身份的跳跃，因为本体论所要求的存在身份是脆弱且间断的，始终会被怀疑和绝望所折磨。不过，另一方面，这个信仰依旧意味着对内容的关注[1]；自由的极点（apogée）并不意味着任何客体性的衰退，而是意味着某个客体性的衰退；新的客体性本身承载着失败，既有矛盾律的失败，也有黑格尔式和解的失败；我们认为生存哲学的过人之处在于，它为某个有关撕裂存在、

---

[1]　某个对笛卡尔的"关注哲学"的回归势在必行；"关注"是精神哪怕在数学真理面前的自由。写给 P. Meslander 的信，1644 年 5 月 2 日。

界限以及跳跃的本体论，某个排斥体系但认同有序且连贯之系统（systématique）的本体论扫清了道路。悖论有其自身的必然性，它要求出现这样一个可被人们称作"悖论的"本体论；正是这个必然性为悖论赋予了真实性以及在雅斯贝尔斯学说中的唤醒和确信能力。行说服之事的永远不止有哲学家，而且还有哲学本身。不过，需要指出的是，自然与自由的悖论以及自由与超验的悖论拥有的是这样一个必然性，该必然性只相对某个自由和信仰的身份而显现。其不可靠性（inconsistance）使其成为一个面临威胁的客体性，该客体性需要被自由所承载。一旦某个自由不再承载其普遍，不再意识到其无条件性，也不再祈求超验，那么不同的存在形式将立即消散，并被迫选择其中最低的形式，该形式只要求获得理解的自由，从而得以被识别。不仅要坚持哲学家只能是不同结构、模式以及存在形式的见证者的观点，而且也要坚持不同的存在形式要求哲学家拥有某个关注的品质以及某个思想的仁慈（charité）的观点，该思想可以无限地超越熟练且诚实的理解。于是，雅斯贝尔斯的这个特有的天赋，亦即失败对"在场"的揭示意义，不仅得以被保存，而且还被崇高化。正是世界存在以及自由存在本身在本质上包含着失败；这个本体论的失败与在场只会在为这个失败与在场做好准备的存在中产生回响，反过来，这个失败与在场又会召唤该存在获得某个更加配得上该辩证法的关注品质；内心的苦行与客观的辩证法互相推动。

于是，我们将如此解读雅斯贝尔斯：在上面所说的情况下，雅斯贝尔斯并未关闭本体论，而是在自由的冲力以及"存在的意识"中，为本体论找到了充满活力的源头。这是因为，要是丢失了哲学[1]，即便我们在不同的体系中重拾哲学家，我们又能赢得什么呢？

通过对悖论意义的阐释，雅斯贝尔斯让我们重新产生了对不同

---

[1] VE. 100.

的"崎岖辩证法"（dialectiques escarpées）的兴趣，《巴门尼德》《九章集》（Ennéades）、否定神学、中世纪大全（les Sommes médiévales）以及众多后康德哲学都为此类辩证法给出了例证。雅斯贝尔斯以多种不同的方式对该辩证法进行了更新：

a）不同的存在模式并不构成体系：悖论既不是同一，也不是对对立面的综合。

b）任何客体性都可根据某个超越的辩证法变成密码，该辩证法既是"失败"又是"在场"，既是"黑夜"又是"启明"。这一主题可让人联想到中世纪学说中的"否定道路"（via negativa）和"类比道路"（via analogiae），该主题不仅能够在范畴平面上被无限地展开，而且也能在自由、历史以及自由的平面上无限展开。在此处，雅斯贝尔斯创立了一个全新的本体论，该本体论非常具体，且具有某种严密性，它将位于以下两大深渊之间：一个是任何内在性都不再能揭示的某个超验的深渊，另一个是会让"绝对他者"的超验被吞噬的某个泛神论的深渊。

c）思辨或推论密码以原初或即刻的密码为参照。如果世界不歌唱，表象不透明，思想不令人惊叹，那么就不会有上帝存在的证据；在任何时刻，任何证据都预设了表象与存在之间的这个独特关系，对因果律的超越使用只是对该关系的不恰当的逼近。如果经验存在和自由存在并不表现为既缺乏自我又充满绝对，那么就不会有任何论据可从内在性中释放出来。不过，反过来，如果在客体性与自由之间，并没有雅斯贝尔斯所预设的不可兼容性，那么思辨密码的中介能力或许就无法像雅斯贝尔斯的形而上学所希望的那样，充满不稳定性；将这些思辨密码归为已有并不意味着将它们摧毁，而是意味着对它们进行见证。一个有关超验的话语之所以困难无比，那只是因为涉及的主题是超验，而不是因为生存将这个话语消解了。"思辨"是即刻"沉思"的清晰性，而即刻"沉思"则赋予"思辨"以"完满"。神秘与证据的这个循环运作不免让人联想到生存与理性

405

在"对生存的启明"[1] 层面上的循环运作。在神秘与证据的循环运作中，平衡不应被打破，否则就只能要么牺牲对情感的宣泄，要么牺牲推论。

生存哲学的过人之处并不在于放弃证据，而是在于以存在的原初确定性（Seinsgewissheit）与理性的要求之间的艰难联结（raccord）为中介。对于这个艰难的联结，雅斯贝尔斯是这样表述的："存在着不可思之物，这一事实本身是可思的"[2]。一个有关超验的话语是一个悖论的本体论；该本体论的诸多悖论适合于超验的在场—缺席（présent-absent）存在；这些悖论拥有某个被自由所迎接与欣赏的理性必然性。

（2）我们还可在伦理范畴得出一个相似的反思；我们怀疑对义务或者决定的深思可能贬损价值问题的意义。雅斯贝尔斯的作品既包含了某个悖论价值论（axiologie paradoxale）的各类元素，也包含了某个悖论本体论的各类元素。诚然，价值只会呈现给某个由爱开启的意识；生存的高光时刻超越了规则，不过的确也正是不同的规则为爱本身提供了映射点（point d'application），让其获得对世界的掌控。此外，每一个具体的决定也的确不能与任何其他决定相比拟，它与该决定所嵌入的境况一样都是独一无二的；然而，哲学家的任务在于站在行动的元道德（méta-moral）源头与行动在世界背景下的作用点（point d'impact）之间。哲学家的平面是可能的平面，这个平面既不是瞄准一切价值的未被决定的存在，也不是在行动中体现价值的真实决定。正是在这个中间平面之上得以建立起一个价值论。事实上，雅斯贝尔斯已经开始这项事业：个体与社会，福利，政治意志，历史伟大等，所有这些都根据某个必然性被安排，

---

[1] 这让人联想到雅斯贝尔斯这样一句话："理性不是源头，而是像一个源头一样"。VE 40.

[2] 第三部分，第二章，第一节。

且该必然性最终以本体论的必然性为基础；有关理念的理论足以指出，作为自由之限度的不同力量并不是没有结构的。不过，人介于主体性与客体性之间的地位本身已经暗含了巨大的冲突；伦理之所以产生撕裂，那是因为存在被撕裂，因为人既"无拘无束"又处在境况之中；因此，不同的道德结构会反映出不同的存在模式；价值的等级则会反映出不同的超越悖论；在这里，二律背反又被称作冲突、取舍、妥协与综合。不过，这些二律背反将形成某个专横的系统，该系统被处在世界之中且立于超验面前的人的地位所包含。在这个如此灵活且笑脸相迎的有关人的学说中，其所有的不协调性在某个最终的"不妥协"中达到顶点：不要在世界中迷失自我，而要在世界中实现自我；蕴含在悖论中的这个"不妥协"以存在为基础；再一次，在此处，哲学家是一个见证者。诚然，只有当自由愿意时，社会、国家与历史的道德价值、功利主义标准以及理念化结构（structures idéelles）才有价值；不过，对于一个自由而言，意愿（vouloir）意味着献身（se dévouer）[1]。这个悖论价值论的任务或许既不在于更新康德的形式主义，也不在于创立一个马克斯·舍勒（Max Scheler）意义上的物质价值先验体系，前者忽视了人在世界中的具体身份，后者则总是面临忽视人的变化的风险，可能会像一切独断主义（dogmatisme）一样，在史学家的打击下一蹶不振。更应该去阐明这样一些独特、持久的方向，这些方向嵌入人的境况之中，在这个境况下，人既作为身体而在，又作为自由而在，既是事业的存在又是娱乐的存在，既是国家的公民又是世界的公民。[2] 这

---

[1] 需要在某个有关价值的客观理论与某个自由的生命意义之间获得平衡，该平衡出现在了勒塞纳（M. le Senne）的《道德契约》（*Traité de Morale*）中。在勒赛纳看来，自由的积极性与价值的合法性定义了道德的理念—生存本质；自由的使命在于赞同，赞同的热烈形式是欣赏，赞同的反思形式是尊重：这是一个严肃对待责任并使责任充满动机的价值［在这一点上，勒塞纳与罗伊斯（Josiah Royce）及其《忠诚哲学》（*Philosophy of Loyalty*）的相关思想不谋而合］。勒塞纳将美德命名为在"与某个追寻和某个宽恕的相遇中"，保持善的勇气。o. c. 697；571—572.

[2] 对雅斯贝尔斯伦理学的研究直接将我们引向了这样一个阐释，所提及文本参考 II，362—363，相关观点参见第二部分第六章第一节结论处。

个悖论价值论既可能从伟大的伦理学家处汲取养分，也可能从悲剧家、小说家、回忆录作者等处获得启发，还可能浸入历史本身之中，并被具体的智慧所填满。而这个伦理学则既不是纯个体的，也不是纯抽象的，简直就是一个与人的准本质（quasi-essence）协调一致的有关"相似"的伦理学。只有与"相似"错综复杂地混杂在一起的"例外"才可能赋予该伦理学以生命的味道及其无与伦比的个人的触感，不过，例外本身也只有通过该伦理学所释放的完全人类的讯息才具有价值。

如果现在，我们将这个对真理的批判与我们在上一章所展开的对方法的批判对照起来，我们会说：正是因为具有关注"真"以及见证存在的能力，自由得以成为每个人身上的"相似"。不过，如果自由如此不具私心（égoïsme），以至于它不再让自身的晦暗性（opacité）介于存在的确定性与它自身的目光之间，那么自由就只能被其见证存在的能力所定义。自由自我欺骗——这是它的过错。然而，过错只是对生存的诸多界限的重复（而不是构成了这些界限），生存因其在世界中的位置本身而深受这些界限之苦。过错让曾经只能局部存在之物变得充满偏见。一个有关认知与本质的理论既不应该遗忘拥有具体位置的身体，也不应该遗忘令人失去理智的过错。通过让见证的透明发生改变，身体的限制与过错的偏见在每个人身上让例外与相似混合在一起。每一个哲学都是独一无二的选择，这不仅仅只是因为，它是这样一个人的使命，这个人生命短暂，具有专横的个性，且掌握着有限的信息，而且还因为它的众多激情会以它的"躯体"本身为借口，用观点改变信仰，并让多于理性的部分与少于理性的部分混合在一起。不过，每个人身上都有的"相似"将让人充满信心；即便这个"相似"无法在"相似"与"例外"的混合光亮下，分辨出在一项事业中，哪些是普遍之物，哪些只能是个体之物，但它至少可以让人不致陷入绝望；这是因为，我们或许并不需要在独断主义和主观主义之间做出选择，前者只允许信徒和敌人出现，而不允许朋友出现，后者则将赋予每个人属于自身的真理。在"掌握"真理与"选择"真理之间，尚有"已经加入**部分（de la）真理**"的希望。部分并不意味着"主有"（possessif）。对话的任务在于在我身上将我启明，并帮助我在我身上继续对人以及个体进行划分。哲学是"历史的"且依赖于哲学家，因为哲学家是具化且有罪的。不过，哲学只从真理角度出发行说服之事，哲学家就是这个真理的见证人。只要"例外"不掩盖"相似"，只要与同一个存在的相遇会催生相似的相似性，那么哲学就会拥有某个可能的客体性。

于是，真理与存在之间的张力使"例外"与"相似"之间的张力得以延伸。与此同时，该张力还开启了一个新的对立：作为哲学逻辑顶点的悖论是对存在的某个无法挽回的裂口的表达，还是意味着某个更加隐秘的统一性，该统一性只有通过不同的矛盾种类才能与话语平面平齐？一个哲学是否可能在没有任何特殊调和的情况下，成为一个双中心的哲学？

第三章　学说问题（续）：
裂口与调和

　　一个哲学的悖论结构会提出某个最后的甚至最为极端的问题：如果不同的存在形式无法相互削减，如果没有任何逻辑进程可让自由逃离客体的世界——或让客体逃离主体，或让世界和自由逃离自在存在——总之，如果没有对理解而言的上帝、灵魂以及世界**体系**，那么逻辑学家的结论（le dernier mot）还是最终结论吗？对思想而言被分隔之物难道不需要以某种方式获得调和吗？为让跳跃依旧成为一个通道，难道不需要让存在以某种方式获得统一吗？然而，某个至高无上的迟疑让雅斯贝尔斯的读者停下了脚步：从诸多方面看来，这个哲学都隐秘地获得了调和；被雅斯贝尔斯称作"历史性"之物让生存与世界相连，生存面对超验的不同态度又让生存与超验相连，正如密码的透明让世界与超验相连。不过，在渴望获得自身调和的同时，该哲学似乎也通过认可人作为世界中之存在的不可能性以及自由与超验之间的某个安宁的不可能性，而热衷于对自身的毁灭。我们有必要就这个不确定性进行反思；或许一个完全撕裂的哲学是不可能的，悖论始终以某个行动层面或情感层面的统一和参与

410

为背景；或许这个不可分的原初核心拥有某个宗教本质，哲学从未充分反思过这个核心，而只是从这个核心出发，构思出了存在的基本决定：我们猜想，在雅斯贝尔斯哲学中提出有关调和的问题就必然意味着对这样一个问题的提出，该问题关乎雅斯贝尔斯在宗教与无神论之间的位置，并以某个普遍的方式关乎生存哲学的宗教蕴涵（implication）。

一、真实的裂口

雅斯贝尔斯的哲学不可避免地从其悲剧与论战意义中获得严肃性。决裂（coupure）与跳跃不仅是不同的超越模式，而且还表达了自由在世界中面对超验时的原初境况。

自由闯入世界，并打破世界安宁、无意识的和谐；自由闯入生命本身之中，并破坏生命的盲目幸福：自由是经验存在的疾病。悖论表达出了自由与世界之间的极端不合适（inadéquation）；幸福不可能[1]；自由的世俗使命本身承载着诸多具有决定意义的二律背反，以及最后还承载着毁灭。历史性在某个放逐运动与某个选定（adoption）运动之间摇摆不定：在放逐运动中，生存自我遗失，在采纳运动中，生存则在客体中被耗尽。界限境况的痛苦，选择的狭隘性，甚至在爱中都存在的意识冲突，自由之人在国家中的不适，在某个承诺（acquiescement）的道德或者断裂（rupture）的道德中找到稳定性的不可能性——所有这一切似乎都朝着失败的必然性走去："正如自由只能通过自然且反对自然而在，自由也应该作为自由或作为经验存在而失败"[2]。在这里，生存的本质有罪（culpabilité）找到

---

[1] 雅斯贝尔斯在各个层面追寻着幸福：生命层面、社会经济层面以及最终还有哲学层面；唯心主义同和谐哲学一样，被揭示为有关幸福的哲学。III, 217.

[2] III, 228—230.

了它的首个原因循环：生存既因无法实现而有罪，又因陷入泥潭而有罪，既因超出限度（démesure）而有罪，又因其选择和友谊的狭隘性而有罪，既因怠惰（paresse）而有罪，又因斗争而又罪，既因未完成而有罪，又因其对总体性的意志而有罪，最终，这样一个生存只能毁灭。[1]

自由与超验之间的关系亦充满二律背反：尽管超验的某个亲近性（proximité）使得人们可以说超验位于自由的中心[2]，但在与其超验相连的自由的内在安宁中，依旧保留有某个无法克服的张力；可以说，雅斯贝尔斯的整个超验哲学都可在裂口的符号中被理解。

（1）正因为神性是隐匿的，我才需要变得负责与自律[3]：这是宗教批判的核心主题。这就是为何，我在超验面前（devant, vor）或者面对超验时是自由的。

（2）从此，永恒神性将只允许我的自由是时间性的，这个自由尽管陷入险境但总会重拾勇气。[4]

（3）最终，二律背反与勇气将在挑战中获得原动力[5]：在此处，我们触及了雅斯贝尔斯哲学的几大根源之一；任何自由都将被挑战"玷污"。自我相互分离。蛇形的"S"字母甚至也在知识（Savoir）一词中窸窣作响。任何问题，即便是有关存在的问题，都诞生于"怀疑"（Suspicion）。自由是普罗米修斯式的。挑战是作为裂口的思想（déchirure-pensée）。

（4）挑战之外有什么？毁灭，因为普罗米修斯始终是被缚的普罗米修斯。正如我们将在不远处所说的那样，"宽恕"（pardon）理念在这个哲学中是完全陌生的；唯有对黑夜的激情才能让自由从其自身中释放出来。我们已经看到，这个恐怖的"缅怀之情"（nostalgie）

---

[1] "生存的无条件性正如生存的条件一样，以对生存的摧毁为代价，亦即生存会被想要持存的经验秩序所摧毁。"III, 229.

[2] "在自由中超越。"II, 198—200.

[3] 参见自由与超验的第四重二律背反。

[4] 自由与超验的第二重二律背反。

[5] 自由与超验的第一重二律背反。

曾多次出现在雅斯贝尔斯的作品中；里面说道，绝对的现实性是对可能性的删除：自由有自己的时间。自由依旧是想要自我毁灭的较低存在。不过，只有相对这样一个表征而言，该思想才有意义：这个表征是对某个时间终结的超越表征，而不是对某个时间终结在世界之中的表征。[1] 这个自由的末世论将为"黑夜的激情"主题 [2] 提供动力，整个失败哲学都认同这样一个灾难性的预感："黑夜会推动生存走向其自身的遗失。"[3] 二律背反、勇气、挑战与黑夜，这些正是自由摆脱存在后的四大时刻。这就是为何，生存的有罪（culpabilité）不断反弹：它似乎只会影响生存与其他生存以及与世界之间的联系，要么让自由自我保存，要么让自由陷入泥潭，要么让自由选择；在"对生存的启明"范围内，过错曾依旧是一个界限境况，是一个有待承受与承载的狭隘性。不过，过错的唤醒功能本身可保证让自身过渡至一些全新的过错含义：通过承载我的界限，我得以让我的自由被仿佛外在于这个自由之物所填满，并让其获得责任。同时，过错让我求助于自律性的"从我出发"（aus mir）的属性，而被帮助与被填满的难以言喻的感觉则让我求助于超验的"通过我"（durch）的属性。于是，被承载的过错激发出挑战的过错，这是自由的"母过错"（faute-mère；l'Urschuld）。这是因为，同偶然与世界的必然性不期而遇的自由早已与超验的存在贡献不期而遇。在承载过错这个充满勇气的行为中，"挑战"这个骄傲的运动得以开始；任何对意识的捕获都是对存在的再次捕获：挥霍者会要求父亲分隔财产，从而花光自己的部分。不过，充满自知之明的挑战或许已经是对黑夜的激情，过错将再次起作用：因为在黑夜的火光中，白昼的过错，亦即生存在时间中耐心且有序的效力（efficacité）将被照亮；相应地，黑夜则将通过对自我的认知而自知是有罪的："在激情中，过错原初地属于

---

[1]　II，199—200.

[2]　自由与超验的第三重二律背反，

[3]　III，103."黑夜的启示：一切生成之物都应被摧毁"。III，110.

生存。"[1] 不过，"尽管自我的这一沉沦被体验为过错，它却是最为深刻的真理"[2]。

于是，自由似乎无论在实际方面还是在形而上学方面都不再可能。

二、真实的调和

不过，如果说裂口让雅斯贝尔斯的哲学变得严肃，它自身则将从不同的调和处获得可能性。这些调和包含了冲突本身，可在一些独特的感知与行动中被识别。有东西从一种存在模式转向了另一种。自由与自然之间的张力以某个统一性为背景，这个统一性既被感知又被意愿。如果界限境况本身不是"可影响的"(affectant)，自由不是"可被影响的"(affecté)，那么整个界限境况理论将变得无法理解：受苦、死亡、斗争与过错作为伤口被体验；这些独特的境况对"境况的境况"(situation des situations)进行了预设，这就是说，尽管境况不断改变，但我始终处在境况之中（Ich kann nicht heraus）。相反，如果自由无法对境况起作用，那么自由也将毫无意义；哪怕面对界限境况，自由也依旧有事可做：承载、采纳、归为己有。诞生，偶然，性格，父母，祖国，历史，所有这一切都应该通过自由的行为而变成"我的"，这个自由通过将一切对其产生影响之物变成一个行动，从而让所有这一切与自我相连。"历史性"将因为对自由的影响而成为对世界的综合，因为对世界的承载而成为对自由的综合。世界是自由的显现与表象（apparence；Erscheinung）[3]。被思考为"二"之物对生存而言不过是"一"。

[1]　Ⅲ，111.
[2]　Ⅲ，105.
[3]　Ⅱ，121，122，125，126.

　　自由与超验之间的张力本身是一系列态度中的某个时刻，这些态度可跨越两种存在模式之间的间隙（hiatus）。挑战本身是让生存与超验相连的众多活跃关系中的一个；战争依旧是一种关系：无神论者不再有什么需要挑战的；自律同时也意味着"参与"。用雅斯贝尔斯的话说，因为神性是隐匿的，所以我才需要负责。此外，四大论战态度中的每一个都只有在与其他态度的关联中才能被思考，这些态度本身就是起调和作用的。这些态度之间拥有某个亲缘性，这个亲缘性比自由逃离了自我存在后，分散于自律、勇气、挑战与黑夜的激情中的意义更加确定。超验的馈赠首先在于其亲近性（proximité）：超验是比自我更靠近自我的"一"[1]。然后，超验是自由隐匿的总体性，是这样一个永恒，在这个永恒中，绵延与其不连贯、间隔、时间的停滞（temps mort）以及危机一起在其中生根。这个总体的意图就是我在上帝之手中的不朽灵魂[2]；超验于是成为自由的效力（efficacité）——"白昼"——，亦即成为自由的明晰性准则、内在秩序准则以及在世界中的实现准则，并支配着被神秘主义所抛弃的肯定决定（décision positive）；因此，超验就是努力的机会和恩赐本身[3]。最后，超验还是让生存所信赖的安宁，正是这个安宁让生存沉醉其中并得以栖息；超验是追寻与征服途中的至高歇脚处[4]。哲学从一开始哪怕通过挑战本身所追寻（chercher；das Suchen）的，正是这个不断地调和着挑战所对抗之物的安宁，挑战本身并无法通过**问题**所蕴含的怀疑来让**欲望**（désir；Antrieb）的信心熄灭。追寻、问题与欲望，这三者都被那隐含的首要调和所牵引。

　　不过，如果说自由与世界以及自由与超验在被撕裂的同时被调和，那么这个"战争"与"和平"之间的脆弱平衡本身也需要一

---

　　[1] 自由与超验的第四重二律背反。介词"与"（avec）以及"en"（在……上）能够最好地表达出这个内在性。

　　[2] 第二重二律背反。

　　[3] 第三重二律背反。介词"通过"（durch）。

　　[4] 第一重二律背反。

个至高的调和：雅斯贝尔斯哲学所拥有的独特调和在于：对原初密码的沉思。只有在沉思世界与超验之间不可分的统一性时，自由才在世界之中以及在超验面前变得可能。当从纯视角出发，一切皆为超验之表象时，那么一切都可被调和。这就是为何，雅斯贝尔斯的形而上学未将主要重心放在超验与自由的关系方面，亦即没放在命运（Prédestination）的古老神秘主义方面，而是放在了超验密码中表象的绝对现实性方面。如果超验的内在性变得完全异质，那么超验就会逃离我们；在将超验与内在性作为互不相同之物进行思考之后，我们需要在被视作内在超验的密码中，领悟它们的现时辩证法（dialectique présente；ihre gegenwärtige Dialektik）。这是上帝的唯一话语[1]，是生存与超验之间的唯一中介[2]。在黑格尔的哲学中，沉思曾扮演"废除"（Aufhebung）的角色；不过，它既不再是概念，也不再是思想，而是这样一个真实的在场，从这个在场出发，思想变得可能，并立即变得断裂且充满悖论。

自由之所以获得与世界以及超验之间的调和，那是因为这并不是一个有关自由的哲学，或者更应该说，这个哲学也与自由相关，但自由并不在其中享有任何特权：自由亦作为众多密码中的一个被沉思。于是，自由成为超验的表象，正如经验现实性本身也是超验的表象。作为密码以及上帝的意象而在，这是自由在上帝面前最后的可能性，而不再是面对超验的众多态度中的一个。从此，作为众多密码中的密码而在，这也将成为自由在自然中的最后可能性，因

---

[1] "只有当在经验存在中，存在变成话语时，对我们而言才有存在……内在超验同时既是会再次分散的内在性，又是在经验存在中以密码形式变成话语的超验"。III, 135.

[2] "正如在普遍意识中，经验是主体与客体之间的中介，同样地，密码也是生存与超验之间的中介"。III, 137. 这不仅意味着，相较对密码的破译而言，对面对超验的不同态度的研究具有某个预备性的特征，而且还意味着：（1）相较自由态度的二律背反组合，经验存在的透明（甚至自由存在的透明）与自在存在之间的关系拥有某个令人吃惊的简单性；（2）这些态度只会激起一些次级的非原初密码，这些密码会像一切人类语言一样被打破，并尤其地像激起它们的态度那样被打破，不过，它们同时也会被召唤着去融入原初的语言；因此，在密码中介中被反映出来的自由与超验之间关系的复杂性应该在沉思中得到缓和。

为如果自然是"一"的密码，那么自由也是"一"的密码，这个让两者作为密码靠近的"也"（aussi）应该表达出了在自然与自由的所有冲突中始终伴随着我们的那个希望。在某种意义上，某个创造性（création）的和谐正是隐藏在自由与超验的所有不相兼容性中的现实性。

三、某个完全撕裂之哲学的不可能性

我们已经阐明了雅斯贝尔斯的哲学中最后的、也是最关键的困难。不过，我们更多被牵引着让"裂口"与"调和"这两个主题相互重叠，而不是让它们获得统一。在这个最后的不确定性中，我们可再次识别出雅斯贝尔斯的真实性。这个不确定性将对某个悖论的哲学立场提出根本质疑。

首先，任何哲学，无论它呈现为体系形式还是悖论系统形式，都从某个最初的经验中心出发，这个经验中心是该哲学充满生命力的源头，正是该中心确保了哲学各部分的连接，不过这个中心不属于逻辑范畴。尤其地，对于在思想运动中引入各类断裂（rupture）的悖论而言，它会使用相互分离的术语来陈述某个统一物，该物是以某个不可言说的方式被统一的，或者我们也可以说，是通过情感（sentiment）被统一的，前提是"情感"这个美好的词汇尚未遭到贬低。最终，悖论只是意味着理解以及理智主义的愤怒。悖论不是一种滋养。不过，正是从某个被心灵所揣测、预感与识别的统一性出发，理性趋向于通过某个悖论系统来表达可被言说但**无法描绘**之物。**悖论是对神秘的理智包裹**。一个绝对撕裂的哲学是不可能的：如果悖论不被任何一个另外的思想模式所侵占，那么它就会失去必然性。同某个声称可在对立面的同一性或综合中清除一切困难的胜利逻辑不同，悖论是一个谦逊的逻辑；悖论坦承它的贫乏，而系统机器则趋向于将这个贫乏掩盖。于是，我只**思考**世界与自由之间的二元性（dualité），不过，正如笛卡尔所说，灵魂与身体的结合在这样一个保障（assurance）下被经历，这个保障可承载整个伦理大厦，从这个保障出发，二元性作为对统一性的悖论表达变得不可或缺。如果我们将这个至关重要的保障称作"情感"，那么"情感"将发现理解用悖论的方式所陈述的本体论调和以及结合（union）的神秘之处。这个情感本身包含着一些被动的和主动的模式，是被动还是主动，这取决于自由是在身体、历史、世界中被境况所影响，还是自由在其中发挥决定的权威，通过这个决定，自由得以驱动身体、历史以及世界，或者至少在无法改变身体、历史与世界时承载并采纳它们；必须承认的是，这个保障还不是或者不再是一个哲学；一个哲学可能从情感出发，但不会出现某个情感哲学；哲学在原则上是理性的。这就是为何，哲学是悖论的。在这一点上，雅斯贝尔斯并未留下任何值得怀疑的把柄；不过，与此同时，他并未忽视这样一个事实：理性源自晦暗的源头，会回到处在行动中的自由的现实性中。理性是这样一个介于某个诞生与某个实现（réalisation）之间的混合原则，意味着回忆与等待的可能性。

同时，这也将是一些得以跨越自由与超验之间的绝对距离的情感：放弃与挑战、对总体性的意愿与时间进程的意义、对白昼的意志与对黑夜的激情、绝对"一"的亲近性与距离。正是这些情感承载着整个形而上学的重量；就连范畴辩证法都会让这些情感发挥作用。客体的主要范畴会要求拥有生存意义，从而通往它们的极端张力处；形式与物质，统一性与二元性，存在与虚无，意义与非—意义，所有这些范畴组合都将拥有某个逻辑无法穷尽的无限回响。

最后，可在最为微妙的表象中识别出绝对之光芒（éclat）的沉思正是对绝对现实性的情感：那是精神神秘主义（Mystik für des Verstand）、完满、完结以及超出任何理智的安宁；或许一切伟大哲学都源自这样一个直觉，这个直觉无法言说，伟大哲学不断将这个直觉转化为话语与论据，并根据雅斯贝尔斯在原初密码与传递原初密码的神秘或思辨密码之间所设立的那个循环运作，让这个直觉转向沉默。

这就是为何，表象与存在之间的关系并不是某个范畴意义上的关系 [1]，通过这个关系，雅斯贝尔斯得以表达被承载的自然与承载自然的自由之间的关系，以及经验存在与被视作超验密码的自由之间的关系；这是一种独特的关系，正是这一关系支撑了整个哲学大厦。在不同的存在模式那些互不相交的概念中，这个关系一旦被思考就会消失。这些存在模式包括客体存在、自由存在以及自我存在。当我们让这些概念两两相对时，悖论就会出现在这些概念之中。情感无法被削减为形而上学，这或许只是因为对最后关系的思考不再可能。如果我们同意情感不是一个主体状态，而是会揭示出存在以及存在在断裂、界限以及跳跃的间隙中不可思的"未分"状态（indivision）[2]，那么前面这个假设或许就不会显得那么刺耳了。这或许就是懂得让知（savoir）、意愿（vouloir）以及沉思保持"未分"状态的伟大哲学最后的根源 [3]；有可能"我们的力量在于分离，因为我们已经遗失天真"[4]；不过，科学知识、对自由的召唤以及对密码的破译，尽管它们之间的相互对立更多意味着方法层面的某个进步，但这个对立也要求对原初的天真产生某个更加强烈的意识，正是从这个原初的天真出发，不同的存在模式与思想之间的对立才得以产生：一个悖论本体论比任何其他本体论都更加需要天真。正是这个天真被马塞尔称作"本体论神秘"。不过，如果说悖论预设了不同的存在模式之间的某个生动联系，雅斯贝尔斯的哲学则指出，这一对本体论神秘的**情感**只能作为悖论被思考；以三种不同形式出现

---

[1] I, 19—21. 将一切内在性与超验关联起来的关系暗含于对因果律的一切超验使用中。只有当因果律充当这个独特关系的指引时，超验才是第一因。

[2] 雅斯贝尔斯使用的德语词是"fühlen"，"fülbar"（passim, III, 8）或者"erfassen"一词，该词始终与存在无法描述的特征相关。III, 7.

[3] III, 157—164. 参见第二部分，第四章，第三节。

[4] III, 160.

的表象与存在之间的关系——自然与自由的关系，自由与超验的关系，以及经验存在与超验的关系——是一个在场—缺席（présence-absence）的不稳定关系。自由相对世界在场—缺席；这就是为何，自由的使命在世界之中，但超越世界："无条件性"与"历史性"是这个关系的对立两极。超验是相对自由的在场—缺席：这就是为何，自由面对超验的所有态度都是二律背反的；二律背反、勇气、挑战、黑夜的激情是上帝的缺席模式；亲密（intimité）、永恒、无偿的馈赠、安宁则是上帝的在场模式。最后，超验是相对一切内在性的在场—缺席：这正是密码进行揭示（montrer）与隐藏（cacher）的一切意义。于是，所有意味着让悖论本体论产生跳跃的关系都有这样一个共通之处：它们都让某个正在诞生的断裂与某个正在诞生的混淆统一在一起。雅斯贝尔斯的真实性体现在，他曾尝试在这些关系的分岔路口与这些模糊的关系不期而遇：不过，鉴于哲学家的使命在于理解，因此，哲学家们总是通过"二"阐明"一"，甚至对他们而言，让不同的存在等级相连之物已经被分成了"战争"与"和平"两个部分。这就是为何，这样一个哲学，亦即通过阐明情感（正是从这些情感出发，该哲学系统的悖论得以产生）从而尝试自我超越的哲学，将在这些情感层面本身激起新的二律背反。

不过，如果说雅斯贝尔斯的真实性在于，他同时考虑了实际的裂口与实际的调和，那么**哲学的可能性**或许取决于调和相对裂口的至高无上性：正是**灵魂与身体的结合**承载着自然与自由的所有冲突；正是**存在对自由的馈赠**承载着挑战本身；最后，正是**创造的统一性**承载了经验存在与自我存在的一切对立关系，以及让决定在绝对之中自我克服的一切否定辩证法：否定神学以神性的无处不在为起点与终点。在我们看来，这就是哲学的诞生行动和希望行动。不过，雅斯贝尔斯的读者可能会产生这样的印象：在这个在场与缺席过于平衡的游戏中，哲学不仅自我摧毁，而且自我贬低：某个对灾难以及绝望的晦暗趣味并未在"一"的安宁中完全变容；这一切仿佛，位于不可思后面的不是存在的荣光，而是某个不知名的、最后的、可怖的不连贯性，生存固有的、无药可救的"有罪"正是对这个不连贯性最为痛苦的表达。

因此，如果说逻辑的裂口以情感的调和为前提，那么我们将被牵引着提出最后一个问题：亦即雅斯贝尔斯所说的"哲学信仰"的问题。信仰的本质或许就在于相信调和相对裂口的至高无上性，哲学的可能性或许就建立在这个对至高调和的信仰基础之上。不过，雅斯贝尔斯所说的信仰又是否能在宗教与无神论之间站稳脚跟呢？

四、雅斯贝尔斯与宗教"调和"

我们无意在此讨论雅斯贝尔斯有关无神论以及宗教的学说，该学说本身值得用一个完整的研究加以讨论；我们特意选择只从"调和"视角出发来探讨这个问题。不过，我们会因此上升至某个平面，在这个平面上，很难找到通往相似的路径：因为在这里，人是断裂的。对雅斯贝尔斯而言，信教徒与无神论者都是无法被哲学所领会的"例外"；不过，雅斯贝尔斯可能转而变成信教徒或无神论者眼中的无法被领悟的"例外"，在以下两者之间可能并没有任何中间项：一个是让人们得以祷告的上帝，另一个则是在其意识的巅峰处只与自身对话的人。于是，我们产生了通过被雅斯贝尔斯所排除的无神论或宗教信仰来理解雅斯贝尔斯的企图。在我们看来，这两种阅读似乎都被雅斯贝尔斯的哲学所召唤；不过，它们会在被召唤的同时被拒之门外。然而，我们却可以进一步思考，自认为是无神论与宗教这两方面的分水岭的雅斯贝尔斯，他是否可能不通过对无神论或宗教的假设性重构而是以另一种方式被理解。

（1）作为无神论者的雅斯贝尔斯？位于对古典神正论（théodicée classique）的某个摧毁尽头的雅斯贝尔斯？让我们跟随这条主线前

行。许多特征使得雅斯贝尔斯与尼采非常接近。对雅斯贝尔斯而言，旧的上帝也已经死亡；不过，无神论或许开始于超验不再是上帝的时候，亦即超验不再是人们所祈求的至高的"你"（Toi）的时候。从这一观点出发，无神论者会在"超验"这个虚假的专有名词中看到某个最后的羞愧以及某个宗教的残迹；他们会在密码中看到作为中介的逻各斯的代替物；他们会在存在对自由以及世界的馈赠中看到创造论和宿命论的可耻遗产。雅斯贝尔斯难道不应该将他赠给尼采的话用在自己身上吗？——他坐在一块即将融化的漂移冰块上。无神论会说，就让冰山融化吧！就让人一头扎进冰水中吧！于是，曾经对自由而言是弱点的东西，如今却变成了自由的力量，一个有关生存的哲学将作为只与生存相关的哲学成为可能。由此导致，哲学将明确地变成撕裂的哲学：自由诞生于某个双重的逃离；一方面，自由逃离本就荒诞的世界，并选择成为经验存在的疾病，以此在其慷慨中，成为以词和数字为中介的意义赋予者，直至最终消失在死亡中并重返荒诞；另一方面，自由即便不逃离上帝，至少也会逃离上帝的诱惑，逃离总是在人类的弱点中不断重生的有关上帝的传说。于是，宗教进程将以自由之名被阐释；这正是自由变得完全自律、无可救药地处在危险境地时所需付出的代价。挑战的必然性将被嵌入自由回归服从时所冒的风险中；或许在挑战之外，从作为否定强力的自由处，会不断渗出某个对虚无的晦暗祈求，正如马拉美曾充满恐惧地预感到的那样。于是，自由诞生于某个双重的否定：对清除了所有意义的世界本身的意义的否定，以及对清除了任何存在的上帝本身的存在的否定；因为一无所有的人注定被清除。

如果"亲密""统一性"与"恩泽"这些词汇依旧有某个含义，那么它们将指称自由本身的高光时刻；当雅斯贝尔斯说"我的"超验时，应该理解为：我所是之超验；在情感与恩赐之后持存之物应该消失于我与自我展开的对话中；我既是召唤之人，也是回应之人，既是"给予"之人，也是做出努力之人，既是获得宁静之人，也是加入斗争之人。在我与自我之间没有安宁；在这个作为道德意识的安宁之外，只有一个调和的可能性，亦即艺术的调和；这是密码学说的唯一真理；这就是为何，雅斯贝尔斯指出，没有第二语言亦即人类的语言，存在的第一语言只会喑哑，而作为神话语言的人类语言则会在回归原初密码时变得美妙。因此，道德意识以及艺术是唯一能够与有关自由的某个骄傲概念相兼容的调和；不过，我们可在其中轻易地识别出原初的行动，亦即这样一个自由可采取的唯一行动，这个自由立于物的非—意义面前，立于超验的虚假存在面前。

这样一个有关雅斯贝尔斯的阐释延续了雅斯贝尔斯对宗教及古典本体论的批判，并着重强调了雅斯贝尔斯哲学中的尼采元素，或许甚至强调了克尔凯郭尔作品中最为否定的特征。最终，这样一个阐释将标志着撕裂对调和的胜利。我们只能追问：这样一个哲学是否可能？不仅任何有关存在的体系在其中不可能，而且从物的非—意义向自由的意义的跳跃也将变成荒谬本身；从雅斯贝尔斯出发，产生了某个英雄人文主义，这个人文主义与尼采的人文主义非常相似，其使命或许在于不断克服并删除和谐的诱惑；事实上，对这个英雄人文主义而言，和谐作为神创理念的"剩余"（résidu）显现；这个英雄主义将致力于驱逐一切上帝死后所残留的有关上帝的意象，直至筋疲力尽。

最终，这个极其紧绷的哲学或许会通过荒谬本身来证明安宁永远不来自自由本身，它要么来自更高的地方，要么来自更低的地方；唯一可获得调和的无神论或许只有这样一个完整的唯物主义，这个唯物主义可能是辩证的，也可能是非辩证的，在其中，存在体系等同于物体系。不过，这个调和不再能成为"无上帝之生存的英雄哲学"（philosophie héroïque de l'existence sans Dieu）的继承者，而只能是其对立面（contre-partie），尼采偶尔会采纳这个调和，但大多数时候都是拒斥的。

（2）认为雅斯贝尔斯在摧毁有关上帝之理念的同时，无意间摧毁了有关超验的理念，这是信教徒与无神论者共有的一个疑虑。摘掉神话的假面具并对所有神话大献殷勤的哲学家难道不就是一个宗教的堂吉诃德吗？从卡门（Karman）的神话一直到梵高的画作，中间还有三位一体的神学，这类哲学家曾想要拥抱"密码世界"，因而丢掉了生存的**狭隘性**以及信仰的强度。不过，在哲学家揭露出某个残存（survivance）之处，信教徒却为某个缺陷（lacune）而感到遗憾。信教者认为，只有从某个独特的调和出发，亦即从与上帝的某个个人关系出发，一个有关处在世界之中且立于上帝面前的生存的完整哲学才能成为可能，其中，那个独特的调和就是宗教的本质，而与上帝的个人关系则由错误发动，由原谅（pardon）构成，被隐藏于祈祷的深处。这个调和被雅斯贝尔斯有意识地拒绝了；不过，根据雅斯贝尔斯的教诲，由于人们无法使一个哲学完整，因此，人们甚至不能说这个调和位于某个**镂空**（marqué en creux）之处；不仅过错在其中难以避免、无法宽恕，而且调和并不发生在自由与超验之间，而是发生在被沉思的世界与超验之间。这就是为何，如果我们从雅斯贝尔斯的哲学出发派生出某个基督教哲学，那么我们将低估了该哲学特有的天赋；因此，某个"基督存在主义"更多是从"外面"（dehors）出发对雅斯贝尔斯所说的信仰进行判断。信教徒可能首先会说，在对宗教的批判中，雅斯贝尔斯完全站到了宗教信仰的特殊元素一边；这个批判的重心落在了权威与自由的冲突方面，这不过是客体性与生存之间冲突的激化形式。然而，雅斯贝尔斯的整个哲学都为自由与客体性之间的某个可批判关系概念所苦，而且自由既可在某个至高的服从中被激活，也可在严格的客体性中被激活；然而，尤其地，对信教徒而言，信仰问题无关权威，而是涉及拯救。对信教徒而言，超验通过其挽救自由的仁慈创举而作为上帝自我呈现；这一对自由的挽救是自由与超验之间关系的症结所在。信教徒所不能明白的是，某个不包含宽恕学说的过错学说。然而，没有宽恕的过错意味着不幸意识的主宰，没有宽恕的超验并不是上帝；或许就连有罪（culpabilité）都只能在论证中，以回溯的方式被完整认识。无论如何，正是从这第一个中心出发，宗教意识得以发展所有其他的雅斯贝尔斯认为根本的元素，其中，首当其冲的便是祈祷关系。从这个祈祷关系出发，雅斯贝尔斯看到了一个与上帝的直接关系，这个关系可能会违背人在世界中的交流与任务；对信教徒而言，祈祷则是承载生存在超验面前的一切态度的真正地方，正是从这个地方出发，祈祷得以破译密码。祈祷先于一切有关超验的话语，因为它是一切悖论的缩影；事实上，当生存仿佛将上帝视作另一个人对待时，生存将上帝作为至高的"你"发现，在这个至高的"你"面前，生存仿佛什么都不是。正是这个表面的对话揭示了神性的超验；人祈祷，见证上帝知道一切、能做一切的事实，作为"你"的上帝则将通往作为超验的上帝。于是，这个对话就像一个神圣的独白一样，处在显现的边缘，在这个独白中，上帝在每个人身上做一切事情；不过，当这个关系仿佛转而反对生存时，还有祈祷可以让某个自由存在与绝对强力（Toute-Puissance）本身相关联。因此，对自由存在而言，祈祷是悖论的灵魂，是充满生命力的悖论，但同时也是被调和的悖论，亦即神秘。与作为"你"的上帝对话的人将能够把上帝视作超验讨论，但前提是，这样的讨论要适合于人类。

雅斯贝尔斯曾说过的最恐怖的反对自己的话是：我们已经遗失天真。哲学想要成为可能，或许就必须求助于某个源头，这个源头同时也意味着对某个童年精神的回归。信教徒认为，让这个童年精神得以产生的不是辩证法，而是祈祷；不过，正是从这个童年出发，话语的成熟成为可能。

从此，一切世界观（la vision du monde）都将被调和相对裂口的至高无上性所支配。对信教徒而言，降低将自由抬高的超验，这就是上帝的话语，正是这个话语让他们得以感知作为世界的自然话语；救赎（rédemption）可发现创造（création）。于是，自然与自由的冲突或许会显得位于某个创造统一性的内部，在这个创造统一性中，被论证的自由可重获部分意义。这是因为，一方面，宽恕就像是对"天真"（innocence）的回忆，"天真"则谈论着自然与自由的某个原始密谋；于是，这样一类哲学将努力在自由中识别出埋藏于自然之中的某个欲望的繁盛，而不是自然的"疾病"。另一方面，宽恕是荣光的希望，与对黑夜的激情相反，希望等待着自由在一个新的自然中完成，而不是自由的毁灭。

这就是信教徒置于某个悖论本体论基底处的独特调和，这个悖论本体论与雅斯贝尔斯的悖论本体论非常相似；不过，当信教徒想要在摧毁中拯救雅斯贝尔斯的超验哲学时，他们将深刻地改变雅斯贝尔斯哲学的核心意图，因为宗教信仰将成为悖论的灵魂本身，将意味着对悖论至高的调和，哲学与宗教将作为悖论和神秘被统一在一起。

雅斯贝尔斯希望悖论始终处在危险中；无神论者与信教徒则仿佛想要让悖论在荒谬与神秘之间做出选择。雅斯贝尔斯所宣称的"哲学信仰"似乎同时具有这两重性质，但永远不让模糊性中止。

这条"中间道路"就是雅斯贝尔斯；不过，对我们而言，这条道路依旧行得通吗？这是雅斯贝尔斯哲学提出的最为严峻的问题；该问题主宰了整个有关生存哲学的辩论，在我们刚刚所勾勒的两种态度中，这个辩论似乎分化为了两极。不过，雅斯贝尔斯对这一点心知肚明，尤其当他发现，只有部分无神论者与他一同审判宗教进程，也只有部分信教者同他一道在自由之外祈求超验。

附 录

除我们在前面已经准备好的结论外，近期发生的事件还将邀请我们给出另一个结论。当我们修订这本书的样章时，我们读到了雅斯贝尔斯另一本有关德国"有罪"（culpabilité）问题的新作 [1]。我们想，人们定会感谢我们传递这个美妙的信息，哪怕传递的动作本身笨拙无比：雅斯贝尔斯的对话对象是德国人，不过，我们也听听他说了些什么，这或许并不冒失，甚至大有裨益。

无需发起某个政治辩论。雅斯贝尔斯位于另一层面，从该层面出发，他时刻谨记具体问题以及这些问题的历史实体，并以他自己的方式领会本质问题：坚持不懈地对德国人的过错进行忠诚的沉思，从而在每个德国人身上实现对人的净化（purification）问题，我们也可按照斯宾诺莎的说法，称之为人的"再生"（régénération）问题。某个始终萦绕着德国人的模糊的"罪恶感"（sentiment de culpabilité）并不足够；只有以行动和思想为中介，某个情感才可能是真实的 [2]。

---

[1] Die Schuldfrage-Ein Beitrag zur denischen Frage—Artemis-Vertag，Zürich 1946.
[2] p.9.

拯救本身蕴藏于对**明晰性** [1] 的无限意愿中，蕴藏于为求"真"而不断更新的努力中，这个努力抵抗着谎言，抵抗着坏意识的诡计。承担过错，这将是唯一的任务。这也是德国人所保留的唯一主动性。这是因为，决定从此属于战胜者；战败者无能为力。战败已成事实：与过错一起，需要被承担的还有无力（impuissance）[2]。雅斯贝尔斯始终强调过错，因为这既本质又困难；困境与废墟足以说明战败的事实。不过，还必须接受战败的一切结果。选择信赖武力的人应该接受武力的法则；他已经接受法治（règne du droit）的终止，并开始让武力决定。如果相较死亡，他更偏爱生命，那是因为他顺从于奴役 [3]，因为他接受了战胜者的正义。[4] 纳粹主义意志使得这场战争被一种野蛮所主导，以至于这场战争的终点并不能如康德所愿，立即形成某个调和。[5] 即使法（droit）被逐步修复，这也只能按照战胜者的人性（humanité）进行；任何人都无权恳求（solliciter）战胜者，人们至多能提醒战胜者，全世界对他们寄予厚望。此外，战败者的命运并非无可挽回：正如在黑格尔那里，奴隶也能获得重生，并"承载精神的未来"，不过前提是他得承载自己的命运，并忠诚地"走自己的路" [6]。

要想走自己的路，战败者必须以自身的过错为限度，其中，战败就是这个过错的符号。哪一种过错？首先必须将良心检查（l'examen de conscience）所需的清晰性置于概念之中。雅斯贝尔斯区分出了四个不同的有关"过错"的基本概念。首先是**犯罪**过错，这个过错在于违反了法律，属于法庭的范畴。然后是**政治**过错，这

---

[1] "明晰性"（Klarheit），"自我分析"（Selbstdurchleuchiung）：这几个词几乎在每页重复出现。

[2] p.83.

[3] 黑格尔有关主人与奴隶的深刻辩证法曾被两次引用，p.15，p.83。

[4] 战胜者有权自立为裁判：p.21，p.23，p.24。

[5] 康德有这样一句至理名言：战争应该始终让某个调和成为可能，这句话也曾被两次援引：p.32，p.49。

[6] p.83.

个过错归于国家，不过每个公民都为国家作保[1]，应该在法官，亦即这里所说的战胜者面前，为国家的所有过错买单；任何人都无法逃脱这笔债，因为在现代国家，没有任何"非政治的"（apolitique）人。当这个过错不是真正道德层面上的且可被视作集体的，当它只以间接的方式触及国家的每一个公民以及人民，以至于当每一个公民都是真正的自己时，当他与他打算让其在自身上显现的人民等同时，那么政治过错就将是唯一的过错。[2] 接着是**道德**过错，与政治过错相反，道德过错与个体以自身之名完成的行动相关，这些行动无法被某个事实层面的权力所解释，而只能由这个个体的意识本身，由与他进行交流的同类（prochain）或者同胞（Mitmensch）进行解释。最后是**形而上学**过错，这个过错取决于"所有人作为人的绝对团结"[3]：当别人死去，我却选择了生，当我并没有去到大街上，与其他人一起大声抗议不公与暴力直至精疲力竭，所有这些都会像某个不可磨灭的过错一样，让我良心不安。在这里，唯有上帝[4]是裁判。这些区分对于阐明辩论以及让模糊的"罪恶感"获得具体形式是不可或缺的，但这样的区分并非绝对。于是，形而上学过错成为了一切过错的灵魂："如果我们可以摆脱这个过错，那么我们就会成为天使，其他三个过错概念将变得毫无意义。"[5] 不过，鉴于这是"所有人的过错"，且个体趋向于以此为借口，因此，雅斯贝尔斯并不想纠缠于此；不过，这个过错的阴影却被投射到了对过错的整个沉思中。于是，严格个体的道德过错成为了犯罪过错与政治过错的灵魂；只有当意识对武力上瘾并放弃法（droit）时，恶才可能通过意识的败坏成为可能；崇尚武力既是一个政治过错，也是一个道德过错；反

---

[1] "加入"（Haftet）。雅斯贝尔斯区分了"加入"（Haftung）与"责任"（Verantwortlichkeit）这两个概念，从而指出公民相对国家所承载的责任并不是道德意义上的。这有些类似法律中所引入的"公民责任"与"道德责任"之间的区别。

[2] p.57.

[3] p.11, p.48.

[4] 上帝，而不是超验；人，而不是生存；日常语言被哲学语言代替，不过我们会发现，实际内容并未改变。

[5] p.12.

过来，政治自由不仅是一个政治财产，而且也是一个道德财产。[1]

这些考量可为雅斯贝尔斯号召德国人加入的良心检查指明方向，并让一个理性工具服务于某个超越理性的事业，这不仅因为过错的最后基底是形而上学，而且还因为对过错的反思源自某个个体的主动性，只能在每一个良心的奥秘中得以完成。人人为己，因为人人有自己的过错。在废除了一切独断主义后，哲学家只能求助于每一个良心，在某个令人钦佩的努力中尝试与这个良心交流，为这个良心扫清障碍，从而让它得以孤独地为自身做决定，为这个良心指出可能让其自我遗失的死胡同。哲学家必须撬开孤独的大门，从而将每个人交还给这个孤独，正是在这个孤独中，人们将恢复人性，也正是通过这个孤独，人们将得以再次融入人类共同体。

德国应为战争的发动以及战争无法补赎的特征负责，这是不争的事实，战争的这一特征使得其对手被迫在以下两者之间做出选择：要么用尽一切方法取得胜利，要么被碾碎。[2] 这些罪行是某些人的行为，亦即挑唆者、同谋或者代理人的罪行：这些人受到审判是公正的，而且对他们进行判决属于战胜者的权利，因为正是战胜者冒着生命危险让自身获得了这个权利，此外，也正是这些战胜者"拯救了德国"[3]。因此，雅斯贝尔斯驳斥了一切反对纽伦堡审判的异议，并带着某个有利的偏见，对这个审判表达了欢迎，这不仅因为，正如杰克逊所说，这个审判只是控诉了一些个体而不是整个德国人民，而且还因为它让某个法的统治的来临"像某个几乎不可信的晨曦般出现在地平线上"[4]，对德国人而言，这个法的统治是他们在世界中获得救赎的唯一希望。不过，正如我们在前面所说，即便有罪的是一些个体，无罪的人民与他们依旧是一体的：人民将服从于战胜者的律法，从而为那些有罪的个体付出代价。人民不会寻求逃离这个责任，因为这个责任

---

[1] p.54. 再一次，在这里，我们看到雅斯贝尔斯如何位于康德传统中。
[2] p.26，p.31，p.55，p.71。
[3] p.33。
[4] p.38。

是其政治自由的条件，是这个自由之意义的最初显现，人民必须慢慢地重获这个自由。至于道德过错，个体只能到他自己的法庭受审。完全不同于希特勒及其同谋，亦即不同于那些只有暴力才能将其制服的暴力之徒，保持清醒与懊悔的人们会不知疲倦地自省：这样的人难道不是"戴着面具生活"吗？他们难道没有通过将爱国义务等同于纳粹狂热，将部队服役等同于盲目服从，将对命令的服从等同于对武力的崇拜，从而屈服于某些幻象？此外，当他们——士兵和知识分子——选择生活于坏信仰以及本应做出选择的模棱两可中时，难道他们就没主动意愿过这些幻象？即便不是代理人，难道他们没有出于他们盲目的意志、某个妥协的希望，出于他们的冷淡和冷漠，而成为同谋？他们以自己的无力为由。然而，曾出现过大量的抵抗者和英雄，即便沉默曾让这些抵抗者和英雄的牺牲变得异常沉重，并见证了这些牺牲的虚妄。不过，即使严格意义上的无力可为道德过错辩白，它也无法为形而上学过错辩白，"什么都不能"的绝望悲剧性地宣称着形而上学的过错。这个最后的"有罪"超越了一切借口。

　　不过，在人们对自己提起的这个诉讼中，每个人都可以进行辩护。但要当心，不要就此削弱了对自身过错的感知，并危及自身的重生。当人们援引某个比意愿更加强大的必然性，比如德国的地理位置或者战争前夕世界的政治格局时，要注意这些必然性是由自由编造而成的，如果不赋予它们以意义的赞同，它们将什么都不是。又或者，人们将过错归于他国人：这正是移民偶尔会做的事情，这样的做法当然有失公允。还有些人指责如今成为战胜者的人，这些人或许不曾听见过穿过德国地狱城墙的悲痛叫喊。"我至今依旧记得 1933 年 5 月，我与一个从美国移民过来的朋友的对话；我们评估西方势力介入的可能性：如果这些势力再等上一年，希特勒就会赢，德国就会完蛋，整个欧洲或许就会完蛋……"[1] 这或许是一个政治错

---

[1]　p.69.

误，但同时也是对和平的虔诚热爱，应该就此责备他国人吗？如果他们有过错，这个过错也与希特勒犯下的错误不可同日而语。当德国人只能寄希望于他国人时，这难道不是德国人的过错吗？在这里，即便是形而上学过错，亦即原罪，也无法被视作借口。每个良心都可在自己的内心深处体验到这个过错，但却无法将其变成对抗他人的武器；"宗教的原罪理念不应用某个不诚实的羞愧来取代德国的过错"[1]。相反，战败者应用尽全力希望战胜者比他们更好或者更加幸运，因为正是战胜者掌握着世界的未来。

对自身过错的反思应该牵引每个人获得净化的谦卑。在这里，道路再次变得狭窄。真正的谦卑以相同的距离远离平庸与傲慢，远离哀叹与骄傲。在风暴中失去一切的人总是想要炫耀他们的不幸，并认为他们为此付出了代价[2]；然而，道德过错与形而上学过错无法像犯罪过错或政治过错那样，得到官方的最终补偿。至于其他人，他们则需要警惕某个"病态民族主义"[3]的幻象，这个民族主义会激起意愿的过度及其火山喷涌般的力量，要么让人求助于某个拒斥一切的天命，要么让人隐秘地产生某个报复的希望。通过保持咄咄逼人的沉默来依旧做出挑衅姿态的人完全没有掂量过他们的过错。任何让目光从这个过错身上转移的借口都不应被接受：无论是苦难的悲怆，美学的眷恋，疯狂的骄傲，还是有关过错之普世性的宗教理念。

不逃避过错的人会让自身产生某个修复的意志，并会用尽全部力量来完成这项任务，哪怕在日常艰辛的背景下，幸福只会"偶尔作为某个奇迹般的馈赠"[4]出现。这个决定源自同被其谦卑所净化的灵魂的某个对话。于是，每个德国人都能重拾德国诗歌、音乐、艺术以及哲学的超越意义……没有这个超越意义，那些诗歌、音乐、

---

[1] p.76；cf. p.52，p.90.
[2] p.89，p.91.
[3] p.85.
[4] p.93.

艺术以及哲学将只能存在于过去，将只能保留在其他民族的记忆中，德国人曾经所做以及曾经所是但现在不再是之物 [1] 将只能从其他民族的口中说出：成为德国人，这不是一个特权或一个天命，而是一个任务。不过，"我们首先是人，然后才是德国人" [2]。正是在这条相同的道路上，德国人将重拾其使命及其作为人的尊严，还有作为其最高见证的自由。首先是会预设某个清醒且坚定的意识的政治自由。然后还有人的更高自由，这个人立于上帝面前，能够从容面地面对可能发生的一切，并说道：只要上帝"在"，就已足够 [3]。不过，再一次，雅斯贝尔斯得出结论，上帝不能作为某个庇护或借口被援引："下定决心在每一刻都做依旧可能的事情，直到生命的尽头，只有通过这样一个不可动摇的决心，对上帝的求助才是真的。谦卑和限度是我们的命运。" [4]

　　这部著作的政治意义不言而喻，但我们不打算在此强调这一点。我们也不打算强调该著作隐约表现出的道德崇高，事实上，尽管它只与德国人对话，但在这份审慎中，它也关涉所有人：对那些在胜利或失败的激情中始终保持某种清醒、始终抱有某种人类同情的人而言，这部作品不可能在所有这些人当中产生共鸣。我们想要对雅斯贝尔斯说：如果有人无需负责，那个人就是您！但我们能说这个话吗？无论如何，我们至少可以指出，为让这段令人钦佩的语言成立，雅斯贝尔斯无需改变他的哲学主线。我们曾经说过，雅斯贝尔斯的哲学是一个伦理学，是一个对真实性充满激情的追寻，此处就是证据。此外，我们在前面所介绍的所有主题都在这里得以复现，在这里，这些主题将在具体考验面前悲剧性地获得它们最为完整的含义，这些主题包括：作为生存之人的使命，自由及其在世界中之

　　[1]　p.92. 应该强调这个反思的人文主义含义吗？雅斯贝尔斯在传统德语特有的表达方式（germanisme）方面毫不让步。
　　[2]　p.57，p.8.
　　[3]　p.96.
　　[4]　Ibid.

机会的代价，交流及其界限，超验不可言说的在场，以及尤其地还有这样一个必然性，在这个必然性下，人毫无疑问地承载着其人类境况、限度、历史性以及因处在世界中且生活在国家中而形成的客体性，从而让生存在其身上重拾其源头以及超验的真正意义。就连我们在前面所说的雅斯贝尔斯最后几部作品中所呈现出的那个"严格理性转向"主题也出现在了这里：在这部著作中，不仅非理性主义被揭示为在道德层面存疑，而且作为理性之魂的清晰性也始终被要求。理性在这里获得了其最完整的使用及其最丰富的含义；理性不仅是思想的支配者，而且也是道德的支配者：理性是真实性的条件，它唤醒存在，且只有在这个存在的要求下才会遭遇与之对立的界限。

不难发现，这部著作对我们曾经尝试展示的哲学进行了延伸与阐释。在如此多的模棱两可之间，雅斯贝尔斯没有什么可否定自己的，我们将能够向一个思想以及一个命运的连续性致敬，这个思想与命运在深渊底部依旧保持一致，这一切并非无足轻重。

图书在版编目(CIP)数据

雅斯贝尔斯与生存哲学/(法)米凯尔·杜夫海纳
(Mikel Dufrenne),(法)保罗·利科(Paul Ricoeur)
著;邓冰艳译.—上海:上海人民出版社,2022
(法国哲学研究丛书.学术译丛)
ISBN 978-7-208-17776-5

Ⅰ.①雅… Ⅱ.①米… ②保… ③邓… Ⅲ.①雅斯贝
尔斯(Jaspers,Karl 1883-1969)-哲学思想 Ⅳ.
①B516.53

中国版本图书馆 CIP 数据核字(2022)第 125284 号

责任编辑 于力平
封扉设计 人马艺术设计·储平

法国哲学研究丛书·学术译丛

雅斯贝尔斯与生存哲学

[法]米凯尔·杜夫海纳 [法]保罗·利科 著
邓冰艳 译

出 版 上海人民出版社
　　　　(201101 上海市闵行区号景路 159 弄 C 座)
发 行 上海人民出版社发行中心
印 刷 上海商务联西印刷有限公司
开 本 635×965 1/16
印 张 28.5
插 页 4
字 数 362,000
版 次 2022 年 9 月第 1 版
印 次 2022 年 9 月第 1 次印刷
ISBN 978-7-208-17776-5/B·1636
定 价 118.00 元

法国哲学研究丛书

学术文库

《笛卡尔的心物学说研究》 施 璇 著

《从结构到历史——阿兰·巴迪欧主体思想研究》 张莉莉 著

《诚言与关心自己——福柯对古代哲学的解释》 赵 灿 著

《追问幸福：卢梭人性思想研究》 吴珊珊 著

《从"解剖政治"到"生命政治"——福柯政治哲学研究》 莫伟民 著

《从涂尔干到莫斯——法国社会学派的总体主义哲学》 谢 晶 著

《走出"自我之狱"——布朗肖思想研究》 朱玲玲 著

《永恒与断裂——阿尔都塞意识形态理论研究》 王春明 著

学术译丛

《物体系》(修订译本) ［法］让·鲍德里亚 著 林志明 译

《福柯》(修订译本) ［法］吉尔·德勒兹 著 于奇智 译

《褶子：莱布尼茨与巴洛克风格》(修订译本) ［法］吉尔·德勒兹 著 杨 洁 译

《雅斯贝尔斯与生存哲学》［法］米凯尔·杜夫海纳 ［法］保罗·利科 著 邓冰艳 译

《时间与叙事(第一卷)：情节与历史叙事》 ［法］保罗·利科 著 崔伟锋 译

《资本主义与精神分裂(卷2)：千高原》(修订译本) ［法］吉尔·德勒兹 ［法］加塔利

　　著 姜宇辉 译